中华人民共和国
期货和衍生品法
释 义

程红星 主编

中国金融出版社

责任编辑：李　融　李林子　董　飞
责任校对：孙　蕊
责任印制：程　颖

图书在版编目（CIP）数据

中华人民共和国期货和衍生品法释义/程红星主编. —北京：中国金融出版社，2022. 7

ISBN 978-7-5220-1663-4

Ⅰ. ①中…　Ⅱ. ①程…　Ⅲ. ①期货交易—证券法—法律解释—中国　Ⅳ. ①D922.287.5

中国版本图书馆CIP数据核字（2022）第113037号

中华人民共和国期货和衍生品法释义
ZHONGHUA RENMIN GONGHEGUO QIHUO HE YANSHENGPINFA SHIYI
出版
发行　中国金融出版社
社址　北京市丰台区益泽路2号
市场开发部　（010）66024766，63805472，63439533（传真）
网 上 书 店　www.cfph.cn
（010）66024766，63372837（传真）
读者服务部　（010）66070833，62568380
邮编　100071
经销　新华书店
印刷　河北松源印刷有限公司
尺寸　185毫米×260毫米
印张　26.5
字数　558千
版次　2022年7月第1版
印次　2022年7月第1次印刷
定价　106.00元
ISBN 978-7-5220-1663-4
如出现印装错误本社负责调换　联系电话（010）63263947

学术顾问编辑委员会

（按姓氏笔画排序）

《期货和衍生品法》的突破与意义

——全国人大常委会委员、全国人大财政经济委员会副主任委员尹中卿就《期货和衍生品法》接受期货日报记者的独家专访*

2022年4月20日，《中华人民共和国期货和衍生品法》（以下简称《期货和衍生品法》）由十三届全国人大常委会第三十四次会议通过，自2022年8月1日起施行。这是我国社会主义市场经济体制改革进程中一部具有标志性的法律，该法从2013年开始起草，历时近9年，经全国人大常委会三次审议，终于“破茧而出”。

全国人大常委会委员、全国人大财政经济委员会副主任委员尹中卿，在会议闭幕后的第一时间，接受了期货日报记者的独家专访。

在他看来，《期货和衍生品法》在不到一年的时间里，顺利经过三次审议，获全国人大常委会高票通过，有三方面重要原因：

一是党中央高度重视，党中央的决策部署、习近平总书记的一系列重要指示，为审议和修改《期货和衍生品法》（草案）指明了方向；二是我国社会主义市场经济体制不断完善，客观上需要从法律层面规范期货业和期货市场，完善金融法律制度；三是我国期货业和期货市场发展不断加快，对活跃商品流通、推动产业升级、促进经济转型、推动高质量发展发挥着越来越重要的作用。

谈意义：健全金融法律体系 完善期货和衍生品市场法律制度

尹中卿告诉期货日报记者，《期货和衍生品法》的颁布实施，对于健全我国金融法律体系、完善期货和衍生品法律制度、推进期货和衍生品市场法治建设将起到举足轻重的作用。

改革开放以来，伴随着我国金融业和金融市场的迅速发展，金融法律从无到有、从少到多，有的法律甚至经过多次修订或修正。在银行、证券、保险、期货、基金、信托等六大金融行业中，唯独期货业还没有制定法律，成为金融法律体系中的缺失和空白。

---

* 本文原载于《期货日报》2022年4月21日第一版（作者曲德辉）。

“《期货和衍生品法》的颁布实施，有利于健全我国金融法律体系。面对错综复杂的国内外经济形势，从法律层面建立权威高效的金融风险防范、化解和处置机制，牢牢守住不发生系统性风险的底线，为我国金融市场改革、开放、创新、发展保驾护航。”尹中卿说。

长期以来，我国期货市场主要依靠国务院制定的《期货交易管理条例》以及相关司法解释、部门规章、规范性文件、自律规则调整；衍生品市场主要依靠规范性文件、自律规则调整。期货和衍生品市场现行法规体系的层次和效力不高，监管标准不统一，交易规则碎片化，缺少相关民事法律规范，法律制度不完备，不能适应我国期货和衍生品市场的发展需要。

尹中卿认为，《期货和衍生品法》的颁布实施，让期货和衍生品市场有了根本大法，规范、保障、促进期货和衍生品市场的发展，统一、完善、强化期货和衍生品市场的监管，在法治轨道上推动期货和衍生品市场实现高质量发展。

评特点：既是改革创新法 也是规范保护法 更是保障促进法

尹中卿表示，刚刚表决通过的《期货和衍生品法》，适应了我国期货和衍生品服务国民经济特别是实体经济的迫切需要，满足了期货和衍生品市场统一完整、创新发展、对外开放、防范系统性风险的现实要求，既是一部改革创新法，也是一部规范保护法，更是一部保障促进法。

一是适应了期货和衍生品市场服务国民经济的需要。《期货和衍生品法》将“促进期货市场和衍生品市场服务国民经济”确立为立法宗旨，突出期货和衍生品为国民经济、实体经济服务的功能定位。对于打通金融血脉、活跃商品流通、稳定企业经营、推动产业升级、保障供应链安全、促进经济转型、推动高质量发展，都具有重要意义。

二是适应了期货和衍生品市场统一完整的需要。长期以来，我国金融业和金融市场一直实行分业经营、分业监管。单一期货监管机构与多种衍生品市场参与主体所属不同监管机构的矛盾越发突出。《期货和衍生品法》采取综合立法模式，统筹场内、场外期货和衍生品市场，明确界定期货和衍生品市场的结构性关系，将其纳入同一部法律，适应金融业功能监管、行为监管的趋势，为期货和衍生品市场协调发展奠定了法治基础。

三是适应了期货和衍生品市场发展的需要。制定《期货和衍生品法》，充分考虑期货和衍生品市场的特殊性，把握好稳定性与灵活性、原则性与可操作性、现实性与前瞻性之间的分寸，将期货和衍生品市场所依赖的单一协议、终止净额结算、中央对手方清算、履约担保等基本制度与民法典、担保法、公司法、破产法有关规定协调衔接，保护基础合同关系和交易者权益，为市场发展和监管执法提供充分的法律依据。

四是适应了期货和衍生品市场对外开放的需要。目前，我国期货和衍生品市场对外开放刚刚起步，虽然取得了积极成效，但深度和广度还不够。现行的《期货交易管理条例》缺乏对外开放的制度安排，涉外期货和衍生品交易法规还有许多空白。《期货和衍生品法》秉持国际化发展理念，既注意保持我国制度规则的特色，又注意与国际上通行惯例接轨，对期货和衍生品市场互联互通、参与机构权利责任义务、交易者权益保障、跨境监管协作等问题，从法律层面作出既符合我国国情和发展趋势，又适应国际期货和衍生品市场发展潮流的制度安排。

五是适应了期货和衍生品市场防范系统性风险的需要。《期货和衍生品法》将“防范化解金融风险，维护国家经济安全”确立为立法宗旨，明确国家鼓励利用期货市场和衍生品市场从事套期保值等风险管理活动。要求期货市场和衍生品市场“建立和完善风险的监测监控与化解处置制度机制，依法限制过度投机行为，防范市场系统性风险”，同时将“防范系统性风险”作为期货监督管理机构的主要职责，在条文中创设了特有的风险控制制度，完善了一般风险控制制度，健全了市场风险识别、风险预防和处置体系，限制过度投机行为，为有效防范和化解期货和衍生品市场风险奠定了法律基础。

论突破：调整对象更全面　适用范围更广泛　框架结构更合理　概念定义更准确

作为十二届全国人大财经委期货法起草领导小组组长，尹中卿认为：“制定《期货和衍生品法》不仅是一项系统工程，更是一项创新性工作。在立法工作中，我们始终坚持科学立法、民主立法、依法立法，深入调研论证，认真听取各方面的意见建议，充分反映机构、行业、市场、监管部门的诉求，全面汇聚全国人大代表、行业部门、专家学者的智慧，反复斟酌完善，善于在矛盾焦点上‘砍一刀’，找到最大公约数和平衡点，凝聚各方共识，努力提高立法质量和效率，增强法律制度的系统性、针对性和可操作性。”

尹中卿介绍，在立法过程中注意稳妥处理各种关系：第一，既立足我国国情、发展阶段和市场实际，又具有全球视野，借鉴发达市场正反两方面经验和教训，符合国际通行做法；第二，既善于总结我国实践经验，吸收和提炼现行《期货交易管理条例》等法规制度的核心内容，将比较成熟、富有成效的做法和规定综合、概括、上升为法律制度，又勇于突破创新期货和衍生品市场的法律规范，着眼长远，把握大势，为未来发展预留空间；第三，既注意协调现有法规冲突，弥补法律空白，又注重与现有法律法规相衔接，突出《期货和衍生品法》特点，着力解决基本性、制度性问题。

在尹中卿看来，与《期货交易管理条例》等现行法规制度相比，《期货和衍生品法》具有四大突破：

一是调整对象更全面。《期货和衍生品法》并非现行法规制度的简单升级，其调整对象从现行法规制度以期货交易管理为主，扩大到整个期货和衍生品市场。在交易方面全链条覆盖，总结提炼出期货和衍生品交易一般规定，概括规定了期货交易、衍生品交易、期货结算与交易的基本制度。在机构方面全方位覆盖，从交易者、经营机构到交易场所，再到结算机构、服务机构，还涉及保证金存管机构、监测监控机构，再到自治自律机构、监管机构、跨境监管协作，将市场全部法律关系，纳入法律调整对象范畴。

二是适用范围更广泛。《期货和衍生品法》弥补了现行法规制度的不足，适用范围从境内扩大至境外，统筹国内市场与国外市场，进行前瞻性制度安排，与国际惯例相衔接。特别设置“跨境交易与监管协作”一章，对期货和衍生品跨境交易进行规定，为期货和衍生品市场对外开放、互联互通保驾护航。

三是框架结构更合理。现有法规体系都是按照先机构后行为、先交易所后经营机构的顺序来规定的，《期货和衍生品法》则采取了先行为后机构、先经营机构后交易场所的顺序，适应了金融业和金融市场从行业监管转变为功能监管、从机构监管转变为行为合规监管的趋势。在章节设置上，增加“期货交易者”“期货结算机构”“期货服务机构”“跨境交易与监管协作”四章，完善了有关规定。

四是法律用语更准确。与现行法规制度相比，《期货和衍生品法》适应了市场发展的新趋势，将“期货投资者”改为“期货交易者”，将“期货公司”改为“期货经营机构”，将“期货交易所”改为“期货交易场所”；概念定义从集中单列，改为在正文中混合出现，增加了衍生品交易、互换合约、远期合约等概念定义。

讲落实：任务仍艰巨　做好配套规定　落实监督管理责任

《期货和衍生品法》的颁布实施，标志着中国期货和衍生品市场进入一个新的历史发展阶段。尹中卿建议，以此为契机，进一步完善期货和衍生品法规体系和监管体系，为期货和衍生品行业及市场的长远健康稳定发展提供制度支撑。

“此前，《期货和衍生品法》草案两次向社会公开，广泛征求各方面意见，体现了我国开门立法、全过程民主的立法精神。”尹中卿说，正因为如此，《期货和衍生品法》行业认可度较高，在社会上也达成了相当的共识。法律颁布后，8月1日就要正式施行了。无论是在施行之前的3个多月时间，还是在法律施行之后，仍有很多工作要做，任务仍然艰巨。

尹中卿表示，按照《中华人民共和国立法法》规定，法律施行之日起一年内，有关国家机关应当作出配套规定。《期货和衍生品法》第二十三条、第三十六条、第三十八条、第五十一条、第五十八条、第七十七条、第一百一十二条都要求国务院及其有关部门制定管理办法、具体办法、标准，第七十条、第一百零五条还要求国务院期货监督管理机构制定期货经营机构持续性经营规则、期货市场的规章和规则、期货从业人员的行为规则，第一百零四条还要求期货业协会制定行业自律规则，第八十三条还要求期货交易所制定有关业务规则。

尹中卿建议，从现在开始，法律授权的所有机关、机构都要及时启动行政法规、司法解释、部门规章、规范性文件、自治规范指引的制定、修改、废止、解释、编纂工作，完善与《期货和衍生品法》相配套的法规制度体系，进一步加强组织协调，协作配合，形成合力，落实监督管理责任，不断提高法律施行的能力和水平，确保《期货和衍生品法》全面、切实、有效贯彻实施。

尹中卿希望，期货和衍生品行业及其从业人员要加强对《期货和衍生品法》的学习，有关新闻媒体要做好法律的宣传、解读和普及。“各方面凝心聚力，不断提升全社会对期货和衍生品的认可度，不断增强全行业对法律的遵从度，为期货和衍生品行业及市场发展创造良好社会环境，为《期货和衍生品法》顺利施行奠定坚实基础。”

目　录

第一章 总则

本章共十条，主要规定《期货和衍生品法》的立法宗旨、调整对象、适用范围、风险监测防范机制、基本原则、监管框架等内容。《期货交易管理条例》规范的对象主要限于商品和金融期货合约、期权合约等期货交易。在《期货和衍生品法》制定过程中，草案一读稿①将“其他衍生品”纳入调整范围，二读稿②将“其他”删去，明确本法的调整对象为期货交易和衍生品交易及相关活动，最终稿③未做改动。此外，还新增相关规定，明确本法的域外适用效力，提出要发挥期货市场发现价格、管理风险、配置资源的功能等，并在集中统一监管的大原则下，重点规范期货市场，兼顾衍生品市场，对利率、汇率期货以及衍生品市场的监管作出灵活安排。

●立法宗旨

第一条 为了规范期货交易和衍生品交易行为，保障各方合法权益，维护市场秩序和社会公共利益，促进期货市场和衍生品市场服务国民经济，防范化解金融风险，维护国家经济安全，制定本法。

《期货和衍生品法》	《期货交易管理条例》
第一条 为了规范期货交易**和衍生品**交易行为，**保障**各方合法权益，维护市场秩序和社会公共利益，促进期货市场**和衍生品市场服务国民经济**，防范**化解金融**风险，**维护国家经济安全**，制定本**法**。	**第一条** 为了规范期货交易行为，~~加强对期货交易的监督管理，~~维护期货市场秩序，防范风险，~~保护期货交~~易各方的合法权益和社会公共利益，促进期货市场~~积极稳妥发展~~，制定本~~条例~~。

本条是关于《期货和衍生品法》立法宗旨的规定，与《期货交易管理条例》相比，拓展了本法覆盖范围，在期货之外将衍生品纳入规范的对象，删除“加强对期

① 即2021年4月第十三届全国人民代表大会常务委员会第二十八次会议第一次审议的《期货法》草案，简称“草案一读稿”或者“一读稿”。

② 即2021年10月第十三届全国人民代表大会常务委员会第三十一次会议第二次审议的《期货和衍生品法》草案，简称“草案二读稿”或者“二读稿”。

③ 即2022年4月20日第十三届全国人民代表大会常务委员会第三十四次会议审议通过的《期货和衍生品法》，简称“最终稿”。

货交易的监督管理”的规定，明确期货和衍生品市场应服务国民经济、防范化解金融风险，并增加了“维护国家经济安全”的规定，提升法律的适应性，以满足期货和衍生品市场新的发展要求。

解析

立法宗旨是立法的基本要求，每部法律都有特定的立法宗旨。立法宗旨直接关系到一部法律的制度设计与具体规范，是立法之宗、行法之纲。[①]此次立法对《期货交易管理条例》原条文作出较大修改，主要考虑的是适应多层次资本市场体系，满足多层次风险管理的现实需求，统筹规范期货和衍生品市场运行，促进市场功能更好地发挥，服务实体经济风险管理，维护国家经济安全。《期货和衍生品法》的立法宗旨为：

一是规范期货交易和衍生品交易行为。规范交易活动是我国大多数金融立法的普遍目的。期货和衍生品交易是一种特殊的民商事交易，与传统的一对一交易相比，相关交易的缔约形式、交易方式、结算方式，特别是风险控制方式都有显著的不同。[②]相关交易制度安排部分虽可适用《民法典》等相关原则和相关规定，但是期货和衍生品交易涉及面广，基础资产多元，法律关系比较复杂，因此亟须专门立法予以规范。规范相关交易也是1999年《期货交易管理暂行条例》、2007年《期货交易管理条例》一直坚持的宗旨之一，此次立法在《期货交易管理条例》的基础上，将衍生品交易纳入规范，进一步拓展了立法的覆盖范围。同时，此次立法删去了《期货交易管理条例》“加强对期货交易的监督管理”的规定，放弃过去带有明显国家管制思维的监管理念，更加侧重于市场规范。在这一立法宗旨指导下，本法在第二章、第三章、第五章和第六章着力规定了有关期货和衍生品交易行为及期货市场运作机制，加强期货交易场所和期货经营机构的内部管理制度等内容。

二是保障各方合法权益。参与期货和衍生品交易的各方是市场生存和发展的基础力量，其合法权益应予以保障。期货和衍生品市场采取保证金交易，杠杆高、风险大、专业性强，而且我国期货和衍生品市场起步较晚，期货市场散户较多，风险承受能力较弱，需要在立法上作出相应安排，例如，统一监管体制、加强适当性管理、强化信息披露与风险揭示等，以均衡配置不同主体之间的权利义务，合理设定

① 李明良、施廷博：《商法思维与期货市场立法的若干思考》，载王保树主编《中国商法年刊》，法律出版社，2013，第239页。

② 姜洋：《加快推进制定“期货法”》，《中国金融》2020年第11期。

相关主体法律责任，保障各方合法权益。

三是维护市场秩序和社会公共利益。期货和衍生品市场价格发现及风险管理功能的有效发挥，依赖于公允透明的价格、正常的市场秩序。规范有序的市场环境，既能充分保障参与各方合法权益，也能让市场在资源配置中的决定性作用进一步显现，进一步提升经济金融活动运行效率，从而给整个社会带来巨大经济效益。经过三十多年的探索实践，我国期货和衍生品市场从无到有，从弱到强，快速发展的背后离不开法律制度的完善和监管执法的加强，这也充分说明立法确立维护市场秩序这一立法宗旨的重要性。期货市场是多层次资本市场体系的重要组成部分，涉及面广，与证券市场、大宗商品市场等息息相关，如果出现风险事件，不仅会损害参与各方的利益，也会影响社会稳定和经济发展，危及社会公共利益。因此，此次立法继续坚持了《期货交易管理条例》的规定，将维护市场秩序和社会公共利益作为本法的立法宗旨之一。

四是促进期货市场和衍生品市场服务国民经济。美国等境外发达市场的实践表明，期货和衍生品市场的存在基础和发展目的就是发挥其市场功能，服务产业及实体经济的健康发展，唯有如此，该市场才有生存的价值，也才有持续发展的源泉。① 截至2021年12月末，我国已上市期货期权品种达94个，基本覆盖了农产品、金属、能源、化工、金融等国民经济主要领域。《期货和衍生品法》的制定和实施，就是通过法治的思维与方式，促进该市场服务国民经济高质量发展的中心目标的实现。

五是防范化解金融风险。防范化解重大风险为“三大攻坚战”之一。2017年中央经济工作会议强调，打好防范化解重大风险攻坚战，重点是防控金融风险。防范化解金融风险特别是防止发生系统性金融风险，是金融工作的永恒主题。金融风险的突发性、外溢性、复杂性、关联性强，一旦发生传染蔓延将对国民经济和社会发展造成破坏性影响。2022年4月，《中华人民共和国金融稳定法（草案征求意见稿）》的推出进一步彰显国家防范化解金融风险、健全金融法治的决心。防范风险是期货和衍生品市场发展的永恒主题。一方面，期货和衍生品市场是个风险管理市场，交易的是风险，管理的也是风险；另一方面，期货和衍生品市场是风险性和投机性较强的市场，是一个既能管理风险也会引发风险的市场。因此，必须坚持防范化解金融风险这一立法宗旨，完善交易、结算、交割各个环节监管，建立健全各项风险管理制度，提高期货交易场所、期货结算机构的风险处置能力等，加强对操纵市场、内幕交易等违法行为的打击，构建自律、行政等一体化风险防范体系。

① 杰瑞·W.马卡姆：《商品期货交易及其监管历史》，大连商品交易所本书翻译组译，中国财政经济出版社，2009。

六是维护国家经济安全。经济安全是国家安全战略的核心。发展期货和衍生品市场应立足于维护国家经济安全，丰富期货和衍生品产品种类，拓展期货和衍生品价格影响力和覆盖面，努力建设一个与我国经济金融发展程度相匹配、风险管理需求相适应、竞争力强的市场。维护国家经济安全这一宗旨与前述立法宗旨相互联系、密不可分，市场规范运行、防范化解金融风险等，最终的落脚点都回到维护国家经济安全这一根本目标。

从境外立法实践来看，各国期货立法的宗旨或目的在表述上虽然存在一些差异，但一般都包括这样几个层次：一是市场公开、透明、有效率，形成良好的竞争格局；二是保护投资者的权益，反欺诈；三是减少和消除系统危机或风险，促进期货市场健康发展，维护资本市场秩序；四是促进国民经济发展。美国2000年《商品期货现代化法》的立法宗旨主要包括如下几个方面：第一，阻止和防止市场欺诈行为，包括内幕交易、市场操纵和欺诈客户等行为；第二，保护投资者的利益，特别是维护投资者的资产安全；第三，增强期货市场的公开透明度，维护期货市场的公平竞争秩序；第四，防范和避免系统性风险；第五，维护公共利益和社会经济秩序。日本2006年《金融商品交易法》第1条规定：该法的目的是，通过制度规范，披露公司事务及其他相关事宜，提供从事金融商品有关主体的必要事项和保障金融商品交易的适当运行，以确保公平，特别是有价证券发行和金融商品交易的公平等，并促进有价证券的顺利流通，以及着眼于金融商品的公允价格之形成，通过充分利用资本市场的功能，推进国民经济的健全发展和保护投资者。相比其他国家（地区）的立法，英国期货立法没有明确规定立法的宗旨。但是2000年《金融服务与市场法》第3条至第6条明确提出了四项监管目标，可以理解为该法之宗旨，具体包括：第一，维护资本市场的投资信心；第二，提高资本市场的透明度，加强投资者教育；第三，规范市场交易行为，保护投资者利益，并由金融服务局制定具体的投资公司业务规则；第四，加强资本市场监管，防止市场欺诈，维护资本市场的正常秩序。

• 调整范围

第二条 在中华人民共和国境内，期货交易和衍生品交易及相关活动，适用本法。

在中华人民共和国境外的期货交易和衍生品交易及相关活动，扰乱中华人民共和国境内市场秩序，损害境内交易者合法权益的，依照本法有关规定处理并追究法律责任。

《期货和衍生品法》	《期货交易管理条例》
第二条　在中华人民共和国境内，期货交易和衍生品交易及相关活动，**适用本法。** **在中华人民共和国境外的期货交易和衍生品交易及相关活动，扰乱中华人民共和国境内市场秩序，损害境内交易者合法权益的，依照本法有关规定处理并追究法律责任。**	**第二条**　~~任何单位和个人从事~~期货交易及其相关活动，~~应当遵守本条例。~~ ……

本条规定《期货和衍生品法》的调整范围，相较于《期货交易管理条例》的规定进行了较大修改，在将衍生品交易及相关活动纳入调整的同时，规定了特定情形下本法的域外效力，即对于在境外的期货交易和衍生品交易及相关活动，扰乱境内市场秩序，损害境内交易者合法权益的，依照本法有关规定处理并追究法律责任，与2019年修订的《中华人民共和国证券法》（以下简称《证券法》）表述逻辑基本一致，扩大了本法的空间适用效力。

解析

一、期货交易及相关活动

作为期货和衍生品领域的基本法，对期货交易及相关活动进行规范是本法的应有之义。当前，我国现行期货法规主要定位于场内商品、金融期货和期权标准化合约交易，继续坚持和加强对此领域的规范，是促进期货市场高质量发展的必然要求。当然，相较于《期货交易管理条例》的规定，首先，本法在空间范围上，进一步明确适用范围主要限于中华人民共和国境内。其次，在调整对象上，是期货交易及相关活动，至于期货交易、期货及期权合约的定义则在本法第三条予以单独规定，至于期货交易相关活动，本法虽没有明确定义，但是在后续章节，围绕与期货交易相关的期货交易自律管理、经纪、中介服务活动等也予以了明确规定。

二、衍生品交易及相关活动

是否将期货之外的其他衍生品纳入法律的调整范围，是此次立法过程中面临的难点和争论点之一。有观点认为期货是小概念，衍生品是大概念。衍生品既包括期货即商品类衍生品，也包括金融类衍生品；既有在交易所通过集中竞价交易的场内衍生品，也有通过一对一询价、协商、撮合交易的场外衍生品。我国期货与衍生品市场发展程度不一，期货市场已经稳定运行多年，监管制度比较成熟，而衍生品市场尚处于探索发展阶段，在法律里统一规定可能会限制衍生品市场发展，最好等待条件成熟时再单独立法。也有观点认为期货交易与衍生品交易没有本质区别，期货市场适用的法律关系、监管逻辑很多可借鉴于衍生品市场。目前我国还没有关于场外衍生品的法律和行政法规。2019年我国修订《证券法》，删除了有关证券衍生品的规定，留给期货法。期货和衍生品最好纳入同一部法律中。[①]

考虑到这部法既规范期货交易，也规范衍生品交易，仅叫"期货法"，名称与内容不尽相符，所以二读稿将本法名称修改为"期货和衍生品法"。需要说明的是，从性质上来说，期货也是衍生品，因此这里的衍生品应该讲的是期货以外的其他衍生品。但在立法技术上做了处理，通过增加对期货交易、衍生品交易的定义，明确"本法所称衍生品交易，是指期货交易以外的，以互换合约、远期合约和非标准化期权合约及其组合为交易标的的交易活动"。也就是说，从性质上来讲期货和衍生品是不太好并列的，但从法律概念上来说，通过法律概念的定义，实际上把期货和衍生品在法律上做了区分，本法讲的衍生品实际上就是期货以外的，或者是期货交易以外的其他衍生品。

衍生品市场与期货市场本质相同，功能互补，制度相通，高度关联，不可分割，共同构成统一的大市场。[②]衍生品交易虽与期货交易在标准化、是否集中交易等方面存在差异，但是同样属于杠杆性交易，具有规避价格风险的功能，本质上差别较小，而且目前场外衍生品市场的发展很多已经突破了合约市场的特性，出现了一定的集中和标准化趋势。从境外监管动向来看，尤其是在2008年国际金融危机之后，境外市场大多将具有期货交易特征的场外衍生品市场纳入监管，规定有针对性的交易与结算制度安排。因此，此次立法并没有局限于场内期货市场，而是采取综合立法模式，坚持把期货和衍生品纳入统一调整范围，将制定的法律定位为广义法，而不是狭义法。充分吸收二十国集团在国际金融危机后达成的加强衍生品监管的共识，适应金融市场从行业监管转变为功能监管、从机构监管转变为行为合规监管的趋势，结合境内期货市场和衍生品市场发展和监管实际，借鉴国际成熟市场经验，创造性地将衍生品交易及相关活动纳入调整，确立了单一协议、终止净额结

① 曲德辉：《三十年磨一剑：期货和衍生品法的"前世今生"》，https://mp.weixin.qq.com/s/wzNzQGHcS2AtoeTzyR_qcQ，访问日期：2022年4月22日。

② 《全面提升期货和衍生品市场监管效能——证监会主席易会满就期货和衍生品法出台与实施接受新华社记者专访》，https://mp.weixin.qq.com/s/EbzdX8B-jcdD1E6a41v57A，访问日期：2022年4月22日。

算、交易报告库等衍生品交易基础制度，着力避免监管套利和防范化解系统性风险，维护金融法律体系的协调和统一。

三、关于域外适用效力

建设高水平的对外开放的期货市场离不开具有域外效力的期货法制度保障。当前，我国期货市场国际化正稳步推进。“引进来”方面，境外投资者可投资的期货品种范围不断扩大，商品期货期权国际化品种增至9个，开放品种境外交易者日均交易占比达10%左右。“走出去”方面，境内期货交易所与境外交易所、金融机构正开展多种合作。2020年9月18日，上海期货交易所与挪威浆纸交易所签署了纸浆期货结算价授权协议。①新增域外适用的相关规定，统筹国内市场与国外市场，进行前瞻性制度安排，与国际惯例相衔接，可以更为充分地保护境内交易者合法权益、维护境内市场秩序，为期货市场扩大开放提供法治保障。在条文的具体表述上，本法与2019年修订的《证券法》一致，就域外适用作出原则性规定，为执法和司法机构预留充分的自由裁量空间。

法律的域外适用是一项系统性工程，一方面需要本国市场已经高度国际化，为其适用提供空间和条件，另一方面需要立法、行政和司法多方协同，共同完成法律执行。以美国为例，2010年通过的《多德—弗兰克法案》为加强对期货衍生品监管力度，在《商品交易法》的修订中增加了规制境外主体的条款，赋予商品期货交易委员会在互换领域的域外执法权，不过美国司法系统对期货市场法律法规的域外适用较为谨慎。②在Prime国际贸易公司诉英国石油公司（Prime International Trading, Ltd. v. BP）案中，第二巡回上诉法院明确表示，除非一部法律中有明确的域外适用条款，否则必须以反域外适用进行推定，这是美国法律体系的根基。根据对《商品交易法》的文义解释，只有第2（i）条在互换市场获得域外适用的效力，而且域外适用的效力也应仅限于此。③就该案而言，案情涉及的场内期货交易并不是互换交易，因此适用的条款也不具有域外适用效力。在韩国交易者诉塔研资本公司（Choi v. Tower

① 参见《中国证监会副主席方星海在2021年上交所国际投资者大会上的致辞》，http://www.sse.com.cn/aboutus/mediacenter/hotandd/c/c_20211025_5613951.shtml，访问日期：2022年4月21日。

② 《2010年华尔街透明度与问责法》中制定，该法关于互换的规定不适用于美国境外的活动，除非该等活动：（1）与美国境内商业活动具有直接重大关联，或对其具有直接重大影响；（2）或违反商品期货委员会为防范对《2010年华尔街透明度与问责法》制定的任何规定的规避行为而制定或颁布的必要或适当的规则或规章，参见季烁人：《美国〈商品交易法〉域外适用的变迁与最新发展——以“英国石油公司案”为例》，《衍生品评论》，2020年第12期。

③ 参见Prime International Trading Ltd. v. BP PLC，No. 17-2233（2d Cir. 2019）。

Research Capital LLC）[1]案中，第二巡回上诉法院认为《商品交易法》仅适用于有关"在注册实体或根据注册实体的规则"交易的期货合约的市场操纵诉请。作为一家非美国期货交易所，韩国交易所（KRX）并不是一个注册实体，KOSPI 200期货合约并非由芝加哥商业交易所（CME）创设或在CME交易，即使交易由芝加哥商品交易所全球电子交易平台（CME Globex）匹配，CME也不监管KOSPI 200期货合约的交易，最终驳回原告诉请。[2]

瑞幸咖啡财务造假曾引发市场对中国证监会是否启动《证券法》域外适用的广泛关注。根据中国证监会官方声明，瑞幸咖啡注册地在开曼群岛，经境外监管机构注册发行证券并在美国纳斯达克股票市场上市。中国证监会表示，将按照国际证券监管合作的有关安排，依法对相关情况进行核查，坚决打击证券欺诈行为，切实保护投资者权益。[3]当前，我国期货市场境外投资者的参与程度以及跨境监管和执法的经验尚未达到成熟水平，为避免引发管辖权冲突以及造成司法执法资源的浪费，可以参照《证券法》执法司法相关实践，审慎行使域外管辖权，通过本法跨境交易与监管协作相关制度安排实现监管目标。

●期货交易和衍生品交易的界定

第三条 本法所称期货交易，是指以期货合约或者标准化期权合约为交易标的的交易活动。

本法所称衍生品交易，是指期货交易以外的，以互换合约、远期合约和非标准化期权合约及其组合为交易标的的交易活动。

本法所称期货合约，是指期货交易场所统一制定的、约定在将来某一特定的

① 原告（均为韩国公民）交易了KOSPI 200期货合约，该合约在位于韩国的韩国交易所（Korea Exchange，KRX）隔夜市场进行交易。原告通过Globex电子交易平台下单，该电子交易平台由位于美国的CME集团创建并运营。KOSPI 200期货合约的日间订单在韩国由KRX向交易对手匹配，隔夜订单则在伊利诺伊州的奥罗拉由Globex的交易匹配器进行匹配。匹配后，无论交易是在白天还是隔夜进行，都会在KRX进行结算。2012年，纽约的一家高频交易公司Tower在隔夜就KOSPI 200期货合约执行了近4000000笔交易。同样交易KOSPI 200期货合约的原告声称，这些交易是操纵性的"幌骗"交易，因为Tower下了大量的买入或卖出订单，然后利用其算法和高速交易技术在其他交易者匹配订单之前取消了订单或下了相反订单。原告声称，Tower下单是为了人为地提高或降低价格，赚取了超过14000000美元的非法利润。在韩国监管机构将Tower可能在隔夜市场进行KOSPI 200期货合约的非法交易的这一案件移交韩国检察机关后，原告代表自己和据称因Tower的操纵性计划受损的其他人在美国提起了集体诉讼。

② 参见Choi v. Tower Research Capital LLC，No. 20-1648（2d Cir. 2021）。

③《中国证监会声明》，http://www.csrc.gov.cn/csrc/cl00028/c1000804/content.shtml，访问日期：2022年5月10日。

时间和地点交割一定数量标的物的标准化合约。

本法所称期权合约，是指约定买方有权在将来某一时间以特定价格买入或者卖出约定标的物（包括期货合约）的标准化或非标准化合约。

本法所称互换合约，是指约定在将来某一特定时间内相互交换特定标的物的金融合约。

本法所称远期合约，是指期货合约以外的，约定在将来某一特定的时间和地点交割一定数量标的物的金融合约。

《期货和衍生品法》	《期货交易管理条例》
第三条　本**法**所称期货交易，是指以期货合约或者**标准化**期权合约为交易标的的交易活动。 **本法所称衍生品交易，是指期货交易以外的，以互换合约、远期合约和非标准化期权合约及其组合为交易标的的交易活动。** 本**法**所称期货合约，是指期货交易场所统一制定的、**约**定在将来某一特定的时间和地点交割一定数量标的物的标准化合约。 本**法**所称期权合约，是指**约**定买方有权在将来某一时间以特定价格买入或者卖出约定标的物（包括期货合约）的标准化**或非标准化**合约。 **本法所称互换合约，是指约定在将来某一特定时间内相互交换特定标的物的金融合约。** **本法所称远期合约，是指期货合约以外的，约定在将来某一特定的时间和地点交割一定数量标的物的金融合约。**	**第二条**　本~~条例~~所称期货交易，是指~~采用公开的集中交易方式或者国务院期货监督管理机构批准的其他方式进行的~~以期货合约或者期权合约为交易标的的交易活动。 本~~条例~~所称期货合约，是指期货交易场所统一制定的、~~规~~定在将来某一特定的时间和地点交割一定数量标的物的标准化合约。~~期货合约包括商品期货合约和金融期货合约及其他期货合约。~~ 本~~条例~~所称期权合约，是指~~期货交易场所统一制定的、规~~定买方有权在将来某一时间以特定价格买入或者卖出约定标的物（包括期货合约）的标准化合约。

本条以定义的形式对期货交易和衍生品交易，以及期货合约、期权合约、互换合约、远期合约进行了界定。以非此即彼的方式，在明确期货交易内涵的同时，对衍生品交易的范围进行了界定，二者显著差异之一在于是否标准化。

解析

《期货和衍生品法》的调整范围是期货交易和衍生品交易，但对于二者的内涵和外延在各国法律层面并没有一个明确的界定。[①]但期货交易有一些基本特征：期货交易的标的为标准化合约；采用集中交易方式，投资者可以通过对冲来了结持仓义务；采用保证金交易机制，交易所提供集中履约担保。而衍生品交易的特征主要表现为非标准化。

一、期货交易的界定

从境外实践来看，美国商品期货交易委员会（CFTC）认为，一项交易是否构成期货交易，其判断要素包括但不限于：（1）是否属于标准合同；（2）是否对大众出售；（3）所涉及的是否是将来交付的货物；（4）是否有保证金作为担保；（5）是否未对所购或所售货物期待真实交付；（6）是否以对冲的方式完成交易。这实际上是归纳了期货的实质性要素。[②]我国台湾地区将期货交易界定为：依期货交易所或其他期货市场之规则或实务，从事衍生自商品、货币、有价证券、利率、指数或其他利益之契约之交易。通过其对期货交易及交易标的的规定，我们可以看出，我国台湾地区期货交易有集中交易、标准化合约和反向对冲平仓等基本特征。

如何定义期货交易，我国曾进行多次尝试。2007年《期货交易管理条例》曾通过对变相期货交易加以定义[③]，尝试界定期货交易概念。《国务院关于清理整顿各类交易场所切实防范金融风险的决定》规定，除依法经国务院或国务院期货监管机构批准设立从事期货交易的交易场所外，任何单位一律不得以集中竞价、电子撮合、匿名交易、做市商等集中交易方式进行标准化合约交易。《国务院办公厅关于清理整顿各类交易场所的实施意见》提出“标准化合约”包括两种情形：一种是由交易场所统一制定，除价格外其他条款固定，规定在将来某一时间和地点交割一定数量标的物的合约；另一种是由交易场所统一制定，规定买方有权在将来某一时间以特定价格买入或者卖出约定标的物的合约。规定大宗商品中远期交易，是指以大宗商品的标准化合约为交易对象，采用电子化集中交易方式，允许交易者以对冲平仓方式了结交易而不以实物交收为目的或不必交割实物的标准化合约交易。从该

---

① 从市场实践来看，衍生品是最为宽泛的概念，包括期货、期权等金融合约，此次立法通过法律概念的定义，实际上把期货和衍生品在法律上做了区分。本法讲的衍生品实际上就是期货以外的，或者是期货交易以外的其他衍生品。

② 参见于勤：《期货交易的界定及其完善》，载黄红元、徐明主编《证券法苑》（第八卷），法律出版社，2013，第301-302页。

③《期货交易管理条例》第八十九条规定：“任何机构或者市场，未经国务院期货监督管理机构批准，采用集中交易方式进行标准化合约交易，同时采用以下交易机制或者具备以下交易机制特征之一的，为变相期货交易：（一）为参与集中交易的所有买方和卖方提供履约担保的；（二）实行当日无负债结算制度和保证金制度，同时保证金收取比例低于合约（或者合同）标的额20%的。本条例施行前采用前款规定的交易机制或者具备前款规定的交易机制特征之一的机构或者市场，应当在国务院商务主管部门规定的期限内进行整改。”

实施意见来看，它似乎将“集中交易”“标准化”“对冲平仓”作为认定期货交易的标准。2012年修订的《期货交易管理条例》第二条直接规定：“本条例所称期货交易，是指采用公开的集中交易方式或者国务院期货监督管理机构批准的其他方式进行的以期货合约或者期权合约为交易标的的交易活动。”此后《期货交易管理条例》历次修订未对该条款进行修改，从该条款来看，《期货交易管理条例》主要是从期货交易核心特征出发，综合考虑集中交易、合约标准化、交易所提供担保等特征进行界定。

草案一读稿对该界定方式进行了调整，从界定期货和衍生品概念出发，并通过列举二者交易的标的物，对相关交易进行界定。在衍生品的表述上，与《银行业金融机构衍生产品交易业务管理办法》第三条的规定类似。草案二读稿沿用了《期货交易管理条例》的表述，明确了期货交易的交易标的包括期货合约及标准化期权合约。与《期货交易管理条例》不同的是，关于期货交易场所、交易方式的规定移到了本法第十一条。此前《期货交易管理条例》主要规范的是场内期货期权交易，此次立法将场外衍生品也纳入其中，因此期权合约包括标准化合约和非标准化合约。

综上所述，结合本法第三条、第十一条来看，期货交易指的是在依法设立的期货交易所或者国务院期货监督管理机构依法批准组织开展期货交易的其他期货交易场所，采用公开的集中交易方式或者国务院期货监督管理机构批准的其他方式进行的，以期货合约或者标准化期权合约为交易标的的交易活动。

二、衍生品交易的界定

衍生品的概念及外延非常宽泛。巴塞尔委员会《对银行金融衍生品工具交易的谨慎监管》报告中，界定金融衍生工具为“任何价值取决于相关比率或基础资产之价值或某一指数（如利率、汇率、证券或商品价格）的金融合约”。[①]2011年，中国银监会修订发布的《银行业金融机构衍生产品交易业务管理暂行办法》第三条规定：“本办法所称衍生产品是一种金融合约，其价值取决于一种或多种基础资产或指数，合约的基本种类包括远期、期货、掉期（互换）和期权。衍生产品还包括具有远期、期货、掉期（互换）和期权中一种或多种特征的混合金融工具。”2021年12月3日，中国人民银行、中国银保监会、中国证监会和国家外汇管理局共同发布的《关于促进衍生品业务规范发展的指导意见（征求意见稿）》提出衍生品是一种金融协议，其价值取决于利率、汇率、商品、股权、信用和贵金属等基础资产的价

① 上海期货交易所《“期货法”立法研究》编著：《“期货法立法研究”（上册）》，中国金融出版社，2013，第150页。

值变动，衍生品通常具备以下四项基本特征：（1）具有未来进行交割或行权的基础资产；（2）合约需明确未来进行交割的基础资产的数量和价格，或其确定方式；（3）具有明确的到期期限；（4）具有明确的交割方式。衍生品的认定遵循实质重于形式的原则。

从传统金融理论及定义来看，期货也是衍生品。因此，草案一读稿引入了“其他衍生品”的概念。不过二读稿删除了“其他”，聚焦衍生品尤其是场外衍生品非标准化这一突出特征，在衍生品交易的定义上采用了非此即彼的方式，即期货交易以外的，以互换合约、远期合约和非标准化期权合约及其组合为交易标的的交易活动。金融创新日新月异，交易方式、基础资产形式多样，采用排除法，使衍生品交易的定义更加周延，也为后续市场创新预留了空间。《证券公司金融衍生品柜台交易业务规范》也曾采用类似方式定义衍生品交易。①

三、期货合约、期权合约、互换合约、远期合约的界定

草案一读稿拟从期货、其他衍生品以及交易的标的物等角度去界定相关概念，草案二读稿则对《期货交易管理条例》的相关内容予以吸收，对期货合约和期权合约进行定义，最终稿根据有关方面的意见，进一步完善本法相关合约概念的规定，并按照巴塞尔委员会和国际证监会组织有关衍生品的定义，明确互换合约、远期合约属于金融合约。②同时在期货合约和期权合约的表述上，将此前的“规定”修改为“约定”，更能体现本法的民商事性质以及参与主体平等的法律地位，也和互换合约、远期合约的表述保持统一。

互换合约的定义。传统意义上互换交易指交易双方约定在未来某一期限相互交换各自持有的资产或现金流的交易形式，较为常见的是外汇互换交易和利率互换交易。以利率互换为例，可能是如下交易结构：A公司本来是付给银行固定利率（5.2%），B公司本来是付给银行浮动利率（LIBOR+0.1%）。然后，A公司与B公司之间，签署一份互换合约，商定A公司付给B公司浮动利率（LIBOR），B公司付给A公司固定利率（5%）。经过这样一个互换过程，最终，A公司需要付浮动利率（LIBOR+0.2%），B公司需要付固定利率（5.1%）。2008年国际金融危机之后，美国通过《多德—弗兰克法案》加强了互换等场外衍生品的监管，该法规定的互换，

① 第二条第二款规定：“本规范所称的衍生品交易指证券公司在集中交易场所以外，根据与交易对手方达成的协议，与交易对手方直接开展的交易。”

② 《全国人民代表大会宪法和法律委员会关于〈中华人民共和国期货和衍生品法（草案）〉审议结果的报告》，http://www.npc.gov.cn/npc/c30834/202204/9a6bd3a27bd34c459462c3bf45d129ac.shtml，访问日期：2022年4月22日。

根据标的资产性质，包括利率、汇率、商品等互换，证券互换，混合互换等。为加强场外衍生品监管，本条对互换合约作了一个较为宽泛的定义，明确它是指约定在将来某一特定时间内相互交换特定标的物的金融合约。

远期合约的定义。远期合约是一种较为简单的衍生工具，出现时间比期货合约早，通常是指买卖双方就某项资产或者某种商品在未来某一日期达成的协议。例如，农民的小麦很快就要收割了，小麦价格一直在波动，农民不确定小麦收获并准备上市的时候市场价格将是多少。而以小麦为生产原料的面粉加工厂，与农民一样，也不喜欢小麦价格的波动，因为这样会侵蚀其利润。为此，农民和面粉厂达成一项远期交易协议。合约规定在指定日期（如合约签订之日起90天内），农民向面粉厂交付2吨小麦，价格为每吨2400元，合计4800元。对农民来说，这是一个可以接受的价格，因为他可以预估销售小麦的收入。而对面粉厂来说，合约固定的价格也有助于其估算生产成本。合约签订时，没有发生货币或资产易手。90天后，农民和面粉厂履行实物交割和结算。期货合约与远期合约在性质上具有相似性，与远期合约不同的是，期货合约通常在交易所内交易，合约条款是标准化的，同时交易所提供确保合约履约的机制。[①]因此，在界定远期合约时，条文强调本法所称远期合约是期货合约以外的符合一定特征的金融合约。

从境外来看，新加坡《证券期货法》将交易所交易的期货及衍生品合约、场外衍生品合约和以杠杆为目的的即期外汇合约等金融产品纳入调整范围，并通过明确的定义对上述概念加以界定。美国通过《商品交易法》对商品广泛定义，将期货、期权、远期等衍生品纳入调整范围，在国际金融危机后通过《多德—弗兰克法案》对互换明确定义，将外汇相关衍生品、互换间的组合与置换、差价合约以及信用违约互换、混合互换等纳入监管。合约的定义及交易的界定是一系列监管的起点和源头，此次立法在清晰界定期货交易、衍生品交易的基础上，借鉴国内外经验完善了相关金融合约的定义，有助于进一步加强场内场外市场统筹监管，促进市场规范有序发展。

●期货市场的功能

第四条 国家支持期货市场健康发展，发挥发现价格、管理风险、配置资源的功能。

① 王学勤：《标准合约简论》，《中国期货》2020年第4期。

国家鼓励利用期货市场和衍生品市场从事套期保值等风险管理活动。

国家采取措施推动农产品期货市场和衍生品市场发展，引导国内农产品生产经营。

本法所称套期保值，是指交易者为管理因其资产、负债等价值变化产生的风险而达成与上述资产、负债等基本吻合的期货交易和衍生品交易的活动。

与《期货交易管理条例》相比，本条是此次立法新增的规定，强调国家支持期货市场健康发展，充分发挥期货市场三大功能，对期货市场服务风险管理、服务农业经营等作出倡导性规定，并明确规定了套期保值的概念。

解析

一、期货市场三大功能

1984年，美国商品期货交易委员会、美联储、财政部和证监会向国会提交的《期货期权交易对经济的影响研究》（以下简称四方报告）以及2014年美国独立智库米尔肯研究院发布的《衍生品对经济增长的影响分析——从风险管理的角度》等报告认为，期货衍生品促进经济增长和就业，缓解投资不足和财务困境，促进社会投资，增强金融体系的弹性和稳定性，服务美联储货币政策操作，服务美国公司全球化经营等。2021年4月，全国人大财经委主任就期货法草案作说明时表示，期货市场通过价格发现、风险管理等功能，对促进生产、流通、消费、分配循环，服务实体经济发挥积极作用。[①]

期货市场的第一个重要功能是价格发现。期货市场是发现价格、提供价格的最佳场所。一是由于集中竞价和杠杆交易机制，各类宏观信息、产业信息和供求关系能够低成本、高效率地体现在期货价格中，期货价格往往能够领先于现货价格反映出大宗商品和产业运行情况。二是期货市场价格发现功能具有超前性，往往能够反映未来多个时点的价格，如当月、未来数月甚至数年的交易价格。三是期货市场为全社会免费提供价格信息。期货交易产生的大宗商品和金融资产价格迅速显示在媒体和信息终端上，几乎零成本向社会提供市场信息，指导生产、贸易和消费等经济活动。

期货市场的第二个重要功能是风险管理。风险管理的作用就是精确地将风险

① 张天培：《规范和促进期货市场健康发展》，《人民日报》2021年4月27日。

控制在可以接受的水平和形式上，与其他风险管理工具相比，期货交易机制在管控违约风险和提供市场流动性等方面具有突出优势，期货产品逐步成为市场经济条件下管理风险的必备工具，被广泛运用于经济社会的各个领域。有了期货进行套期保值，企业、投资者等微观经济主体能够有效地规避大宗商品、利率、汇率、股指等市场价格波动风险，实现稳定经营、长期投资。

配置资源是期货市场第三个重要功能。价格调节需求，需求引导资源配置。与现货市场相比，期货市场发现的远期价格具有连续性、前瞻性和权威性，能够比较真实地反映商品和金融资产未来的价格变动趋势，可以对优化社会资源配置发挥重要作用。①

综上所述，价格发现和风险管理是期货市场最基本的功能，充分发挥期货市场价格发现和定价基准功能，有助于指导市场主体有效安排生产经营活动、降低市场交易成本、及时反映经济运行情况，进而促进资源的优化配置。此次立法，明确国家对发展期货市场的支持态度，并以法律的形式对期货市场三大功能予以明确，鼓励利用期货市场和衍生品市场从事套期保值等风险管理活动。

二、服务农产品生产经营

服务实体经济、服务“三农”是期货市场发展的根本宗旨。2017年的中央一号文件特别指出，要积极引导涉农企业利用期货、期权市场管理风险。2017年、2018年、2019年连续三年中央一号文件都要求积极探索，引入保险，把场外期权和期货结合起来为更多的中小微企业和“三农”服务。②推动农产品期货和衍生品市场发展，引导国内农产品生产经营，也有助于防范农产品价格波动风险，保障农民生产收入，助力脱贫攻坚和乡村振兴战略。从境外实践来看，以美国为例，虽然农产品期货份额较小，但是美国认为农业对国家安全至关重要，金融市场应该为农业服务，法律规定了鼓励和推动农产品生产商善意套期保值的程序，使本国农产品生产商更容易参与期货市场，以便在更大程度上使生产商能够对生产中的价格风险进行套期保值。③为此，本法对相关内容也作出了倡导性规定。

① 姜洋：《发现价格：期货和金融衍生品》，中信出版集团，2018，第52页。

② 姜洋：《中国期货市场发展回顾》，《中国金融》2019年第19期。

③ 姜洋：《发现价格：期货和金融衍生品》，中信出版集团，2018，第431-432页。

三、套期保值的定义

套期保值是一种以回避现货价格风险为目的的交易行为，在国外权威的金融类词典中，通常将套期保值翻译为Hedge（对冲）一词，即一种旨在降低风险的行动或策略，其常见的形式是在一个市场或资产上做交易，以对冲在另一个市场或资产上的风险。从境外实践看，美国《商品交易法》6a（c）对“套保交易和头寸”进行了定义。根据该条，“套保交易和头寸”必须是在期货和期权市场建立的，用于对冲其在现货市场交易或头寸的，有助于减少商业企业经营行为中产生的风险。这种风险包括：（1）加工、制造、生产、拥有的资产价值发生变化的风险；（2）拥有的债权债务价格发生变化的风险；（3）提供或购买的服务价值发生变化的风险。从境内实践来看，《企业会计准则第24号——套期会计》第二条规定，套期是指企业为管理外汇风险、利率风险、价格风险、信用风险等特定风险引起的风险敞口，指定金融工具为套期工具，以使套期工具的公允价值或现金流量变动，预期抵销被套期项目全部或部分公允价值或现金流量变动的风险管理活动。为充分发挥期货市场的套期保值功能，境内四家期货交易所均出台了《套期保值交易管理办法》[①]，对于套期保值持仓额度的申请与审核、交易、监督管理等作出规定。为规范套期保值相关交易活动，本条第四款开创性地对套期保值进行了定义，要求管理的价值变化产生的风险与资产、负债等基本吻合，为后续业务的开展提供了遵循。

•防范系统性风险

第五条　期货市场和衍生品市场应当建立和完善风险的监测监控与化解处置制度机制，依法限制过度投机行为，防范市场系统性风险。

与《期货交易管理条例》相比，本条是此次立法新增的规定，在法律层面明确期货和衍生品市场应当建立和完善相关体制机制，切实防范系统性风险。

解析

防范化解风险贯穿《期货和衍生品法》始终，首先本法第一条开宗明义明确

① 《上海期货交易所套期保值交易管理办法》《郑州商品交易所套期保值管理办法》《大连商品交易所套期保值管理办法》《中国金融期货交易所套期保值与套利交易管理办法》。

“防范化解金融风险”，要求期货市场和衍生品市场“建立和完善风险的监测监控与化解处置制度机制，依法限制过度投机行为，防范市场系统性风险”，同时将“防范系统性风险”作为期货监督管理机构的主要职责，在条文中创设了特有的风险控制制度，完善了一般风险控制制度，健全了市场风险识别、风险预防和处置体系，限制过度投机行为。[①]本次立法明确防范系统性风险的相关要求，主要考虑有以下三点：

一是期货市场是一个风险性很强的市场，必须有严密的制度和措施，时刻注意监控，防范和化解市场风险。我国期货市场建设初期，由于缺乏必要的、统一的风险控制措施和手段，加之缺乏监管，期货市场机构内部管理松懈，导致我国期货市场风险迭起，不但不能发挥期货市场功能，反而成为制造风险的源头，危及金融安全。

二是从国际历史经验教训看，金融监管部门对系统性风险重视程度不够，是引发金融危机的重要原因之一。所谓系统性风险指的是在对金融体系甚至更广泛的实体经济产生影响的任何潜在的能蔓延开来的负面效应。2010年6月，国际证监会组织采用了证券监管机构的新原则，包括需要监视、降低与管理系统性风险过程，以及需要回顾监管覆盖面程度。各国证券监管机构也纷纷加强系统性风险的识别、测度，并通过提高市场透明度、加强商业行为监督等方式提高防范系统性风险能力。[②]期货和衍生品市场专业化程度高、结构性强，具备一定的杠杆效应，必须加强对期货交易各个环节的规范和监管，建立健全相关风险监测监控机制。为了促进市场发挥风险管理功能，美国逐步健全期货市场法规及监管体系，加强对期货交易行为全过程的行为监管，借助较为完善的持仓、交易限额等系列制度安排，实现抑制市场过度投机和防范市场操纵的期货市场监管目标。关于过度投机的定义，美国《商品交易法》4a（a）（1）规定：过度投机是指期货合约的买卖导致了突发的或不合理的价格波动，并且这种价格波动对州际贸易产生了过度的和不必要的负担。为了减少、消除和防范过度投机行为给市场带来的负担，美国商品期货交易委员会应依据法律、法规和规则，在预先通知并给予投资者听证机会后，对可能产生过度投机行为的投资者的交易或持仓头寸作出限制。与之类似，此次立法我国也明确提出依法限制过度投机行为，这一要求预计在后续行政及自律监管、合约设计等方面都会有所体现。

---

① 曲德辉：《尹中卿详解期货和衍生品法的突破与意义》，http://news.stcn.com/sd/202204/t20220421_4395882.html，访问日期：2022年4月21日。

② 参见上海证券交易所资本市场研究所译：《降低系统性风险——证券监管机构的角色》，载黄红元、徐明主编《证券法苑》（第十五卷），法律出版社，2015，第352-420页。

三是《国务院关于进一步促进资本市场健康发展的若干意见》中提出“强化风险防范，始终把风险监测、预警和处置贯穿于市场创新发展全过程，牢牢守住不发生系统性、区域性金融风险的底线”，“完善系统性风险监测预警和评估处置机制”。《〈中华人民共和国金融稳定法（草案征求意见稿）〉起草说明》也提出，面对错综复杂的国内外经济金融形势，有必要制度先行、未雨绸缪，建立权威高效的金融风险防范、化解和处置机制，牢牢守住不发生系统性金融风险的底线。

因此，与《证券法》类似，《期货和衍生品法》作为重要的金融法律，在总则部分结合期货和衍生品市场行业特性、境外实践、国内政策要求，将防范和化解市场风险作为重中之重，新增了上述规定。在条文中具体规定期货交易实行持仓限额（第二十三条）、当日无负债结算（第三十九条）、强行平仓（第四十一条）等风控制度，明确期货结算机构中央对手方法律地位（第九十三条）；健全期货市场的风险识别、预防和处置制度体系，强化期货交易场所一线监管职责（第八十五条），规定异常情况紧急措施和突发性事件处置措施（第八十七条、第八十九条），完善市场监测监控制度（第一百一十五条）、构建立体多元的风险防控体系；加强监督管理（第十章），规定国务院期货监督管理机构为防范期货市场风险，可以采取责令改正、监管谈话、出具警示函等措施（第一百零六条），明确加大对违法违规行为的惩处，显著提高违法违规行为的成本；规定跨境交易与监管协作（第十一章），处置跨境市场风险。

• “三公”原则和禁止欺诈

第六条 期货交易和衍生品交易活动，应当遵守法律、行政法规和国家有关规定，遵循公开、公平、公正的原则，禁止欺诈、操纵市场和内幕交易的行为。

《期货和衍生品法》	《期货交易管理条例》
第六条 期货交易**和衍生品交易**活动，应当**遵守法律、行政法规和国家有关规定**，遵循公开、公平、公正的原则，禁止欺诈、操纵**市场**和内幕交易**的**行为。	**第三条** ~~从事~~期货交易活动，应当遵循公开、公平、公正~~和诚实信用~~的原则。禁止欺诈、内幕交易和操纵~~期货交易价格等违法~~行为。

与《期货交易管理条例》相比，本条相关表述总体变化不大，新增相关交易应当遵守法律、行政法规和国家有关规定，同时作为禁止欺诈行为的一般条款，删去

了“等”，明确禁止欺诈、操纵市场和内幕交易这三类行为。

解析

本条是对期货交易和衍生品交易活动准则的规定。

一是期货交易和衍生品交易活动，应当遵守法律、行政法规和国家有关规定。法律、行政法规和国家有关规定是人们共同遵守的行为规则。期货交易和衍生品交易活动是商品经济发展到一定阶段的产物，参与主体众多，关系到社会各方面的利益，由此形成多种法律关系，须遵守国家法律、行政法规和国家有关规定。

二是期货交易和衍生品交易活动，必须遵循“三公”原则。公开原则是公平、公正原则的前提。所谓公开，主要是指信息公开，其核心要求是市场信息的公开化。具体而言，公开原则主要包括以下几层含义：第一，期货交易应当进场公开撮合配对成交；第二，期货交易的成交过程应全部公开；第三，期货交易所必须及时公开相关交易信息。通过公开原则的贯彻落实，各种信息、供需信号等在期货市场充分显现，同时，期货市场形成的价格、交易量等信息的及时公开，让市场参与者充分知悉，可以进一步提高市场运行效率，促进资源优化配置。公平原则是市场主体从事各类民事活动应普遍遵循的基本法律原则。所谓公平，是指市场的所有参与者都有平等的法律地位，这项在本法第七条有明确规定，同时，期货和衍生品交易活动的所有参与者机会均等、平等竞争，上述活动的组织者和监督管理者必须致力打造一个规范、透明，所有市场参与者能够进行公平竞争的市场环境。公正原则是实现公开、公平原则的保障。公正原则主要在于规范期货和衍生品市场的监管执法以及相关司法活动，要求行政监管机构以及自律组织对被监管对象给予公正的待遇，本法第十章监督管理对期货监督机构监督检查或者调查程序、保密等事项作出明确规范。

三是禁止违背上述要求及原则的欺诈、操纵市场和内幕交易的行为。欺诈、操纵市场、内幕交易三大禁止行为破坏了公平竞争，扭曲了相关市场的正常供求关系，对期货和衍生品市场具有极大破坏性，必须予以禁止。各国和地区大都规定了禁止这三类典型的违法行为。如美国《商品交易法》第6条（c）款、第6条（d）款、第9条（a）款（2）项和4c条（a）款及《多德—弗兰克法案》第753条对欺诈、操纵市场等行为做了规定。我国香港地区《证券及期货条例》也规定了操纵市场、内幕交易等市场失当行为。作为禁止性行为的一般条款，它对于打击期货市场违法违规行为具有显著意义，在甲醇1501案、玉米淀粉1601案等行政处罚案例中，援引《期货交易管理条例》第三条。此次立法继续保持了该条款，并对条文表述稍作修改。

本法第六条所指的欺诈行为，在期货市场上突出表现为期货经营机构在接受客户委托代为进行期货交易的过程中欺诈客户、牟取暴利的行为，具体包括本法第七十八条列举的违背交易者委托进行期货交易等十余种损害交易者利益的行为等。至于操纵市场、内幕交易，除了本条之外，本法第十二条、第一百二十五条进一步规定了操纵期货市场或者衍生品市场的行为手段及法律责任；本法第十四条、第十五条、第一百二十六条进一步规定了内幕信息、内幕信息知情人及内幕交易的法律责任。

•自愿、有偿、诚实信用的原则

第七条 参与期货交易和衍生品交易活动的各方具有平等的法律地位，应当遵守自愿、有偿、诚实信用的原则。

与《期货交易管理条例》相比，本条是新增条款，是对期货交易和衍生品交易活动当事人法律地位、应遵循基本原则的规定。

解析

本条明确期货交易和衍生品交易活动具有平等的法律地位，应当遵守自愿、有偿、诚实信用的原则。有观点认为这意味着期货和衍生品交易是民事活动，应遵守民法的基本原则。

一是平等、自愿、有偿、诚实信用是民法的基本原则。《民法典》第四条规定“民事主体在民事活动中的法律地位一律平等”，第五条规定“民事主体从事民事活动，应当遵循自愿原则，按照自己的意思设立、变更、终止民事法律关系”，第七条规定，“民事主体从事民事活动，应当遵循诚信原则，秉持诚实，恪守承诺”。

二是《期货和衍生品法》既规范期货监管活动，也规范期货交易活动，既具有行政法属性，也具有民商法属性。本条规定期货交易和衍生品交易是民事活动，相关规定是期货领域的民事特别法，以诚实信用原则为例，该原则主要是针对参与期货交易和衍生品交易的各方而言，即各方必须要诚实、讲信用，不得有欺诈行为，不得擅自违约或者毁约，《期货和衍生品法》重申诚实信用等基本原则，可以充分发挥原则填补法律漏洞的作用，保障期货和衍生品交易规范有序进行。

●期货和衍生品市场监管体制

第八条 国务院期货监督管理机构依法对全国期货市场实行集中统一监督管理。国务院对利率、汇率期货的监督管理另有规定的，适用其规定。

衍生品市场由国务院期货监督管理机构或者国务院授权的部门按照职责分工实行监督管理。

《期货和衍生品法》	《期货交易管理条例》
第八条 国务院期货监督管理机构**依法**对**全国**期货市场实行集中统一监督管理。**国务院对利率、汇率期货的监督管理另有规定的，适用其规定。** **衍生品市场由国务院期货监督管理机构或者国务院授权的部门按照职责分工实行监督管理。**	**第五条** 国务院期货监督管理机构对期货市场实行集中统一的监督管理。 ~~国务院期货监督管理机构派出机构依照本条例的有关规定和国务院期货监督管理机构的授权，履行监督管理职责。~~

与《期货交易管理条例》相比，本法首先延续了期货市场集中统一监管体制的规定，同时也对衍生品市场监管作出灵活安排。一是针对利率、汇率期货，如果国务院对利率、汇率期货的监督管理另有规定的，适用其规定；二是就衍生品市场监管问题，一读稿规定由国务院授权的部门实行管理，二读稿做了修正，按照衍生品市场交易监管现状，明确衍生品市场由国务院期货监督管理机构或者国务院授权的部门管理，这种做法有助于维护本法监管体制的统一，避免监管真空。此外，关于派出机构的相关规定移到了本法第一百零五条。

解析

本条是关于期货和衍生品市场监管体制的规定。

根据本条规定，我国期货市场将继续坚持实行集中统一的监管体制，并不会因为增加了衍生品交易而有所改变，同时本法对衍生品交易作出例外灵活安排，主要有以下考虑。

一、期货市场实行集中统一监管的必要性

监管体制也是立法过程中面临的难点和争论点，条文虽少，但是在立法过程中历经多次调整。一读稿第七条规定：“国务院期货监督管理机构依法对全国期货市

场实行集中统一监督管理。利率、汇率期货由国务院依法另行规定。其他衍生品市场由国务院授权的部门实行监督管理。”二读稿第七条改为：“国务院期货监督管理机构依法对全国期货市场实行集中统一监督管理。国务院对利率、汇率期货的监督管理另有规定的，适用其规定。衍生品市场由国务院期货监督管理机构或者国务院授权的部门按照职责分工实行监督管理。”相较一读稿，二读稿、最终稿更加重视国务院期货监管机构集中统一监管职能。如果国务院对利率和汇率另有规定的从其规定，如果没有规定，均由期货监督管理机构实行集中统一监管。①

从国际国内期货市场的发展经验来看，期货市场由于专业性强、风险高、监管不严容易出现风险事件。我国20世纪90年代期货市场由于多头批设、交叉监管、恶性竞争导致的混乱局面，就是前车之鉴。1993年11月，国务院下发《国务院关于坚决制止期货市场盲目发展的通知》，明确和强调了加强宏观管理，实行统一指导和监管，不得各行其是。国务院决定，对期货市场试点工作的指导、规划和协调、监管工作由国务院证券委负责，具体工作由证监会执行。自此，国家明确了证监会对期货市场统一监管的定位。1998年8月，国务院发布《国务院关于进一步整顿和规范期货市场的通知》，再次重申中国证监会要进一步加强对期货市场的监管，规范和统一期货市场的交易、结算、交割制度。随着监管体制改革的顺利完成和《期货交易管理条例》的出台，中国证监会成为全国期货市场的主管机构，按照国务院授权履行行政管理职能，依照《期货交易管理条例》和其他有关法律、法规和规章对全国期货业进行集中统一的监管，形成全国统一的期货监管体系。②综上所述，期货市场多头监管容易导致监管政策的冲突、监管效率低下、监管效能弱化，难以从全局的角度防控风险传播等负面问题。坚持对期货市场的集中统一监管，有利于维护国家整个金融市场的健康、稳定、协调发展，保证期货监管工作的有效性、权威性和针对性，切实强化对市场的风险管理。当然，集中统一的监管体制并不排斥监管协作，强化协作是期货市场取得成效的重要经验。

从境外实践来看，期货市场集中统一监管也是大的趋势。历经多年的发展，美国期货市场逐渐形成商品期货交易委员会、美国期货协会、期货交易所三级监管体系，其中美国商品期货交易委员会享有最广泛的市场监管权，负责对全国期货品种上市、期货交易所、期货公司等实行统一监管。在个股期货、窄基股票指数期货以及互换等领域，美国商品期货交易委员会与美国证监会存在监管协作，但受制于多

① 曲德辉：《三十年磨一剑：期货和衍生品法的“前世今生”》，https://mp.weixin.qq.com/s/wzNzQGHcS2AtoeTzyR_qcQ，访问日期：2022年4月22。

② 姜洋主编《期货市场新法规解释与适用》，法律出版社，2007，第63页。

头监管等诸多因素，个股期货、窄基股票指数期货发展较为缓慢。近年来，英国在充分发挥交易所以及行业协会自律监管作用的同时，持续加强政府集中统一监管，由金融行为监管局（FCA）主要承担期货市场监督管理职责。在德国期货市场，政府层面的监管统一由联邦金融监管局（BaFin）负责，联邦金融监管局可以发布期货市场指令以确保期货市场稳定和执行《证券交易法》的禁止性规定，州层面的监管由各州政府负责，一般由各州负责经济和金融实务的部门具体负责，主要负责监管其辖区内的交易所执行《交易所法》的规定。[①]日本期货市场按照品种所属范围由不同的部门进行监管合作，证券、金融期货、期权由金融厅统一监管；商品期货和期权业务由金融厅联合经济产业省和农林水产厅进行合作监管。由于缺乏权威部门来协调政府监管机构之间的关系，日本期货市场监管在宏观上缺乏统一性，品种上市、金融创新受到限制，市场活力受到较大影响。综上所述，基于基础资产的不同划分监管权限可能存在监管真空，多头监管对于行业发展也会带来不利影响，为更好地适应金融业功能监管、行为监管的趋势，期货市场集中统一监管应予坚持。

二、利率、汇率期货监督管理“另有规定”的解释

《中华人民共和国中国人民银行法（修订草案征求意见稿）》（2020年10月）第五条明确规定，监督管理银行间债券市场、货币市场、外汇市场、票据市场、黄金市场及上述市场有关场外衍生产品等为中国人民银行法定职责，第六条规定中国人民银行就利率、汇率和国务院规定的其他重要事项作出的决定，报国务院批准后执行。《中华人民共和国外汇管理条例》（2008年修订）第二条规定“国务院外汇管理部门及其分支机构（以下统称外汇管理机关）依法履行外汇管理职责”。从现有法律及监管框架来看，利率、汇率现货及相关市场属于中国人民银行及国家外汇管理局的监管范围。

从市场发展实践来看，就利率期货而言，1992年，上海证券交易所最先开放国债期货交易，但由于1995年的“327”国债事件，国债期货被暂停交易。2015年3月，国债期货再起航，10年期国债期货在中国金融期货交易所上市，此后5年期、2年期国债期货相继上市。就汇率期货而言，20世纪90年代，外汇期货交易在境内兴起，当时立法缺失、监管不完善，相关交易行为严重扰乱了市场秩序。1993年6月，经中国人民银行批准，国家外汇管理局下发《外汇期货业务管理试行办法》（现已失效）对外汇期货交易进行规范。1994年10月，中国证监会联合国家外汇管理局、国家工商总局、公安部印发《关于严厉查处非法外汇期货和外汇按金交易活动的通

① 顾益民：《境外期货法立法沿革、体例、调整范围及监管架构》，《衍生品评论》2014年第3期。

知》，明令禁止未经批准擅自开展或从事外汇期货和外汇按金交易各种外汇保证金交易。1995年11月，国家外汇管理局、中国证券监督管理委员会、国家工商行政管理局发布《关于查处非法外汇期货（按金）交易活动的通知》，进一步明确相关违法行为的处罚权限、依据及原则等。2008年，中国银监会办公厅发布《关于银行业金融机构开办外汇保证金交易有关问题的通知》，再一次全面叫停了外汇保证金交易业务。近年来，随着人民币国际化进程的推进，外汇期货试点工作又重新提上日程。从境外实践看，利率、汇率期货的监管基本都是由专门的期货监管机构或者统一金融监管机构下的期货监管部门监管。此次立法结合境内利率、汇率期货发展及监管实际，充分考虑各方面意见，坚持期货市场集中统一监管，同时授权国务院对利率、汇率期货的监督管理作出规定，为后续通过监管协作等方式加强相关市场监管预留空间。

三、衍生品交易监管作出灵活安排的合理性

一是衍生品形式多样，与期货相比具有自身显著特点。随着信息技术和金融创新的飞速发展，衍生品，尤其是场外衍生品的结构日益复杂，其背后的杠杆可以放大很多倍，而且由于其大多具有非标准化的特性，市场透明度和市场流动性有限，此外监管也严重滞后于市场发展。

二是从境外实践来看，加强衍生品监管是大的趋势。以美国为例，对衍生品监管的放任，是2008年国际金融危机的诱因之一。为此，美国于2010年通过了《多德—弗兰克法案》，将场外衍生品市场纳入监管，并将相关内容写入了2011年修订的《商品交易法》中，将场外衍生品监管权授予美国商品期货交易委员会，同时规定在涉及单只股票和股票窄基指数的场外衍生品时，由美国商品期货交易委员会和美国证券交易委员会（SEC）共同监管。[①]国际金融危机前欧盟没有将场外衍生品纳入统一立法，场外衍生品市场监管属于各个成员国自主立法权范畴，且以行业和交易场所自律监管为主。2007年11月1日，欧盟《金融工具市场指令》正式实施，欧洲单一金融服务市场建设进入实质性阶段。2012年欧盟颁布《欧洲市场基础设施监管规则》，2014年又公布《金融工具市场指令Ⅱ》和《金融工具市场规定》，基本确立了欧洲金融工具监管的法律制度，监管对象包括在交易所交易的场内衍生品以及通过柜台交易的场外衍生品，形成了统一的监管体制。[②]

① 姜洋：《发现价格：期货和金融衍生品》，中信出版集团，2018，第460页。

② 李明良、卢熠：《场外衍生品纳入期货法调整范围问题研究》，载郭文英主编《投资者》，法律出版社，2020，第49页。

三是近年来，我国场外衍生品市场发展非常迅速，银行间利率、汇率场外衍生品市场成交屡创新高，商业银行、证券公司、期货公司场外衍生品也取得较快发展。市场快速发展的同时，面临上位法依据缺乏等问题，市场参与主体希望通过立法的方式明确单一协议、终止净额结算等基本制度，同时法规的缺失、监管主体不明、市场分割，也导致相关市场风险在蓄积，迫切需要立法加以明确和协调。

四是衍生品市场跨银行、证券、保险、信托、期货等多个金融行业，市场体量大，相关部委在具体产品的监管主体、监管框架和职责划分上有一定的分歧，可能产生监管真空和监管竞争。国际金融危机之后，为了解决场外衍生品的监管盲区，国际上普遍采取三大举措：第一，将场外衍生品纳入期货类法律调整范围；第二，建立场外衍生品透明度机制；第三，推进场外衍生品清算场内化。此次立法在坚持期货市场集中统一管理的基础上，对衍生品交易作出灵活安排，一方面可以给市场发展预留空间，另一方面也有助于凝聚共识，加快立法进度，保持金融衍生品市场监管的有效性。

•行业协会自律

第九条　期货和衍生品行业协会依法实行自律管理。

与《期货交易管理条例》相比，本条是新增的规定，明确行业协会实行自律管理。

解析

行业自律是期货和衍生品行业监督管理体系的重要组成部分，是政府行政监管的重要补充。在期货市场发展过程中，重视和发挥行业自律组织的作用，既符合我国行政管理体制改革的要求，也是体现行业自我发展能力和成熟程度的重要标志。本法第九条规定，期货和衍生品行业协会依法实行自律管理，明确了相关行业协会的法律地位，同时本法第九章对于期货业协会的法律性质、组织架构、职责等也作出具体规定，使行业协会的各项工作有法可依，为协会职能的发挥和各项工作的开展创造有利条件。

从具体实践来看，作为我国“五位一体”期货市场监管体系的重要组成部分，期货业协会是期货行业的自律性组织，目的是在国家对期货业实行集中统一监督管理的前提下，进行期货业自律管理；发挥政府与期货业间的桥梁和纽带作用，为会员服务，维护会员的合法权益；坚持期货市场的公开、公平、公正，维护期货业的正当竞争秩序，保护投资者的合法权益，推动期货市场的规范发展。主要职责包括制定和实施行业自律规则，监督、检查会员的业务活动及从业人员的执业行为，对违反法律、行政法规、协会章程和自律规则的，按照规定给予纪律处分或者实施其他自律管理措施等。从境外实践来看，行业协会在维护期货和衍生品市场秩序方面也发挥着重要作用，以美国为例，根据《商品交易法》第17节的规定，全国期货协会（NFA）于1976年组建成立，作为期货行业自律组织，其主要职能在于使全国期货协会成员严格遵守联邦法律及美国商品期货交易委员会规则，主要职责包括制定并执行客户利益的规则和标准、对与期货相关的纠纷进行仲裁等。

●对期货业的审计监督

第十条 国家审计机关依法对期货经营机构、期货交易场所、期货结算机构、国务院期货监督管理机构进行审计监督。

与《期货交易管理条例》相比，本条是新增的规定，明确对期货业的审计监督。

解析

国家审计机关是依宪法设立的国务院职能部门，在国务院总理的领导下依法对国务院各部门和地方各级政府的财政收支，对国家财政金融机构和企业事业组织的财务收支进行独立审计，并提出审计报告，不受其他行政机关、社会团体和个人的干涉。目的是维护国家财经纪律，保障国民经济健康。[①]期货经营机构属于金融机构，期货交易场所和期货结算机构是为期货交易、结算提供服务的专业机构，中国证监会是国务院直属事业单位，都应根据有关规定进行审计监督。

① 程合红主编《〈证券法〉修订要义》，人民出版社，2020，第19页。

第二章　期货交易和衍生品交易

本章规定期货交易和衍生品交易，分为三节，共二十八条。第一节一般规定（第十一条至第十六条）规定交易场所、交易方式、交易原则、禁止的行为等内容。第二节期货交易（第十七条至第二十九条）规定期货合约的开发上市原则、账户实名制、交易指令、程序化交易、保证金、持仓限额、实控关系、收费、大户报告等内容。第三节衍生品交易（第三十条至第三十八条）规定场外衍生品交易场所、金融机构的交易资质要求、单一协议、主协议备案、终止净额结算、履约保障安排、中央清算、交易报告库等内容。一读稿以两个章节（“第二章期货交易”和“第三章其他衍生品交易”）规定这部分内容，二读稿将上述两个章节合并为“期货交易和衍生品交易”，并延续至最终稿。

●期货交易场所和交易方式

第十一条　期货交易应当在依法设立的期货交易所或者国务院期货监督管理机构依法批准组织开展期货交易的其他期货交易场所（以下统称期货交易场所），采用公开的集中交易方式或者国务院期货监督管理机构批准的其他方式进行。

禁止在期货交易场所之外进行期货交易。

衍生品交易，可以采用协议交易或者国务院规定的其他交易方式进行。

《期货和衍生品法》	《期货交易管理条例》
第十一条　期货交易应当在**依法**设立的期货交易所或者国务院期货监督管理机构**依法**批准**组织开展期货交易**的其他期货交易场所**（以下统称期货交易场所），采用公开的集中交易方式或者国务院期货监督管理机构批准的其他方式**进行。 禁止在期货交易场所之外进行期货交易。 **衍生品交易，可以采用协议交易或者国务院规定的其他交易方式进行。**	**第四条**　期货交易应当在~~依照本条例第六条第一款规定~~设立的期货交易所~~、国务院批准的~~或者国务院期货监督管理机构批准的其他期货交易场所进行。 禁止在~~前款规定的~~期货交易场所之外进行期货交易。

本条是关于期货交易场所、方式的规定，与《期货交易管理条例》相比有两点主要变化。一是在场所设立上，删除国务院批准其他期货交易场所的规定，其他期货交易场所统一由国务院期货监督管理机构批准。二是在交易方式上，期货交易方式增加"采用公开的集中交易方式或者国务院期货监督管理机构批准的其他方式进行"的规定，衍生品交易方式增加"可以采用协议交易或者国务院规定的其他交易方式进行"的规定。

解析

本条规定期货交易只能在批准的场所，以批准的方式进行，衍生品交易可以采用协议交易或者国务院规定的其他方式进行。

一、批准的场所

本条规定延续了《期货交易管理条例》的特许经营原则，期货交易只能在依法设立的期货交易所和国务院期货监督管理机构依法批准的其他期货交易场所进行。目前，前者包括上市交易型开放式指数基金（ETF）期权的上海证券交易所、深圳证券交易所。

二、批准的主体

《期货交易管理条例》第四条规定的批准主体包括国务院和国务院期货监督管理机构。《期货和衍生品法》统一调整为国务院期货监督管理机构作为批准主体，既体现了简政放权精神，又进一步明确了期货监督管理机构对期货交易场所的集中管辖权，期货交易场所必须经国务院期货监督管理机构批准。

三、批准的期货交易方式

期货交易是场内交易，交易方式主要分为订单簿交易和非订单簿交易（off-book trades）。前者主要是集中交易，后者主要是期转现、大宗交易等。

1. 集中交易

法律未明确定义集中交易，相关规范性文件对集中交易进行了定义。[①]所谓集中交易是指众多买方、卖方集中在一起进行交易（包括但不限于人员集中、信息集中、商品集中），并为促成交易提供各种设施及便利安排。集中交易又可细分为集

① 《关于做好商品现货市场非法期货交易活动认定有关工作的通知》（证监办发〔2013〕111号）。

合竞价、连续竞价、电子撮合、匿名交易、做市商机制等交易方式。

集合竞价是指买卖双方进行买卖申报，由电子交易系统对全部有效申报进行一次集中撮合的处理过程。连续竞价是指对买卖申报逐笔连续撮合的竞价方式。连续竞价交易按照价格优先、时间优先的原则撮合成交。电子撮合是指众多的买方和卖方同时通过电子交易系统进行撮合配对、点击成交或其他方式促成合约成立的交易方式。匿名交易是指对于一项交易标的物，交易者完全不需要知道对手方的身份、年龄、信用状况等除价格以外的交易信息而进行的交易。由于该交易标的物可以剥离其所有者的影响而独立存在，因此极大地提高了其标准化、流动性水平，从而成为资本市场特有的交易方式。做市商（Market maker）是指由具备一定实力和信誉的经营法人作为特许交易商，不断地向其他投资者报出某些特定的买卖价格（即双向报价），并在该价位上接受其他投资者的买卖要求，以其自有资金和证券等标的与投资者进行交易。一般将做市商竞价、集合竞价、连续竞价并列，作为期货交易的三种竞价模式。做市商的主要目的是提高市场流动性。

2. 期转现

期转现是"Exchange for Physicals"的直译，最早应用于商品期货的提前交割。持有数量相同、方向相反期货合约的双方，在现货市场达成方向相反的交易，同时协议平掉期货市场的仓位，相当于变期货仓位为现货仓位，也就是所谓的"期转现"。期转现进入金融期货领域后，"现"的范围扩大，不仅包括现货，也包括期货及结构化产品，为此芝加哥交易所集团已改用期货转相关持仓（Exchange for Related Positions）概念。依据期货品种和基础资产的不同，期转现又可以分为四种，即利率期转现（Exchange for Physicals for Financials，EFP-F）、指数和外汇期转现（Exchange for Physicals for Index Futures/FX Futures，EFP-I）、期货转互换（Exchange for Swaps，EFS）和波动交易（Vola Trade）。期转现的主要功能有基差交易、管理交割风险等。境外主流期货交易所及我国境内期货交易所都推出了期转现业务。

3. 大宗交易

大宗交易（Block trades）是指私下协商达成期货、期权或者相关组合的交易。公开竞价在中央订单簿达成交易，大宗交易并非通过中央订单簿达成交易，而是私下协商达成交易。大宗交易一般有最低交易量要求。大宗交易的主要功能是防范大额订单对市场流动性的冲击，维护市场稳定；[①]丰富交易策略，满足精细化的风险管

① 73 FR 54099，September 18，2008.

理需求；[1]提高投资者大额订单执行效率，降低执行成本。境外主要期货交易所均已推出大宗交易业务，将其作为集中交易方式的有效补充。目前我国境内期货交易所正积极研究推出大宗交易。

四、批准的衍生品交易方式

场外衍生品（off-exchange trades或称over-the-counter或OTC）包括远期、场外期权、掉期（互换）等多种，场外交易（off-exchange trades）也有多种方式。

1. 协议交易

场外衍生品是一种金融合约，协议是最常见的交易方式。常用场外衍生品协议有《中国银行间市场金融衍生产品交易主协议（2009年版）》（简称NAFMII主协议）、《中国证券期货市场衍生品交易主协议》（简称SAC主协议）、国际掉期及衍生工具协会（International Swaps and Derivatives Association，ISDA）主协议及其相关附件。同时，还包括与上述主协议配套使用的信用支持附件（包括英国法信用支持附件、英国法信用支持契据、纽约法信用支持附件等）、履约保障文件（包括中国银行间市场交易商协会发布使用的质押式履约保障文件及转让式履约保障文件等）。

证券回购交易文件（如《中国银行间市场债券回购交易主协议（2013年版）》《全球回购市场主协议（GMRA）（2011年版）》等）所涉及的回购交易，以及证券借贷文件（如中国银行间市场交易商协会即将发布使用的《中国银行间市场债券借贷交易主协议》等）所涉及的债券借贷交易，也与场外衍生品具有类似的多笔、反复交易的特点。

2. 类集中交易

随着电子化交易的普及，场外市场的电子交易系统也推出了类似场内交易的集中交易方式，并具备一定的业务规模，比如上海黄金交易所的现货延期交割合约、银行间市场的标准债券远期和互换等。2014年2月，银行间市场推出我国利率衍生品匿名点击交易平台X-Swap，首次引用撮合交易机制，交易以有效授信管理为基础，使用点击成交与匿名撮合相结合的模式。与传统货币经纪相比，X-Swap平台明显提高了交易效率，提升了价格透明度。

3. 其他交易方式

《中国人民银行　银保监会　证监会　外汇局关于促进衍生品业务规范发展的

---

① Staff of the Market Intelligence Branch Division of Market Oversight，U.S. Commodity Futures Trading Commission，“Agricultural Block Trade Analysis”，https://www.cfcc.gov/sites/default/files/2018-07/abta_DMO0718.pdf.

指导意见（征求意见稿）》规定了柜台衍生品交易方式。银行保险机构不得通过柜台与个人客户直接开展衍生品交易，不得为企业提供以非套期保值为目的的交易服务。其他金融机构确需为个人客户提供衍生品交易服务的，应当对个人客户制定更为审慎的参与要求。

●市场操纵

第十二条　任何单位和个人不得操纵期货市场或者衍生品市场。

禁止以下列手段操纵期货市场，影响或者意图影响期货交易价格或者期货交易量：

（一）单独或者合谋，集中资金优势、持仓优势或者利用信息优势联合或者连续买卖合约；

（二）与他人串通，以事先约定的时间、价格和方式相互进行期货交易；

（三）在自己实际控制的账户之间进行期货交易；

（四）利用虚假或者不确定的重大信息，诱导交易者进行期货交易；

（五）不以成交为目的，频繁或者大量申报并撤销申报；

（六）对相关期货交易或者合约标的物的交易作出公开评价、预测或者投资建议，并进行反向操作或者相关操作；

（七）为影响期货市场行情囤积现货；

（八）在交割月或者临近交割月，利用不正当手段规避持仓限额，形成持仓优势；

（九）利用在相关市场的活动操纵期货市场；

（十）操纵期货市场的其他手段。

《期货和衍生品法》	《期货交易管理条例》
第十二条　任何单位和个人不得操纵期货市场或者衍生品市场。 禁止以下列手段操纵期货市场，影响或者意图影响期货交易价格或者期货交易量：	第七十条　任何单位~~或者~~个人~~有下列行为之一，~~操纵期货~~交易价格的，责令改正，没收违法所得，并处违法所得1倍以上5倍以下的罚款；没有违法所得或者违法所得不满20万元的，处20万元以上100万元以下的罚款。~~

续表

《期货和衍生品法》	《期货交易管理条例》
（一）单独或者合谋，集中资金优势、持仓优势或者利用信息优势联合或者连续买卖合约； （二）**与他人**串通，以事先约定的时间、价格和方式相互进行期货交易； （三）**在自己实际控制的账户之间进行期货交易**； （四）**利用虚假或者不确定的重大信息，诱导交易者进行期货交易**； （五）**不以成交为目的，频繁或者大量申报并撤销申报**； （六）**对相关期货交易或者合约标的物的交易作出公开评价、预测或者投资建议，并进行反向操作或者相关操作**； （七）为影响期货市场行情囤积现货； （八）**在交割月或者临近交割月，利用不正当手段规避持仓限额，形成持仓优势**； （九）**利用在相关市场的活动操纵期货市场**； （十）操纵期货**市场的其他手段**。	（一）单独或者合谋，集中资金优势、持仓优势或者利用信息优势联合或者连续买卖合约~~，操纵期货交易价格的~~； （二）~~蓄意~~串通，~~按~~事先约定的时间、价格和方式相互进行期货交易~~，影响期货交易价格或者期货交易量的~~； （三）~~以~~自己~~为交易对象，自买自卖，影响期货交易价格或者期货交易量的~~； （四）为影响期货市场行情囤积现货的； （五）~~国务院期货监督管理机构规定的~~其他操纵期货~~交易价格的行为~~。 ~~单位有前款所列行为之一的，对直接负责的主管人员和其他直接责任人员给予警告，并处1万元以上10万元以下的罚款。~~

本条和《期货交易管理条例》相关条文比较，主要修改如下：一是适当降低市场操纵认定标准，意图影响也可以是操纵的构成要件。二是借鉴《证券法》市场操纵条款的立法技术，将《期货交易管理条例》第七十条拆分为义务条款（第十二条）和责任条款（第一百二十五条），前者规定在第二章期货交易和衍生品交易，后者规定在第十二章法律责任。三是将关于操纵手段的相关规定提升至法律高度，增加禁止虚假申报、蛊惑、抢帽子、挤仓等四种操纵期货交易价格的行为。四是优化条文表述，将影响期货交易价格或者期货交易量的行为放在第二款第一句，在第二款的具体项中不再赘述。

解析

期货市场是公开、公平、公正的市场，扭曲成交价格、成交量的操纵行为危及期货市场的风险管理之本，因此《期货和衍生品法》第六条明确规定期货交易和衍生品交易活动，遵循公开、公平、公正的原则，禁止欺诈、操纵市场和内幕交易的行为，本条是对第六条原则性规定的细化规定。

一、相关监管实践

近年来，我国期货市场不断发展，为实体经济建设提供了重要的金融支持。根据中国期货业协会的数据，截至2022年第一季度末我国期货市场保证金规模达1.29万亿元，2021年以单边计算的我国期货市场成交量为75.14亿手，占全球期货市场中成交量的12%。与此同时，操纵期货市场等违法犯罪行为也频频发生，并且花样翻新，严重破坏期货市场管理秩序，危害投资者合法权益和国家金融安全。近年来，我国采取“零容忍”政策，明显加大了打击期货市场操纵违法的力度。2019年6月，最高人民法院、最高人民检察院（以下简称“两高”）联合发布《关于办理操纵证券、期货市场刑事案件适用法律若干问题的解释》（以下简称操纵司法解释），这是继2012年“两高”发布内幕交易司法解释后，期货市场法治建设工作的又一里程碑事件。操纵司法解释明确规定了“盅惑交易操纵”“抢帽子交易操纵”“利用信息优势操纵”“幌骗操纵”“跨期现货市场操纵”等新型操纵期货市场行为。2019年11月，中国证监会出台《关于〈期货交易管理条例〉第七十条第五项“其他操纵期货交易价格行为”的规定》，明确规定虚假申报、蛊惑、抢帽子、挤仓等较为新型的期货市场操纵行为，这是中国证监会首次以部门规章的形式对期货市场违法行为作出细化规定。2020年3月1日，修订后的《中华人民共和国证券法》施行，明显加大了对证券市场的操纵违法行为的惩罚力度。2020年6月18日，国务院副总理刘鹤在第十二届陆家嘴论坛上指出，金融系统要在党中央、国务院领导下，坚持“建制度、不干预、零容忍”方针。2020年11月2日，中央全面深化改革委员会第十六次会议审议通过《关于依法从严打击证券违法活动的若干意见》，要求依法从严从快从重查处操纵市场等重大违法案件。2021年3月1日，《中华人民共和国刑法修正案（十一）》（以下简称《刑法修正案（十一）》）施行，新增幌骗交易、盅惑交易、抢帽子等新型操纵行为。

二、人为价格或人为成交量

实务界和理论界一直试图准确定义“操纵”，操纵对象是主要争议。市场操纵的核心是制造了人为价格，比如操纵是“一个人或者某一组织，利用资金、信息等优势或者滥用职权，制造实际的或者表面的频繁交易，影响期货市场价格，以引诱他人买卖期货，扰乱期货市场秩序的行为”，[①]“期货市场操纵行为是指行为人违反国家期货管理法律法规，采取不正当手段，扭曲期货合约交易价格，扰乱期货市场秩序的行为”。[②]当然，操纵还影响成交量。《期货交易管理条例》采取了双重标准，第七十条第一项、第五项只包括人为价格，第二项、第三项同时包括人为价格和人为成交量。《刑法修正案（十一）》采取了单一标准，所有行为均包括人为价格和人为成交量，《期货和衍生品法》也采取了单一标准。

三、结果违法与行为违法

期货市场情况复杂，影响变量众多，当事人行为与证券交易价格、交易量之间的影响关系往往是争议的焦点。从构成要件看，《期货交易管理条例》规定的操纵是结果违法，人为价格或人为成交量是操纵的构成要件。《期货和衍生品法》新增“意图影响”要件后，操纵可以是行为违法，当事人实施了本条规定的行为之一，且存在影响价格或成交量意图，即可构成操纵，人为价格或人为成交量不再是必需的构成要件。

操纵与资本市场价格发现功能密切相关，市场操纵影响了市场价格的形成，制造了人为价格（artificial price），因此应该被禁止。对于“如何证明人为价格”各国有不同的实践。基本面、资金面、情绪面、政策面等多种因素都在影响市场价格的形成，证明某个行为导致人为价格的条件比较多，各方对人为价格的认知差别较大，为进一步提升对操纵违法行为的打击力度，各国逐渐将操纵违法从结果违法转向结果违法与行为违法并存。比如，2011年美国商品期货交易委员会发布部门规章将操纵市场行为分为行为操纵（180.1规则）[③]和结果操纵（180.2规则）。欧盟《市场滥用指引》第5条规定，除制造人为或异常价格的操纵外（结果违法），就金融工具、期货合约的供给、需求或价格产生错误或误导信号的行为也是操纵（行为违法）。[④]

四、操纵行为

本条规定了9种具体操纵行为。认定操纵行为常分为定性指标和定量指标。绝大

① 彭真明：《论操纵期货市场行为及其法律责任》，《华中师范大学学报（人文社会科学版）》1998年第4期。

② 杜惟毅、张永开：《期货市场操纵行为的类型及认定标准研究》，《证券法苑》2013年第9期。

③ 该规则更强调违法行为的欺诈本质，也被美国商品期货交易委员会用来进行内幕交易执法。

④ Directive 2014/57/EU of the European Parliament and of the Council of 16 April 2014 on criminal sanctions for market abuse（market abuse directive）.

部分刑事操纵行为已有量化标准，主要规定在《关于办理操纵证券、期货市场刑事案件适用法律若干问题的解释》（法释〔2019〕9号）、《关于公安机关管辖的刑事案件立案追诉标准的规定（二）》（2022年修订）中；行政处罚上的操纵尚未见公开的明确量化指标。

其一，连续交易操纵。这是指单独或者合谋，集中资金优势、持仓优势或者利用信息优势联合或者连续买卖合约。一是资金优势、持股优势或信息优势。一般认为，资金优势是指行为人为买卖期货合约所集中的资金相对于市场上一般投资者所能集中的资金具有数量上的优势，持仓优势是指行为人持有期货合约相对于市场上一般投资者具有数量上的优势，信息优势是指行为人相对于市场上一般投资者对期货合约及其相关事项的重大信息具有获取或者了解更易、更早、更准确、更完整的优势。二是联合或连续买卖。一般认为，联合是指两个以上的当事人联手进行买卖。连续是指在较短时间内反复买卖行为。买卖不限于实际成交的买入或卖出交易，包括未成交的买卖申报。比如阮某等操纵白糖1801期货合约案（证监会〔2021〕117号行政处罚决定书）、黄某等操纵纤维板1910合约案（证监会〔2021〕100号行政处罚决定书）。

其二，约定交易。这是指与他人串通，以事先约定的时间、价格和方式相互进行期货交易。一是“三约”。约定时间是指两个以上行为人约定的进行交易的时间，一般要求买入申报和卖出申报在时间上相近。约定价格是指两个以上行为人约定的进行交易的申报价格，一般要求买入申报和卖出申报在价格上相近。约定方式是指两个以上行为人约定的申报数量、买卖申报方向等，一般要求买入申报和卖出申报在数量上相近。二是反向交易。当事人之间交易方向相反，一方作为买方，另一方作为卖方。

其三，洗售交易。这是指在自己实际控制的账户之间进行期货交易。洗售交易的核心是实际控制账户的认定，一般坚持实质重于形式的原则。在刑事司法中，相关司法解释规定了4种可以认定为实际控制账户的情形，[①] 具体包括以自己名义开户并使用的实名账户，行为人转入或者转出资金并承担实际损益的他人账户，其他方式管理、支配或者使用的他人账户，通过投资关系、协议等方式对账户内资产行

① 《关于办理操纵证券、期货市场刑事案件适用法律若干问题的解释》（法释〔2019〕9号）第五条规定，下列账户应当认定为刑法第一百八十二条中规定的“自己实际控制的账户”：（1）行为人以自己名义开户并使用的实名账户；（2）行为人向账户转入或者从账户转出资金，并承担实际损益的他人账户；（3）行为人通过第一项、第二项以外的方式管理、支配或者使用的他人账户；（4）行为人通过投资关系、协议等方式对账户内资产行使交易决策权的他人账户；（5）其他有证据证明行为人具有交易决策权的账户。有证据证明行为人对前款第一项至第三项账户内资产没有交易决策权的除外。

使交易决策权的他人账户。在行政执法中，尚未见相关规定。2019年《期货交易所管理办法（征求意见稿）》曾规定实控关系认定，但在最终生效规定中未有相关内容。[①]

其四，蛊惑交易。这是指利用虚假或者不确定的重大信息，诱导交易者进行期货交易。一是利用虚假或者不确定的重大信息。一般认为，“重大信息”是指能够影响期货交易价格或成交量的信息，能够影响期货市场一般投资者投资决策的信息。“虚假或不确定”是指不真实、不准确、不完整或不确定。一般认为，“利用”主要指传播行为，包括编造并传播行为，也包括未编造但传播的行为。二是诱导交易者进行期货交易。利用虚假或者不确定的重大信息的直接目的是诱导投资者在不了解事实真相的情况下作出投资决定。

其五，频繁报撤。这是指不以成交为目的，频繁或者大量申报并撤销申报。随着计算机技术的发展和电子化交易的普及，程序化交易成为比较常见的情况，操纵也出现了新手法，比如欧洲证券与市场管理局（The European Securities and Markets Authority，ESMA）认为分层与幌骗（Layering and Spoofing）[②]是操纵行为。一是不以成交为目的，即行为人在申报时并不以成交为目的，可结合申报、撤单情况及其他行为特征综合判断。在满足前述行为特征的情况下，行为人存在少量成交或者部分成交的，不影响对“不以成交为目的”的认定。二是频繁或大量报撤。行为人不以成交为目的频繁申报、撤单或者大额申报、撤单，制造虚假的市场深度表象，或者意图制造人为的价格涨跌方向，并进行与原申报方向相反的交易或者谋取相关利益。对于是否“频繁”，可结合行为人撤单次数及其占同期市场总撤单次数比例、各次撤单的时间间隔等综合判断。对于是否“大额”，可结合行为人涉案期间单笔撤单量、撤单总量、撤单总量占申报总量比例、撤单量占同时段市场总撤单量比例，特定时段撤单量占申报量比例等综合判断。[③]比如，2018年9月11日至2019年2月20日，易某通过直接或间接控制张某等人的期货账户，和前述人员以分工协作方式，在上期所铝、锌、石油沥青、燃料油等多个品种合约上进行不以成交为目的频繁申报、撤单，并进行与申报方向相反交易的虚假申报行为，相关人员被采取通报批评、没收违规所得等纪律处分措施。

其六，抢帽子交易。这是指对相关期货交易或者合约标的物的交易作出公开评价、预测或者投资建议，并进行反向操作或者相关操作。随着互联网技术和社交

---

① 资料来源：http://www.csrc.gov.cn/zjhpublic/zjh/201911/t20191115_366026.htm。

② 指提交很多订单分布于整个订单簿，而订单的真实意图只在订单簿的一侧达成交易，一旦交易完成后，另一侧操控性质的订单便撤销。

③《关于期货交易管理条例第七十条第五项“其他操纵期货交易价格行为”的规定》起草说明。

媒体的发展，微博、微信公众号、QQ群等出现了一些所谓的“专家”“网红分析师”。不少人预先进行期货交易，然后利用其影响力在微博、直播等平台对交易的期货品种进行公开评价、预测或推介，影响期货价格后，了结相关期货持仓。证监会已查处多起此类违法案件。这类行为的特征：一是作出公开评价、预测或者投资建议。二是评价对象是期现货，即相关期货交易或者合约标的物的交易。三是进行反向操作或者相关操作。二读稿中并未有该规定，《期货和衍生品法》借鉴2019年《证券法》第五十五条的规定，增加了反向操作或相关交易为构成要件，更符合抢帽子行为的特征。

其七，挤仓操纵。这是指在临近交割月或者交割月，利用不正当手段规避持仓限额，形成持仓优势。一是临近交割月或者交割月。在期货市场，一般期货交割月的当月为交割月，期货交割月的前一月为临近交割月。二是规避持仓限额。期货市场持仓限额一般规定在交易所业务规则中。在美国市场，美国商品期货交易委员会规定了特定合约的持仓限额。三是形成持仓优势。是否构成持仓优势要结合当事人持仓在该合约全部持仓的比重等因素综合判断。

其八，跨市场操纵。

一是跨期现市场操纵。囤积交易是跨市场操纵的一种，一般指为影响期货市场行情囤积现货。2015年中国证监会曾查处姜某囤积现货甲醇案（中国证监会〔2015〕31号行政处罚决定书）。姜某实际控制的XHX公司是国内最大的甲醇贸易商，对甲醇现货价格有直接影响力。2014年10月至11月，XHX公司甲醇账面库存余额从17万吨增加至42万吨，增长247%，库存增长量明显高于同期。进入12月，XHX公司因资金短缺卖出部分甲醇库存，仍持有近30万吨库存。不管是同比还是环比，甲醇库存量均明显大幅增长，显示XHX公司在2014年11月期间积极做多甲醇期货的同时，通过囤积现货反作用于期货价格。在执法实践中，也已出现利用收益互换操纵证券的行为（上海监管局行政处罚决定书沪〔2018〕50号）。

二是跨境内外市场操纵。随着多个市场推出挂钩A股指数的期货，跨市场操纵可能呈现更复杂的状态。2021年10月18日，香港交易所推出MSCI中国A50互联互通指数期货，这是港交所上市的首只A股期货品种。2006年9月5日，新加坡交易所还上市了新华富时中国A50股指期货。这对打击跨市场操纵提出了更高要求。

其九，其他操作手段。随着市场的快速发展，新的操纵手段也不断出现。如欧洲证券与市场管理局认为如下高频交易中的行为可能形成市场操纵：一是试探性指令（Ping Orders），是指向市场发出少量指令以探明潜在流动性。二是引发动量交易（Momentum Ignition），是指向市场发出一系列报单或撤单以引导其他市场参与者跟随这一趋势，从而在市场价格形成过程中达到自身的最优交易价格。三是分层与欺诈交易（Layering and Spoofing），是指提交很多订单分布于整个订单簿，而订单的真实意图只在订单簿的一侧达成交易，一旦交易完成后，另一侧操控性质的订单便撤销。[1]

• 内幕交易

第十三条 期货交易和衍生品交易的内幕信息的知情人和非法获取内幕信息的人，在内幕信息公开前不得从事相关期货交易或者衍生品交易，明示、暗示他人从事与内幕信息有关的期货交易或者衍生品交易，或者泄露内幕信息。

《期货和衍生品法》	《期货交易管理条例》
第十三条 期货交易**和衍生品交易的**内幕信息的知情人**和**非法获取内幕信息的人，在**内幕**信息公开前**不得**从事相关期货交易**或者衍生品交易，明示、暗示他人从事与内幕信息有关的**期货交易**或者衍生品交易，**或者泄露内幕信息。	**第六十九条** 期货交易内幕信息的知情人~~或者~~非法获取期货交易内幕信息的人，在~~对期货交易价格有重大影响的~~信息~~尚未~~公开前~~，利用内幕信息~~从事期货交易，或者~~向他人~~泄露内幕信息，~~使他人利用内幕信息进行~~期货交易的，……

本条完善了内幕交易行为方式的规定，增加了衍生品内幕交易的内容。

解析

借鉴2019年《证券法》内幕交易条款（第五十三条、第一百九十一条）的立法技术，将《期货交易管理条例》第六十九条规定的内幕交易拆分为义务条款（第十三条）和责任条款（第一百二十六条），前者规定在第二章期货交易和衍生品交易（第十三条），后者规定在第十二章法律责任（第一百二十六条）。

内幕信息分为期货市场内幕信息和衍生品市场内幕信息。内幕交易行为主体分为内幕信息的知情人和非法获取内幕信息的人。行为方式包括从事、示意和泄露。从事是指从事相关期货交易或者衍生品交易，从事可以直接也可以间接。示意是指明示、暗示他人从事与内幕信息有关的期货交易或者衍生品交易。行为人没有

① ESMA's technical advice on possible delegated acts concerning the Market Abuse Regulation.

向第三人泄露内幕信息，只是示意第三人进行交易。行为人是否从示意中获利、第三人是否从事交易不是示意行为的构成要件。泄露是指行为人将内幕信息泄露给第三人。

《期货和衍生品法》的内幕交易采取广义内幕交易概念，包括利用未公开信息交易行为。2019年《证券法》第五十四条、第一百九十一条第二款新增了利用未公开信息交易的规定。《刑法》中已经规定了期货市场利用未公开信息交易罪。2009年《刑法修正案（七）》增设利用未公开信息交易罪，作为《刑法》第一百八十条第四款，列于内幕交易罪和泄露内幕信息罪之后。2019年6月，最高院、最高检联合发布了《关于办理利用未公开信息交易刑事案件适用法律若干问题的解释》。从实践中看，期货市场内幕信息比较宽泛，包括《刑法》中规定的未公开信息和内幕信息。从境外执法实践来看，利用客户交易信息进行交易也构成内幕交易，美国商品期货交易委员会查处的内幕交易案件多为此类。

•内幕信息

第十四条　本法所称内幕信息，是指可能对期货交易或者衍生品交易的交易价格产生重大影响的尚未公开的信息。

期货交易的内幕信息包括：

（一）国务院期货监督管理机构以及其他相关部门正在制定或者尚未发布的对期货交易价格可能产生重大影响的政策、信息或者数据；

（二）期货交易场所、期货结算机构作出的可能对期货交易价格产生重大影响的决定；

（三）期货交易场所会员、交易者的资金和交易动向；

（四）相关市场中的重大异常交易信息；

（五）国务院期货监督管理机构规定的对期货交易价格有重大影响的其他信息。

《期货和衍生品法》	《期货交易管理条例》
第十四条　本法所称内幕信息，是指可能对期货交易**或者衍生品交易的**交易价格产生重大影响的尚未公开的信息。	**第八十一条**　本条例下列用语的含义： ……

续表

《期货和衍生品法》	《期货交易管理条例》
期货交易的内幕信息包括： （一）国务院期货监督管理机构以及其他相关部门**正在**制定**或者尚未发布**的对期货交易价格可能**产**生重大影响的政策、**信息或者数据**； （二）期货交易**场**所**、期货结算机构**作出的可能对期货交易价格**产**生重大影响的决定； （三）期货交易**场**所会员、**交易者**的资金和交易动向； （四）**相关市场中的重大异常交易信息**； （五）国务院期货监督管理机构**规**定的对期货交易价格有**重大**影响的其他信息。	（十一）内幕信息，是指可能对期货交易价格产生重大影响的尚未公开的信息，包括：国务院期货监督管理机构以及其他相关部门制定的对期货交易价格可能~~发~~生重大影响的政策，期货交易所作出的可能对期货交易价格~~发~~生重大影响的决定，期货交易所会员、~~客户~~的资金和交易动向~~以及~~国务院期货监督管理机构~~认~~定的对期货交易价格有~~显著~~影响的其他~~重要~~信息。

本条进一步优化了内幕信息的外延。一是对与监管机构相关的内幕信息，在监管政策的基础上增加监管机构或有关部门的信息或者数据为内幕信息。二是在与期货交易场所相关决定的基础上增加期货结算机构的决定。三是将“客户”修改为“交易者”。四是新增相关市场中的重大异常信息，应该是总结光大证券“8·16”乌龙指事件处理经验作出的规定。五是将国务院期货监督管理机构“认定的”其他信息修改为“规定的”其他信息。

解析

一、国内实践

目前，我国期货市场仅查处了1起内幕交易违法案件，即光大证券“8·16”乌龙指事件。2019年，对2起与内幕交易相关的期货市场案件，中国证监会最终以利益输送进行处罚。①

本条优化了内幕信息的外延规定。一是优化与监管机构相关的内幕信息。本法新增了正在制定或者尚未发布的对期货交易价格可能产生重大影响的信息或者数

① 中国证监会行政处罚决定书（〔2019〕29号）、中国证监会行政处罚决定书（〔2019〕94号）。

据，如CPI、社会融资规模等经济金融数据。二是“其他相关部门”的理解。一般包括发展改革委、财政部、商务部等中央部委等，但近年来，随着行政体制改革、政府职能的划转，某些政策性国企也承担了部分公共职能，在政策或者执行过程中对期货市场影响较大，也可能属于内幕信息的相关部门。三是资金和交易动向包括持仓、投资决策、交易执行等各类信息。与具体投资者的交易信息紧密相关，这也是美国商品期货交易委员会打击期货市场内幕交易的重点。

二、美国对期货市场内幕交易态度的转变

从境外经验看，2008年国际金融危机前后美国对期货市场内幕交易的政策发生根本改变。

（一）2008年国际金融危机前，主流实践和理论认为期货市场基本没有内幕交易

在立法上，美国法律在非常有限的范围内规定了期货市场内幕交易。当时的《期货交易法》（*Commodity Exchange Act*，CEA）规定，内幕信息仅限于美国商品期货交易委员会、交易所员工这两类特定主体基于职务获取的信息。①历史上，美国国会数次试图加强对期货市场内幕交易监管，但每次都遭到美国商品期货交易委员会的强烈反对，国会最终接受美国商品期货交易委员会意见。②

在执法上，几乎没有内幕交易案件。尽管有研究者认为2008年美国商品期货交易委员会查处的阿尔文·佩雷斯（Alvin Perez）案是首起期货市场内幕交易案，③但这并非典型的内幕交易。在此案中纽约商业交易所（NYMEX）员工佩雷斯将经纪商被交易所立案调查的信息透露给相关经纪商，由于该信息不涉及该信息相关的交易，美国商品期货交易委员会未将该案列为内幕交易案。④

在理论上，主流意见一直认为期货市场基本没有内幕交易。美国商品期货交易委员会前主席菲利普·麦克布莱德·约翰逊（Philip McBride Johnson）在国会听证时

① Sec. 9（c），（d），（f），Commodity Exchange Act 2001。美国商品期货交易委员会层面的内幕交易是指美国商品期货交易委员会员工利用非公开信息交易、美国商品期货交易委员会员工为协助第三方交易而向其传播非公开信息，以及第三方接受美国商品期货交易委员会员工非公开信息并进行交易等三种情形。交易所等自律机构层面的内幕交易包括因履行职责所获得的信息，以及第三方知道消息来自自律机构员工履行职责所获得。

② Andrew Verstein，“Insider Trading in Commodities Markets”，Virginia Law Review，Vol. 102:447。比如美国商品期货交易委员会1984年发布的《利用重大未公开信息进行期货交易的性质、程度和影响》报告，是一篇向国会详细阐释期货市场为什么没有内幕的报告。

③ 李明良、李虹：《期货市场内幕交易的内涵：以美国为中心的考察》，《证券法苑》2014年第13卷，第278页。

④ https://cftc.gov/sites/default/files/idc/groups/public/@lrenforcementactions/documents/legalpleading/enfperezorder0802608.pdf. CFTC Docket No. 08-1.

指出，期货市场几乎没有办法交易内幕信息。[①]一是期货市场投资者（套保者、套利者和投机者）利用自身的内幕信息从事交易，是风险管理的应有之义，[②]即允许套保者利用自己的现货持仓信息（内幕信息）来从事期货交易。每个市场参与者的投资计划都是非公开的，都是不为别人掌握的信息，认为利用自己的仓位信息进行对冲属于内幕交易，就是在挑战期货市场的本质。[③]二是期货市场运作方式和证券市场迥异，证券市场的内幕交易理论并不适用。依据美国证券法理论，内幕交易属于欺诈行为，违反信义义务（fiduciary duty）。公司董事、管理人员、雇员及某些外部顾问等公司内幕知情人和公司股东之间有信义义务，应及时向上市公司股东及时披露相关信息，且不能在信息披露前利用这些信息交易，[④]由此可以防止知情人利用信息优势交易公司股票。[⑤] 该理论在期货市场不适用，利用非公开信息从事风险管理交易是期货市场应有之义，期货市场没有与证券市场相对应的信息披露义务。[⑥]三是证券法致力于保护普通投资者，但期货市场投资者足够专业、信息充分，不需要内幕交易制度的保护。[⑦]四是美国商品期货交易委员会和美国证券交易委员会在2009年的联合报告中也明确了期现货市场内幕交易的区别。[⑧] 证券市场关注资本的形成，证券法要求上市公司信息披露，保护投资者不受内幕信息知情人的侵害，禁止内幕交易和利用重大未公开信息交易。期货市场的主要目的是管理和转移风险，允许套保者利用自己的未公开信息交易，套保过程也是强化价格发现功能的过程，因此期货市场并未普遍禁止内幕交易行为，只设定了非常有限条款。

（二）2008年国际金融危机后，美国开始强调严厉打击期货市场内幕交易行为

在立法上，《多德—弗兰克法案》及美国商品期货交易委员会相关规章从两个方面较大幅度扩充了期货市场内幕交易范围。一方面，将所有政府部门纳入内幕交易主体范围。《多德—弗兰克法案》之前只有美国商品期货交易委员会工作人员是

---

① Commodity Futures Trading Commission Act of 1974: Hearings on H.R. 11955 Before the H. Comm. on Agric.，93d Cong. 183（1974）.

② A Joint Report of the SEC and the CFTC on Harmonization of Regulation，2009，pp. 59-61.

③ Jerry W. Markham，“FRONT-RUNNING”-INSIDER TRADING UNDER THE COMMODITY EXCHANGE ACT，38 Cath. U. L. Rev. 106 1988-1989.

④ Chiarella v. United States，445 U.S. 222，228（1980）.

⑤ O’Hagan，521 U.S. at 652，citing Chiarella v. United States.

⑥ https://www.cov.com/-/media/files/corporate/publications/2016/10/cftc_enforcement_outlook_insider_trading.pdf.

⑦ Andrew Verstein，Insider Trading in Commodities Markets，Virginia Law Review，Vol. 102:447.

⑧ A Joint Report of the SEC and the cftc on Harmonization of Regulation，at 1（Oct. 16，2009），https://www.cftc.gov/sites/ default/files/stellent/groups/public/@otherif/documents/ifdocs/opacftc-secfinaljointreport101.pdf.

内幕交易主体，该法第746条[①]规定所有政府部门工作人员都是内幕交易主体，俗称艾迪·墨菲规则。[②]依据该规定，利用农业部官员泄露内幕信息进行期货交易行为构成内幕交易。[③]另一方面，《多德—弗兰克法案》第753条[④]以及美国商品期货交易委员会第180.1条[⑤]进一步扩充内幕交易主体范围和行为特征，禁止任何人在互换、期货市场欺诈和操纵，禁止任何人在违背既有义务的情况下利用非公开信息从事内幕交易，禁止利用欺诈或欺骗获得的非公开信息进行交易。[⑥]这个规定几乎照搬证券市场内幕交易规定，即《证券交易法》第10b条[⑦]和美国证监会第10b-5条规则[⑧]。美国商品期货交易委员会强调，风险管理者可像往常一样利用在日常运营者获得的非公开信息交易，期货市场一直允许市场参与者利用合法获得的、重大非公开信息进行交易，[⑨]但如果依据相关法律、协议、备忘等，投资者利用非公开信息交易违背既有义务，则构成内幕交易。比如证券、基金公司内控规则一般会要求相关员工不得交易本公司资产组合中的金融工具，否则有可能构成内幕交易。

在执法上，美国商品期货交易委员会内幕交易执法的重点是利用客户交易动向的“老鼠仓”交易。2015年以来，美国商品期货交易委员会共查处了8起期货市场内幕交易案。2015年，美国商品期货交易委员会查处了第一起内幕交易案。基金经理阿尔亚·莫塔泽迪（Arya Motazedi）利用公司石油和能源期货的持仓信息进行交易，主要包括在公司下单前抢先在个人账户进行同方向交易（抢先交易），个人账户与公司账户作为对手方交易向个人账户输送利益。[⑩]案件最终和解，当事人被处以合计32万美元罚款。2016年美国商品期货交易委员会查处了第二起内幕交易案，拉格尔斯（Ruggles）利用知悉公司交易策略的优势，在公司下单前抢先在个人账

① SEC. 746. INSIDER TRADING.

② 该规定由证监会主席根斯勒（Gensler）力推通过，艾迪•墨菲是电影《运转乾坤》（trading places）的主角之一，其利用农业部尚未公开的有关橘子产量的报告从事期货交易获利，Gensler以此为例，来论证扩张期货市场内幕交易规定的必要性。

③ 1905年，期货交易员Louis Van Riper与美国农业部统计员E.S. Holmes合谋，利用后者因职务便利掌握的官方棉花种植面积数据在期货市场交易。案件曝光后，农业部只是完善了信息发布流程，但相关人员并未因内幕交易受到处罚。

④ SEC. 753. ANTI-MANIPULATION AUTHORITY.

⑤ CFTC Rule 180.1.

⑥ Q & A – Anti-Manipulation and Anti-Fraud Final Rules，http://www.cftc.gov/ucm/groups/public/@newsroom/documents/file/amaf_qa_final.pdf.

⑦ 17 U.S.C. 78 j（b）.

⑧ 17 CFR 240.10b-5.10b-5条既是内幕交易的国王条款，也是反操纵的条款之一。

⑨ CFTC Finalizes Rules Imposing Liability for Fraud-Based Manipulation，http://www.skadden.com/insights/cftc-finalizes-rules-imposing-liability-fraud-based-manipulation.

⑩ https://www.cftc.gov/sites/default/files/idc/groups/public/@lrenforcementactions/documents/legalpleading/enfmotazediorder120215.pdf. CFTC No. 16-02（Dec. 2，2015）.

户进行同方向交易（抢先交易）。[①]该案和解结案，当事人被处以合计525万美元罚款。2019年9月30日，美国商品期货交易委员会查处了第三起内幕交易案，当事人在天然气期货合约中，利用客户的大宗交易信息与客户互为对手方交易。该案和解结案，当事人被处以合计200万美元罚款。2020年8月4日，美国商品期货交易委员会查处一起交易雇员的内幕信息交易案件。当事人拜恩斯（Byrnes）、科尔顿（Curtain）向他人泄露原油、天然气衍生品交易保密信息，主要包括特定投资者的具体期权交易信息，这些信息基于两人在NYMEX的工作信息获得。该案以和解结案。2020年9月30日，美国商品期货交易委员会对交易员舒尔茨（Schultz）内幕交易作出处罚决定。Schultz将所在公司的大宗交易信息泄露给其他人，其他人作为对手方与公司进行交易，并分享交易利润。此外，2018年9月，美国商品期货交易委员会宣布成立内幕交易执法特别工作组，进一步加强期货市场内幕交易执法。[②]美国商品期货交易委员会在查处内幕交易时特别倚重科技监管和数据分析，在市场监管和数据分析工具方面连续多年投入大量资源，由此发现了传统上不可能发现的违法行为，如快速定位从引发市场波动的新闻或事件中获利的投资者信息。

在司法上，截至目前还没有内幕交易方面判例[③]。2018年9月28日，美国商品期货交易委员会依据180.1规则提起了首起诉讼（CFTC v. EOX Holdings LLC et al.）。在该案中，吉津斯基（Gizienski）将某些客户的交易信息泄露给其他客户。该案有两点值得关注：一是滥用理论不以信义义务为前提。当事人认为滥用理论以信义理论为前提，建议驳回起诉。2019年9月26日法院作出裁定，滥用理论并不限于信义义务，基于违反法律义务、保密信息即可提起诉讼。二是泄露内幕信息也构成内幕交易。由于被告提起管辖变更申请，案件被移送至田纳西南区联邦地区法院。[④]就前述Schultz案，美国司法部也提起了刑事诉讼，这是第一起期货市场内幕交易刑事诉讼案件。司法部与Schultz达成了辩诉协议（plea agreement）。2021年2月1日，美国司法部宣布对Schultz案的另一名交易员约翰·埃德·詹姆斯（John Ed James）提起刑事诉讼，当事人也签署了辩诉协议。

在理论上，美国商品期货交易委员会积极推动司法将证券市场内幕交易中的盗

① https://www.cftc.gov/sites/default/files/idc/groups/public/@lrenforcementactions/documents/legalpleading/enfrugglesorder092916.pdf. CFTC No. 16-34（Sept. 29，2016）.

② https://www.cftc.gov/PressRoom/PressReleases/7811-18.

③ https://www.akingump.com/en/news-insights/cftc-brings-energy-market-insider-trading-case-announces-insider.html.

④ https://unicourt.com/case/pc-db5-commodity-futures-trading-commission-v-eox-holdings-llc-et-al-180985. https://www.leagle.com/decision/infdco20191002d37#.

用理论应用于期货市场。证券市场内幕交易中的信义理论在期货市场不适用，美国商品期货交易委员会转而推动证券市场内幕交易中的盗用理论适用于期货市场。证券市场盗用理论认为，信义关系之外的其他人获得内幕信息，也应当遵守信义义务。[1]这意味着违背内幕信息上既有义务的交易行为也构成内幕交易，这种义务来自信义、信托、保密等关系等。基于这种理论，美国商品期货交易委员会出台了180.1规则，规定违背内幕信息上的既有义务从事交易，或者从有既有义务人处获取内幕信息从事交易，都是内幕交易。批评者认为，期货市场缺乏证券市场上传统的"内部人"概念，美国商品期货交易委员会基于该理论制定了部门规章，查处了5起内幕交易行为，在前述两起刑事案件中，美国司法部认可180.1规则及认定理论。同时，该理论尚未得到司法的明确认可，法院的态度仍有待在具体判例中明确。

三、关于内幕信息与未公开信息

一是期货交易场所会员、交易者的资金和交易动向。从美国的执法实践来看，内幕交易执法多围绕此类信息展开。美国期货市场内幕交易是广义概念，包括内幕信息和未公开信息，美国商品期货交易委员会查处的案件基本都属于未公开信息，与具体投资者的交易信息紧密相关，这更多对应我国《证券法》和《刑法》上的未公开信息。二是相关市场中的重大异常交易信息。该规定来自光大证券"8·16"乌龙指事件的处理实践。

•内幕信息知情人

第十五条 本法所称内幕信息的知情人，是指由于经营地位、管理地位、监督地位或者职务便利等，能够接触或者获得内幕信息的单位和个人。

期货交易的内幕信息的知情人包括：

（一）期货经营机构、期货交易场所、期货结算机构、期货服务机构的有关人员；

（二）国务院期货监督管理机构和其他有关部门的工作人员；

① O' Hagan，521 U.S. at 652，citing Chiarella v. United States. See also Cady，Roberts & Co.，40 S.E.C. 907（1961）。该理论来自一个判例：O' Hagan是一家律师事务所的合伙人，偶然间听到了其他律师关于一项上市公司收购的要约价格，O' Hagan本身并未参与该项收购工作。但他旋即购买了一些该公司的股票，并利用获得的内幕信息获利。联邦最高法院认为滥用内幕信息买卖证券违反了忠诚和保密的信义义务。

（三）国务院期货监督管理机构规定的可以获取内幕信息的其他单位和个人。

《期货和衍生品法》	《期货交易管理条例》
第十五条　本法所称内幕信息的知情人，是指由于**经营地位、管理地位、监督地位**或者**职务便利等，**能够接触或者获得内幕信息的**单位和个人**。 **期货交易的内幕信息的知情人**包括： （一）**期货经营机构**、期货交易**场所、期货结算机构、期货服务机构的有关**人员； （二）国务院期货监督管理机构和其他有关部门的工作人员； （三）国务院期货监督管理机构规定的**可以获取内幕信息的**其他**单位和个人**。	**第八十一条**　本条例下列用语的含义： …… （十二）内幕信息的知情人~~员~~，是指由于其管理地位、监督地位或者~~职业地位，或者作为雇员、专业顾问履行职务~~，能够接触或者获得内幕信息的~~人员，~~包括：期货交易所~~的管理人员以及其他由于任职可获取内幕信息的从业~~人员，国务院期货监督管理机构和其他有关部门的工作人员~~以及~~国务院期货监督管理机构规定的其他~~人员~~。

本条进一步优化了内幕信息知情人的外延。

解析

一是优化概括性规定的行文，将由于“其管理地位、监督地位或者职业地位，或者作为雇员、专业顾问履行职务”调整为由于“经营地位、管理地位、监督地位或者职务便利等”，将“人员”修改为“单位和个人”，更关注市场主体利用客户交易信息等进行内幕交易。

二是进一步明确从业人员的范围，增加期货经营机构、期货结算机构、期货服务机构的有关人员。其中，期货经营机构有关人员是指期货公司、证券公司等经国务院期货监督管理机构核准从事期货业务的机构的相关人员，期货服务机构有关人员是指会计师事务所、律师事务所、资产评估机构、期货保证金存管机构、交割库、信息技术服务机构等期货服务机构的相关人员。《期货和衍生品法》将期货经营机构、期货交易场所、期货结算机构、期货服务机构的有关人员放在国务院期货监督管理机构和其他有关部门的工作人员前面，突出市场经营机构利用经营地位是主要的内幕信息知情人。

三是期货市场投资者结构的日益完善，现货交易商、银行、证券、基金等机构已陆续开展期货交易，这些机构和相关交易人员掌握交易资金和交易动向等内幕信息，也可能被认定为内幕信息知情人。

●编造、传播虚假信息

第十六条　禁止任何单位和个人编造、传播虚假信息或者误导性信息，扰乱期货市场和衍生品市场。

禁止期货经营机构、期货交易场所、期货结算机构、期货服务机构及其从业人员，组织、开展衍生品交易的场所、机构及其从业人员，期货和衍生品行业协会、国务院期货监督管理机构、国务院授权的部门及其工作人员，在期货交易和衍生品交易及相关活动中作出虚假陈述或者信息误导。

各种传播媒介传播期货市场和衍生品市场信息应当真实、客观，禁止误导。传播媒介及其从事期货市场和衍生品市场信息报道的工作人员不得从事与其工作职责发生利益冲突的期货交易和衍生品交易及相关活动。

《期货和衍生品法》	《期货交易管理条例》
第十六条　**禁止**任何单位和个人编造、传播虚假信息**或者误导性信息，扰乱期货市场和衍生品市场。** **禁止期货经营机构、期货交易场所、期货结算机构、期货服务机构及其从业人员，组织、开展衍生品交易的场所、机构及其从业人员，期货和衍生品行业协会、国务院期货监督管理机构、国务院授权的部门及其工作人员，在期货交易和衍生品交易及相关活动中作出虚假陈述或者信息误导。** **各种传播媒介传播期货市场和衍生品市场信息应当真实、客观，禁止误导。传播媒介及其从事期货市场和衍生品市场信息报道的工作人员不得从事与其工作职责发生利益冲突的期货交易和衍生品交易及相关活动。**	**第三十九条**　任何单位~~或者~~个人~~不得~~编造、传播~~有关期货交易的~~虚假信息~~，不得恶意串通、联手买卖或者以其他方式操纵期货交易价格~~。

本条借鉴《证券法》第五十六条的规定，细化了《期货交易管理条例》第三十九条关于禁止编造、传播虚假信息的有关规定。一是将误导性信息纳入了禁止

传播的范围。二是明确禁止从业机构、从业人员、监管机构等作出虚假陈述或者信息误导。三是增加传播媒介及其从事期货市场和衍生品市场信息报道的工作人员买卖期货和衍生品交易的限制性规定，以防范利益冲突。

解析

期货市场的基本运作机制是对各类信息进行高效、准确的定价，这是期货市场功能发挥的根本。虚假信息的传播侵犯投资者利益，影响期货市场功能发挥，各国都建立了较为严格的期货市场信息传播机制。

近年来，互联网技术快速发展，传播期货市场信息的门槛越来越低，能够影响期货市场的信息越来越多，媒介和方式也越来越多样化，对期货市场信息传播模式带来深远影响。在社交媒体上，信息编发具有自由、匿名、传播迅速且广泛、受众多且不特定等特点，通过线上论坛、贴吧、微博等社交媒体编造传播虚假或误导信息，或者夸大部分事件或信息，信息发酵后可能对证券期货市场带来重大影响。比如，2021年初，美国的游戏驿站事件受到全球的关注。近年来，中国证监会持续加强资本市场监管执法力度，查处多起在社交媒体散布期货市场虚假信息案件，比如李某编造、传播黑色系期货虚假信息案（中国证监会〔2020〕78号行政处罚决定书），曾某雄编造传播鸡蛋期货虚假信息案（中国证监会大连监管局〔2018〕1号行政处罚决定书），郑某光编造传播苹果期货虚假信息案（中国证监会海南监管局〔2019〕3号行政处罚决定书）。

• 品种注册制

第十七条 期货合约品种和标准化期权合约品种的上市应当符合国务院期货监督管理机构的规定，由期货交易场所依法报经国务院期货监督管理机构注册。

期货合约品种和标准化期权合约品种的中止上市、恢复上市、终止上市应当符合国务院期货监督管理机构的规定，由期货交易场所决定并向国务院期货监督管理机构备案。

期货合约品种和标准化期权合约品种应当具有经济价值，合约不易被操纵，符合社会公共利益。

《期货和衍生品法》	《期货交易管理条例》
第十七条　期货合约品种和标准化期权合约品种的上市应当符合国务院期货监督管理机构的规定，由期货交易场所依法报经国务院期货监督管理机构注册。 期货合约品种和标准化期权合约品种的中止上市、恢复上市、终止上市应当符合国务院期货监督管理机构的规定，由期货交易场所决定并向国务院期货监督管理机构备案。 期货合约品种和标准化期权合约品种应当具有经济价值，合约不易被操纵，符合社会公共利益。	第十三条　~~期货交易所办理下列事项，应当经国务院期货监督管理机构批准：~~ ~~……~~ ~~（三）上市、中止、取消或者恢复交易品种；~~ ~~……~~ ~~国务院期货监督管理机构批准期货交易所上市新的交易品种，应当征求国务院有关部门的意见。~~

本条主要修改：一是确立了期货品种上市的注册制，品种的中止上市、恢复上市、终止上市的备案制。二是明确期货产品开发的三项基本原则。

解析

一、产品上市注册制

产品上市从审批制到注册制是本次立法的重大亮点。

（一）品种审批制的确立

期货市场重启后，从1990年7月国务院批准中国郑州粮食批发市场成立到1993年的第一次规范整顿，交易所的设立和期货品种的上市处于放任自由状态，截至1993年末已设立40余家期货交易所，一哄而起、制度不严、审批混乱、监管缺位等情况比较突出。1994年4月6日，《国务院办公厅转发国务院证券委员会关于停止钢材、食糖、煤炭期货交易请示的通知》明确规定，新品种上市要报中国证券监督管理委员会审批，确立了期货市场上市品种的审批制。期货品种审批制遏制了20世纪80年代末期货市场重启初期的盲目发展势头，为期货市场平稳发展提供了强有力制度保障。

经过多年发展，我国期货市场已建立起较为完备的监管体制和风险管理制度体系，成功上市90余个期货产品。在目前的审批制下，新品种上市一般包括立项、预审两个阶段。在整个审批过程中，具有法定审批职责的中国证监会更像是一个“牵头人”，多数情况下相关部委的意见在审批过程中非常重要，而且最终对期货新品种上市具有决定权的是国务院。[①]

（二）注册制的必要性

随着社会主义市场经济的深入发展，商品、证券等现货市场蓬勃发展，对风险管理的需要与日俱增。由于期货新品种上市采取一事一议的审批机制，缺乏明确的制度规范，市场对期货新品种能否获批、何时获批没有明确预期，审批制本身的上市效率相对不高，不能充分满足风险管理需求，与实体经济需求及境外市场相比，还有较大差距。比如我国期货交易所虽然对期权产品已经研发多年，但直到2017年上半年才上有两个商品期权品种上市。德国的欧洲期货交易所（Eurex）的期货、期权产品就有2000多个[②]，CME集团的上市产品也有2000多个[③]。借鉴《证券法》关于证券发行注册制改革的经验，品种上市由并联审批模式改为交易场所申请、中国证监会注册的品种上市机制，有利于激发期货市场发展活力，以改革创新持续提升期货市场服务实体经济的能力。

（三）与现有实践的衔接

美国采取了注册和审批并行的产品上市制度，兼顾市场发展效率和国民经济安全。本条规定的注册制与目前的审批制实践有较大差别，在注册制配套规则明确前，是否所有品种都不需要审批、期货品种上市程序是否改变、各行业主管部门的意见在注册过程中的地位、是否需要向国务院报告等问题都有待进一步明确。

二、美国期货产品上市的双轨制（注册加审批）

美国期货品种上市机制大致经历放任、审批和双轨（注册加审批）三个阶段。一是放任阶段。从1848年CBOT设立开始到1921年《期货交易法》颁行，各种交易所的设立、运作、品种上市等几乎全部是自发的市场行为，联邦政府没有监管。

二是审批阶段。从1921年《期货交易法》开始，美国联邦层面通过渐进方式逐渐获取特定期货品种监管权，这些期货品种的上市需要农业部等联邦监管机构审批。1974年美国国会颁布《商品交易委员会法》，创设美国商品期货交易委员会对期货市场进行概括式统一监管，并确立了全部新品种上市的审批制。

三是双轨阶段。审批制杜绝了放任阶段的乱象，同时也使品种上市周期较长，

① 焦增军：《期货品种上市制度研究》，《期货及衍生品法律评论》2018年第1卷。

② https://www.eurex.com/ex-en/markets/productSearch.

③ https://www.cmegroup.com/markets/products.html?redirect=/trading/products/index.html#sortAsc=false&sortField=oi.

难以快速适应市场发展。为应对欧洲市场和新兴市场的竞争，提升美国期货市场的竞争力，2000年美国国会通过《商品期货现代化法》，提高期货衍生市场自由度。重要举措是改革产品上市机制，在审批制之外增加注册制，即在指定合约市场（DCM，一般指交易所）通过自我认证程序（self-certification）上市，弱化美国商品期货交易委员会对于期货品种上市的干预，[①]由此形成自我认证程序和审批程序的双轨制上市机制。在自我认证程序中，DCM只需要向美国商品期货交易委员会提交书面材料、证明上市的新期货合约符合《商品交易法》（CEA）和美国商品期货交易委员会规则的要求，同时没有违反任何公共政策即可。为应对2008年国际金融危机，全面加强衍生品市场监管，2010年美国国会通过《多德—弗兰克法案》，但该法仍保留了双轨制。美国商品期货交易委员会官网的数据显示，CBOT经自我认证上市的期货品种有103个，经批准上市的品种有112个。[②]

三、期货产品开发的三项原则

在期货市场实施注册制并不意味着期货市场品种上市没有门槛，为确保期货市场服务实体经济、防范市场风险，本条规定了期货产品开发的三项原则，严把入门关。期货产品开发的三项原则是经济价值、不易被操纵和公共利益。经济价值是期货产品服务实体经济的必然要求，防止部分具有赌博性质的二元期权类产品上市。合约必须符合公共利益，可以排除比特币期货等不符合公共利益的品种。同时，必须加强投资者保护，防止市场操纵。注册制的实施需要明确品种开发的基本原则，由交易所按照该原则开发期货产品，期货监督管理机构依据该原则实施注册。2010年11月戛纳G20峰会批准的IOSCO《商品衍生品市场监管原则》规定了期货产品设计6项原则，即责任性（Accountability）、经济价值（Economic Utility）、与现货相关性（Correlation with Physical Market）、通过结算可靠性提升期现货价格收敛（Promotion of Price Convergence Through Settlement Reliability）、包容性（Responsiveness）、透明度（Transparency）[③]。责任性是指监管机构应制定关于合约设计和评估的清晰框架。经济价值是指合约应当满足潜在用户的风险管理需要，提升期货市场的价格发现能力。与现货相关性是指合约条款应最大限度反映现货市场运作，避免妨碍现货交割。通过结算可靠性提升期现货价格收敛是指结算和交割程序应反映现货市场需要，提升期现货市场价格联系的可靠性和收敛性，并定期评

① 唐波：《美国期货品种上市机制的反思与启示》，《东方法学》2019年第1期。

② https://www.cftc.gov/IndustryOversight/ContractsProducts/index.htm.

③ https://www.iosco.org/library/pubdocs/pdf/IOSCOPD358.pdf.

估这个标准。包容性是指在产品设计时必须考虑潜在交易者的意见。透明度是指监管机构必须随时可以了解合约条款、交割、价格、交易等信息。

历史上不乏期货合约退市的案例。现货市场需求不足、合约设计缺陷（合规规模太大、交割规则不合理、交易成本过高）等是主要原因。[①]比如2009年5月5日，证监会签发《关于同意中止绿豆期货交易的批复》，绿豆期货成为国内期货市场第一个因为流动性问题被退市的品种。2008年12月23日，港交所上市的新华富时中国25指数期货退市，2009年7月1日，欧洲期货与期权交易所上市的FVSX等三个波动率指数期货退市。

●账户实名制

第十八条 期货交易实行账户实名制。交易者进行期货交易的，应当持有证明身份的合法证件，以本人名义申请开立账户。

任何单位和个人不得违反规定，出借自己的期货账户或者借用他人的期货账户从事期货交易。

本条是新增条款，增加了账户实名制内容。

解析

本条借鉴了《证券法》第五十八条的规定。证券市场的账户实名制源自1998年《证券法》第七十四条的规定“禁止法人以个人名义开立账户，买卖证券”。《关于清理整顿违法从事证券业务活动的意见》（中国证监会公告〔2015〕19号）第五条规定，“证券投资者应当按照法律法规和中国证监会的有关规定，严格遵守证券账户实名制要求开立证券账户。任何机构和个人不得出借自己的证券账户，不得借用他人证券账户买卖证券”。《证券法》将法人扩展至任何单位和个人，《期货和衍生品法》借鉴了该规定。

随着信息技术的发展，期货市场账户管理方面出现了新情况。一是部分机构和个人借助信息系统为客户开立虚拟证券、期货账户，通过借用他人账户、出借本人账户等方式，代理客户买卖证券、期货，违反了账户实名制规定。二是有关主体

① 刘凤元：《衍生品合约失败案例研究及其启示》，《证券市场导报》2010年第3期。

大量使用分账户、外挂账户、租用账户等方式开展场外配资业务，其中不乏内幕交易、市场操纵等违法违规行为，严重损害投资者合法权益，严重扰乱市场秩序。

关于“违反规定”的限制。尊重市场实践和惯例，为一定范围内的借用账户留有空间。一是从境外经验看，某些资管业务开展确实需要管理别人的期货账户，本条为这类业务开展预留空间。二是实践中父母将账户交由子女代管、亲属之间借用账户的情况也比较常见，“一刀切”的禁止可能与社会认知不符，本着为群众办实事的原则，对一定范围内的借用留下制度空间。

• 入场交易资质

第十九条　在期货交易场所进行期货交易的，应当是期货交易场所会员或者符合国务院期货监督管理机构规定的其他参与者。

《期货和衍生品法》	《期货交易管理条例》
第十九条　在期货交易**场**所进行期货交易的，应当是期货交易**场**所会员**或者符合国务院期货监督管理机构规定的其他参与者。**	**第二十三条**　在期货交易所进行期货交易的，应当是期货交易所会员。 ~~符合规定条件的境外机构，可以在期货交易所从事特定品种的期货交易。具体办法由国务院期货监督管理机构制定。~~

本条新增了其他参与者在期货交易场所进行交易的规定。

解析

本条是关于在期货交易场所进行交易主体资格的变迁。在物理交易大厅时代，交易大厅容量有限，各交易所普遍采取了经纪业务模式。只有会员才可以进入交易大厅交易，客户只能在场外通过电话等方式委托会员进行交易。电子化交易打破了传统物理大厅的空间限制，使投资者直接进入期货交易所交易成为可能。为适应时代发展，平衡相关利益，交易所进行了相应变革。一是对经纪业务模式进行变更，允许适格投资者不经过期货公司（经纪业务）而直接在期货场所交易。一般这些投资者还是被冠以会员的名称，比如非期货公司交易结算会员，但只有自营业务资格，无经纪业务资格。二是进行公司制改革，但在交易环节仍保持会员制。

“符合国务院期货监督管理机构规定的其他参与者”是适应期货市场对外开放要求而新增的规定。在对外开放中，期货市场新增了“境外特殊参与者”这一主体，该主体是指符合中国证监会及交易所规定条件，在交易所直接入场交易的境外机构。根据《境外交易者和境外经纪机构从事境内特定品种期货交易管理暂行办法》规定，这包括直接入场交易的境外交易者（即境外特殊非经纪参与者）和直接入场交易的境外经纪机构（即境外特殊经纪参与者）。

在交易法律关系中，交易所与会员（期货公司）及特殊参与者直接发生法律关系，与客户没有直接法律关系。客户与期货经纪人（会员、期货公司）是行纪法律关系，期货经纪人依照客户的指令以自己的名义进行相应建仓、平仓操作，代理客户买卖期货，并对违反客户指令和期货交易操作规则的行为承担法律责任。

依据该条规定，原则上投资者必须通过会员进场交易，不能采取交易直连的方式，会员必须对投资者订单进行风险控制。现实中已出现为提升交易效率而进行交易直连的案件。《期货公司监督管理办法》第六十六条规定，期货公司应当进行客户交易指令审核，在传递交易指令前对客户账户资金和持仓进行验证。

●交易指令

第二十条　交易者委托期货经营机构进行交易的，可以通过书面、电话、自助终端、网络等方式下达交易指令。交易指令应当明确、具体、全面。

《期货和衍生品法》	《期货交易管理条例》
第二十条　交易者委托期货经营机构进行交易的，可以通过书面、电话、**自助终端、网络等**方式下达交易指令。交易指令应当明确、**具体、**全面。	**第二十六条**　~~客户~~可以通过书面、电话、互~~联网或者国务院期货监督管理机构规定的其他~~方式~~，向期货公司~~下达交易指令。~~客户的~~交易指令应当明确、全面。 ~~期货公司不得隐瞒重要事项或者使用其他不正当手段诱骗客户发出交易指令。~~

本条优化了交易指令的规定。一是删除了“国务院期货监督管理机构规定的其他方式”，符合简政放权、市场化改革精神，为交易指令下达方式创新提供更广阔的制度空间。二是增加交易指令应当“具体”的规定。三是考虑到实践中证券公司是ETF期权的经纪机构，将“期货公司”修改为“期货经营机构”。四是将“客

户”修改为“交易者”。

解析

交易指令是指交易者向期货经营机构发出的，要求其按照规定的条件买进或者卖出期货合约的一种交易订单。交易指令有多种，常见的有限价指令和市价指令。前者是指按照限定价格或者更优价格成交的指令，又可以分为即时全部成交或撤销和即时成交剩余撤销两种指令。后者是指不限定价格，按照当时市场上可执行的报价成交的指令，市价指令只能和限价指令撮合成交，又可以分为最优一档即时成交剩余撤销指令、最优一档即时成交剩余转限价指令、最优五档即时成交剩余撤销指令、最优五档即时成交剩余转限价指令等。

《最高人民法院关于审理期货纠纷案件若干问题的规定》第二十条规定，客户下达的交易指令没有品种、数量、买卖方向的，期货公司未予拒绝而进行交易造成客户的损失，由期货公司承担赔偿责任，客户予以追认的除外。第二十一条规定，客户下达的交易指令数量和买卖方向明确，没有有效期限的，应当视为当日有效；没有成交价格的，应当视为按市价交易；没有开平仓方向的，应当视为开仓交易。

•程序化交易

第二十一条　通过计算机程序自动生成或者下达交易指令进行程序化交易的，应当符合国务院期货监督管理机构的规定，并向期货交易场所报告，不得影响期货交易场所系统安全或者正常交易秩序。

本条为新增条款。

解析

本条是对程序化交易的原则性规定，主要标准在于影响交易场所系统安全或者正常交易秩序。

一、程序化交易、算法交易和高频交易的区别

程序化交易是指“通过既定程序或特定软件，自动生成或执行交易指令的交易

行为”。[①]程序化交易发源于20世纪80年代的美国，最初的定义是指在纽约股票交易所（NYSE）市场上同时买卖超过15只以上的股票组合，分为程式买入与程式卖出两种。从广义上看，程序化交易泛指一切利用计算机技术制定交易策略、自动执行、订单管理的行为，其概念接近于自动化交易（Automated Trading）或计算机化交易（Computer-based Trading）。从狭义上看，程序化交易是指在一次交易中同时完成多只股票的买卖，也称组合交易（Portfolio Trading）、篮子交易（Basket Trading）。

20世纪80年代末，在程序化交易广泛应用后，机构投资者开始研究如何降低交易的执行成本，带动了算法交易的发展。与程序化交易一样，对算法交易的概念也存在两种不同的理解。从广义上看，算法交易是能够观察、分析市场数据或其他信息，自动生成、执行交易决策的交易技术，其概念与广义的程序化交易类同。从狭义上看，算法交易是一种订单执行策略，主要指根据事先确定的目标和约束条件，基于特定的数量模型，制定下单策略完成指定数量的资产买卖。算法交易的狭义定义在投资专业领域使用得更多，常被简称为“拆单”。

高频交易兴起于20世纪90年代末，并于2008年国际金融危机期间备受关注。金融危机导致其他持有资产策略出现大幅亏损，而高频交易持仓周期较短，能够在价格的双向变化中积累微小价差而获得显著收益，因此吸引了人们的普遍关注。但随后几年由于竞争加剧，其获利逐年下降。虽然对速度达到多少的交易才算高频交易并无统一标准，但市场普遍认同高频交易应满足在很短的时间内产生大量报撤单指令，并严格进行头寸管理的特点。IOSCO认为，高频交易难以界定，考虑到高频交易发展迅速，精确定义对监管也没有实际意义[②]，高频交易主要有以下几个特点：用复杂的技术手段追求做市、套利等多种策略，在全部交易环节中使用算法，下单成交比很高（撤单量很大），日内交易为主（几乎没有隔夜仓），持仓时间以秒为单位，以自营交易为主，对延时非常敏感等。

二、程序化交易的监管

程序化交易能够提供流动性，降低买卖价差和价格波动，降低交易成本。同时，也存在一定风险。一是技术风险和操作风险。程序化交易由计算机测算和执行，下单时间、价格设定和仓位控制相对独立，避免了人为交易的诸多问题。但模型有失效的时候，如现有模型无法对市场新情况作出最优判断，程序化交易策略趋

---

① 2015年10月9日，中国证监会发布《证券期货市场程序化交易管理办法（征求意见稿）》（简称程序化征求意见），该规定至今尚未正式出台。该意见第2条对程序化交易进行了规范。

② Regulatory Issues Raised by the Impact of Technological Changes on Market Integrity and Efficiency（iosco.org）.

同，或者程序出现问题，则可能对市场产生较大负面影响，比如2010年美国股市的“闪崩”、2012年骑士资本的“乌龙指”、2013年光大证券“8·16”乌龙指事件等。若不能及时应对，风险可能外溢到整个市场甚至传导至其他市场，引发金融风险。二是有些交易违反公平原则。程序化交易在下单和成交方面有着手动操作无法比拟的优势，如果该优势被用于塞单（layering）、幌骗（spoofing）等行为，会严重损害交易的公平性和市场的公正性。

为此，各国都加强了对程序化交易的监管。2020年12月6日，美国商品期货交易委员会通过了《电子化交易风险原则》（*Electronic Trading Risk Principles*），确立了交易所电子化交易管理的三项原则，即交易所（DCMs，designated contract markets）必须制定和实施对市场参与者的监管规则，以预防、监测和降低电子化交易带来的市场扰乱和系统异常；交易所必须设置电子化订单的前端风险控制；在发生重大异常情况时应立即向监管部门报告，并提供成因和应对措施等内容。2013年2月，德国通过《高频交易法》（*Entwurf eines Gesetzes zur Vermeidung von Gefahren und Missbräuchen im Hochfrequenzhandel*），从算法交易定义、高频交易定义及特征、监管机构职权、电子标记义务等方面进行了规定。

由于程序化交易类型众多，对市场的影响也不尽相同，全面规范程序化交易的法律法规尚不多见，一般从准入许可、说明义务、风险控制等方面规范，规定的内容相对具体和技术性，不可能在法律中都加以体现。同时，程序化交易在我国尚处于起步阶段，与境外成熟市场相比还存在明显差距，还需要进一步探索法律监管程序化交易的方式。①因此，《期货和衍生品法》借鉴《证券法》第四十五条的规定，授权国务院期货监督管理机构作出规定，授权期货交易场所接受程序化交易报告。

●保证金制度

第二十二条　期货交易实行保证金制度，期货结算机构向结算参与人收取保证金，结算参与人向交易者收取保证金。保证金用于结算和履约保障。

保证金的形式包括现金，国债、股票、基金份额、标准仓单等流动性强的有价证券，以及国务院期货监督管理机构规定的其他财产。以有价证券等作为保证金的，可以依法通过质押等具有履约保障功能的方式进行。

期货结算机构、结算参与人收取的保证金的形式、比例等应当符合国务院期

① 程合红主编《〈证券法〉修订要义》，人民出版社，2020，第91页。

货监督管理机构的规定。

交易者进行标准化期权合约交易的，卖方应当缴纳保证金，买方应当支付权利金。

前款所称权利金是指买方支付的用于购买标准化期权合约的资金。

《期货和衍生品法》	《期货交易管理条例》
第二十二条　期货交易实行保证金制度，**期货结算机构向结算参与人收取保证金，结算参与人向交易者收取保证金。保证金用于结算和履约保障。** **保证金的形式包括现金，国债、股票、基金份额、标准仓单等流动性强的有价证券，以及国务院期货监督管理机构规定的其他财产。以有价证券等作为保证金的，可以依法通过质押等具有履约保障功能的方式进行。** **期货结算机构、结算参与人收取的保证金的形式、比例等应当符合国务院期货监督管理机构的规定。** **交易者进行标准化期权合约交易的，卖方应当缴纳保证金，买方应当支付权利金。** **前款所称权利金是指买方支付的用于购买标准化期权合约的资金。**	**第二十八条**　期货交易~~应当严格~~执行保证金制度。~~期货交易所向会员、期货公司向客户收取的保证金，不得低于国务院期货监督管理机构、期货交易所规定的标准，并应当与自有资金分开，专户存放。~~ ~~期货交易所向会员收取的保证金，属于会员所有，除用于会员的交易结算外，严禁挪作他用。~~ ~~期货公司向客户收取的保证金，属于客户所有，除下列可划转的情形外，严禁挪作他用：~~ ~~（一）依据客户的要求支付可用资金；~~ ~~（二）为客户交存保证金，支付手续费、税款；~~ ~~（三）国务院期货监督管理机构规定的其他情形。~~ **第八十一条**　~~本条例下列用语的含义：~~ ~~（三）保证金，是指期货交易者按照规定交纳的资金或者提交的价值稳定、流动性强的标准仓单、国债等有价证券，用于结算和保证履约。~~

本条主要新增了两个内容：一是有价证券作为保证金，二是新增期权保证金与权利金。

解析

保证金是指交易者按照规定标准交纳的资金或抵押资产，用于结算和履约保障，结算准备金（Clearing Reserve）是指未被合约占用的保证金；交易保证金（Trading Margin）是指已被合约占用的保证金。

一、保证金形式的发展

历史上，我国期货市场保证金多为现金形式。2007年修订的《期货交易所管理办法》第七十一条增加了有价证券充抵保证金的有关规定，对期货交易所接受的充抵保证金的有价证券的种类、价值计算方法和充抵比例等进行了详细规定。为提升市场效率，促进期货市场稳步发展，2015年1月1日起，中金所在国债期货产品中开展国债作为保证金业务试点。2019年1月21日起，国债可作为全部金融期货品种的保证金。2020年8月，大商所正式推出国债作为保证金业务。2020年9月，郑商所也推出国债作为保证金业务。2020年10月19日起，上期所开展国债作为保证金业务，这意味着国内四大期货交易所全部推出国债作为保证金业务。2020年3月，中央国债登记结算有限责任公司发布《中央国债登记结算有限责任公司债券作为期货保证金业务操作指引》，明确国债作为保证金分业务的账户管理、签约、担保品参数、债券的质押和解押、担保品期间管理、债券付息、违约处置等内容。

二、国债作为保证金业务的底层法律逻辑

国债作为保证金的底层法律逻辑与保证金不同，需要明确的担保法律制度作为路径依托。我国期货市场采取的是分级结算机制，客户向期货经营机构提交保证金（包括现金或国债），期货经营机构向期货交易所/期货结算机构提交保证金（包括现金或国债）。由于《期货和衍生品法》规定了质押等具有履约保障功能的方式，仍需要与《民法典》等配合适用来确定国债作为保证金业务的底层法律逻辑。

一是“转质押”。《最高人民法院关于适用〈中华人民共和国担保法〉若干问题的解释》（法释〔2000〕44号）第一百零一条规定“以票据、债券、存款单、仓单、提单出质的，质权人再转让或者质押的无效”，禁止了转质押，该司法解释于2020年1月1日被废止[①]，上述“禁止转质押”的规定已不再存在。《最高人民法院关于适用〈中华人民共和国民法典〉有关担保制度的解释》（法释〔2020〕28号）并未提及转质押，这可能意味着转质押制度已经获得承认。国债作为期货保证金采用的也是转质押模式，在期货市场的分级结算体制下，在债券作为期货保证金要经历“投资者→结算会员→期货交易所”的分层质押关系。以转质押为代表的担保品再使用已是国际市场的成熟做法，国际中央证券存管机构（ICSD）均有所实践。例如，明讯银行（Clearstream）在三方回购、证券借贷等多类业务中引入了担保品的再使用机制，欧清银行（Euroclear）也允许在自动选择分配模式下，根据参与方预设的

① 《最高人民法院关于废止部分司法解释及相关规范性文件的决定》（法释〔2020〕16号）。

参数，为其提供定制化的再使用服务。在担保品再使用机制下，质权人可在与出质人协商的范围内，将押品再次质押给其他交易对手方，用于覆盖其他交易中的风险敞口。通过押品的重新分配，充分发挥担保品再使用的乘数效应，从而提高担保品的整体使用效率。[①]

二是“让与担保”。《全国法院民商事审判工作会议纪要》（法〔2019〕254号）（《九民纪要》）第七十一条[②]首次明确让与担保的非典型担保性质，将让与担保的本质定位在担保而非转让，根据是否完成所有权变动公示认定其是否具有担保物权效力。如果认定具有物权效力，最终通过清算程序（拍卖、变卖、折价）实现担保权益，债权人根据让与担保合同请求变更所有权的，法院不予支持。《最高人民法院关于适用〈中华人民共和国民法典〉有关担保制度的解释》（法释〔2020〕28号）第六十八条进一步确立了让与担保的法律地位。[③]但期货交易关系中的保证金（现金或国债）在提供时并未产生任何“形式上转移”的意思表示。就现金保证金而言，托管银行为投资人开立的保证金仍系在投资人名下，《期货交易管理条例》规定保证金属于客户、会员所有，所以即便在“形式上”也没有形成转移；就国债保证金而言，中央结算公司担保品中心对于作为保证金的国债所作的登记并非“形式上”或“名义上”的过户登记，仍是以质押登记为基础完成的登记。同时，多层

---

① 张婷、钟慧心、王勃：《基于担保品管理实务视角的〈民法典〉担保物权条款要点解读》，《金融世界》2020年第8期。

② 【让与担保】债务人或者第三人与债权人订立合同，约定将财产形式上转让至债权人名下，债务人到期清偿债务，债权人将该财产返还给债务人或第三人，债务人到期没有清偿债务，债权人可以对财产拍卖、变卖、折价偿还债权的，人民法院应当认定合同有效。合同如果约定债务人到期没有清偿债务，财产归债权人所有的，人民法院应当认定该部分约定无效，但不影响合同其他部分的效力。

当事人根据上述合同约定，已经完成财产权利变动的公示方式转让至债权人名下，债务人到期没有清偿债务，债权人请求确认财产归其所有的，人民法院不予支持，但债权人请求参照法律关于担保物权的规定对财产拍卖、变卖、折价优先偿还其债权的，人民法院依法予以支持。债务人因到期没有清偿债务，请求对该财产拍卖、变卖、折价偿还所欠债权人合同项下债务的，人民法院亦应依法予以支持。

③ 第六十八条　债务人或者第三人与债权人约定将财产形式上转移至债权人名下，债务人不履行到期债务，债权人有权对财产折价或者以拍卖、变卖该财产所得价款偿还债务的，人民法院应当认定该约定有效。当事人已经完成财产权利变动的公示，债务人不履行到期债务，债权人请求参照民法典关于担保物权的有关规定就该财产优先受偿的，人民法院应予支持。

债务人或者第三人与债权人约定将财产形式上转移至债权人名下，债务人不履行到期债务，财产归债权人所有的，人民法院应当认定该约定无效，但是不影响当事人有关提供担保的意思表示的效力。当事人已经完成财产权利变动的公示，债务人不履行到期债务，债权人请求对该财产享有所有权的，人民法院不予支持；债权人请求参照民法典关于担保物权的规定对财产折价或者以拍卖、变卖该财产所得的价款优先受偿的，人民法院应予支持；债务人履行债务后请求返还财产，或者请求对财产折价或者以拍卖、变卖所得的价款清偿债务的，人民法院应予支持。

债务人与债权人约定将财产转移至债权人名下，在一定期间后再由债务人或者其指定的第三人以交易本金加上溢价款回购，债务人到期不履行回购义务，财产归债权人所有的，人民法院应当参照第二款规定处理。回购对象自始不存在的，人民法院应当依照民法典第一百四十六条第二款的规定，按照其实际构成的法律关系处理。

让与担保的法律效力仍有待明确。

三、期权保证金

尽管场内期权与期货都是标准化合约，但期货和场内期权还是存在较大不同，在保证金方面主要有两点不同。一是保证机制不同。在期权交易中，买方最大的亏损为已支付的权利金，不需要支付其他保证金；卖方可能亏损无限，必须缴纳保证金作为担保履行义务。在期货交易中，期货合约的买卖双方都要交纳一定比例的保证金。二是计算方式不同。期货合约的波动和保证金是线性的，保证金按比例收取。期权是非线性产品，保证金非比例调整。

期权保证金的计算方法主要有传统保证金计算方法、Delta方法和投资组合保证金模式（SPAN、TIMS等）方法等。传统保证金计算方法根据“保证金覆盖次日最大亏损”的原则，当发生极端行情时可以避免当日穿仓的风险。Delta方法是将相关的期权合约换算成相应期货合约，并据此收取保证金。目前国际市场上比较流行的是投资组合保证金模式，其中最常采用的是以SPAN模型来估计整个投资组合的风险。

四、保证金的法律性质

保证金是期货市场参与者从事期货交易时缴纳的用于担保期货合约交易、履行交割义务的现金、债券等特定资产。《期货交易管理条例》第二十八条明确，期货交易所向会员收取的保证金，属于会员所有；期货公司向客户收取的保证金，属于客户所有。实践中，关于保证金的法律性质存在一定争议。

为此，本条回避了保证金的法律性质，只规定期货结算机构向结算参与人收取保证金，结算参与人向交易者收取保证金。总体而言，《民法典》的基本原理与期货市场的保证金性质不存在根本冲突。如前所述，在“转质押”限制已被取消的情况下，《民法典》及相关司法解释已具有充分的灵活性和解释空间，既可以兼容（现金）保证金担保安排中，账户中金额的浮动变化不影响保证金担保的效力；又可以兼容国债等资产作为保证金安排中，可以再使用、再质押的场景。此外，《最高人民法院关于审理期货纠纷案件若干问题的规定（二）》（法释〔2020〕18号）规定期货保证金不能强制执行。其中，第三条规定，期货交易所为债务人，债权人请求冻结、划拨以下账户中资金或者有价证券的，人民法院不予支持：（1）期货交易所会员在期货交易所保证金账户中的资金；（2）期货交易所会员向期货交易所提交的用于充抵保证金的有价证券。第四条规定，期货公司为债务人，债权人请求冻结、划拨以下账户中资金或者有价证券的，人民法院不予支持：（1）客户在期货公司保证金账户中的资金；（2）客户向期货公司提交的用于充抵保证金的有价证券。

第五条规定，实行会员分级结算制度的期货交易所的结算会员为债务人，债权人请求冻结、划拨结算会员以下资金或者有价证券的，人民法院不予支持：（1）非结算会员在结算会员保证金账户中的资金；（2）非结算会员向结算会员提交的用于充抵保证金的有价证券。该等对保证金保护的规定，也已由《期货和衍生品法》第四十条、第四十二条、第四十三条等条款所吸纳，固化了保证金的法律效力。

•持仓限额

第二十三条 期货交易实行持仓限额制度，防范合约持仓过度集中的风险。

从事套期保值等风险管理活动的，可以申请持仓限额豁免。持仓限额、套期保值的管理办法由国务院期货监督管理机构制定。

《期货和衍生品法》	《期货交易管理条例》
第二十三条　期货交易实行持仓限额制度，防范合约持仓过度集中的风险。 从事套期保值等风险管理活动的，可以申请持仓限额豁免。 持仓限额、套期保值的管理办法由国务院期货监督管理机构制定。	第十一条　~~期货交易所应当按照国家有关规定建立、健全下列风险管理制度：~~ …… ~~（四）持仓限额和大户持仓报告制度；~~ ……

本条将持仓限额制度独立为一条，并细化了持仓限额和豁免的规定。

解析

持仓限额是指期货交易所对会员或交易者的持仓量规定的最高数额。持仓限额制度是期货交易所为防范操纵市场价格行为，防范合约持仓过于集中的风险，对会员和交易者持仓数量进行限制的制度。套期保值是指交易者为管理因其资产、负债等价值变化产生的风险而达成与上述资产、负债等相关的期货交易和衍生品交易的活动。我国1999年《期货交易管理暂行条例》第三十五条就规定了持仓限额制度。1999年《期货交易所管理办法》第五十六条规定，期货交易所实行投机头寸限仓制度，对会员和客户在非交割月份和交割月份持有的投机头寸，分别制定最大持仓限制标准。后续的《期货交易管理条例》和《期货交易所管理办法》保留了该规定。

一、期货市场持仓限额制度的确立

期货市场的持仓限额制度经过了较长的历史发展过程。美国期货市场早期对持仓限额制度存在争议，[①]直到1936年美国期货市场正式开始实施持仓限额制度，由商品交易委员会（CEC）从联邦层面对谷物类期货合约的“过度投机”（excessive speculation）现象进行监管[②]，主要包括持仓限额水平、善意套期保值（Bona Fide Hedge）豁免以及账户合并计算三个内容。虽然CEC没有强制要求，许多交易所在其他类型期货合约上也主动设置了交易所层面的持仓限额[③]。

1974年，美国国会成立了独立的监管机构——美国商品期货交易委员会负责监管整个期货市场。1980年，美国发生了“亨特兄弟白银案”，美国商品期货交易委员会进一步加强对场内市场持仓限额制度的管理，强制要求各家交易所对所有不设联邦层面持仓限制的期货合约都必须设置交易所层面的持仓限额制度[④]，并且规定交易所的持仓限额不能高于美国商品期货交易委员会的水平[⑤]。1980年之后，美国商品期货市场逐步形成了美国商品期货交易委员会和交易所分别对不同商品期货合约进行持仓限额监管的模式[⑥]，美国商品期货交易委员会主要负责对谷物等商品期货合约的持仓限额进行管理，各交易所根据美国商品期货交易委员会规则1.61（现在的150.5）对其他合约持仓限额进行管理。

1982年股指期货、期权上市后，美国期货市场出现许多新的交易行为，源于商品的持仓限额制度逐渐显得不合时宜。比如不少投资者用期货持仓替代现货市场持仓，使用金融衍生品进行资产配资（如在股票和债券中进行组合风险暴露管理）、久期管理等，从事保护性买权等特定的期权交易。1987年起，美国商品期货交易委员会对套期保值定义陆续进行了修订，认为是否属于套期保值交易的重点在于是否能降低投资者的总体风险，允许各家交易所对备兑买权等降低风险的交易策略进行了豁免。

二、国内持仓限额制度情况

目前，我国国内已建立起较为完备的持仓限额制度。一是对不同期货品种设置不同的持仓限额。比如上期所在《风险控制管理办法》第二十三条对铜、铝、锌、

---

① 1917年的《食品控制法案》、1921年的《期货交易法案》、1922年的《谷物期货法案》均试图在商品期货市场上实行持仓限额制度，但均未成功。

② 《商品交易法案》（*the Commodity Exchange Act*）第4a节。

③ 据统计，截至1975年美国商品期货交易委员会正式运转时，许多交易所自发设置了交易所层面的持仓限额制度，共涉及17种商品的23个合约。

④ The Notice of proposed rulemaking to require exchanges to set position limits for all futures contracts.

⑤ 7 U.S.C. § 6a（e）.

⑥ 45 Fed Reg 79831（1980年12月2日）。

铅等不同品种设置了不同的持仓限额。二是对不同主体设置不同的持仓限额。主要是基于会员、客户两类主体开展。在客户的持仓限额中，进一步分为交易账户和套保套利账户两条线。对交易账户设定全市场统一的、较为严格的持仓限额，并通过异常交易规则进行前端监管。对套保套利账户则适用基于个案申请的原则，持仓限额比交易账户明显较高。实控账户的持仓合并计算。三是对不同时间设置不同的持仓限额。根据是否临近交割月设置阶梯持仓限额。比如在铜期货中，客户正常月份的持仓限额是8000手，交割月前一月是3000手，交割月份是1000手。

三、持仓限额制度的最新挑战

传统上的持仓限额多限于单一市场，特别是场内市场。在2022年3月的伦敦金属交易所（LME）镍期货逼空事件中，最大空头青山控股的场内外持仓比为1∶4，在一定程度上导致LME场内的市场限额失去作用。因此为防止市场操纵，维持政策交易秩序，需要建立对场内外持仓合并计算的持仓限额制度。明确监管机构有权对交易者的场内外衍生品合约设定统一的头寸限制，并要求所有组织衍生品交易的场所和机构都必须具备统一合适的头寸管理制度。

●实际控制关系报备

第二十四条 期货交易实行交易者实际控制关系报备管理制度。交易者应当按照国务院期货监督管理机构的规定向期货经营机构或者期货交易场所报备实际控制关系。

本条是新增条款。

解析

实际控制关系是指行为人（包括个人、单位）对他人（包括个人、单位）期货账户具有管理、使用、收益或者处分等权限，从而对他人交易决策拥有决定权的行为或者事实。实际控制关系账户报备管理有利于防范潜在违法违规行为，维护“三公”原则与市场正常秩序，保护投资者合法权益。

目前，期货市场主要在自律监管规则方面规定了实际控制关系的报备规定。2011年3月24日，上期所、大商所、郑商所和中金所同时发文，对期货市场实际控制关系账户报备作出具体规定。四家交易所根据实质重于形式的原则，从代理、投资、亲属、交叉任职、协议等关系角度，规定了具有实际控制关系的八种情形。[1]

2019年7月1日起施行的《关于办理操纵证券、期货市场刑事案件适用法律若干问题的解释》（法释〔2019〕9号）第五条规定了《刑法》第一百八十二条中“自己实际控制的账户”的定义，即（1）行为人以自己名义开户并使用的实名账户；（2）行为人向账户转入或者从账户转出资金，并承担实际损益的他人账户；（3）行为人通过第一项、第二项以外的方式管理、支配或者使用的他人账户；（4）行为人通过投资关系、协议等方式对账户内资产行使交易决策权的他人账户；（5）其他有证据证明行为人具有交易决策权的账户。

但《期货交易管理条例》和《期货交易所管理办法》一直没有相关规定。2019年11月15日，中国证监会发布的《期货交易所管理办法（征求意见稿）》第九十八条、第九十九条首次新增实际控制关系账户管理规定，明确实际控制关系账户的定义、具体情形以及认定要求等内容，但2021年1月15日生效的《期货交易所管理办法》最终未放入上述内容。《期货和衍生品法》首次把实际控制关系报备上升到法律层面，具体办法由国务院期货监督管理机构另行规定。在实践中，2021年，上期所累计对189组669个客户发起实际控制关系账户协查，对不如实申报的15名客户进行了书面警示。

●交易收费

第二十五条　期货交易的收费应当合理，收费项目、收费标准和管理办法应当公开。

《期货和衍生品法》	《期货交易管理条例》
第二十五条　期货交易的**收费应当合理，**收费项目、收费标准和管理办法应当公开。	**第三十二条**　期货交易的收费项目、收费标准和管理办法~~由国务院有关主管部门统一制定并公布。~~

① 主要包括行为人作为他人的控股股东（即行为人的出资额占他人资本总额50%以上或者其持有的股份占他人股本总额50%以上的股东，出资额或者持有股份的比例虽然不足50%）；行为人作为他人的开户授权人、指定下单人、资金调拨人、结算单确认人或者其他形式的委托代理人；行为人作为他人的法定代表人、主要合伙人、董事、监事、高级管理人员等，或者行为人与他人的法定代表人、主要合伙人、董事、监事、高级管理人员等一致的；行为人与他人之间存在配偶关系等。

本条增加了期货交易的收费应当合理的内容，删除了收费由国务院有关主管部门统一制定的内容。

解析

《期货交易管理暂行条例》第三十八条规定，期货交易所向会员、期货经纪公司向客户收取交易手续费，应当按照国务院有关部门的统一规定执行。2007年《期货交易管理条例》第三十五条规定，期货交易的收费项目、收费标准和管理办法由国务院有关主管部门统一制定并公布。《期货交易管理条例》的历次修订保持了该条内容。《期货和衍生品法》借鉴《证券法》第四十三条的规定，对《期货交易管理条例》的条文做了调整，规定期货交易的收费应当合理，收费项目、收费标准和管理办法应当公开。

要达成期货交易，需要期货交易场所、期货公司、存托管银行等市场主体为投资者提供交易结算交割等服务，这些机构需要收取一定费用，以维持市场的有效运转。《期货和衍生品法》第七条规定，期货交易是民事活动，应遵循有偿原则，这也是国际市场惯例。同时，期货市场提供的价格信息实时向全社会发布，引导经济资源的高效配置，又有明显的公共利益特点，因此收费必须合理和公开。《期货交易所管理办法》第三条明确期货交易所不以营利为目的。各期货交易所一般在官网公布收费项目和标准，主要包括交易手续费、交割手续费、申报费、过户费、转托管手续费等。①

十九届三中全会审议通过的《中共中央关于深化党和国家机构改革的决定》指出，要深入推进简政放权，提高资源配置效率和公平性，大幅降低制度性交易成本，营造良好营商环境。国务院“放管服”精神要求，要尽可能减少行政许可。期货交易是民事法律关系，收费项目和标准应当主要由双方自主协商确定，因此，本条删除了收费由“国务院有关主管部门统一制定和发布”的规定。

● 交易终局性

第二十六条 依照期货交易场所依法制定的业务规则进行的交易，不得改变其交易结果，本法第八十九条第二款规定的除外。

① http://cffex.com.cn/zjssf/20190508/23701.html.

本条新增了交易终局性的规定。

解析

本条借鉴《证券法》第一百一十七条的规定，增加了交易终局性的规定。期货市场是一台高效运转的经济机器，市场信息瞬息万变，期货交易涉及众多投资者及其后续的投资行为，价格信息实时引导国民经济资源配置。轻易改变交易结果会影响期货市场交易安全和国民经济的运行效率，影响其他投资者的合法权益。交易终局性或者交易结果的恒定性是各国证券和期货市场的基本原则。这意味着依据交易规则达成的交易，不管是否反映交易者真实意图（如错单交易），不管是否合法（如内幕交易、市场操纵），交易结果原则上具有不可变更性。

同时，实践中期货市场存在交易错误的情况。不可抗力、意外事件、技术故障等原因带来期货交易结果重大异常、价格严重失真、市场功能发挥严重受损、“三公”原则受到严重影响等情况。2010年5月6日，美国股市出现盘中暴跌，创1987年10月美国“股灾”以来的最大跌幅，一家共同基金卖出大量的SP500迷你股指期货合约，许多高频交易程序跟进卖出，买入流动性不足，各交易所的非一致性操作分割了市场流动性，进一步加剧了市场流动性问题，导致股市急剧下跌。考虑到本次大跌严重背离市场基本面，相关交易最终被取消。2022年3月，伦敦金属交易所（LME）镍期货在两个交易日内（3月7日至8日），LME镍3月期货合约从29246美元最高升至101365美元，最高涨幅为247%。3月8日，LME宣布暂停镍期货交易，并取消了3月8日0点后的所有交易。

因此，本条在原则性规定交易终局性的基础上，增加了在突发性事件中依据第八十九条第二款取消交易的规定。

•交易报告

第二十七条　期货交易场所会员和交易者应当按照国务院期货监督管理机构的规定，报告有关交易、持仓、保证金等重大事项。

本条是新增条款，增加了会员、交易者报告制度。

解析

历史上，重大事项报告仅适用于期货交易所和期货公司，比如《期货交易所管理办法》在第一百零二条规定了期货交易所的重大事项报告制度，[①]2019年《期货公司监督管理办法》第五十三条规定了期货公司的重大事项报告制度。

本条从法律层面扩大了报告主体，规定会员和交易者也有报告义务。一是随着期货市场发展，出现了非期货公司会员的情况，比如商业银行以交易结算会员身份参与期货市场自营交易，期货监督管理机构应对这些会员进行必要监管。二是随着期货市场投资者种类的日益增多，保证金规模的日益扩大，市场波动风险也有所增加，比如黑色系、苹果等品种价格短期内波动明显增加的情况受到全社会的广泛关注，因此期货监督管理机构也有必要对交易者加强监管，增加相关报告义务。同时，本条似乎未明确期货监督管理机构要求境外特殊参与者进行报告的职责。

●禁止特定资金交易

第二十八条　任何单位和个人不得违规使用信贷资金、财政资金进行期货交易。

《期货和衍生品法》	《期货交易管理条例》
第二十八条　任何单位和个人不得违规使用信贷资金、财政资金进行期货交易。	**第四十条**　任何单位或者个人不得违规使用信贷资金、财政资金进行期货交易。 ~~银行业金融机构从事期货交易融资或者担保业务的资格，由国务院银行业监督管理机构批准。~~

本条删除了银行业金融机构从事期货交易融资或者担保业务需要银行业监督管理机构批准的规定。

① 第一百零二条规定，发生下列重大事项，期货交易所应当及时向中国证监会报告：（1）发现期货交易所工作人员存在或者可能存在严重违反国家有关法律、行政法规、规章、政策的行为；（2）期货交易所涉及占其净资产10%以上或者对其经营风险有较大影响的诉讼；（3）期货交易所的重大财务支出、投资事项以及可能带来较大财务或者经营风险的重大财务决策；（4）中国证监会规定的其他事项。

解析

本条的内容源自2007年的《期货交易管理条例》第四十四条，并一直延续至《期货和衍生品法》。《期货交易管理暂行条例》第四十七条曾完全禁止任何单位和个人使用信贷资金、财政资金进行期货交易。从2007年《期货交易管理条例》开始，允许合规使用信贷资金、财政资金进行期货交易。一方面，应严格限制信贷资金参与期货市场。期货市场的波动风险较大，又是杠杆交易，将信贷资金投入期货市场可能带来全亏，导致信贷资金难以偿还，给金融机构带来不良贷款，加大金融系统风险。另一方面，为确保贷款资金安全，有必要允许部分信贷资金进行套期保值。在实际经济活动中，部分企业确实有利用信贷资金套期保值的需求，甚至银行为确保信贷资金安全，主动在贷款协议中明确要求有色金属企业等贷款人利用期货等工具风险管理。①同时，随着商业银行参与国债期货市场，利用自有资金管理利率风险是应有之义。

《期货和衍生品法》删除了《期货交易管理条例》第四十条第二款的规定，将该规定交给银行业监管机构，《期货和衍生品法》并不禁止银行业从事标准仓单质押贷款等业务。

●禁止的交易行为报告义务

第二十九条　期货经营机构、期货交易场所、期货结算机构、期货服务机构等机构及其从业人员对发现的禁止的交易行为，应当及时向国务院期货监督管理机构报告。

本条是新增条款，增加了报告禁止交易行为的规定。

解析

第一，这是贯彻“零容忍”监管政策的要求。如前面第十二条解析部分所述，近年来，我国对证券期货市场采取“零容忍”政策，明显加大了打击期货市场操纵违法的力度，增加期货经营机构、期货交易场所、期货结算机构、期货服务机构等

① 姜洋等：《期货市场新法规解释与适用》，法律出版社，2007，第171页。

机构及其从业人员报告义务是应有之义。

第二，这与期货市场违法行为的隐蔽性紧密相关。期货市场违法行为具有专业性高、隐蔽性强、涉及金额大等特点，一线工作人员更有机会发现相关违法行为，《期货和衍生品法》增加此条旨在充分发挥有关市场主体的监督作用。

●场所、交易规则审批

第三十条 依法设立的场所，经国务院授权的部门或者国务院期货监督管理机构审批，可以组织开展衍生品交易。

组织开展衍生品交易的场所制定的交易规则，应当公平保护交易参与各方合法权益和防范市场风险，并报国务院授权的部门或者国务院期货监督管理机构批准。

本条是新增条款。

解析

传统上，场外衍生品交易由双方询价成交，不需要入场交易。但是在2008年国际金融危机之后，20国集团领导在匹兹堡峰会上确定，要优化场外衍生品市场，“所有标准化场外衍生品合约应在交易所或电子化交易平台上交易，且在适当时，交由中央对手方进行清算；场外衍生品合约应当报告给交易报告库。非中央清算型合约应遵守更严格的资本要求。我们要求国际稳定理事会及其相关成员定期评估实施措施以及其在增进衍生品市场透明度、缓释系统风险以及防范市场滥用方面具有充分性”。① 我国目前并未对场外衍生品的入场交易作出强制性要求，但本条前瞻性地指向标准化程度较高的场外衍生品的入场交易要求，并前瞻性地设计了双重审批制度。

① Improving over-the-counter derivatives markets: All standardized OTC derivative contracts should be traded on exchanges or electronic trading platforms, where appropriate, and cleared through central counterparties by end-2012 at the latest. OTC derivative contracts should be reported to trade repositories. Non-centrally cleared contracts should be subject to higher capital requirements. We ask the FSB and its relevant members to assess regularly implementation and whether it is sufficient to improve transparency in the derivatives markets, mitigate systemic risk, and protect against market abuse.

其一，组织开展衍生品交易的场所采取审批制。这与第八十条期货交易所由国务院期货监督管理机构批准的实践保持一致。就与证券相关的衍生品交易而言，中证机构间报价系统股份有限公司（以下简称中证报价）是经中国证监会批准并由中国证券业协会按照市场化原则管理的金融机构。报价系统场外衍生品市场是报价系统的重要子市场，主要为场外股票期权、证券收益互换等交易类型提供居中的电子化询报价服务和交易达成服务，是证券期货行业场外衍生品市场的重要基础设施，2014年11月上线运行。就货币类衍生品交易而言，外汇交易中心（暨同业拆借中心）是部分汇率和利率衍生品的交易场所，获得了中国人民银行的批准。

其二，交易规则采取批准制。在二读稿中，考虑到场外衍生品监管正在探索之中，本条将交易规则制定权交给了组织开展衍生品交易的场所，并向监管部门备案。考虑到加强场外衍生品市场监管的趋势，《期货和衍生品法》最终采取了批准制，与对期货交易所交易规则的监管保持一致。《期货和衍生品法》第八十条和第八十三条规定期货交易所章程、有关业务规则应当报国务院期货监督管理机构批准。

• 机构展业审批

第三十一条　金融机构开展衍生品交易业务，应当依法经过批准或者核准，履行交易者适当性管理义务，并应当遵守国家有关监督管理规定。

本条是新增条款。

解析

本条强调金融机构开展场外衍生品业务过程中的资格要求和基本行事原则。

一是金融机构开展衍生品交易业务要经过批准或者核准。近年来，我国衍生品市场逐步发展，初步形成了包括交易所市场、银行间市场、对客柜台市场等在内的衍生品市场体系，以及机构监管与功能监管、宏观审慎管理相结合的监管框架，市场功能日益发挥，服务实体经济的功能有效提升。就银行业金融机构而言，银行业监督管理机构于2011年更新了衍生品交易资格要求，包括“基础类衍生品交易资格”和“普通类衍生品交易资格”。就证券公司而言，在证监会的业务指导下，中国证券业协会自2012年起就对场外交易（包括金融衍生品交易）提出了备案要求，并于

2020年建立了一级交易商、二级交易商的分级管理机制。就保险公司而言，2020年中国银保监会办公厅下发《保险资金参与金融衍生产品交易办法》对保险资金参与衍生产品交易进行了规范。因此，主要金融机构从事衍生品的牌照框架可谓基本成型。整体上看，制度规则有待完善，监管标准有待统一，金融机构专业管理能力有待提升，合格投资者管理有待强化，与衍生品交易活动相关的各类基础设施建设有待加强，存在金融管理的薄弱环节，原油宝等风险事件也偶有发生。2021年12月3日，中国人民银行、中国银保监会、中国证监会和国家外汇管理局共同发布《关于促进衍生品业务规范发展的指导意见（征求意见稿）》规定，金融机构开展衍生品业务应当遵守银保监会、证监会的相关管理规定，完成必要的准入等程序。2020年6月23日，中国银保监会办公厅下发《关于印发保险资金参与金融衍生产品交易办法等三个文件的通知》（银保监办发〔2020〕59号），通过《保险资金参与金融衍生产品交易办法》《保险资金参与国债期货交易规定》《保险资金参与股指期货交易规定》对保险资金参与衍生交易进行了规范。2020年2月14日，中国证监会、财政部、中国人民银行、中国银保监会发布《关于商业银行、保险机构参与中国金融期货交易所国债期货交易的公告》（中国证券监督管理委员会公告〔2020〕12号），对参与场内国债期货市场进行了规范。

二是金融机构要履行交易者适当性管理义务。《关于促进衍生品业务规范发展的指导意见（征求意见稿）》规定，金融机构应当按照将适当的产品提供给适当的客户的原则，建立有效的客户适当性评估制度，完善的销售管理制度和流程，并根据客户的风险承受等级，向客户提供与其风险承受等级相匹配的衍生品。这一原则延续了目前的监管实践。《银行业金融机构衍生产品交易业务管理办法》（2011年修订）要求银行业金融机构应当制定评估交易对手适当性的相关政策：包括评估交易对手是否充分了解合约的条款以及履行合约的责任，识别拟进行的衍生交易是否符合交易对手本身从事衍生交易的目的。《证券公司金融衍生品柜台交易业务规范》要求证券公司在开展衍生品的过程中，应将对手方限于专业交易机构对手方和非专业交易机构对手方，并参照《证券公司投资者适当性制度指引》进行有区分的适当性评估与管理。

同时，虽有上述监管机制，从市场发展需求来看，相关制度规则仍有待完善，监管标准有待统一，金融机构专业管理能力有待提升，合格投资者管理有待强化，与衍生品交易活动相关的各类基础设施建设有待加强，原油宝等风险事件也偶有发生。因此，加强金融机构参与衍生品交易的资格管理、准入管理，以及客户适当性管理，根据不同市场板块的特点，在有区分的基础上形成监管合力和趋同性、一致性的监管标准，也是本条的重要目的。

●单一协议

第三十二条　衍生品交易采用主协议方式的，主协议、主协议项下的全部补充协议以及交易双方就各项具体交易作出的约定等，共同构成交易双方之间一个完整的单一协议，具有法律约束力。

本条是新增条款，以立法形式正式认可了场外衍生品交易中的单一协议制度。单一协议（Single Agreement）、瑕疵资产（Flawed Assets）及终止净额结算（Close-out Netting）三项制度相辅相成，为国际掉期和衍生品协会（International Swaps and Derivatives Association，ISDA）的ISDA协议首创，成为金融衍生品交易领域的三大基本制度，也被我国NAFMII主协议和SAC主协议所采用。

解析

一、单一协议机制的成因

场外衍生品交易具有很多不同于其他金融交易的特点，一是交易双方之间可能存在多次交易或反复交易。二是各笔交易的价值（包括浮动盈利或浮动亏损）都随着基础资产或参考资产的波动和变化而持续具有动态特征。三是交易双方之间的交易并非孤立，金融机构在与对手方达成某一交易的同时，还很有可能与其他的交易对手方达成背靠背的平盘交易或对冲安排，将相关风险或其他商业要素传递出去，从而形成交易链条。

由于这些特点，场外衍生品交易市场中交易主体对风险识别与防范的方式也有所不同，特别是2008年国际金融危机后，市场参与者对交易对手的信用风险、破产风险尤为关注。交易对手一旦进入破产程序，那么其管理人将介入，并以债权人利益最大化为目的行事。《中华人民共和国企业破产法》（以下简称《企业破产法》）第十六条规定进入破产程序的债务人的个别清偿无效；第十八条规定管理人有权对未履行完毕的合同行使挑拣履行权，对债权人利益最大化有益的未履行完毕的合同，管理人可以选择继续履行，而对债权人利益最大化无益的合同，管理人可以选择提前终止。这些强制性规定投射到金融衍生品市场中，交易参与者（尤其是金融机构）就会担心出现财务困难问题的交易对手的管理人会行使这些《企业破产法》下的法定权利，挑拣履行（cherry-picking）多笔未完成的交易，提前终止不利于债权人利益（即有利于守约方）的交易，继续履行有利于债权人利益（即不利于守约方）的交易，这会给守约方带来巨大的风险和损失，守约方甚至还可能将该等风险和损失进一步传导至金融市场，从而导致系统性风险。

在这种顾虑下，“单一协议”创设了一种抵御管理人的挑拣履行权带来的系统性风险和损失的机制。单一协议是指签署协议的交易双方尽管可能存在多笔交易，但双方的每一笔交易均不构成独立的合同，而是一个单一主协议所指向的合同法律关系下的一部分，所有的交易和主协议（及其补充协议）共同构成同一且唯一的合同。ISDA2002年主协议约定“1（c）单一协议。所有交易之进行乃基于信赖本主协议以及所有确认书构成双方之间之单一协议（统称‘协议’），否则双方不会进行任何交易”。这也就是所谓的伞状结构，即在主协议这个伞下的N个交易确认书都是单一合同的组成部分，而不是N个独立的合同。

单一协议是写入场外衍生产品交易主协议中的必备条款，是场外衍生品交易主协议的三大基石之一，其希望实现的法律效果就是双方之间只存在一个场外衍生品法律合同关系，从而缩限管理人挑拣履行各笔交易的空间。

二、单一协议机制在我国的适用

2005年，中国金融市场上首次出现与衍生产品相关的主协议，即中国外汇交易中心发布的《全国银行间外汇市场人民币外汇远期交易主协议》，但是因为没有涵盖“单一协议”“瑕疵资产”“终止净额结算”原则（三大基石），难以被习惯国际规则的交易者认同为真正意义上的主协议。2007年9月，中国人民银行授权中国银行间市场交易商协会（NAFMII）公布《中国银行间市场金融衍生产品交易主协议（2007年版）》，我国境内第一份真正意义上的金融衍生产品交易主协议诞生，中国人民银行也在《远期利率协议业务管理规定》中明确认可该2007版主协议中的“单一协议”机制。该版本于2009年3月得以更新，被称为 NAFMII主协议，成为目前我国境内金融衍生产品市场中金融机构使用最多的文本。此外，中国证券业协会、中国期货业协会和中国证券投资基金业协会共同发布的《中国证券期货市场衍生品交易主协议》（SAC主协议），主要应用于证监会监管的机构。

NAFMII主协议第一条约定，“交易双方关于金融衍生产品交易的协议由以下部分构成：1.《中国银行间市场金融衍生产品交易主协议（2009年版）》（简称“主协议”）；2.《中国银行间市场金融衍生产品交易主协议补充协议（2009年版）》（简称“补充协议”，若有）；3.交易有效约定。上述三部分文件构成交易双方之间单一和完整的协议”。SAC协议2018版主协议第一条约定，“交易双方一致同意：1.1交易双方在进行交易时应签署交易确认书，约定交易的相关条款，并明确该交易适用主协议。交易双方就具体类别交易签署的交易确认书可以约定适用相关行业自律组织颁布的标准交易条款（含其定期的修改或更新）。交易双方在进行交易时可以提供履约保障，所签署的履约保障协议为补充协议的附件。主协议、补充协议以及交易确认书统称本协议。1.2本协议构成交易双方之间单一和完整的协议，交易双方之间的所有交易均受本协议约束”。

但“单一协议”并不是中国法律体系下已获明确认可的法律概念。例如，当双方签署交易主协议和补充协议时，其实可能并未开展具体的交易，缺乏具体的权利义务内容，因此和我国《民法典》第四百七十条“合同的内容”（合同的内容一般包括标的、数量、价款或报酬等条款）、第四百八十三条“合同的成立”（承诺生效时合同成立）并不完全相符。因此，双方通过合意确定的“单一协议”条款，作为合约性的安排，是否能够得到管理人的完全尊重，是否能够在破产环境下被视为并不违反或有意规避法律的强制性规定，是否依然是有效的安排，一直是从业者亟须厘清的问题。只有这种法律确定性得到明确和认可，才能确保交易以稳定、可预期的方式进行。这种顾虑在对中国法律体系和实务较为陌生的外资机构或境外机构那里体现得更明显一些。

在《期货和衍生品法》颁布之前，我国金融监管部门通过对上述境内主协议的指导和认可，发布通知等规范性文件和相关答记者问，多次重申对于衍生品主协议中“单一协议”机制的认可与尊重，相关司法判决[（2019）沪74民辖终217号]也认定了ISDA主协议在国内的适用性。

本次《期货和衍生品法》的第三十二条从法律层面认可了“单一协议”机制，保障了法律确定性和可预期性，能够实现两个主要的制度功能。一是提高违约成本，激励履约。该制度把全部衍生交易视为一个合同关系，一笔交易下产生了违约事件，守约方就可以根据合同终止全部存续交易，提高了违约方的违约成本。二是在违约方破产时限制破产管理人的挑拣履行权，保护守约方利益，减少系统性风险的暴露。

三、单一协议的主要内容

各协议内容大致相同。比如NAFMII主协议由四大文件构成，分别为主协议（即核心文件，主要约定交易双方权利义务）、补充协议（对主协议的修改与补充，供交易双方协商制定）、履约保障文件（包括质押式及转让式两种，为保证交易履行而签署的保护性文件）及定义文件（对交易属性进行统一界定，降低因交易双方对术语理解不一致而产生的纠纷及法律风险）。其中，主协议涉及在国内市场进行衍生品交易时几乎所有必要的规定，例如付款或交付义务的履约方式、违约事件和终止事件的详细定义、发生违约时可以采取的补救措施、合同货币及终止货币、抵销机制、转让机制、提前终止付款的计算公式、争议解决等。此外，附件或补充文件还能灵活调整主协议文件以满足更多交易主体的具体需求。

• 主协议备案

第三十三条 本法第三十二条规定的主协议等合同范本，应当按照国务院授权的部门或者国务院期货监督管理机构的规定报送备案。

本条是新增条款，规定了主协议文本的备案要求。

解析

一、备案制的确立

为衍生品主协议合同范本设置备案要求，并非国际市场上的通用惯例。但在衍生品市场发展初期，我国立法者对该类通过“单一协议”及“净额结算”机制来享受破产法特别保护的协议持适当的审慎态度，立法者、监管机构和司法机关希望能够在该类交易文件上通过备案方式避免发生被滥用的情形或其他不良后果。

本条的备案要求在立法过程中几经调整。一读稿第三十四条规定：“行业协会或者组织开展其他衍生品交易的机构应当将其他衍生品交易中采用的主协议等格式合同文本，报送国务院授权的部门备案。”一读稿第三十五条（单一协议）及第三十七条（终止净额结算）均将法律对单一协议和终止净额结算的认可置于“备案要求”的前提之下[①]，给市场造成了不小的疑虑。在二读稿中，备案要求略经调整，改为“第三十二条 组织开展衍生品交易，应当将主协议等合同范本报送国务院授权的部门或者国务院期货监督管理机构备案”，且仍作为二读稿第三十三条（单一协

① 一读稿第三十五条规定：“依照本法规定备案的主协议、主协议项下的全部补充协议以及交易双方就各项具体交易做出的约定等，共同构成交易双方之间一个完整的单一协议，具有法律约束力。”

第三十七条规定：“按照本法第三十五条规定的协议方式从事其他衍生品交易的，发生约定的情形时，可以依照协议约定终止交易，并按净额对协议项下的全部交易盈亏进行结算。依照前款规定做出的净额结算行为不因交易任何一方依法进入破产程序而无效或者撤销。”

议）和第三十五条（终止净额结算）的生效条件[1]。

市场的意见主要在于：一是为“单一协议”和“终止净额结算”机制加上“备案要求”有相当大的可能造成法律不确定性，使两大支柱性原则的法律可执行性大打折扣。二是就主协议合同范本进行备案无法起到防范滥用的效果，因为协议在具体使用时均需要通过补充协议或交易确认书等文件进行修改，最终生效的文本与备案的范本可能完全不同。三是金融衍生品市场在我国尚处于发展初期，但监管环境已经较严，交易主体（无论是金融机构还是国有企业）多持牌经营，衍生品协议的“单一协议”和“终止净额结算”原则被滥用的空间及损害债权人利益可能性很小。四是我国合同法体系一向存在“以合法形式掩盖非法目的的合同无效”或者“虚假的意思表示可致民事行为无效”的规定，因此具备防范滥用的兜底救济手段和依据。五是场外衍生品市场上具有“单一协议”和“终止净额结算”机制的主协议主要包括ISDA主协议、NAFMII主协议、SAC主协议和各家商业银行自行研发的衍生品总协议（简称自研主协议或Minimaster），这些协议已获得金融监管机构的充分认可和熟知[2]，重新履行备案手续的必要性不大。因此，市场希望《期货和衍生品法》不将“备案要求”与“单一协议”及“终止净额结算”的法律效力单一挂钩。从国际经验来看，ISDA协会已取得70余个国家和地区无保留的终止净额结算意见，无一例以备案或其他前置要求作为“终止净额结算”的生效要件。为防止“安全港保障制度”被滥用，国际上只对合格金融合约（Qualified Financial Contract，QFC）施予该保护，并对何为“合格金融合约”进行详细列举式定义（具体多达27项不同类别的衍生品交易、即期交易、证券回购交易、证券借贷交易等）。但我国的立法风格与实践不太可能接受此类冗长的定义方法，因此本类建议未获采纳。

《期货和衍生品法》第三十三条（备案要求）和第三十二条（单一协议）与一读稿相比条文顺序进行了调换，且在表述单一协议（及终止净额结算）规定时，并未将备案要求写作其生效要件。最终稿将备案要求与“单一协议”和“终止净额

---

① 二读稿第三十三条规定：“本法第三十二条规定的主协议、主协议项下的全部补充协议以及交易双方就各项具体交易做出的约定等，共同构成交易双方之间一个完整的单一协议，具有法律约束力。”

第三十五条规定：“按照本法第三十三条规定的协议方式从事衍生品交易的，发生约定的情形时，可以依照协议约定终止交易，并按净额对协议项下的全部交易盈亏进行结算。依照前款规定进行的净额结算，不因交易任何一方依法进入破产程序而中止、无效或者撤销。”

② 人民银行、银保监会、证监会和国家外汇管理局发布《关于进一步加快推进上海国际金融中心建设和金融支持长三角一体化发展的意见》，明确允许境外机构自主选择签署中国银行间市场交易商协会、中国证券期货市场或国际掉期与衍生工具协会衍生品主协议。此外，各银行在向监管机构就其金融衍生品业务办理业务呈报时，也需要将合同等法律文本一并提交，并定期对其进行评估与管理。

结算”的法律效力进行了脱钩处理，第三十三条的备案要求更偏向于管理性强制性规定，有待负责备案工作的监管部门通过制定具体的实施办法来施行（或豁免施行）。

二、备案主体

最终稿并未对备案主体进行限定，这在一定程度上也反映了市场对于一读稿和二读稿的意见，即呼吁备案要求（如果立法者需要保留）应当简便易操作，避免歧视性区别对待。因此，理论上第三十三条的备案要求既可由开发、设计、发布和推广行业主协议的行业协会[如ISDA协会、银行间市场交易商协会（NAFMII）、证券业协会（SAC）、基金业协会（AMAC）、期货业协会（CFA）等]提交主协议合同范本备案，也可以由组织开展交易的场所（如外汇交易中心）提交主协议合同范本备案，甚至可以由具体签署交易文件的交易主体提交主协议合同范本备案。但具体的备案实施办法及备案与其他条款的联动关系，仍有待国务院授权的部门或者国务院期货监督管理机构明确。

三、未备案的法律后果

总体而言，如果主协议没有备案，《期货和衍生品法》第三十二条（单一协议）、第三十五条（终止净额结算）规定是否适用，尚有待进一步明确。

• 履约保障

第三十四条 进行衍生品交易，可以依法通过质押等方式提供履约保障。

本条是新增条款，增加了衍生品市场的履约保障安排。

解析

一、履约保障要求

本条规定与第二十二条期货交易的履约保障规定一致。场外衍生品交易的风险敞口随标的物价格或价值盯市变化，对场外衍生品交易进行灵活有效的履约保障安排就显得非常重要。2008年国际金融危机后，20国集团致力于制定和实施履约保障等一系列的监管要求，以减少系统性风险并在全球范围内创造一个公平的竞争环境。根据G20国家在匹兹堡峰会宣言中提及的“非中央清算型合约应遵守更严格的资本要求”，国际结算银行旗下的巴塞尔委员会和国际证监会组织于2015年3月发布关于《非清算型衍生品的保证金要求》（*Margin requirements for non-centrally cleared derivatives*），要求G20国家对传统的信用支持安排进行监管升级。[①]

二、保证金的种类

《非清算型衍生品的保证金要求》总体上将保证金分为两类，一类为变动保证金（Variation Margin，VM），是保护衍生品交易方免受对手方当前市场风险敞口的担保品。VM的数额反映了当前因市场变动而变化的风险敞口的大小。因此，通常需要每日交换VM以对应衍生品逐日盯市价值的变化，并使该等逐日盯市计算的风险敞口能够获得充分的增信覆盖。另一类为初始保证金（Initial Margin，IM），是保护衍生品交易方在其对手方违约后进行平仓和替换衍生品所需的时间段内，避免因衍生品逐日盯市价值的未来变化而产生的潜在风险敞口的担保品。IM的数额反映了未来潜在风险敞口的大小。《非清算型衍生品的保证金要求》规定应采用质押方式提供初始保证金，并需要确保隔离效果；而对于变动保证金，市场普遍更接受转让式履约保障安排。

三、履约保障的法律逻辑

传统上，对于集中清算型的衍生品，中央对手方或清算所规定其保证金要求。对于非集中清算型衍生品，多数主要的司法管辖区均基于巴塞尔委员会和国际证监会组织共同制定的全球监管保证金标准（全球保证金标准），制定并实施了相似的监管保证金要求。在境内外市场中，具有盯市估值机制的场外衍生品交易履约保障安排可大致分为“质押式履约保障”和“转让式履约保障”两类。ISDA发布并在市场上使用多年的英国法《信用支持附件》（1995 *Credit Support Annex*），即是“转让式履约保障”安排的典型代表；而NAFMII发布的《中国银行间市场金融衍生产品交易转让式履约保障文件》（2009年版）也采用了几乎完全相同的“转让式履约保障”机制。[②]

尽管我国尚未就场外衍生品的保证金要求制定任何细则，但我国境内的机构

---

① https://www.bis.org/bcbs/publ/d317.htm.

② 金杜衍生品工作组：《试评〈中华人民共和国期货法（草案）〉》，https://mp.weixin.qq.com/s/PH92y4r2MnilnTvbosrppg.

在与境外金融机构叙做金融衍生品交易时，会因对方所受的监管保证金要求而需要就交换保证金安排予以配合（否则无法继续进行交易）。此外，人民银行、银保监会、证监会和外汇局于2021年12月发布的《关于促进衍生品业务规范发展的指导意见（征求意见稿）》就对双边清算交易应当交纳保证金提出了原则性的指导意见。因此，为金融衍生品市场建立灵活、合适的履约保障制度，则成为本法的立法目的所在。

具体而言，质押式履约保障文件以质押权作为法律基础，与我国现行法律中的动产质押或权利质押具有一致性，构成衍生品交易（作为主合同）的从合同，其效力不存疑。但是"转让式履约保障"安排并非中国法明确认可的机制。

虽然2021年1月1日生效的《最高人民法院关于适用〈中华人民共和国民法典〉有关担保制度的解释》（以下简称《担保制度解释》）将"让与担保"确定为"非典型担保"的一种，并承认该安排的总体有效性，但业内旗帜鲜明地认为适用于场外衍生品交易的"转让式履约保障"和"让与担保"具有显著差别（具体区别如表2-1所示），不能混为一谈。"转让式履约保障"既不宜被解读为"具有担保功能"，也并非"合同"（而是构成主协议项下一项交易）。

表2-1　转让式履约保障与让与担保的差别

项目	转让式履约保障	让与担保
履约保障品的所有权归属	强调财产所有权的完全转移	强调财产权利的"形式上"转移
履约保障品提供者	衍生品交易中的一方（存在浮亏的一方），不会存在第三方	债务人或第三人
履约保障品类型	现金、有价证券	房产、非上市股权
履约保障品的占有、使用、处分、收益权	受让方（Transferee）具有绝对的所有权，可自由使用、处分并获得收益	让与担保接受方不得随意使用和处分
履约保障品的孳息归属	孳息随所有权转移归属于受让方（Transferee）。受让方（Transferee）另做拟制付款安排（manufactured payment）	理论上应归属于实益所有人（即让与担保提供方）
履约保障品的归还	当风险敞口减少时，受让方（Transferee）退还转让方（Transferor）的为同等履约保障品（Equivalent Credit Support），而非原物	当债务偿还时，让与担保接受方一般退还原物

续表

项目	转让式履约保障	让与担保
履约保障品提供者违约时的处理	由于所有权归属于受让方（Transferee），不需要额外的履约保障品处置流程； 在转让方（Transferor）进入破产程序后也是如此，履约保障品不属于转让方（Transferor）的债务人财产； 受让方（Transferee）作为守约方将依赖ISDA主协议项折净额结算原理，将受让方义务作为ISDA主协议下的“未付款项”纳入“提前终止款项”进行轧差计算	债权人有权对财产折价或者以拍卖、变卖该财产所得价款偿还债务； 财产归债权人所有的约定无效； 在让与担保提供方进入破产程序后，财产理论上仍属于让与担保提供方的债务人财产。根据《全国法院破产审判工作会议纪要》精神，在破产清算和破产和解程序中，对债务人特定财产享有担保权的债权人可以随时向管理人主张就该特定财产变价处置行使优先受偿权，管理人应及时变价处置
履约保障品持有者破产时的处理	由于所有权归属于受让方（Transferee），当其破产时，对方作为守约方将依赖ISDA主协议项下的净额结算原理，将受让方义务纳入“提前终止款项”进行轧差计算	由于所有权仅是形式上转移，因此理论上当让与担保接受方破产时，让与担保财产不属于其债务人财产，提供方可通过管理人取回

综上所述，市场对于一读稿中使用的“第三十六条　其他衍生品交易参与者可以依法通过订立质押合同和其他具有担保功能的合同等方式对其他衍生品交易提供履约保障”表示异议，认为一读稿的表述与市场希望采用的“转让式履约保障”存在差异。该表述受中国法项下“主合同—从合同”关系的思维定式所影响，而如前所述，“转让式履约保障”既不宜被解读为“具有担保功能”，也并非独立的“担保合同”，而是构成主协议项下一项交易，与主协议、补充协议及其他交易置于“单一协议”的框架之下。自二读稿起，第三十四条只是概括性规定“质押等方式提供履约保障”，未限定于“具有担保功能的合同”，因此从某种意义上为“转让式履约保障安排”等各类履约保障的效力预留了空间。

●终止净额结算

第三十五条　依法采用主协议方式从事衍生品交易的，发生约定的情形时，可以依照协议约定终止交易，并按净额对协议项下的全部交易盈亏进行结算。

依照前款规定进行的净额结算，不因交易任何一方依法进入破产程序而中止、无效或者撤销。

本条是新增条款，确立了终止净额结算制度。

解析

一、终止净额结算的定义

终止净额结算是指当发生主协议项下规定的违约（Event of Default）或者终止事件（Termination Event）时，交易双方之间所有现存未到期交易提前终止，并对上述提前终止交易的盈利和亏损轧差结算净额，以该净额价值作为双方权利义务的最终金额，替代或者更新双方之前的权利义务。终止净额结算被认为是场外衍生产品交易主协议三大基石之一，以标准的条款置于行业主协议中，主要包含三个步骤：第一，守约方向违约方发出书面通知，提前终止所有未完成交易；第二，守约方就单笔（组）被提前终止的交易计算终止数额，该计算过程可以采用诸如市场报价法、损失法、替代交易法等各种符合诚信原则并具有商业合理性的方式；第三，守约方轧差计算单一的提前终止净额，并与违约方完成结算。

二、主要功能

一是加强对守约方的保护。比如，甲乙两家机构在单一协议框架下达成T1、T2、T3三笔交易，在T1和T2交易中甲方面对乙方的浮亏分别为10元、5元，而在T3交易中甲方面对乙方浮盈为20元。假设乙方进入破产程序：

场景1：在终止净额结算制度无法得到法律保障的情况下，无法排除乙方的破产管理人拒绝甲方提出的终止净额结算主张的可能性，并要求甲方立即就T1、T2交易合计支付15元，而对于甲方就T3交易所主张的20元，破产管理人有权要求甲方进行债权申报，并在破产宣告后在同位阶的债务中按比例清偿。假定偿付率为30%，那么甲方能够就此收回的债权只有6元，远小于应得的20元。三笔交易完成结算后，甲方合共直接现金损失为|-15+6|=9元。

场景2：在终止净额结算制度能够得到法律确认的情况下，甲方作为守约方，可将三笔交易提前终止，并将计算所得的各结算款项-10元、-5元和+20元进行轧差净额处理，得到单一的提前终止款项为+5元。这一过程不应受到乙方破产管理人的干扰或否认。即便最终偿付率同样为30%，那么甲方在乙方的破产宣告后也能收回1.5元，使其损失风险得到控制。

二是提高信用风险计算的精确度，提高机构资金使用效率。机构的风控部门根据终止净额结算的标准计算单一对手方信用风险，提高了信用风险计算的准确度，同时，交易双方多笔交易的市场风险敞口可以合并计算，对受资本充足率、风险资本监管的金融机构而言，这可以降低风险敞口，减少风险资本拨备，相关保证金（尤其是变动保证金）可按净额（而非逐笔全额）为基础来计收，从而提高金融机构资本使用效率。比如，2011年底德意志银行信用衍生品的名义本金为3.7万亿美元，净额结算后风险敞口由1101亿美元降至104亿美元，降幅为91%。根据BIS统计，截至2013年底，净额结算使全球场外衍生品的信用风险暴露由19万亿美元降低至3万亿美元，降幅高达84%。[①]

三、终止净额结算的国内实践

同“单一协议”一样，“终止净额结算”并非中国法项下固有的或已得到司法实践检验的法律概念。如果“单一协议”得不到承认，尤其是在破产情况下，那么管理人是否会坚持其在《企业破产法》第十八条项下的挑拣履行权作为强制性规定更为优先，而否定双方合意约定的终止净额结算内容，并是否会引用其在《企业破产法》第四十条中对债权人破产抵销权的抗辩，从而阻挠或限制守约方进行净额轧差的操作，具有不确定性，为市场带来疑虑。同时，破产法中的零点规则也对终止净额结算有一定影响。零点规则是指破产宣告从破产宣告之日的零时起开始生效的破产法规则，实践中零点规则往往溯及性地导致破产人在破产宣告日零时至实际宣告时点之间发生的交易无效，这可能会影响依清算最终性规则确定的清算参与方权利义务关系，带来清算的逆转性与不可逆转性之间的矛盾、被清算的财产归属确定性和未确定性之间的矛盾。

在《期货和衍生品法》施行前，国内监管、司法实践已承认了终止净额结算制度。2021年11月23日，银保监会办公厅下发《关于衍生工具交易对手违约风险资产计量规则有关问题的通知》，明确终止净额结算的法律适用[②]。就该通知答记者问

---

① 尹小为、王宇超：《期货交易所与场外权益衍生品中央对手方建设》，《金融期货研究》2015年第2期。

② 主要内容包括：一是明确适用通知的商业银行交易对手范围为经我国金融监督管理部门批准设立的金融机构，商业银行与其他交易对手的净额结算组合认定标准仍按《衍生工具交易对手违约风险资产计量规则》要求执行；二是明确合格主协议的范围，纳入了目前国内市场常用的《中国银行间市场金融衍生产品交易主协议》《中国证券期货市场衍生品交易主协议》、国际市场常用的《国际掉期及衍生工具协会2002年主协议》，并采用“银保监会认可的其他合法有效净额结算主协议”的表述预留政策空间。

时，银保监会明确表示“终止净额结算的合同约定与法律强制性规定并无冲突”，“民法典合同编承认当事人意思自治”，银保监会与立法和司法部门充分进行了沟通，得到了其对终止净额结算的支持，司法部门认为，净额结算不适用《企业破产法》关于破产抵销权的限制性规定，即便在债务人破产的情况下，亦不能得出管理人有挑拣履行权的结论。《期货和衍生品法》第三十五条进一步对此给予了立法认可，尤其是第二款“依照前款规定进行的净额结算，不因交易任何一方依法进入破产程序而中止、无效或者撤销”，根据新法优于旧法，特别规定优于一般规定的原则，相当于在破产法制度下为“单一协议”和“终止净额结算”安排提供了效力更为优先的“安全港保护”。这一“安全港”法条甚至可以使交易双方不需要对中国交易对手启用“自动提前终止”条款，也就是说即便中资交易对手突然进入破产程序，守约方仍然可以根据双方主协议中的条款，依次履行“终止净额结算”的三个步骤，而不会受到管理人的干涉与挑战，也不需要受限于管理人的同意。

但鉴于法律层面没有明确规定，国际市场普遍认为中国的“终止净额结算”制度存在不确定性，并建议对中资对手方适用“自动提前终止”（Automatic Early Termination，AET）机制，以使所有交易可于破产事件被触发前自动终止，而不需要由守约方完成“终止净额结算”的第一个步骤①。本条的规定最早消除了这种不确定性。

此外，2022年4月6日，中国人民银行公布的《中华人民共和国金融稳定法（草案征求意见稿）》第三十条规定，国务院金融管理部门实施金融风险处置的，经主要负责人批准，可以区别情形依法采取暂停合格金融交易的终止净额结算的措施，终止净额结算的时间、程序等内容尚未明确，如何与现有法律协调值得关注。

四、其他制度

本条规定“依法采用主协议方式从事衍生品交易的，发生约定的情形时，可以依照协议约定终止交易”，这为依约定加速到期或提前终止合同提供了法律依据。《企业破产法》第十八条规定了破产管理人“合同履行选择权”，即对于破产申请受理前成立而债务人和对方当事人均未履行完毕的合同，破产管理人有权决定解除或者继续履行。但这一权利仅针对破产程序启动后尚未履行完毕的合同，若合同在破产申请受理前已加速到期或者终止，破产管理人并无权介入。

一般认为ISDA 2002年主协议第2（a）（iii）规定了瑕疵资产制度，《期货和

① 这样，留给管理人的均是已被自动提前终止的各笔交易，不属于《企业破产法》第十八条所指的“未履行完毕合同”，缩限其挑拣履行权的适用空间。

衍生品法》没有明确规定瑕疵资产（Flawed Asset）的法律依据，要从《民法典》第五百二十七条（不安抗辩权）、第五百七十八条（预期违约）等规定确定瑕疵资产的法律依据。

•衍生品交易报告库

第三十六条　国务院授权的部门、国务院期货监督管理机构应当建立衍生品交易报告库，对衍生品交易标的、规模、对手方等信息进行集中收集、保存、分析和管理，并按照规定及时向市场披露有关信息。具体办法由国务院授权的部门、国务院期货监督管理机构规定。

本条是新增条款，确立了衍生品交易报告库制度。

解析

要求所有场外衍生品合约向交易报告库（TR）报告，是国际金融危机后各国监管部门加强场外衍生品业务监管的核心举措。根据《金融市场基础设施原则》（PFMI），交易报告库是指集中维护交易数据的电子记录（数据库）的主体，其核心是建立中央数据库，集中收集、存管及分发金融产品交易数据，并为参与者提供交易后的相关服务，同时服务监管机构风险管理需求。交易报告库是PFMI中所列五种重要的金融市场基础设施之一，也是我国《统筹监管金融基础设施工作方案》纳入的金融基础设施之一，在提高市场透明度、强化市场监测、保障金融稳定性等方面发挥着基础性作用。

一、报告库的发展概况

2006年，美国证券托管清算公司（DTCC）建立了全球第一家场外衍生品交易报告库——Deriv/SERV交易信息库，旨在为信用违约进行交易信息存管。2008年国际金融危机后，加强衍生品市场的透明度成为全球监管的共识，建立交易报告库制度对加强监管、提升场外市场透明度、降低系统性风险都有重要意义。2009年美国匹兹堡峰会提出，最晚在2012年之前，所有场外衍生品交易应向交易报告库进行报告。《多德—弗兰克法案》《欧洲市场基础设施监管条例》相继确立了报告库制度，一方面对交易主体的报告义务的内容进行了规范（例如原则上应当包括交易对手数据和交易数据），另一方面对报告库的建立及运维也提出了要求，并将其纳入金融市场基础设施（Financial Market Infrastructure，FMI）的监管体系，需要符合适用的金融市场基础设施原则[①]。

2021年12月3日，金融稳定理事会（FSB）发布《2021年全球场外衍生品市场改革进展报告》，报告统计17个国家和地区正在运营24家交易报告库，5个国家正在运营13家准交易报告库，其中，中证机构间报价系统股份有限公司（简称中证报价）的交易报告库是继中国期货市场监控中心之后第二家被金融稳定理事会认可的交易报告库。

中证报价交易报告库是与证券公司场外衍生品业务同步发展起来的。2012年，证券公司启动场外衍生品业务。2013年3月15日，中国证券业协会发布《证券公司金融衍生品柜台交易业务规范》，规定了证券公司应当向市场监测中心（中证报价前身）报送场外衍生品业务信息，中证报价同步建设了第一代场外衍生品交易报告系统。2015年7月，中国证券业协会发布《场外证券业务备案管理办法》，进一步明确场外衍生品报送要求，并授权中证报价负责场外证券业务报告系统管理，中证报价同步建设了场外证券业务报告系统。第二代场外衍生品交易报告库隶属于场外证券业务报告系统，大幅提高了场外衍生品交易报告的字段数量及数据质量要求。2016年和2018年，中国证监会分别发布《关于进一步规范证券基金经营机构参与场外衍生品交易的通知》以及《关于进一步加强证券公司场外期权业务监管的通知》，中证报价依据相关监管内容同步对系统进行升级优化。[②]金融稳定理事会在《2021年全球场外衍生品市场改革进展报告》中将中证报价列入正式交易报告库名单，这标志着中证报价交易报告库在法律基础、治理架构、信息披露、风险管理、运行透明度等方面已达到国际标准。

2018年12月13日，中国期货市场监控中心（CFMMC）场外报告库正式上线。监控中心场外报告库包括场外衍生品交易数据子系统和财务数据子系统，分别采集期货公司风险管理子公司场外衍生品业务的交易数据与财务数据。该系统具备对标国际标准、自动逐日收集、行业整体分析与个体分析、场内外联动分析、信用类风险监测等五大特点。同样，在2021年底的FSB报告中，CFMMC亦是就商品及股票衍生品列入交易报告库清单中的金融基础设施。

此外，2021年底的FSB报告还提到外汇交易中心（对于信用类、外汇类和利

① 参见国际清算银行于2012年4月发布的《关于金融市场基础设施的原则》（*Principles for financial market infrastructures*，PFMI）。

② 肖鹏：《交易报告库的国际发展与国内实践》，载《创新与发展：中国证券业2019年论文集》。

率类交易）可构成类交易报告库（TR-like entity），中国银行间市场交易商协会（NAFMII）就信用类交易而言也可构成类交易报告库。

2021年12月3日，中国人民银行、中国银保监会、中国证监会和国家外汇管理局共同发布的《关于促进衍生品业务规范发展的指导意见（征求意见稿）》规定，金融机构开展衍生品交易，应当向交易报告库报告衍生品交易相关数据，并妥善保存所有衍生品交易相关数据、交流信息记录等，保存期限不少于5年。金融管理部门有要求的，相关市场金融基础设施也应当履行报告义务。交易报告库应当制定统一的信息报送标准和规则，建立电子化交易报告系统，交易报告库相关规定另行制定。交易报告库应当健全监控机制、保密措施和安全防范措施，确保数据信息接收机制的安全性和可靠性，确保数据的保密性，防止数据信息被误用或滥用。不得违反保密规定或损害数据信息相关方的利益。

二、报告库面临的挑战

一是对报告的要求不一。以我国香港市场为例，香港金融监管局规定报告内容取决于交易性质、产品类别和相关场外产品监管要求，一般分为强制性和选择性两种。[①]我国境内的交易报告要求目前仍停留在原则性规定的层面，具体的细则还有待进一步统一与完善。

二是各交易报告库需要加强金融市场基础设施之间的互联互通管网（FMI Link）建设。例如，由于不存在一站式报告库，监管机构无法看到单个投资者的交易持仓全貌，2008年国际金融危机暴露出的问题仍未得到根本解决。在LME镍期货事件中，场外交易数据向美国证券集中保管结算公司DTCC的英国公司报告，青山控股的经纪商来自亚洲，这些经纪商对青山控股的场外持仓并不向DTCC的英国公司报告，LME无法看到投资者持仓的全貌。同时，报告库收集数据的数量和质量都有待完善。2021年，DTCC的英国公司因未能及时准确报告监管机构需要的数据而被罚款40万欧元。监管机构缺少相关数据，特别是有关交易者交易的规模、集中度、互联性（interconnectedness）和结构等数据，导致无法评估系统性风险，也无法采取适当的监管措施。2021年6月22日，DTCC网站发布文章《监管协调对场外衍生品（OTC）交易报告至关重要》，主要介绍了贸易报告规则的碎片化和跨司法管辖区通用数据集的缺乏阻碍了场外衍生品交易的透明度和全球风险监测。

三是跨境业务中的报告义务和交易报告库建设还需要充分考虑相关法律规定。比如《中华人民共和国网络安全法》《中华人民共和国数据安全法》，甚至是《中

① OTC Derivatives Trade Repository Reporting Service Reference Manual v1.7.

华人民共和国个人信息保护法》都涉及跨境业务报告要求。《数据出境安全评估办法》（2022年9月1日起施行）规定了数据出境的评估主体、评估内容等。《信息安全技术　数据出境安全评估指南（草案）》划定了金融等行业领域重要数据的范围，是实务判断的重要参考。

三、报告的内容

如前文所述，不同国家和地区对报告要求不一，根据交易性质、产品类别、监管要求等不同，报告的内容以及是否需要强制报告可能会有差异。

●集中清算

第三十七条　衍生品交易，由国务院授权的部门或者国务院期货监督管理机构批准的结算机构作为中央对手方进行集中结算的，可以依法进行终止净额结算；结算财产应当优先用于结算和交割，不得被查封、冻结、扣押或者强制执行；在结算和交割完成前，任何人不得动用。

依法进行的集中结算，不因参与结算的任何一方依法进入破产程序而中止、无效或者撤销。

本条是新增条款，确立了中央对手方净额结算制度。

解析

一、历史发展

传统上，交易者双方达成的场外衍生品不必然需要中央对手方的介入，由双方自行完成清结算即可。中央对手方集中清算主要是从场内期货及期权市场借鉴而来的结算制度，旨在斩断系统性风险的传播链条。2008年国际金融危机后，20国集团（G20）2009年在匹兹堡发表宣言，要求所有场外衍生品交易合约必须向交易数据库（TR）报告，所有的标准合约必须根据情况通过交易所或者电子交易平台交易，且必须通过中央对手方（CCP）进行集中清算，非集中清算的合约将被计提更高的风险资本等，中央对手方制度逐渐扩展至场外衍生品领域。为了顺应场外衍生品场内集中清算的发展趋势，很多交易所或清算机构都推出场外衍生品清算服务。

目前，主要的中央对手方有伦敦清算所（LCH）、美国芝加哥商品交易所清算中心（CME Clearing）、洲际交易所欧洲清算公司（ICE Clearing Europe）、新加坡交易所（SGX）、香港清算所（HKEX OTC Clearing）等。

根据中国人民银行2014年1月28日发布的《关于建立场外金融衍生产品集中清算机制及开展人民币利率互换集中清算业务有关事宜的通知》，全国银行间债券市场参与者达成的人民币利率互换等场外金融衍生品交易，应按要求于银行间市场清算所股份有限公司（以下简称上海清算所）进行集中清算。自2014年以来，上海清算所发布多份清算规则和业务指引，增加了人民币外汇交易中央对手清算业务、标准债券远期集中清算业务、信用违约互换集中清算业务、大宗商品衍生品中央对手清算业务等，并在其中担任中央对手方。上海清算所是中国人民银行认可的合格中央对手方（QCCP）。2020年2月，上海清算所发布的《银行间市场清算所股份有限公司集中清算业务违约处置指引》显示，上海清算所在利率互换、外汇询价、跨境外汇、债券净额、标准债券远期、大宗商品等业务中推出了集中清算制度。

二、主要制度

中央对手清算机制一般将建立多层次的风险防控体系，主要包括四个内容。

一是中央对手方制度。从法律关系上看，由清算所作为法定对手方介入交易过程，将原有的场外交易合约撤销，替换为两笔均以清算所为交易对手方的清算型合约，交易数额与最终价格依然由交易双方场外协定，并且最终交易达成过程也发生在场外，只是将清算过程交由中央对手方负责。这一过程也称合约更替（novation），在本过程完成后，清算所成为所有买方的卖方和所有卖方的买方。由于中央对手方是所有参与者在权利义务方面的交易对手，因此，可以认为市场交易主体所面临的交易对手方风险并不是原交易对手，而是资信及财务资源更为稳健的中央对手方。

二是清算会员分级制度。一般将清算会员分为可从事自营和代理清算业务的综合清算会员、仅可从事自营清算业务的普通清算会员两类。非清算会员只能通过综合清算会员间接参与中央对手清算业务。设定以净资本或净资产为重要指标的清算会员资格准入标准。综合类清算会员为非清算会员提供接入中央清算所的分级清算服务又被称为“客户清算”（Client Clearing），理论上包括“当事人对当事人模式”（Principal to Principal Model）以及“代理人模式”（Agency Model）。在上海清算所的相关业务指南中，我国的客户清算被称为“代理清算服务”，由综合清算会员承担履约担保责任，而并非由清算会员分别与客户和上海清算所达成两笔内容相同、方向相反的镜像交易，所以将我国的客户清算界定为代理人清算模式，具有一定的合理性。

三是保证金制度。保证金用于弥补清算会员集中清算业务违规违约造成的损失，上海清算所每日根据参与者所持头寸净额或风险敞口、盯市盈亏以及其他特殊风险因素计算保证金要求，包括初始保证金、盯市保证金和特殊保证金。保证金分类虽然名字有所差异，但本质上都包括基础性的两类，一类用于弥补清算会员违规违约时，清算所对其头寸平仓产生的一定置信度下的潜在损失（即初始保证金）；另一类用于覆盖清算会员持有头寸的盯市亏损（即盯市保证金）。根据各产品自身的风险特征或者在异常市场条件下，清算所还可另行收取特殊保证金，用于覆盖产品特有风险或者异常市场条件下的额外风险。

四是损失分摊机制。在处理清算会员违约时，中央清算所将有序使用相关财务资源以弥补相关损失或抵御风险，该顺位一般也称瀑布法则（waterfall），因此，具备雄厚的财务资源和完善的违约处置体系将是各中央清算所的工作重点。中央清算所作为金融市场基础设施，也需要按照国际上的《金融市场基础设施原则》（PFMI）来进行制度搭建和财务资源保障（例如，国际上对系统重要性CCP的清算担保金规模要求是能够抵御两家最大清算会员同时出现财务困难问题的场景）。

三、主要功能

2008年国际金融危机暴露出双边结算的一些问题，场外衍生品也越来越多地使用集中清算机制，集中清算机制主要有三个功能。

一是降低市场信用风险，进一步提升资金使用效率。因中央对手方对多个交易对手建立了多边净额结算制度，在双边净额清算的基础上进一步减少场外衍生品的风险暴露，进一步节省资本金。不少国家和地区对采用中央对手方清算的机构给予优惠的资本金监管政策，比如，《巴塞尔协议Ⅲ》规定，如中央对手方符合相关要求，商业银行对中央对手方不需要计提额外的信用估值调整资本准备，对违约风险的暴露也适用2%的风险权重系数。[①]美国市场推进CDS集中清算，这使前十大交易商的风险敞口降低了28%。[②]

二是扩大场外衍生品交易对手方范围，提升市场流动性。在场外衍生品交易中，中小金融机构取得授信通常较低，参与场外衍生品市场的程度有限。中央对手方清算机制打破交易双方对彼此信用风险的顾虑，交易者不再关注交易对手方风

① 尹小为、王宇超：《期货交易所与场外权益衍生品中央对手方建设》，《金融期货研究》2015年第2期）。

② 见美联储货币监管局公布的2009年3月和2010年12月交易商风险敞口数据。

险，而是关注中央对手方的信用资质，这扩大了交易对象的可选择范围，提升了场外衍生品的流动性。

三是降低系统性风险，提升监管透明度。中央对手方清算的合约替换机制，切断了场外衍生品交易者之间的相互关联，阻断一方违约对另一方的影响，避免违约事件的扩散传递，防范场外衍生品市场的系统性风险。[①]同时，还提升了监管透明度。

四、结算财产的特别保护

与“终止净额结算”条款试图实现的立法目的相同，本条也旨在确立中央清算活动对破产程序的抵御效力。一读稿对破产或者清算程序的提述都指向交易者或中介机构，而二读稿将措辞调整为“不因参与结算的任何一方依法进入破产程序而中止、无效或撤销”。这不仅专门应对了市场对破产管理人“中止/暂缓”权的顾虑，还使本法向中央清算所清算业务（包括每日的集中净额结算业务以及依法进行的终止净额结算）授予的“特别保护”在更广泛的破产程序（可包括中央对手方的破产）中均可适用并得以实现。同时，《最高人民法院关于审理期货纠纷案件若干问题的规定（二）》（法释〔2020〕18号）规定了场内期货交易期货保证金不能强制执行，本条明确规定场外衍生品适用同样规则。

这为外资金融机构和境外金融机构参加境内的中央清算业务，以及我国境内的中央对手方获得国际合格中央对手方（QCCP）正式认可奠定了坚实的法律基础和制度基础。

●场外衍生品监管

第三十八条 对衍生品交易及相关活动进行规范和监督管理的具体办法，由国务院依照本法的原则规定。

本条是新增条款。

① 尹小为、王宇超：《期货交易所与场外权益衍生品中央对手方建设》，《金融期货研究》2015年第2期。

解析

场外衍生品市场仍在快速发展阶段，监管规则仍在探索之中，本条借鉴期货市场监管经验，在监管实践成熟前，由相关监管部门通过部门规章、规范性文件规定等确定监管规则，为场外衍生品市场的监管提供规则依据并保持必要的灵活性。在监管实践成熟后，由国务院统一规定，相关内容主要包括交易资质、风险管理、报备要求、报告库建设、投资者适当性、清算模式、违法行为查处等。

第三章　期货结算与交割

本章规定期货结算与交割，共十条，新增六条，完善四条。主要内容包括当日无负债结算制度、期货市场保证金的风险隔离制度、期货交割、分级结算制度等内容。相较《期货交易管理条例》的相关规定，本章主要新增了结算担保资金的执行豁免制度及实物交割的相关规定，并完善了当日无负债结算制度、结算担保金制度等条文表述。

●当日无负债结算制度

第三十九条　期货交易实行当日无负债结算制度。在期货交易场所规定的时间，期货结算机构应当在当日按照结算价对结算参与人进行结算；结算参与人应当根据期货结算机构的结算结果对交易者进行结算。结算结果应当在当日及时通知结算参与人和交易者。

《期货和衍生品法》	《期货交易管理条例》
第三十九条　期货交易实行当日无负债结算制度。**在期货交易场所规定的时间，期货结算机构**应当在当日**按照结算价对结算参与人进行结算；结算参与人应当**根据**期货结算机构**的结算结果对**交易者**进行结算。**结算结果应当在当日及时通知结算参与人和交易者。**	**第三十三条**　~~期货交易的结算，由期货交易所统一组织进行。~~ 期货交易~~所~~实行当日无负债结算制度。~~期货交易所~~应当在当日及时~~将~~结算结果通知~~会员。~~ ~~期货公司~~根据~~期货交易所~~的结算结果对~~客户~~进行结算，并应当~~将~~结算结果~~按照与客户约定的方式~~及时通知~~客户。客户应当及时查询并妥善处理自己的交易持仓。~~

本条将《期货交易管理条例》第三十三条“期货交易所”改为“期货结算机构”，为将来引入平行结算机制的创新预留法律空间。

解析

一、基本概念和功能

当日无负债结算制度，又称逐日盯市制度（Mark to Market），是指在每个交易日结束之后都会进行一次结算，这与现货市场只在买、卖环节各结算一次，持有期间不进行结算有显著差异。当日无负债分为交易所与会员、会员与客户两个层面，这里以交易所与会员层面的当日无负债为例进行说明。

期货结算机构先计算出当日各期货合约结算价格，然后核算出每个会员每笔交易的盈亏数额，以此调整会员的保证金账户，将盈利记入账户的贷方，将亏损记入账户的借方。若保证金账户上贷方金额低于保证金要求，则该会员应在规定限期内追加保证金以达到初始保证金水平，否则不能参加下一交易日的交易。同时，结算参与人应当按照同样的原则，根据期货结算机构的结算结果对交易者进行结算。

当日无负债结算制度是期货结算独有的风险管理手段，是期货结算区别于现货结算的标志，被认为是期货结算制度的核心。期货交易与现货交易不同，期货交易是买卖期货合约的行为，且由于采用杠杆交易机制，风险相对较大。为管理该风险，期货结算机构需要每天对结算参与人进行结算，以及时确定账户盈亏情况，并通过追加保证金、强行平仓等制度及时释放市场风险。

期货结算机构作为中央对手方，在结算时是所有交易者的交易对手，如果交易者发生亏损而使其保证金账户中的资金不足以承担履约责任，期货结算机构需要代其承担履约责任。当日无负债结算制度，能保证每一位结算参与人的保证金账户的盈亏得到及时、真实而具体的反映，并将结算参与人保证金账户的负债限制在很短的时间内，从而有效地对结算风险进行管理。期货结算机构得以在参与人或者交易者的保证金不足时，及时通知结算参与人和交易者在规定期限内补足保证金。

二、法律性质

从法律性质上看，当日无负债结算制度虽属于结算的范畴，但其并非要求当事人每日根据结算价履行期货合同义务，并不导致期货合约的消灭。该制度只是对期货保证金的结算，其基础是依据当日结算价计算的期货合约盈亏。因此，当日无负债结算制度实质上是对期货保证金的动态管理机制。

三、境外实践情况

当日无负债结算制度被全球期货市场普遍采用，成为期货结算最为基础的制度之一。《新加坡衍生产品结算所结算规则》第7.12.1条规定，当日末，根据结算所当日分类账结果，若结算会员盈余或亏空，应根据当日结算价格与结算所结算，其应向结算所支付亏空或收取盈余，即合约买卖之日的价格与当日价格之间的差额。美国《清算公司规则》第303条规定，若合约清算而合同价格低于当天结算价格，卖方应向清算公司支付差额，而买方从清算公司收取合约基于当日结算价格的价值与合同价格之间的差额。同样，若合约的合同价格高于当天结算价格，按照清算公司的政策与程序，买方参与人应向清算公司支付、卖方从清算公司收取合约基于当日结算价格的价值与合同价格之间的差额。该规则第307条规定，清算公司应使每个参与者当日可获得交易与头寸报表。该报表应列明该参与者按第303条应向清算公司按清算公司规定的时间与方式，支付或收取的保证金调整金及期权费。

四、相关概念说明

（一）期货结算

期货结算是指根据结算价格对盈亏状况进行的资金清算和划转。我国境内期货交易所通常在其结算细则中对期货结算作出定义，各期货交易所结算细则中对于期货结算的定义大体一致，均明确期货结算是指期货结算机构根据交易结果和有关规定对会员交易保证金、盈亏、手续费、交割货款及其他有关款项进行计算、划拨的业务活动。

（二）当日结算价

期货合约以当日结算价作为计算当日盈亏的依据，具体计算公式由期货结算机构专门规定。为提升期货合约的抗操纵性，期货合约当日结算价一般并非收盘价，而是集中交易中某一合约某一时段成交价格按照成交量的加权平均价，但期货结算机构另有规定的除外。若该时段发生熔断、集合竞价指令申报或者暂停交易的，扣除熔断、集合竞价指令申报和暂停交易时间后向前取满相应时段；若合约在该时段无成交的，以前一相应时段成交价格按照成交量的加权平均价作为当日结算价；若该相应时段仍无成交的，则再往前推相应时段。依此类推，合约当日最后一笔成交距开盘时间不足相应时段的，则取全天成交量的加权平均价作为当日结算价；若合约当日无成交的，当日结算价计算公式为：当日结算价＝该合约上一交易日结算价+基准合约当日结算价-基准合约上一交易日结算价，其中，基准合约为当日有成交的离交割月最近的合约。合约为新上市合约的，取其挂盘基准价为上一交易日结算价，基准合约为当日交割合约的，取其交割结算价为基准合约当日结算价。但是，若根据上述方法计算出的当日结算价超出合约涨跌停板价格的，取涨跌停板价格作为当日结算价。最后，若采用上述方法仍无法确定当日结算价或者计算出的结算价明显不合理的，期货结算机构一般有权决定当日结算价。为防止市场操纵，上交所、深交所的股票收盘价也并非最后一笔成交价，而是由最后3分钟的集合竞价生成。

（三）盈亏计算

期货合约以当日结算价作为计算当日盈亏的依据。当日盈亏在当日结算时进行划转，盈利划入结算参与人结算准备金，亏损从结算参与人结算准备金中扣划。当日结算时，结算参与人账户中的交易保证金超过上一交易日结算时的交易保证金部分从结算准备金中扣划，交易保证金低于上一交易日结算时的交易保证金部分划入结算准备金。

结算准备金余额的具体计算公式为：当日结算准备金余额=上一交易日结算准备金余额+上一交易日交易保证金+当日有价证券作为保证金的实际可用金额-上一交易日有价证券作为保证金的实际可用金额–当日交易保证金+当日盈亏+当日期权权利金收支+入金–出金–手续费等。

结算完毕后，结算参与人的结算准备金余额低于最低余额标准时，该结算结果即视为结算机构向结算参与人发出的追加保证金通知，两者的差额即为追加保证金金额。结算机构发出追加保证金通知后，可以通过期货保证金存管银行从结算参与人专用资金账户中扣划。若未能全额扣款成功，结算参与人应当在下一交易日开市前补足至结算准备金最低余额。此外，结算参与人还应当根据相同原则，按照期货结算机构的结算结果对交易者进行结算。

五、连续交易

（一）概念

风险一直都存在，即使在休市期间投资者也有风险管理需求。为此，期货交易所相继推出了连续交易，又称夜盘交易，在日盘外交易时间进行交易。夜盘交易的模式按交易地点分为两种：一种是延长交易时间继续在原交易所交易，比如我国大宗商品的夜盘期货诸多是此类型；另一种是以交叉上市的形式把产品在境外交易所挂牌并在延长交易时间进行交易，比如某些指数类期货、利率类期货的夜盘等。

（二）连续交易实践情况

目前，上海期货交易所、郑州商品期货交易所、大连商品交易所均已在原交易所通过延长交易时间的方式实行夜盘交易。2014年以来，夜盘交易量占据了中国境内期货市场整体交易量的重要部分，也成为期货市场成交量和成交金额双双创历史新高的重要引擎。上海期货交易所、郑州商品期货交易所、大连商品交易所均在业务规则层面制定了各自的《连续交易细则》，下面以上海期货交易所的连续交易为例进行说明。

1. 连续交易的交易时间。"连续交易"是指除上午9:00~11:30和下午1:30~3:00之外由交易所规定交易时间的交易，具体的连续交易时间由交易所另行通知。"交易日"是指从前一个工作日的连续交易开始至当天日盘结束。交易日的第一节是指从前一个工作日的连续交易开始至当天日盘的第一节结束。开盘集合竞价在连续交易开市前5分钟内进行，日盘将不再进行集合竞价。若连续交易不交易，则集合竞价顺延至下一交易日的日盘开市前5分钟进行。

2. 连续交易期间的开盘价。集合竞价产生的价格作为该交易日的开盘价。开盘集合竞价中未成交的申报单自动参与开盘后的竞价交易。客户的报价在一个交易日内一直有效，直到该报价全部成交或被撤销。如果当前交易日有连续交易，则开盘价由连续交易阶段的集合竞价产生；如果当前交易日没有连续交易，则开盘价由日盘的集合竞价产生。

3. 连续交易合约结算及风险管理。日盘结算完毕后，会员的结算准备金低于最低余额时，该结算结果即视为交易所向会员发出的追加保证金通知，两者的差额即为追加保证金金额。交易所发出追加保证金通知后，可通过存管银行从会员的专用资金账户中扣划。若未能全额扣款成功，会员必须在当日连续交易开市前补足至结算准备金最低余额。未补足的，若结算准备金余额大于零而低于结算准备金最低余额，当日连续交易开市后不得开新仓。此外，该细则还明确了强行平仓的原则和执行规定：强行平仓先由会员自己执行，时限除交易所特别规定外，一律为每个交易日第一节交易时间内。若在时限内会员未执行完毕，则由交易所强制执行。因结算准备金小于零而被要求强行平仓的，在保证金补足前，禁止相关会员的开仓交易。[①]

● 期货市场保证金存管的风险隔离

第四十条　期货结算机构、结算参与人收取的保证金、权利金等，应当与其自有资金分开，按照国务院期货监督管理机构的规定，在期货保证金存管机构专户存放，分别管理，禁止违规挪用。

① 《上海期货交易所连续交易细则》（2018年9月6日施行）。

《期货和衍生品法》	《期货交易管理条例》
第四十条　期货结算机构、结算参与人收取的保证金、**权利金等，**应当与其自有资金分开，**按照国务院期货监督管理机构的规定，在期货保证金存管机构**专户存放，**分别管理，禁止违规挪用。**	**第二十八条**　~~期货交易应当严格执行保证金制度。期货交易所向会员、期货公司向客户~~收取的保证金~~，不得低于国务院期货监督管理机构、期货交易所规定的标准，并~~应当与自有资金分开，专户存放。 ~~期货交易所向会员收取的保证金，属于会员所有，除用于会员的交易结算外，严禁挪作他用。~~ ~~期货公司向客户收取的保证金，属于客户所有，除下列可划转的情形外，严禁挪作他用：~~ ~~（一）依据客户的要求支付可用资金；~~ ~~（二）为客户交存保证金，支付手续费、税款；~~ ~~（三）国务院期货监督管理机构规定的其他情形。~~

相较于《期货交易管理条例》的规定，本条删除了关于“期货交易所向会员收取的保证金，属于会员所有”“期货公司向客户收取的保证金，属于客户所有”的规定。同时在文字上做了精简，仅明确保证金应当“在期货保证金存管机构专户存放，分别管理，禁止违规挪用”，删除了对保证金可划转具体情形的列举。

解析

一、保证金制度

保证金制度是期货交易的基础制度，为当事人履约提供担保，是期货交易安全的基本保障。《期货交易管理条例》第八十一条第三项规定，保证金是指期货交易者按照规定交纳的资金或者提交的价值稳定、流动性强的标准仓单、国债等有价证券，用于结算和保证履约。与现货交易不同，参与期货交易不需要支付期货合约的面值，而只需要按照交易所的有关规定，按合约价值的一定比例交付保证金。通过保证金制度，投资者通常只需要5%~15%的资金就可作100%的买卖，即用较小比例的资金支配较大数额的期货商品价值。期货交易中的保证金是投资者参与期货交易的信用保证，确保投资者有足够的能力来承担期货交易的结算义务。

二、保证金的分类

按照不同的标准，期货保证金可以划分为不同的种类。根据交纳的主体标准，可以划分为结算保证金和客户保证金。结算保证金是期货结算机构向会员收取的保证金，依据结算保证金是否被合约占用，结算保证金又可以细分为交易保证金和结算准备金；客户保证金是指期货公司向客户收取的保证金。

根据交纳的时间标准，期货保证金可以划分为初始保证金和追加保证金。初始保证金是期货结算会员在新开仓时根据交易额和保证金比率需要缴纳的资金；而当保证金账面余额低于持仓占有的保证金比率时，期货结算机构会向期货结算会员发出追加保证金的通知，要求其追加相应的保证金数额。同样，期货结算会员也将向其客户发出追加保证金的通知。

三、保证金存管的风险隔离

本条明确期货结算机构和期货公司等结算参与人收取的保证金等，应当与其自有资金分开，按照有关规定，在期货保证金存管机构专户存放。

（一）中国证监会关于保证金存管风险隔离的规定

《期货公司保证金封闭管理办法》（证监会公告〔2021〕1号）从总体原则、账户管理、封闭运行、业务规范、监督管理等方面对期货公司保证金存管作出了详细规定。

一是总体原则。明确期货公司客户保证金按照封闭运行原则，必须全额存入从事保证金存取业务的期货保证金存管银行，与期货公司自有资金相互独立，分别管理，严禁期货公司挪用保证金。

二是关于账户管理。明确期货公司应当在存管银行开立保证金账户，专用于保证金的存放；期货公司根据业务需要可以在多家存管银行开立保证金账户，但必须指定一家存管银行为主办存管银行。如遇特殊情形，期货公司可以向监控中心申请，将另一家存管银行临时指定为主办存管银行。期货公司应当在主办存管银行开立专用自有资金账户。客户从事期货交易，应当以本人名义在存管银行开立或者指定用于存取保证金的银行结算账户为期货结算账户。客户使用期货结算账户办理期货交易出入金之前，应当在期货公司登记。客户可以在期货公司登记多家存管银行的期货结算账户。客户变更期货结算账户，应当在期货公司办理变更登记。

三是关于封闭运行。期货公司必须将保证金存放于保证金账户。保证金可以在期货公司保证金账户、期货公司在期货交易所指定的存管银行网点开立的专用资金账户、期货公司在期货交易所及其他期货结算机构的资金账户之间划转。上述账户共同构成保证金封闭圈。保证金只能在封闭圈内划转，封闭运行。期货公司从事股票期权经纪业务、与股票期权备兑开仓以及行权相关的证券现货经纪业务的，存放期货保证金及期权保证金、权利金和行权资金等客户资金的保证金账户应当与存放客户相关现货资金的保证金账户隔离管理，不得相互划转资金。除客户出金及《期货公司保证金封闭管理办法》列举的特殊情况外，期货公司不得将资金划出封闭圈等。

四是关于业务规范。期货公司指定或者变更主办存管银行，应于完成当日向监控中心备案。期货公司开立或者变更保证金账户、专用自有资金账户，应于完成当日向监控中心备案。监控中心在收到期货公司的备案信息后对备案内容进行登记，通知存管银行按要求维护保证金账户并报送账户信息。期货公司通过投资者查询服务系统确认存管银行正常报送账户信息之前，不得使用此账户。期货公司应当及时撤销不再使用的保证金账户和专用自有资金账户，并于完成当日向监控中心备案。期货公司开立、变更或者撤销保证金账户的，应当在备案完成后通过官网等渠道及时向客户披露账户开立、变更或者撤销情况等。

五是关于监督管理的规定。明确中国证监会及其派出机构可以对期货公司、期货公司负有责任的董事、监事、高级管理人员以及其他直接责任人员采取的监管措施、纪律处分等。

（二）境内期货结算机构关于保证金存管风险隔离的规定

上海期货交易所、郑州商品交易所、大连商品交易所及中国金融期货交易所均制定了各自的《指定存管银行管理办法》，要求按照审慎原则指定存管银行，并对保证金存管银行的资格申请、业务要求、技术处理、应急处理、监督管理、违约处理等作出具体要求，明确存管银行应当为其期货保证金存管业务的客户及交易所提供安全、准确、迅捷的期货保证金存管及划转服务；应当根据交易所提出的申请为交易所开立专用结算账户、结算担保金专用账户等账户，账户信息应当体现业务性质；应当根据交易所结算会员的申请和交易所签发的专用通知书为结算会员开立、变更或者注销专用资金账户、结算担保金专用账户等账户，账户信息应当体现业务性质；当交易所的资金结算出现流动性需求时，经交易所申请，存管银行应当给予相应的资金配合，协助化解交易所风险；存管银行应当拒绝任何其他单位或个人对交易所专用结算账户内的资金进行冻结、扣划，确保交易所存放的期货保证金资金的安全；如有其他机构拟对结算会员专用资金账户采取冻结等影响保证金存管业务的措施时，存管银行应当及时通知交易所。①

① 参见《中国金融期货交易所指定存管银行管理办法》，2020年3月修订；《上海期货交易所指定存管银行管理办法》，2021年11月修订；《郑州商品交易所指定存管银行管理办法》，2021年10月修订；《大连商品交易所指定存管银行管理办法》，2021年11月修订。

（三）境外成熟市场关于保证金存管风险隔离的规定

国际各成熟市场对于保证金的存管均突出安全要求，均要求保证金设立单独账户，不与期货公司自身财产混合，这一点也为我国立法所采纳。美国全国期货协会（NFA）要求期货经纪机构（FCM）将客户的保证金与自有资金分户储存，且期货经纪机构应当在隔离账户中存入准备金。隔离账户是指单独存放客户保证金的专用账户，美国全国期货协会对隔离账户实行动态监控；准备金是期货经纪机构的自有资金，数量与客户保证金量成正比。英国金融服务管理局（FSA）也规定期货公司应该将客户资金存放至指定银行的客户资金账户，与公司资金分离，使用客户资金必须经过一定的程序，但书面要求不要分离的公司，期货公司可以不将资金进行分离。欧洲期货交易所（Eurex）要求账户分离，每一结算会员可设有三类账户：客户账户、自有账户以及造市者账户，各账户资金分别独立存放，不得混用，尤其是客户账户的资金更要与其他账户隔离存放。日本的保证金分为直接寄存和转换寄存，投资者具有保证金的返还请求权，对于直接寄存的保证金，投资者有对日本商品清算机构（JCCH）要求返还保证金的权利。对于转换寄存的保证金，投资者对日本商品清算机构有返还保证金要求的权利。但通常情况下，投资者向期货公司行使返还要求权，若该公司出现违约，投资者可以直接向日本商品清算机构要求返还保证金。

（四）国际上几种主流的账户隔离模式

为实现保证金的功能，各国均对期货保证金作出风险隔离的规定。国际上主流的账户隔离模式有三种：综合账户模式（Omnibus Account Model）、法律隔离业务混合模式（Legally Segregated，Operationally Commingled Model，LSOC）和独立账户模式（Individual Client Segregation Model）。美国商品期货交易委员会的规则和欧洲证券及市场管理局（ESMA）的欧洲市场基础设施监管规则（EMIR）都对清算所的隔离机制做了强制规定。美国商品期货交易委员会规定期货清算可以使用综合账户模式，但对于场外衍生品的集中清算则必须使用法律隔离业务混合模式管理客户账户。而欧洲市场基础设施监管规则则规定清算机构要同时提供综合账户模式和独立账户模式两种隔离模式供客户选择。

一是综合账户模式。综合账户模式是欧洲市场基础设施监管规则规定的对客户账户最基本的保护方式，也是目前美国场内衍生品清算使用的账户结构，因此在美国也被称为期货模式。这种隔离模式下，客户的持仓和抵押品（现金和非现金）与清算会员的持仓和抵押品是完全隔离开的，但是不同客户的持仓和抵押品账户不做隔离，统一通过客户综合账户管理。综合账户模式按照保证金的计算方法又分为全额综合账户（Gross Omnibus Account）模式和净额综合账户（Net Omnibus Account）模式。

二是法律隔离业务混合模式。2012年2月7日，美国商品期货交易委员会通过了法律隔离业务混合模式规则，要求其管辖权内的所有场外衍生品集中清算业务都要使用法律隔离业务混合模式进行账户隔离。在法律隔离业务混合模式之下，清算会员的客户保证金实际上通过同一个综合账户管理，但是在法律上，客户的资金和仓位都明确从属于不同客户，彼此隔离，违约发生时，清算机构也不能使用违约会员的未违约客户的资产去补偿其他违约客户的损失。法律隔离业务混合模式在保证金计算方面以及日常操作中和全额综合账户隔离模式很类似，该隔离模式中的法律隔离的属性是其和全额综合账户模式最大的不同，该特征主要体现在违约处理时的损失分配顺序上。

三是独立账户隔离模式，也称完全隔离模式，是欧洲证券及市场管理局的欧洲市场基础设施监管规则规定的对客户账户最高级别的隔离保护。在这种隔离模式下，无论是在会员层次还是在清算机构层次，客户的持仓和保证金（包括现金和非现金抵押品）不仅和清算会员的自营账户隔离，也和其他客户的持仓和保证金完全实现物理隔离。并且这种账户隔离结构不仅隔离初始保证金，对变动保证金同样提供隔离保护。

四、挪用客户保证金的案件

历史上因为保证金制度不健全，出现过一些挪用客户保证金案件。一是新天期货挪用客户保证金案。2003年11月至2005年8月，新天期货存在挪用客户保证金替大股东新天集团归还贷款本息和违规进行期货自营业务的行为。其中，挪用金额最高的时点为2005年6月30日，挪用金额为16836171元，2005年8月18日挪用金额为15889196元。证监会依法给予新天期货警告，并处30万元的罚款；对相关责任人员处以1万元至10万元不等的罚款。[①]二是齐鲁期货挪用客户保证金案。2006年1月9日，齐鲁期货将某客户300万元资金存入另一客户的账户内，并供他人使用。鉴于齐鲁期货已于2007年11月29日被证监会注销期货经纪业务许可证，证监会未对齐鲁期货予以行政处罚，但对相关责任人员处以1万元至5万元不等的罚款，并对主要责任人员采取了2年期货市场禁入措施。[②]三是华南期货挪用客户保证金案。2005年1月11日，华南期货通过网上银行从其保证金账户划款400万元至其自有资金账户。华南期货在划款之时，并无可供划转的400万元自有资金，上述行为构成了挪用客户保证金。之后，华南期货又多次在保证金存在缺口的情况下从保证金账户向外划款。证

① 中国证监会行政处罚决定书〔2008〕9号。
② 中国证监会市场禁入决定书〔2009〕4号、中国证监会行政处罚决定书〔2009〕6号。

监会对华南期货给予警告，并处以10万元的罚款；同时对相关责任人员分别处以3万元至5万元不等的罚款。[①]

●追加保证金、强行平仓

第四十一条　结算参与人的保证金不符合期货结算机构业务规则规定标准的，期货结算机构应当按照业务规则的规定通知结算参与人在规定时间内追加保证金或者自行平仓；结算参与人未在规定时间内追加保证金或者自行平仓的，通知期货交易场所强行平仓。

交易者的保证金不符合结算参与人与交易者约定标准的，结算参与人应当按照约定通知交易者在约定时间内追加保证金或者自行平仓；交易者未在约定时间内追加保证金或者自行平仓的，按照约定强行平仓。

以有价证券等作为保证金，期货结算机构、结算参与人按照前两款规定强行平仓的，可以对有价证券等进行处置。

《期货和衍生品法》	《期货交易管理条例》
第四十一条　结算参与人的保证金**不符合期货结算机构业务规则规定标准的，期货结算机构**应当**按照业务规则的规定通知结算参与人在规定时间内**追加保证金或者自行平仓；**结算参与人**未在规定时间内追加保证金或者自行平仓的，**通知期货交易场**所强行平仓。 **交易者的**保证金**不符合结算参与人与交易者约定标准的，结算参与人**应当**按照约定通知交易者在约定时间内**追加保证金或者自行平仓；**交易者**未在**约**定时间内追加保证金或者自行平仓的，**按照约定**强行平仓。 **以有价证券等作为保证金，期货结算机构、结算参与人按照前两款规定强行平仓的，可以对有价证券等进行处置。**	**第三十四条**　~~期货交易所会员~~的保证金~~不足时，~~应当~~及时~~追加保证金或者自行平仓。~~会员~~未在~~期货交易所~~规定的时间内追加保证金或者自行平仓的，期货交易所应当~~将该会员的合约~~强行平仓~~，强行平仓的有关费用和发生的损失由该会员承担~~。 ~~客户保证金不足时，应当及时追加保证金或者自行平仓。客户~~未在~~期货公司规~~定的时间内~~及时~~追加保证金或者自行平仓的，~~期货公司应当将该客户的合约~~强行平仓~~，强行平仓的有关费用和发生的损失由该客户承担~~。

① 中国证监会行政处罚决定书〔2009〕12号。

本条将保证金不足时，结算参与人应当及时追加保证金或者自行平仓改为期货结算机构应当通知结算参与人，结算参与人应当通知交易者在规定时间内追加保证金或者自行平仓，并且删除了关于强行平仓的费用和发生的损失由谁承担的表述。

解析

一、追加保证金

本条是关于追加保证金的规定，是当日无负债结算制度的重要组成部分，也是期货交易保证金制度的重要内容之一，是指期货结算参与人或者交易者的保证金不足时，结算参与人和交易者必须在规定期限内补足保证金。根据本条规定，追加保证金制度主要包括以下几个方面的内容。

一是结算参与人的保证金不足时，期货结算机构应当通知结算参与人及时追加保证金或者自行平仓。保证金是结算参与人提供给期货结算机构保证期货合约履行的财务担保，同时也是结算机构在进行当日结算时用来支付结算参与人交易亏损的资金来源，因此结算参与人的保证金可能会低于规定的标准，如果不及时补足，则下一交易日存在透支交易的风险，当亏损方在期货结算机构保证金账户中的资金不足以承担其亏损时，期货结算机构作为期货合约履约的担保者，必须代为承担这部分亏损，为了防范这种风险，根据本条规定，在结算参与人保证金不足时期货结算机构必须通知结算参与人及时追加保证金或者自行平仓。

二是结算参与人未在规定时间内追加保证金或者自行平仓的，期货结算机构应当通知期货交易场所强行平仓。至于期货交易所可以将多少该结算参与人所持有的合约强行平仓，本条未明确规定。一般来说，应当按照该结算参与人所剩余的保证金数额，决定该结算参与人所能持有的合约数量，使其符合规定的保证金标准，对多余的合约全部强行平仓。

三是期货交易者的保证金不足时，结算参与人也应当通知交易者在规定的时间内追加保证金或者自行平仓。交易者未在约定时间内追加保证金或者自行平仓的，结算参与人可以按照约定强行平仓。

二、关于相关概念的说明

1. 强行平仓的概念

强行平仓，是指期货结算机构、结算参与人在特定条件下，自行为期货交易者买入或者卖出与其所持期货合约的品种、数量及交割月份相同但交易方向相反的期货合约，强制了结期货交易的行为。强行平仓的原因主要有以下三种：一是保证金不足而未追加或自行平仓；二是存在操纵市场、违规超仓、经纪公司从事自营业务等违法违规行为；三是存在政策或交易规则临时变化等异常情况。本条法律规定主要是指第一种情形。

2. 强行平仓的适用条件

本条未对强行平仓的有关费用和发生的损失由谁承担作出规定，而《期货交易管理条例》《最高人民法院关于审理期货纠纷案件若干问题的规定》均规定，强行平仓的有关费用和发生的损失由期货公司、客户承担。虽然上述规定明确了期货结算机构、结算参与人拥有强行平仓的权利，但结合实践中的相关案例来看，结算机构对结算参与人、结算参与人对期货交易者予以强行平仓仍需要符合正当行使权利的标准，这样才能发生因强行平仓产生的有关费用和发生的损失由期货公司、客户承担的法律后果。否则，期货结算机构、结算参与人可能构成侵权行为，需要依法承担侵权损害赔偿责任。一般来说，正当行使强行平仓权利需要满足三个条件：一是实体条件，须存在结算参与人或交易者保证金不足既定标准的情形；二是程序条件，结算参与人应当对交易者保证金不足的情况尽到通知义务，并留出合理的补足保证金或自行平仓的时间；三是数额条件，期货结算机构或者期货公司强行平仓数额应当与期货公司或者客户需要追加的保证金数额基本相当。

3. 强行平仓的民事责任

前文已论及强行平仓的三个条件，如果期货结算机构或结算参与人在强行平仓时未同时满足上述三项条件，并因此造成损害，可能因此被要求承担民事责任。

一是实体条件方面。期货交易中，通常用风险率来计算和判断资金账户的风险。风险率是期货合约占用保证金金额与交易者权益金额之比得出的风险控制参数。风险率越低，可用资金越多，合约占用保证金就越少，保证金风险就越小。在格式期货经纪合同中，一般约定风险率大于100%，即账户可用资金小于零为保证金不足的判断准则。不过，对于期货合约所占用的保证金金额，存在两种计算标准。期货交易所针对不同的期货品种制定了交易所保证金标准，通常为交易金额的5%~10%。由于期货市场波动较大，交易者在持仓过程中会因市场变化导致占用保证金发生较大幅度的增减，而如果交易者未能及时追加保证金，实际上是由结算参与人（即期货公司）向期货交易所垫付所需补足的保证金，因此，期货公司通常会在交易所保证金的基础上额外提高保证金额度，根据市场风险、品种波动幅度、交易所停板及熔断幅度、客户风险等因素再加收3%~6%。由此也形成了两种风险率，即以交易所保证金标准计算占用保证金金额得出的“交易所风险率”，和以期货公司保证金标准计算占用保证金金额得出的“公司风险率”。结算参与人为保有更大的自由度，通常会在格式期货经纪合同中约定以公司风险率为标准，在交易者公司风险率高于100%时，结算参与人将限制其开仓、通知其补足保证金或自行平仓，在交易者未补足保证金或平仓的情况下，结算参与人将强行平仓。由此也引发了结算参与人与交易者之间关于强行平仓时机的纠纷。例如，在光大期货有限公司诉鲍某某案中，尽管合同有类似约定，但光大期货公司未在公司风险率大于100%时强行平仓，而是仅向鲍某某发出通知，在交易所风险率大于100%时才采取强行平仓措施，鲍某某为此抗辩认为由于光大期货公司强行平仓不及时导致穿仓损失，该损失应根据双方过错比例进行分担。法院最终认定，由于公司保证金高于交易所保证金，在客户账户仅公司风险率大于100%时，尚不存在透支交易，且从合同约定看，客户账户公司风险率大于100%时，光大期货公司有权而非必须执行强行平仓，故公司可根据行情、资金安全程度等因素自行决定是否行使强行平仓的权利，不行使并不违反法律规定及双方间合同的约定。

二是在程序条件方面。结算参与人应当对交易者保证金不足的情况尽到通知义务，并留出合理的补足保证金或自行平仓的时间。只有在交易者未在合理期间内补足保证金或自行平仓时，结算参与人才能强行平仓。对于通知程序，实践中曾存在过争议。一种观点认为，《期货交易管理条例》并未规定补仓通知义务，在期货交易中，交易者应当实时关注自身账户盈亏情况。另一种观点认为，从诚信原则出发，结算参与人作为金融机构，系交易者的信用担保人，对交易者账户内的资金也存在利益，且在技术上有提供通知的便利，应当提供补仓通知。在赵某某诉金中富国际期货交易有限公司期货交易纠纷案中[①]，法院认为，期货经纪人在未征得客户同意下擅自平仓给客户造成的损失，由期货经纪人所在的公司承担责任。《最高人民法院关于审理期货纠纷案件若干问题的规定》对该项裁判规则予以肯定，并明确交易所或经纪公司未履行通知义务而强行平仓，给经纪公司或客户造成损失的，应承担赔偿责任。这是考虑到，交易者对何时需要追加保证金、应追加多少保证金往往是无从知晓的，要求交易者主动追加保证金不仅加重其义务，也不切实际；同时，交易者对其持仓情况、保证金变动情况享有知情权，在保证金不足时亦享有补足保证金或自行平仓的选择权，交易者系基于自身对市场走势、交易风险的判断选择是否保留持仓，而非由结算参与者代替其作出该等判断。此外，实践中还存在结算参与人在格式条款中约定，期货公司在交易者保证金不足时，可以不履行通知义务而直接予以强行平仓的情形。根据《民法典》第四百九十七条的规定，该种格式条款系提供格式条款一方不合理地免除或者减轻其责任、限制对方主要权利的条款，应

① 《最高人民法院公报》，1994年第3期（总第39期）。

属无效，即结算参与人的通知义务不能通过合同约定予以排除。

三是强行平仓的数额方面。《最高人民法院关于审理期货纠纷案件若干问题的规定》第三十九条规定："期货交易所或者期货公司强行平仓数额应当与期货公司或者客户需追加的保证金数额基本相当。因超量平仓引起的损失，由强行平仓者承担。"根据上述司法解释规定，期货结算机构、结算参与人强行平仓还应遵循"适度原则"，不能对结算参与人、交易者的持仓任意处分。强行平仓的目的只是补足结算参与人、交易者的保证金，将其风险控制在可接受范围内，强行平仓的后果为结余的保证金足以维持在仓的合约，故平仓金额与所需补足的保证金数额大致相当是合理行使强行平仓权的应有之义。例如，在俞某某二人诉南京中期期货经纪有限公司期货经纪案中，中期期货公司在投资者可运用资金为-538.18元的情况下，对其在仓的45手红小豆一次性全部强制平仓，造成投资者经济损失42600元。法院认为，中期期货公司的强制平仓既不符合期货业习惯做法，又有悖于公平原则，显属不当，故对投资者经济损失应予赔偿。[①]

三、盘中追保制度

（一）盘中追保制度简介

根据市场风险和保证金变动情况，交易所或会员在交易期间发出追加保证金通知，会员或客户须在通知规定的时间内补足保证金的制度被称为盘中追保。中国金融期货交易所和郑州商品交易所对盘中追保作出了明确的规定。如根据《中国金融期货交易所结算细则》（2020年12月11日第十次修订）第五十二条规定，交易所可以根据市场风险状况，在交易过程中向风险较大的结算会员发出追加保证金的通知，并可以通过期货保证金存管银行从结算会员专用资金账户中扣划。若未能全额扣款成功，结算会员应当按照交易所的要求在规定时间内补足保证金。结算会员未能按时补足的，交易所有权对其采取限制开仓、强行平仓等风险控制措施。

（二）境外成熟市场的盘中追保制度

以英国为代表的欧洲期货市场实行盘中追保制度，英国期货市场在《金融服务和市场法》下运作，其监管体系由金融服务局（FSA），伦敦结算行（LCH），期货交易所[伦敦金属交易所（LME）、伦敦国际金融期货与期权交易所（LIFFE）、国际石油交易所（IPE）]和经纪公司构成。英国实行独立结算，期货交易所要统一在伦敦结算行进行结算并实行会员结算制度，伦敦结算行是英国期货市场风险控制

① 《江苏省高级人民法院（1996）苏经终字第320号民事判决书》。

的核心环节。伦敦结算行可以随时调整保证金，甚至可以当日追加保证金（盘中追保）；会员如果不能及时追加保证金，结算行有权直接从银行划拨会员资金；如果会员账户资金不足，结算行会强行平仓以使保证金保持在规定水平。期货经纪公司可以依照伦敦结算行的要求随时要求客户追加保证金，并在客户未能及时追加保证金时拥有直接使用客户备用资产的权利。

在我国香港地区，香港交易及结算所有限公司（以下简称港交所）也实行盘中追保制度。例如，2008年国际金融危机爆发后，港交所为了应对风险，分别在9月19日、9月25日、10月2日、10月15日、10月20日、10月21日六次提高保证金，使得恒生指数期货、H股指数期货的保证金水平在10月21日分别达到21.67%和30.13%的较高水平。在调整保证金收取标准的基础上，港交所还在9月16日至19日期间启动了19次盘中追保，涉及金额由数千万港元到数十亿港元不等。

● 期货交易违约情形的处理

第四十二条 结算参与人在结算过程中违约的，期货结算机构按照业务规则动用结算参与人的保证金、结算担保金以及结算机构的风险准备金、自有资金等完成结算；期货结算机构以其风险准备金、自有资金等完成结算的，可以依法对该结算参与人进行追偿。

交易者在结算过程中违约的，其委托的结算参与人按照合同约定动用该交易者的保证金以及结算参与人的风险准备金和自有资金完成结算；结算参与人以其风险准备金和自有资金完成结算的，可以依法对该交易者进行追偿。

本法所称结算担保金，是指结算参与人以自有资金向期货结算机构缴纳的，用于担保履约的资金。

《期货和衍生品法》	《期货交易管理条例》
第四十二条　结算参与人在结算过程中违约的，**期货结算机构按照业务规则动用结算参与人**的保证金、**结算担保金以及结算机构的**风险准备金、自有资金**等完成结算；期货结算机构以其风险准备金、自有资金等完成结算的，可以依法对该结算参与人进行**追偿。	**第三十六条**　~~会员在期货交易~~中违约的，~~期货交易所先以该会员~~的保证金~~承担违约责任；保证金不足的，期货交易所应当以~~风险准备金和自有资金~~代为承担违约责任，并由此取得对该会员的相应~~追偿~~权~~。

续表

《期货和衍生品法》	《期货交易管理条例》
交易者在结算过程中违约的，其**委托的结算参与人按照合同约定动用**该**交易者**的保证金**以及结算参与人的**风险准备金和自有资金**完成结算；结算参与人以其风险准备金和自有资金完成结算的，可以依法对该交易者进**行追偿。 **本法所称结算担保金，是指结算参与人以自有资金向期货结算机构缴纳的，用于担保履约的资金。**	~~客户在期货交易~~中违约的，~~期货公司先以~~该~~客户~~的保证金~~承担违约责任；保证金不足的，期货公司应当以~~风险准备金和自有资金~~代为承担违约责任，并由此取得对该客户的相应~~追偿~~权~~。

本条是关于期货交易违约情形的处理规则。基本沿用了《期货交易管理条例》第三十六条的规定，仅在文字上有修改。一是将“期货交易所”修改为“期货结算机构”，为将来结算制度创新预留法律空间，二是将“保证金”的表述改为“结算担保金”，并对结算担保金概念作出定义。

解析

一、期货交易违约情形的处理

本条规定了期货交易中违约情形的处理，并对结算担保金作出定义。其一，关于违约情形的处理。期货交易中的违约，一般是指期货合约到期需要对冲平仓或者实物交割时，期货合约买卖双方中的一方为避免更大亏损或因其他原因而拒绝平仓或者拒绝交割。一是结算参与人在结算过程中违约的，期货结算机构负责担保期货合约的履行。即一旦结算参与人违约，期货结算机构可以首先动用结算参与人的保证金、结算担保金履约；若结算参与人的保证金或结算担保金不足以履约的，期货结算机构要以风险准备金、自有资金等履约。由于期货结算机构的风险准备金、自有资金属于期货结算机构所有，而不是像保证金或结算担保金由结算参与人缴纳，因此当期货结算机构动用风险准备金或自有资金代为履约时，同时获得向违约结算参与人追偿的权利。二是交易者出现违约时，结算参与人负责担保期货合约的履行。即一旦交易者违约，结算参与人应当首先动用交易者交存的保证金履约；若保证金不足以履约的，结算参与人应当动用风险准备金和自有资金履约，同时结算参与人取得向交易者追偿的权利。其二，关于结算担保金。明确结算担保金的三个特征，一是来源为结算参与人的自有资金，二是向期货结算机构缴纳，三是目的为履约担保。同时，未明确规定结算担保金归谁所有。①

二、违约瀑布序列

实践中，期货结算机构通常会对处理违约事件的偿付顺序作出规定，这种专门针对结算机构拥有的保证性财务资源及其在处理违约事件时偿付顺序的规定被称为违约瀑布序列（default waterfall）。结算机构通常使用一系列预缴的金融资源（也称资源瀑布）管理参与者违约导致的损失。资源瀑布一般可包括违约者的初始保证金、违约者按预缴违约安排缴纳的份额、特定比例的中央对手方自有资金和其他参与者按预缴违约安排缴纳的份额等。境内主要期货结算机构违约瀑布序列具体情况如下。

上海期货交易所：（1）动用会员的结算准备金；（2）暂停开仓交易；（3）按规定强行平仓，直至用平仓后释放的保证金能够履约；（4）将交存的有价证券变现，用变现所得履约赔偿；（5）取消会员资格，用该会员的会员资格费抵偿；（6）经理事会批准，动用风险准备金进行履约赔偿；（7）动用交易所的自有资产进行履约赔偿；（8）通过法律程序继续对该会员追偿。

郑州商品交易所：（1）动用会员的结算准备金；（2）暂停开仓交易；（3）按规定强行平仓，直至用平仓后释放的保证金能够履约；（4）将充抵保证金的有价证券变现，用变现所得履约赔偿；（5）转让会员资格，用转让所得抵偿；（6）经理事会批准，动用风险准备金进行履约赔偿；（7）动用交易所的自有资产进行履约赔偿；（8）通过法律程序继续对该会员追偿。

大连商品交易所：（1）动用会员的结算准备金；（2）暂停开仓交易；（3）按规定强行平仓，直至用平仓后释放的保证金能够履行合约相关义务和责任；（4）将交存的作为保证金的资产处置变现，用变现所得履行合约相关义务和责任；（5）取消该会员资格，用该会员的会员资格费抵偿；（6）动用风险准备金进行履约赔偿；（7）动用交易所的自有资产进行履约赔偿。

中国金融期货交易所：（1）暂停开仓；（2）强行平仓，并用平仓后释放的保证金履约赔偿；（3）处置有价证券，用于履约赔偿；（4）动用该违约结算会员缴纳的结算担保金；（5）动用其他结算会员缴纳的结算担保金；（6）动用交易所风险准备金；（7）动用交易所自有资金。

① 参见姜洋等：《期货市场新法规解释与适用》，法律出版社，2007，第84-88页。

境外主要结算机构违约瀑布序列情况如下：

芝加哥商品交易所（CME）：（1）违约清算会员的保证金；（2）违约清算会员的担保金；（3）CME贡献额；（4）其他清算会员的担保金；（5）清算会员补缴的担保金。

欧洲期货交易所（EUREX）：（1）违约会员的担保品；（2）违约会员的担保金；（3）EUREX清算所一部分自有资金；（4）其他清算会员的担保金；（5）其他清算会员补缴的担保金；（6）EUREX清算所剩余资金。

洲际交易所（美国）（ICE US）：（1）违约会员的保证金；（2）违约会员的担保金；（3）ICE US初次供款；（4）其他清算会员的担保金；（5）其他供款。

洲际交易所（欧洲）（ICE EUROPE）：（1）违约会员的保证金；（2）违约会员的结算担保金；（3）ICE EUROPE初次供款；（4）其他清算会员的担保金；（5）其他供款。

香港交易所（HKEX）：（1）违约会员的保证金和抵押品；（2）违约会员基础结算担保金及变动结算担保金；（3）结算所储备基金利息收入；（4）结算所任何保险计划的所得收益；（5）结算所不时拨入储备基金的资源；（6）其他未违约会员的基础结算担保金；（7）结算所任何担保或者信贷所得收益款项；（8）其他未违约会员的变动结算担保金；（9）交易所其他流动资源。

•结算担保资金的执行豁免制度

第四十三条　期货结算机构依照其业务规则收取和提取的保证金、权利金、结算担保金、风险准备金等资产，应当优先用于结算和交割，不得被查封、冻结、扣押或者强制执行。

在结算和交割完成之前，任何人不得动用用于担保履约和交割的保证金、进入交割环节的交割财产。

依法进行的结算和交割，不因参与结算的任何一方依法进入破产程序而中止、无效或者撤销。

本条是新增条款。将实践中司法解释确立的期货结算担保资金不得被查封、冻结、扣押或者强制执行以法律的形式固定下来，对于期货保证金优先用于结算和交割，维护期货市场平稳运行具有重要意义。

解析

2019年修订的《证券法》第一百五十九条明确了证券登记结算机构收取的各类结算资金和证券只能按照业务规则用于已成交的证券交易的清算交收，不得被强制执行。《证券法》确立的清算交收履行财产执行豁免制度，从表面上看是为了保障结算参与人向证券登记结算机构履约，实质上是为了保障证券登记结算机构向其他结算参与人履约，最终保障结算参与人向投资者履约，维护投资者证券财产的安全。清算交收履约财产执行豁免制度与保护申请执行人的合法权益、维护执法机关权威并不矛盾。在清算交收完成之后，证券交易的履行宣告完成，作为交易标的的证券、资金的权属也最终确定，此时有关机关即可以依法对相关财产进行强制执行。[①]同理，为维护交易者的交易财产安全，本条明确对担保期货交易履约的保证金、权利金、结算担保金、风险准备金等不得被强制执行，既包括民事纠纷，也包括刑事追赃、破产清算等，这对维护期货市场交易的正常运行具有重大意义。

早在2010年，为解决相关期货纠纷案件的管辖、保全与执行等法律适用问题，根据《中华人民共和国民事诉讼法》等有关法律、行政法规的规定以及审判实践的需要，最高人民法院于2010年12月31日制定了《最高人民法院关于审理期货纠纷案件若干问题的规定（二）》（以下简称《规定（二）》）。后于2020年12月根据最高人民法院审判委员会第1823次会议通过的《最高人民法院关于修改〈最高人民法院关于破产企业国有划拨土地使用权应否列入破产财产等问题的批复〉等二十九件商事类司法解释的决定》修正。《规定（二）》第三条规定，期货交易所为债务人，债权人请求冻结、划拨以下账户中资金或者有价证券的，人民法院不予支持：（1）期货交易所会员在期货交易所保证金账户中的资金；（2）期货交易所会员向期货交易所提交的用于充抵保证金的有价证券。第四条规定，期货公司为债务人，债权人请求冻结、划拨以下账户中资金或者有价证券的，人民法院不予支持：（1）客户在期货公司保证金账户中的资金；（2）客户向期货公司提交的用于充抵保证金的有价证券。第五条规定实行会员分级结算制度的期货交易所的结算会员为债务人，债权人请求冻结、划拨结算会员以下资金或者有价证券的，人民法院不予支持：（1）非结算会员在结算会员保证金账户中的资金；（2）非结算会员向结算会员提交的用于充抵保证金的有价证券。

同时，为防止执行豁免的滥用，《规定（二）》第六条规定，有证据证明保证金账户中有超过上述第三条、第四条、第五条规定的资金或者有价证券部分权益

① 参见程合红主编《〈证券法〉修订要义》，人民出版社，2020，第311-313页。

的，期货交易所、期货公司或者期货交易所结算会员在人民法院指定的合理期限内不能提出相反证据的，人民法院可以依法冻结、划拨超出部分的资金或者有价证券。有证据证明期货交易所、期货公司、期货交易所结算会员自有资金与保证金发生混同，期货交易所、期货公司或者期货交易所结算会员在人民法院指定的合理期限内不能提出相反证据的，人民法院可以依法冻结、划拨相关账户内的资金或者有价证券。第七条规定，实行会员分级结算制度的期货交易所或者其结算会员为债务人，债权人请求冻结、划拨期货交易所向其结算会员依法收取的结算担保金的，人民法院不予支持。有证据证明结算会员在结算担保金专用账户中有超过交易所要求的结算担保金数额部分的，结算会员在人民法院指定的合理期限内不能提出相反证据的，人民法院可以依法冻结、划拨超出部分的资金。

本条第三款明确依法进行的结算和交割不受破产程序影响，从法律层面确立了破产隔离制度。从境外来看，美国等国家主要通过在《破产法》中就结算和交割作出特别规定保护结算资产优先于其他破产财产用于履行交易合约的地位。本法就结算资产保护作出特别规定，有助于期货市场相关规定与我国《企业破产法》的协调，保障期货市场安全运行。

● 合约的交割、行权

第四十四条　期货合约到期时，交易者应当通过实物交割或者现金交割，了结到期未平仓合约。

在标准化期权合约规定的时间，合约的买方有权以约定的价格买入或者卖出标的物，或者按照约定进行现金差价结算，合约的卖方应当按照约定履行相应的义务。标准化期权合约的行权，由期货结算机构组织进行。

本条是新增条款。对期货合约到期交割及期权合约到期行权作出规定。

解析

一、关于期货交割的几个基本概念

一是期货交割。期货交割是指在期货合约到期时，期货交易双方通过对期货合约中的标的资产所有权实际转移或以现金支付标的资产差价，最终了结未平仓期货合约的过程。期货交割属于期货交易的一部分，是期货结算的重要形式之一。如果期货合同在到期日之前仍未被对冲平仓，则必须进行期货交割，以了结期货交易中的权利义务，因此期货交割是期货交易的结束环节。期货交割采用现金交割或者实物交割方式。

二是现金交割。现金交割是指合约到期时，按照期货结算机构的规则和程序，交易双方按照规定结算价格进行现金差价结算，了结到期未平仓合约的过程。采用现金交割方式的，合约最后交易日收市后，期货结算机构以交割结算价为基准，划付持仓双方的盈亏，了结到期未平仓合约。交割结算价根据期货结算机构有关规定确定，期货结算机构有权根据市场情况对交割结算价进行调整。[①]金融期货合约到期时一般采用现金交割方式。

三是实物交割。实物交割是指合约到期时，按照期货结算机构的规则和程序，交易双方通过该合约所载标的物所有权的转移，了结到期未平仓合约的过程。[①]商品期货合约到期一般采取实物交割方式。

二、关于期权合约行权的几个基本概念

一是期权合约。期权合约是指由交易所统一制定的、规定买方有权在将来某一时间以特定价格买入或者卖出约定标的物（包括期货合约）的标准化合约。期权合约主要条款包括合约标的、报价单位、最小变动价位、合约月份、交易时间、执行价格间距、卖方交易保证金、每日价格最大波动限制、最后交易日、执行方式、交易代码等。[②]

二是看涨期权与看跌期权。期权合约的类型分为看涨期权和看跌期权。看涨期权是指买方有权在将来某一时间以特定价格买入合约标的物，而卖方需要履行相应义务的期权合约。看跌期权是指买方有权在将来某一时间以特定价格卖出合约标的物，而卖方需要履行相应义务的期权合约。[③]

三是行权与履约。行权是指期权合约的买方按照规定行使权利，以最后交易日的结算价进行现金交割，或者以行权价格买入或者卖出期权合约标的物，了结期权合约的方式。履约是指期权合约买方行权时，期权合约卖方应当以最后交易日的结算价进行现金交割，或者以行权价格买入或者卖出期权合约标的物，了结期权合约的方式。[④]

---

① 参见《中国金融期货交易所交易规则》（2018年12 月 28日修订）第五十二条、第五十三条、第五十四条，《中国金融期货交易所结算细则》（2020 年 12 月 11 日修订）第九十四条、第九十五条。

②《中国金融期货交易所交易规则》（2018 年 12 月 28 日修订）第六条、第八条。

③《中国金融期货交易所交易细则》（2020 年 3 月 1 日修订）第六条。

④《中国金融期货交易所结算细则》（2020 年 12 月 11 日修订）第八十八条。

四是欧式期权和美式期权。期权合约根据行权方式的不同分为欧式期权和美式期权，即在到期日才可以执行的期权和在期权有效期内的任何时间都可以执行的期权。

五是行权价格。行权价格是指由期权合约规定的，买方有权在将来特定时间买入或者卖出合约标的物的价格。行权价格间距是指相邻两个行权价格之间的差。行权价格是行权价格间距的整数倍。[①]

• 期货合约的交割方式

第四十五条　期货合约采取实物交割的，由期货结算机构负责组织货款与标准仓单等合约标的物权利凭证的交付。

期货合约采取现金交割的，由期货结算机构以交割结算价为基础，划付持仓双方的盈亏款项。

本法所称标准仓单，是指交割库开具并经期货交易场所登记的标准化提货凭证。

本条是新增条款。明确期货结算机构在实物交割和现金交割中的职责和具体交割方式。实物交割的，由期货结算机构负责组织货款与标准仓单等合约标的物权利凭证的交付；现金交割的，由期货结算机构以交割结算价为基础，划付持仓双方的盈亏款项。此外，本条还对标准仓单做了定义，明确标准仓单是指交割库开具并经期货交易场所登记的标准化提货凭证。

解析

《期货和衍生品法》第七章设专章规定期货结算机构制度，其中第九十四条列举了期货结算机构的职责。期货结算机构的首要职责就是组织期货交易的结算、交割。

一、实物交割

期货实物交割可以采用标准仓单交割和标准仓单以外的交割方式。[②]需要注

① 《中国金融期货交易所交易细则》（2020 年 3 月 1 日修订），第六条。
② 《大连商品交易所交割管理办法》（2022年1月25日实施），第四条。

意，此处的交割是标准仓单等合约标的物权利凭证的交付，而并非实物商品的实际交收。这涉及中央对手方权利义务的界定，中央对手方的责任发生在结算、交割环节，在仓单交割配对后结束，在提货环节并非中央对手方。投资者拿到标准仓单可以到交易所指定交割库提货，如交割库未能在期货交易所交易规则规定的期限内向标准仓单持有人交付符合期货合约要求的货物，此时期货交易所不承担责任。《最高人民法院关于审理期货纠纷案件若干问题的规定》第四十七条规定，交割仓库不能在期货交易所交易规则规定的期限内，向标准仓单持有人交付符合期货合约要求的货物，造成标准仓单持有人损失的，交割仓库应当承担责任，期货交易所承担连带责任。本条改变了这样的理解和规定。

境内商品期货合约到期均采取实物交割方式。实物交割时，期货结算机构一般按照时间优先、数量取整、就近配对、统筹安排的原则向买方会员分配标准仓单等。会员进行实物交割应当在期货结算机构规定的时间内将货款或者交割单据提交期货结算机构。实物交割时，若发生允许范围内的数量溢短的，溢短货款按照期货结算机构规定的方式计算。期货合约的交割标准品、替代品由期货结算机构在期货合约中载明。替代品的升水、贴水标准由期货结算机构另行规定。非基准交割仓库交割与基准交割仓库交割的升水、贴水标准由交易所另行规定。实物交割时，若买方会员对收到的标准仓单持有异议的，应当及时至指定交割仓库完成标准仓单所列标的物的验收。实物交割时，发生卖方会员未能在规定时间内如数交付标准仓单、买方会员未能在规定时间内足额交付货款或者期货结算机构认定的其他违约行为的，均构成交割违约。会员不得因其客户等违约而不履行期货合约交割义务。对不履行交割义务的，期货结算机构按照相关规定处理。期货结算机构对指定交割仓库或者交易所指定的其他交割场地实行监督管理，具体监管制度由期货结算机构另行规定。[①]

境内国债期货也是实物交割，卖方的交付标的是可交割国债。根据《中国金融期货交易所国债期货合约交割细则》的相关规定，其一，国债期货合约的可交割国债应当满足以下条件：一是我国财政部在境内发行的记账式国债；二是同时在全国银行间债券市场、上海证券交易所和深圳证券交易所上市交易；三是固定利率且定期付息；四是合约到期月份首日剩余期限符合合约规定的范围；五是符合国债转托管的相关规定等。其二，2年期国债期货合约的交割单位为面值200万元人民币的国债，5年期和10年期国债期货合约的交割单位为面值100万元人民币的国债。每交割单位的国债仅限于同一国债托管机构托管的同一国债。中国结算上海分公司和中国

① 参见《上海期货交易所交易规则》（2021年7月20日实施），第四十二条至第五十五条。

结算深圳分公司托管的国债分别计算。其三，合约进入交割月份后至最后交易日之前，由卖方主动提出交割申报，并由中国金融期货交易所组织匹配双方在规定的时间内完成交割。合约最后交易日收市后的未平仓部分按照中国金融期货交易所的规定进入交割。非期货公司会员、客户参与交割视为授权中国金融期货交易所委托相关国债托管机构对其申报账户内的对应国债进行划转处理。其四，国债期货合约最后交易日之前的交割结算价为卖方交割申报当日的结算价，最后交易日的交割结算价为集中交易中该合约最后交易日全部成交价格按照成交量的加权平均价（计算结果保留至小数点后三位）。合约最后交易日无成交的，交割结算价计算公式为：交割结算价=该合约上一交易日结算价+基准合约当日结算价–基准合约上一交易日结算价，其中，基准合约为当日有成交的离交割月份最近的合约。根据该公式计算出的交割结算价超出合约涨跌停板价格的，取涨跌停板价格作为交割结算价。同时，中国金融期货交易所有权根据市场情况对交割结算价进行调整。[①]

二、现金交割

现金交割是指合约到期时，按照期货结算机构的规则和程序，交易双方按照规定结算价格进行现金差价结算，了结到期未平仓合约的过程。采用现金交割方式的，合约最后交易日收市后，期货结算机构以交割结算价为基准，划付持仓双方的盈亏，了结到期未平仓合约。交割结算价根据期货结算机构有关规定确定，期货结算机构有权根据市场情况对交割结算价进行调整。[②]例如，中国金融期货交易所沪深300股指期货合约的交割结算价为最后交易日标的指数最后2小时的算术平均价，计算结果保留至小数点后两位。[③]

三、标准仓单

本条以法律形式规定了标准仓单的概念。将实践中由期货交易所在交易规则中规定的内容上升到法律层级，进一步强化了标准仓单的特征。一是开具主体为交割库；二是期货交易场所登记交割库开具的标准仓单；三是标准仓单是一种标准化的提货凭证。

① 参见《中国金融期货交易所国债期货合约交割细则》（2020年6月12日修订）。

② 参见《中国金融期货交易所交易规则》（2018年12月28日修订）第五十三条，《中国金融期货交易所结算细则》（2020年12月11日修订），第九十四条、第九十五条。

③《中国金融期货交易所沪深300股指期货合约交易细则》（2018年12月28日修订），第十五条。

•期货交易的实物交割

第四十六条 期货交易的实物交割在期货交易场所指定的交割库、交割港口或者其他符合期货交易场所要求的地点进行。实物交割不得限制交割总量。采用标准仓单以外的单据凭证或者其他方式进行实物交割的，期货交易场所应当明确规定交割各方的权利和义务。

本条是新增条款。

解析

一、实物交割的地点

本条规定期货交易的实物交割在期货交易场所指定的交割库、交割港口或者其他符合期货交易场所要求的地点进行。指定交割仓库是指经交易所指定的，在指定交割地点为期货合约履行实物交割提供服务的法人。指定交割仓库分为指定仓库和指定厂库。指定仓库是指以保管人身份提供仓储等服务的指定交割仓库；指定厂库是指以交易所认可的担保方式承诺提供货物及相关服务的指定交割仓库。[1]

二、实物交割不得限制交割总量

防范市场操纵是期货立法的重要目的之一，交割环节同样要防范操纵行为干扰期货市场的价格发现功能，特别是要防止商品的可供交割量与交割结算价被操纵。在交割环节，只有保障了可供交割量充足，才能保证期货市场有足够的可注册仓单资源，以防止逼仓，期货价格被操纵。

三、采用标准仓单以外的其他方式进行实物交割

期货实物交割可以采用标准仓单交割和标准仓单以外的交割方式。例如，《大连商品期货交易所交割管理办法》第五条规定，期货实物交割可以适用期货转现货（期转现）、提货单交割、滚动交割、每日选择交割、一次性交割以及交易所规定的其他流程。

① 《大连商品交易所指定交割仓库管理办法》（大商所发〔2020〕664号），第二条。

●交割违约

第四十七条 结算参与人在交割过程中违约的，期货结算机构有权对结算参与人的标准仓单等合约标的物权利凭证进行处置。

交易者在交割过程中违约的，结算参与人有权对交易者的标准仓单等合约标的物权利凭证进行处置。

本条是新增条款。

解析

一、期货交割违约

本条是关于交割违约的规定。实物交割时，若发生卖方未能在规定时间内如数交付标准仓单或者买方未能在规定时间内足额交付货款等行为，构成交割违约。一是参与人在交割过程中违约的，期货结算机构有权对结算参与人的合约标的进行处置。二是交易者在交割过程中违约的，结算参与人有权对交易者的合约标的进行处置。

二、期货交割中期货结算机构的法律责任

《最高人民法院关于审理期货纠纷案件若干问题的规定》第四十四条规定："在交割日，卖方期货公司未向期货交易所交付标准仓单，或者买方期货公司未向期货交易所账户交付足额货款，构成交割违约。构成交割违约的，违约方应当承担违约责任；具有民法典第五百六十三条第一款第四项规定情形的，对方有权要求终止交割或者要求违约方继续交割。征购或者竞卖失败的，应当由违约方按照交易所有关赔偿办法的规定承担赔偿责任。"第四十八条规定："期货公司未按照每日无负债结算制度的要求，履行相应的金钱给付义务，期货交易所亦未代期货公司履行，造成交易对方损失的，期货交易所应当承担赔偿责任。期货交易所代期货公司履行义务或者承担赔偿责任后，有权向不履行义务的一方追偿。"①

① 《最高人民法院关于审理期货纠纷案件若干问题的规定》第四十八条中为"每日无负债"，本书以《期货和衍生品法》表述为准，仅在引用本条规定时使用"每日无负债"的提法。

●分级结算制度

第四十八条 不符合结算参与人条件的期货经营机构可以委托结算参与人代为其客户进行结算。不符合结算参与人条件的期货经营机构与结算参与人、交易者之间的权利义务关系，参照本章关于结算参与人与交易者之间权利义务的规定执行。

本条是新增条款。

解析

本条是关于分级结算的规定。期货公司可以向期货结算机构申请成为结算参与人。结算参与人通常应当具备良好的财务状况、完善的内部治理结构和风险管理制度，结算参与人的类型和条件由期货结算机构规定。

一、全员结算制度

期货结算模式分为全员结算与分级结算两种。全员结算，是指所有具有期货交易资格的人，均具有结算资格。在全员结算制度下，结算分为两级，即期货结算机构与结算参与人（也是交易参与人）进行结算，然后结算参与人与其客户进行结算。全员结算主要有以下优势：全员结算比分级结算的模式简单，对风险影响相对较小的市场较为合适。在全员结算下，所有交易参与人的结算风险均由期货结算机构承担。由于交易参与人也受准入条件的控制，因此，其违约风险基本也在可控的范围之内。期货结算机构通过当日无负债等制度，可以将交易参与人的结算风险控制在一定的程度内，因此，对于风险的波及效应相对较小的市场，应当允许期货结算机构实行全员结算制度。目前，我国上海期货交易所、郑州商品交易所、大连商品交易所均实行全员结算。实践证明，该模式在这些市场是合理而有效的。

二、分级结算制度

分级结算指具有期货交易资格的人中，只有部分具有结算资格，而没有结算资格的交易参与人，需要委托具有结算资格的人进行结算。在分级结算制度下，有些结算分为三级，即结算机构先与结算参与人结算，然后结算参与人与无结算资格的交易会员结算，最后无结算资格的交易会员与其客户进行结算。当然，在结算参与人有自己的客户的情形下，结算参与人直接与其客户结算。分级结算在实质上是期货结算机构对期货交易人进行资格认证，只有符合其要求的期货交易参与人才具有结算资格，而这本身就是一种风险管理。结算参与人的条件由期货结算机构规定。期货结算服务本质上是一种商业服务，虽然期货结算机构实行自律管理，但其与结算参与人属于平等的商主体，双方是基于合同建立的业务关系，因此，期货结算机构有权利选择作为其合同相对方的结算参与人，而其对结算参与人的选择便是通过制定结算参与人条件的方式达成的。此外，也有可能存在特别结算参与人，即其并不参与期货交易，但却具有结算资格，可以为不具有结算资格的交易参与人进行结算。

分级结算更有利于稀释结算风险，并有利于期货公司等提高其经营管理水平。分级结算在《期货交易管理条例》中就已规定，结算参与人主要系从期货公司中选出，其必须是资本雄厚、管理规范、信誉可靠的市场主体，并需要按规定缴纳结算参与人保证金。这样，那些资本额较少、信誉一般的期货公司，不能参与结算业务，而只能从事市场开发、客户服务等经纪业务，其结算需要委托愿意为其无条件担保的结算参与人进行。这样，期货结算机构只对资质条件较好的期货公司承担履约担保，而资质条件一般的期货公司及客户的履约担保由资质条件较好的期货公司承担。如果发生违约事件，期货结算机构只追究结算参与人的责任，即使不是结算参与人自身违约，结算参与人也应当替非结算参与人及客户承担违约责任，因此，结算机构的风险得到了稀释。此外，结算参与人对客户更具吸引力，因此其在期货市场上处于有利地位。为了保住结算参与人资格，或者非结算参与人为了成为结算参与人，都会强化经营管理，规范经营行为，提高经营效率，控制经营风险，这从整体上有利于期货公司等提高管理水平，并从整体上有利于市场的风险防范。

分级结算在世界范围内被广泛适用，如日本《东京金融交易所结算规则》第3.5条规定：本规则中，在交易所市场进入衍生品交易的交易会员不具备该交易的结算会员资格的，成为“非结算会员”。就上市的衍生品合同，其为金融交易所保证金合同的，拟订立与执行该类合同的金融交易所保证金交易会员应具有金融交易所保证金计算会员资格。《LCH. Clearnet结算所一般规定》第4条规定：（1）结算会员资格申请应按程序为之。结算所会员资格受本规定、程序及结算会员协议约束。结算会员资格并不使该会员成为LCH. Clearnet的股东，也不使其成为LCH. Clearnet集团其他成员的会员或股东，也不使其加入LCH.Clearnet SA或具有任何会员权利，后者具有独立且不同的会员资格要求。（2）结算所应随时决定会员有资格注册何种类型的合同。如经结算所完全自主决定，会员不再满足某特定类型会员的相关要求，结算所可撤销该会员注册该类合同的资格，但不得损害其注册能满足要求的合同的权利。结算所可随时发布会员名单，列明每位会员适格注册的合同种类。《Eurex Clearing AG 结算条件》2.1.1条（4）规定：如相关结算协议所规定的，结算许可要么是全面结算许可，要么是直接结算许可。

在境内实践中，中国金融期货交易所即实行会员分级结算制度。交易所结算部门负责交易所与结算会员之间的结算工作。结算会员的结算部门负责该结算会员与交易所、客户、交易会员之间的结算工作，交易会员的结算部门负责该交易会员与结算会员、客户之间的结算工作。[①]本条以法律的形式规定不符合结算参与人条件的期货经营机构可以委托结算参与人代为其客户进行结算，即延续了非结算会员可以委托结算会员代为其客户进行结算的实践。

① 《中国金融期货交易所结算细则》（2020年12月11日修订）第九条、第十条。

第四章　期货交易者

本章共十条，主要明确了期货交易者的概念和交易方式、期货交易者适当性制度、期货交易者分类制度、机构交易者应建立内部控制和风险控制制度、期货从业人员进行期货交易的禁止性规定、交易者信息查询制度、期货市场机构及其工作人员的保密义务、纠纷调解制度、期货代表人诉讼制度、期货交易者保障基金制度等内容。《期货交易管理条例》并未专章规定“期货交易者”，而是分散在各章节的条文中对期货工作人员应当保密以及期货投资者保障基金等制度进行了明确。随着期货交易者制度尤其是期货交易者保护制度的发展，《期货交易管理条例》的分散立法模式已不能适应实践需要，有必要在《期货和衍生品法》中专章规定。《期货和衍生品法》专设本章规定交易者的权利和义务，充分体现了对交易者进行全方位保护的制度安排，[①]草案一读稿、二读稿至最终稿均坚持该立法模式。

●期货交易者的概念和交易方式

第四十九条　期货交易者是指依照本法从事期货交易，承担交易结果的自然人、法人和非法人组织。

期货交易者从事期货交易，除国务院期货监督管理机构另有规定外，应当委托期货经营机构进行。

本条是关于期货交易者概念和交易方式的规定。与《期货交易管理条例》相比，本条是新增条款，明确了期货交易者是依照本法从事期货交易，承担交易结果的个人和机构；并规定期货交易者从事期货交易原则上应当委托期货经营机构进行。

解析

一、明确使用“期货交易者”概念

期货交易者是期货市场最基本的主体。《期货交易管理条例》与《证券法》

① 郭楠：《期货立法遇到八大难点问题》，《期货日报》2014年5月29日第2版。注：系尹中卿在第十一届上海衍生品市场论坛上衍法治论坛上的发言。

《证券投资基金法》一样，都将交易主体称为“投资者”。近年来，国内各期货交易所的业务规则也逐渐将表述从“投资者”修改为“交易者”，并在各期货交易所制定的《期货交易者适当性管理办法》中明确期货交易者是指从事期货交易并承担交易结果的自然人、法人和非法人组织。本法统一法律规范，使用“交易者”规范指代下达交易指令、最终承担交易结果、直接或间接参与期货交易的主体。①对此，一方面，从期货市场的功能来看，“交易者”比“投资者”更合适。“投资者”重在强调主体参与市场以投资行为为主，目的在于获取投资利益。②在证券市场，投融资是其主要功能，参与证券交易的主体可以投资并获得投资利益。因此，证券交易主体被称为“投资者”。但在期货市场，风险管理是其主要功能。获取投资利益只是部分期货交易主体的目的，其他主体的目的还包括利用期货对冲机制进行套期保值与风险管理。③而对于参与期货交易的自然人、企业、非法人组织而言，其本质上都是“交易者”，这是一个中性概念。④另一方面，从相关概念的涵盖范围来看，“交易者”比“客户”更合适。“客户”这一概念相对于期货公司等期货经营机构而存在，⑤其无法涵盖其他参与期货交易的主体。此外，美国的《商品交易法》和我国台湾地区的“证券投资人和期货交易人保护法”等相关规则亦适用“交易者”或“交易人”等概念指称期货交易主体。需要指出的是，目前，其他现行法律规范或文件大多使用“投资者”或“客户”这两个概念，《期货和衍生品法》使用“交易者”的表述并不影响其他法律规范或文件对“投资者”或“客户”的相关规定的适用。

期货交易者按照财产状况、金融资产状况、投资知识和经验、专业能力等因素划分，可以分为普通交易者和专业交易者，该种分类方式在本法第五十一条中专门规定，普通投资者在信息告知、风险警示、适当性匹配等方面享有特别保护；《证券期货投资者适当性管理办法》还对专业投资者的标准予以明确。按照交易目的划分，期货交易者可以分为套期保值者、期货投机者和贸易商。按照身份划分，期货交易者可以分为个人交易者和机构交易者。⑥近年来，我国机构交易者持仓量和成交量显著增长，成为期货市场参与的中坚力量。其中，以金融期货市场为例，目前，银行、保险、证券、公募、私募、信托、期货子公司、养老金、合格境外机构投资

① 郭楠：《期货立法遇到八大难点问题》，《期货日报》2014年5月29日。.注：系尹中卿在第十一届上海衍生品市场论坛上衍法治论坛上的发言。

② 叶林主编《期货期权市场法律制度研究》，法律出版社，2017，第181页。

③ 叶林主编《期货期权市场法律制度研究》，法律出版社，2017，第181页。

④ 尹中卿：《完善金融法律制度、推进期市法治化进程需要期货法》，《期货日报》2021年8月13日。

⑤ 叶林主编《期货期权市场法律制度研究》，法律出版社，2017，第181页。

⑥ 上海期货交易所《“期货法”立法研究课题组》：《“期货法”立法研究》（上册），中国金融出版社，2013，第320页。

者（QFII）、人民币合格境外机构投资者（RQFII）等都已获准参与。证监会等监管部门表示将继续推动相关工作，不断丰富市场主体，推动更多国企、上市公司等实体企业，以及商业银行、保险机构、基本养老基金、企业年金等长期资金利用期货市场管理风险。[①]

二、期货交易者原则上应委托期货经营机构从事期货交易

在本法的制定过程中，与一读稿相比，二读稿和最终稿增加了本条第二款的规定，期货交易者原则上只能委托期货经营机构从事期货交易。《期货交易管理条例》则在第二十三条中规定“在期货交易所进行期货交易的，应当是期货交易所会员”。国内各家期货交易所亦在业务规则中明确只有交易所会员才能取得交易席位，交易会员可以在交易所进行期货交易。期货交易者通过书面、电话、互联网等委托方式以及中国证监会规定的其他方式下达交易指令，期货经营机构根据交易者下达的指令进行交易，由期货交易者承担交易结果。此外，本款对国务院期货监督管理机构可以对期货交易者的交易方式作出另外规定留出空间。例如，相关银行参与国债期货交易，其既是交易所的会员，又可以作为交易者直接而无须委托期货经营机构进行交易。

●期货交易者适当性

第五十条 期货经营机构向交易者提供服务时，应当按照规定充分了解交易者的基本情况、财产状况、金融资产状况、交易知识和经验、专业能力等相关信息；如实说明服务的重要内容，充分揭示交易风险；提供与交易者上述状况相匹配的服务。

交易者在参与期货交易和接受服务时，应当按照期货经营机构明示的要求提供前款所列真实信息。拒绝提供或者未按照要求提供信息的，期货经营机构应当告知其后果，并按照规定拒绝提供服务。

期货经营机构违反第一款规定导致交易者损失的，应当承担相应的赔偿责任。

本条是关于期货交易者适当性制度的规定。与《期货交易管理条例》相比，本

① 方星海：《加快期货及衍生品市场发展 助力双循环新发展格局》，《清华金融评论》2021年第1期。

条是新增条款，2019年修订的《证券法》第八十八条有同样的关于投资者适当性的规定。本条明确了期货经营机构关于充分了解期货交易者、充分揭示风险、提供匹配服务的适当性管理义务，期货交易者的如实告知义务和期货经营机构违反适当性管理义务给期货交易者造成损失应承担民事赔偿责任等内容。

解析

一、适当性制度的含义和发展

期货交易者适当性制度是期货市场安全平稳运行的重要保障，该制度起源于美国，在境外得以发展和广泛应用。境外成熟市场大多在法律层面规定了投资者适当性制度，主要包括两方面的含义：一是要求某些高风险金融产品的参与者必须具备一定的资质，法律法规对特定类型的投资者实行市场准入限制；二是要求金融机构在销售产品时应将适当的产品销售给适当的投资者，避免投资者盲目或轻率投资。[①]在我国期货市场发展过程中，适当性制度首先在股指期货市场启动实施。彼时，考虑到股指期货具有专业性强、杠杆高、风险大的特点，客观上要求参与者具备较高的专业水平、较强的经济实力和风险承受能力，不适合一般投资者广泛参与。在充分对投资者进行股指期货风险教育的同时，通过设置适当的程序和要求，建立与产品风险特征相匹配的投资者适当性制度，从源头上深化投资者风险教育，有效避免投资者盲目入市，真正做到保护投资者的合法权益，因此我国在股指期货市场实行适当性制度，并从证监会规章——《关于建立股指期货投资者适当性制度的规定（试行）》[②]，交易所业务规则——中国金融期货交易所《股指期货投资者适当性制度实施办法（试行）》和《股指期货投资者适当性制度操作指引（试行）》[③]，期货业协会自律规则——期货业协会《期货公司执行股指期货投资者适当性制度管理规则》[④]、《股指期货交易特别风险揭示书》和《证券公司为期货公司提供中间介绍业务协议指引》等三个层面制定并形成了一整套股指期货投资者适当性制度规则体

① 《中国证监会有关部门负责人就发布〈关于建立股指期货投资者适当性制度的规定（试行）（征求意见稿）〉和配套文件答记者问》，http://www.csrc.gov.cn/csrc/c100028/c1002673/content.shtml，访问日期：2022年4月27日。

② 2013年修订，名称改为《关于建立金融期货投资者适当性制度的规定》。

③ 两规则已于2012年废止，现行规则为《中国金融期货交易所适当性制度实施办法》和《中国金融期货交易所交易者适当性制度操作指引》。

④ 2013年修订，2017年废止。

系。[①]此后，适当性制度逐渐在金融期货和商品期货市场建立。目前，国内各家交易所均制定了《适当性管理办法》，中国证监会也制定了《证券期货投资者适当性管理办法》并于2017年起施行，2020年进行了修订。此外，2019年11月18日最高人民法院印发的《全国法院民商事审判工作会议纪要》第五部分明确规定了金融消费者的适当性制度。《期货和衍生品法》的本条在借鉴国内外实践经验的基础上，将期货交易者适当性制度的相关规定在法律中予以体现。

二、卖者尽责——期货经营机构的适当性义务

《全国法院民商事审判工作会议纪要》第七十二条指出，适当性义务是指卖方机构在向金融消费者推介、销售银行理财产品、保险投资产品、信托理财产品、券商集合理财计划、杠杆基金份额、期权及其他场外衍生品等高风险等级金融产品，以及为金融消费者参与融资融券、新三板、创业板、科创板、期货等高风险等级投资活动提供服务的过程中，必须履行的了解客户、了解产品、将适当的产品（或者服务）销售（或者提供）给适合的金融消费者等义务。《期货和衍生品法》第五十条明确了期货经营机构充分了解交易者的相关信息、如实说明服务的重要内容和充分揭示交易风险、提供匹配服务的适当性义务。

适当性义务的主要内容包括了解客户、了解产品和适当销售。其中，在了解客户方面，《证券期货投资者适当性管理办法》第六条明确经营机构向投资者销售产品或者提供服务时，应当了解投资者的下列信息：（1）自然人的姓名、住址、职业、年龄、联系方式，法人或者其他组织的名称、注册地址、办公地址、性质、资质及经营范围等基本信息；（2）收入来源和数额、资产、债务等财务状况；（3）投资相关的学习、工作经历及投资经验；（4）投资期限、品种、期望收益等投资目标；（5）风险偏好及可承受的损失；（6）诚信记录；（7）实际控制投资者的自然人和交易的实际受益人；（8）法律法规、自律规则规定的投资者准入要求相关信息；（9）其他必要信息。此外，对于专业投资者，经营机构可以根据专业投资者的业务资格、投资实力、投资经历等因素，对其进行细化分类和管理。[②]而对于普通投资者，经营机构应当按照有效维护投资者合法权益的要求，综合考虑收入来源、资产状况、债务、投资知识和经验、风险偏好、诚信状况等因素，确定普通投资者的

① 《中国证监会有关部门负责人就发布〈关于建立股指期货投资者适当性制度的规定（试行）（征求意见稿）〉和配套文件答记者问》，http://www.csrc.gov.cn/csrc/c100028/c1002673/content.shtml，访问日期：2022年4月27日。

② 详见《证券期货投资者适当性管理办法》第九条。

风险承受能力，对其进行细化分类和管理。[①]

在了解产品方面，《证券期货投资者适当性管理办法》第十五条规定经营机构应当了解所销售产品或者所提供服务的信息，根据风险特征和程度，对销售的产品或者提供的服务划分风险等级。第十六条明确，划分产品或者服务风险等级时应当综合考虑以下因素：（1）流动性；（2）到期时限；（3）杠杆情况；（4）结构复杂性；（5）投资单位产品或者相关服务的最低金额；（6）投资方向和投资范围；（7）募集方式；（8）发行人等相关主体的信用状况；（9）同类产品或者服务过往业绩；（10）其他因素。涉及投资组合的产品或者服务，应当按照产品或者服务整体风险等级进行评估。此外，根据该办法第十七条的规定，产品或者服务存在下列因素的，应当审慎评估其风险等级：（1）存在本金损失的可能性，因杠杆交易等因素容易导致本金大部分或者全部损失的产品或者服务；（2）产品或者服务的流动变现能力，因无公开交易市场、参与投资者少等因素导致难以在短期内以合理价格顺利变现的产品或者服务；（3）产品或者服务的可理解性，因结构复杂、不易估值等因素导致普通人难以理解其条款和特征的产品或者服务；（4）产品或者服务的募集方式，涉及面广、影响力大的公募产品或者相关服务；（5）产品或者服务的跨境因素，存在市场差异、适用境外法律等情形的跨境发行或者交易的产品或者服务；（6）自律组织认定的高风险产品或者服务；（7）其他有可能构成投资风险的因素。

在适当销售方面，主要包括经营机构应当根据产品或者服务的不同风险等级，对其适合销售产品或者提供服务的投资者类型作出判断，根据投资者的不同分类，对其适合购买的产品或者接受的服务作出判断。[②]经营机构要为交易者推荐适合的产品或服务。

此外，经营机构还应履行告知、警示义务，且其通过营业网点向普通交易者进行该办法第十二条、第二十条、第二十一条和第二十三条规定的告知、警示，应当全过程录音或者录像；通过互联网等非现场方式进行的，经营机构应当完善配套留痕安排，由普通交易者通过符合法律、行政法规要求的电子方式进行确认。[③]

三、买者自负——期货交易者的如实告知义务

与期货经营机构的适当性管理义务相对应，期货交易者应履行如实告知义务。《证券期货投资者适当性管理办法》第三十三条规定投资者所提供的信息应当真

① 详见《证券期货投资者适当性管理办法》第十条。
② 详见《证券期货投资者适当性管理办法》第十八条。
③ 详见《证券期货投资者适当性管理办法》第二十五条。

实、准确、完整，否则应当依法承担相应法律责任，经营机构应当告知其后果，并拒绝向其销售产品或者提供服务。国内各家期货交易所的《适当性管理办法》亦规定了交易者应当如实申报自己的材料、不得规避适当性规则、遵守买者自负原则等义务。本条第二款在法律层面明确了期货交易者的如实告知义务，即应当按照期货经营机构明示的要求提供真实信息，若其拒绝提供或者未按照要求提供信息的，期货经营机构应当告知其后果，并按照规定拒绝提供服务。

四、期货经营机构违反适当性管理义务的民事赔偿责任

本条第三款明确对违反适当性管理义务的期货经营机构的追责，即导致交易者损失的，应当承担相应的赔偿责任。《证券期货投资者适当性管理办法》第三十四条亦明确经营机构履行适当性义务存在过错并造成投资者损失的，应当依法承担相应法律责任。

五、金融机构违反适当性义务的典型案例

（一）民事赔偿案例

在民事赔偿案例方面，消费者和金融机构的争议焦点通常围绕在金融机构是否尽到适当性义务，是否应当对消费者的投资损失承担赔偿责任，以及损失赔偿数额的确定。以深圳前海凯恩斯投资管理有限公司（以下简称凯恩斯公司或公司）、徐某某金融委托理财合同纠纷案[①]为例，在该案中，徐某某在公司的推介下购买了案涉基金产品，案涉基金清算后，徐某某的投资本金产生了损失。徐某某认为，公司在销售案涉基金时，故意隐瞒未尽到谨慎、诚实、信用、有效的管理义务，基金出现问题后还恶意承诺、蒙骗、拖延时间，令投资者损失继续扩大。凯恩斯公司的上述行为已构成证券欺诈，对徐某某的损失存在重大过错，理应承担赔偿责任，请求判决凯恩斯公司赔偿其损失和利息，并承担诉讼费用。该案一审法院在判决书中详细分析了下列问题：

第一，适当性义务的法律性质。法院指出，在我国，适当性义务业已呈现向法定义务转化的趋势。从适当性义务的内容看，卖方机构适当性义务的本质为诚信义务在金融产品销售领域的具体化，主要体现为先合同阶段的诚信义务，即先合同义务。

第二，违反适当性义务的民事责任性质。法院认为卖方机构违反适当性义务承担的民事责任为缔约过失责任。

① 详见（2020）粤03民终26388号民事判决书。

第三，凯恩斯公司是否履行了适当性义务。法院具体分析了凯恩斯公司并未尽到了解客户的义务、了解产品的义务、风险告知说明义务和适当推荐义务。综上所述，法院认为凯恩斯公司未尽到适当性义务，其对徐某某的投资损失存在过错，应当承担赔偿责任。

第四，关于损失赔偿的数额。法院认为首先，徐某某系完全民事行为能力人，对于案涉基金投资于定向增发的股票是清楚的，其对于股票市场存在波动也应有基本的认知，在进行重大投资时亦负有审慎义务，故法院认定徐某某应对投资损失承担一定的责任。其次，投资发生亏损的直接原因是金融市场的正常变化和波动，综合考虑双方当事人陈述及本案现有证据，法院酌情确定损失的分担，即由徐某某承担30%的损失，由凯恩斯公司承担70%的损失，此外，法院明确由于缔约过失责任的赔偿范围限于直接损失，徐某某的直接损失为本金与利息（《全国法院民商事审判工作会议纪要》亦明确实际损失为损失的本金和利息）。

凯恩斯公司不服一审判决提起上诉，二审法院判决驳回上诉，维持原判。

（二）行政案例

实践中，还有部分证券期货经营机构违反适当性管理规定的行政案例。例如，在上海证监局《关于对华泰证券（上海）资产管理有限公司采取出具警示函措施的决定》（沪证监决〔2018〕15号）中，华泰证券（上海）资产管理有限公司存在的问题之一是投资者适当性管理落实不到位，存在风险测评问卷填写不完整、部分客户信息填写前后矛盾等问题。[①]又如，在《江苏证监局关于对中信证券江苏分公司采取责令改正措施的决定》（〔2022〕34号）中，中信证券江苏分公司存在的问题之一是浦口大道营业部在向客户销售金融产品过程中，未能勤勉尽责，审慎履职，全面了解投资者情况，也未能了解客户的身份、财产和收入状况、金融知识和投资经验、投资目标、风险偏好等基本情况，评估其购买金融产品的适当性。[②]

•期货交易者分类制度

第五十一条 根据财产状况、金融资产状况、交易知识和经验、专业能力等

① 上海证监局：《关于对华泰证券（上海）资产管理有限公司采取出具警示函措施的决定》（沪证监决〔2018〕15号），http://www.csrc.gov.cn/shanghai/c103864/c1069188/content.shtml，访问日期：2022年5月5日。

② 江苏证监局：《江苏证监局关于对中信证券江苏分公司采取责令改正措施的决定》（〔2022〕34号），http://www.csrc.gov.cn/jiangsu/c103892/c2349072/content.shtml，访问日期：2022年5月5日。

因素，交易者可以分为普通交易者和专业交易者。专业交易者的标准由国务院期货监督管理机构规定。

普通交易者与期货经营机构发生纠纷的，期货经营机构应当证明其行为符合法律、行政法规以及国务院期货监督管理机构的规定，不存在误导、欺诈等情形。期货经营机构不能证明的，应当承担相应的赔偿责任。

本条是关于期货交易者分类制度的规定。与《期货交易管理条例》相比，本条是新增条款，2019年修订的《证券法》第八十九条有同样的关于投资者分类制度的规定。本条明确了将期货交易者分为普通交易者和专业交易者的交易者分类管理制度以及普通交易者与期货经营机构发生纠纷时的举证责任。

解析

一、明确将期货交易者分为普通交易者和专业交易者

期货交易者分类是实施期货交易者适当性制度的前提。根据财产状况、金融资产状况、交易知识和经验、专业能力等因素，期货交易者分为普通交易者和专业交易者。本法在法律层面确立了该种分类，并授权中国证监会对专业交易者的标准作出规定。此前，《证券期货投资者适当性管理办法》第七条明确了该种分类方式和分类标准。[①]根据该办法第八条规定，专业投资者包括经有关金融监管部门批准设立的金融机构，金融机构面向投资者发行的理财产品，特定基金，合格境外机构投资者（QFII），人民币合格境外机构投资者（RQFII），符合特定资产和经验条件的自然人、法人与其他组织。[②]此类交易者财产状况好，投资知识和经验丰富，具有专业能力。专业交易者之外的为普通交易者，其风险识别与承受能力及自我保护能力相对较低，需要在信息告知、风险警示、适当性匹配等方面受到特别保护。经营机构可以根据专业投资者的业务资格、投资实力、投资经历等因素，对专业交易者进行细化分类和管理。[③]同时，经营机构应当按照有效维护投资者合法权益的要求，综合考虑收入来源、资产状况、债务、投资知识和经验、风险偏好、诚信状况等因素，确定普通投资者的风险承受能力，对其进行细化分类和管理。[④]此外，普通投资者和

① 详见《证券期货投资者适当性管理办法》第七条。
② 详见《证券期货投资者适当性管理办法》第八条。
③ 详见《证券期货投资者适当性管理办法》第九条。
④ 详见《证券期货投资者适当性管理办法》第十条。

专业投资者在一定条件下可以互相转化。符合特定资产和经验条件的自然人、法人与其他组织可以向经营机构提出书面的转化申请，但经营机构有权自主决定是否同意其转化。[①]经营机构应当告知投资者，其所提供的信息发生重要变化、可能影响分类的，应及时告知经营机构。经营机构应当建立投资者评估数据库并及时更新，充分使用已了解信息和已有评估结果，避免重复采集，提高评估效率。[②]目前，在国内证券、期货及基金市场，相关规则均明确了将投资者/交易者分为专业和普通两类。

二、发生纠纷的举证责任分配

在举证责任的分配上，本条第二款和《证券期货投资者适当性管理办法》第三十四条均明确期货经营机构与普通交易者（投资者）发生纠纷的，经营机构承担举证责任，其应当提供相关资料，证明其已向交易者（投资者）履行相应义务。《全国法院民商事审判工作会议纪要》第七十五条明确金融消费者对购买产品或接受服务、遭受的损失等事实承担举证责任，经营机构对其是否履行了适当性义务承担举证责任。经营机构如不能提供其已经建立了金融产品或服务的风险评估及相应管理制度，对金融消费者的风险认知、风险偏好和风险承受能力进行了测试、向金融消费者告知产品或服务的收益和主要风险因素等相关证据，应当承担举证不能的法律后果。

我国相关司法案例也持该举证责任分配原则。例如，在王某某与工商银行龙潭支行财产损害赔偿纠纷案[③]中，二审法院指出："本案中，金融消费者应当对购买产品（或者接受服务）、遭受的损失等事实承担举证责任。卖方机构对其是否履行了适当性义务一节，因本案中王某某购买金融产品的过程发生于提供金融产品代售服务的工商银行龙潭支行，且对于金融产品的专业性和金融消费者购买的适当性该银行均可依相关规定及其专业知识与能力以及其信息的充分性而提供评估并作出合理性建议，故对本案的举证责任之分配不应仅以金融消费者一方的单向举证为主，而应综合双方主要证据对关键事实作出认定。因告知说明义务的履行是金融消费者能够真正了解各类高风险等级金融产品或者高风险等级投资活动的投资风险和收益的关键，人民法院应当根据产品、投资活动的风险和金融消费者的实际情况，综合理性人能够理解的客观标准和金融消费者能够理解的主观标准来确定卖方机构是否已经履行了告知说明义务。卖方机构简单地以金融消费者手写了诸如'本人明确知悉

① 详见《证券期货投资者适当性管理办法》第十一条、第十二条。

② 详见《证券期货投资者适当性管理办法》第十三条。

③ 详见北京市第二中级人民法院（2019）京02民终15312号民事判决书。

可能存在本金损失风险’等内容主张其已经履行了告知说明义务，不能提供其他相关证据的，人民法院对其抗辩理由不予支持。”又如，在凯恩斯公司、徐某某金融委托理财合同纠纷案中，法院指出：“徐某某已经举证证明其通过公司的推介购买了案涉基金，并证明了投资产生的损失；公司应举证证明其在向徐某某推介、销售案涉基金的过程中是否尽到了投资者适当性义务。”

• 机构交易者的内部控制和风险控制制度

第五十二条　参与期货交易的法人和非法人组织，应当建立与其交易合约类型、规模、目的等相适应的内部控制制度和风险控制制度。

本条是关于机构交易者内部控制制度和风险控制制度的规定。与《期货交易管理条例》相比，本条是新增条款，明确了机构交易者应当建立与其交易合约类型、规模、目的等相适应的内部控制制度和风险控制制度。

解析

近年来，机构交易者日益成为参与国内期货市场的中坚力量，国内期货交易所也积极推动中长期资金入市，提高各类机构参与期货市场的广度和深度。与个人交易者相比，机构交易者资金量和持仓量大，一旦发生突发事件，对机构交易者自身乃至市场的影响均较大，因此机构交易者需要建立与其交易合约类型、规模、目的等相适应的内部控制制度和风险控制制度，对期货交易过程中的风险进行识别、评价和管理。此外，《关于促进衍生品业务规范发展的指导意见（征求意见稿）》明确要求金融机构加强内控管理，具体包括：一是明确金融机构开展衍生品业务应当遵循合规、匹配、审慎和透明的原则，确保衍生品业务与自身经营发展和管理能力相适应。二是完善公司治理，建立健全业务、风险合规和审计三道防线。三是完善风险管理，确保衍生品业务纳入市场、信用、操作及流动性等全面风险管理，建立应急预案，防范极端风险。[①]

①《中国人民银行　银保监会　证监会　外汇局就〈关于促进衍生品业务规范发展的指导意见（征求意见稿）〉公开征求意见的通知》，http://www.pbc.gov.cn/tiaofasi/144941/144979/3941920/4406767/index.html，访问日期：2022年4月25日。

●期货从业人员进行期货交易的禁止性规定

第五十三条 期货经营机构、期货交易场所、期货结算机构的从业人员，国务院期货监督管理机构、期货业协会的工作人员，以及法律、行政法规和国务院期货监督管理机构规定禁止参与期货交易的其他人员，不得进行期货交易。

《期货和衍生品法》	《期货交易管理条例》
第五十三条 期货经营机构、期货交易**场**所、**期货结算机构的从业人员**，国务院期货监督管理机构、期货业协会的工作人员，**以及法律、行政法规和**国务院期货监督管理机构规定**禁止参与**期货交易的其他**人员，**不得**进行**期货交易。	第二十五条 ~~下列单位和个人~~不得从事期货交易~~，期货公司不得接受其委托为其进行期货交易~~： ~~（一）国家机关和事业单位；~~ （二）国务院期货监督管理机构、期货交易所、~~期货保证金安全存管监控机构和~~期货业协会的工作人员； ~~（三）证券、期货市场禁止进入者；~~ ~~（四）未能提供开户证明材料的单位和个人；~~ （五）国务院期货监督管理机构规定~~不得从事~~期货交易的其他~~单位和个人~~。

本条是禁止期货从业人员进行期货交易的相关规定，在法律层面对特定人员参与期货交易这一民事权利进行了限制。与《期货交易管理条例》第二十五条相比，本条修改了禁止交易的主体范围。2019年修订的《证券法》第四十条亦有关于禁止证券从业人员持有、买卖股票或者其他具有股权性质的证券的相关规定。

解析

一、交易禁止规定的背景

期货从业人员因职务原因，有可能获取某些其他交易者不掌握的未公开信息，如果允许期货从业人员参与期货交易，可能影响期货交易的公平，损害其他期货交易者的利益，破坏期货市场秩序。因此，《期货从业人员管理办法》第十四条第七项等相关规定对期货从业人员从事期货交易作出禁止性规定，本条则在法律层面明确期货从业人员不得进行期货交易。

二、禁止交易的主体范围

本条所规定不得进行期货交易的主体包括三类：一是期货经营机构、期货交易场所、期货结算机构的从业人员。这些机构是专业从事期货交易和期货经营业务的单位，相关从业人员既有获得信息的便利条件，又具有业务上的优势，且掌握许多交易者参与交易情况的信息，具备利用其业务和信息优势参与期货交易的基础。二是国务院期货监督管理机构、期货业协会的工作人员。国务院期货监督管理机构是期货市场的监督管理部门，而期货业协会是全国期货行业的自律性组织，相关工作人员在职权或职务上具有获得信息尤其是尚未公开的政策、规则等情况的便利。三是法律、行政法规和国务院期货监督管理机构规定禁止参与期货交易的其他人员，本条进行了兜底性规定，即其他人员可能因其工作、所处环境、地位、相关人员关系等，被法律、行政法规和国务院期货监督管理机构规定禁止参与期货交易。

三、典型案例

与期货领域相比，证券领域有较多的有关证券从业人员违规买卖股票的处罚案例，对证券从业人员禁止买卖证券规定的主体范围、持有股票的形式等予以进一步明确。例如，在证监会作出的〔2019〕74号行政处罚决定书和〔2019〕11号市场禁入决定书中，证监会认为证监会股票发行审核委员会兼职委员属于证券监督管理机构工作人员，不得违规买卖股票。该案当事人不服上述决定，提起行政诉讼，一审和二审法院均驳回其诉讼请求，法院指出2005年修订的《证券法》第四十三条第一款规定“系对在证券发行、交易过程中因从业或工作性质、环境而具有职务优势、信息优势等特定身份或职业人员从事股票交易的禁止性规定。其中，证券监督管理机构的工作人员，指的是履行证券监督管理职责的工作人员。此类人员不仅制定证券交易监管的政策、规则，参与证券活动的监督管理，对证券违法行为实施调查和检查等，还参与对证券发行上市交易的审核。如其从事股票交易，势必存在利益冲突，亦会对交易的公平性产生严重损害。故履行证券监督管理职责的证监会及其派出机构的工作人员不得从事与其履职行为存在利益冲突的股票交易”。法院认为，证监会发审委兼职委员当然属于证券法规定的证券监督管理机构的工作人员。[①]又如，在证监会作出的〔2019〕83号行政处罚决定书和〔2019〕12号市场禁入决定书中，证监会认为：“法律并未规定持有股票的形式，无论是通过其他自然人代持还是通过购买私募股权投资基金份额间接持有相关股票，都属法律所禁止范围。”证

① 详见（2021）京行终1901号行政判决书。

券领域的相关案例对于期货领域如何认定属于禁止进行期货交易的从业人员、交易形式等提供了参考。

此外，证券从业人员违规交易证券或者期货从业人员违规交易期货，构成其他犯罪的，还需要依法承担刑事责任。例如，在某证券从业人员利用未公开信息交易案中，该证券从业人员利用其证券账户查询权限，通过查询知悉相关私募基金、券商资管计划账户的交易情况等未公开信息，涉案期间控制使用部分亲属等人账户趋同交易私募基金、券商资管计划股票，构成了利用未公开信息交易罪，被判处有期徒刑三年，并处罚金二百万元，没收违法所得。[①]

• 交易者信息查询制度

第五十四条 交易者有权查询其委托记录、交易记录、保证金余额、与其接受服务有关的其他重要信息。

本条是交易者有权查询与其接受服务有关的重要信息的规定。与《期货交易管理条例》相比，本条是新增条款。2019年修订的《证券法》第一百三十七条有关于证券公司的客户信息查询的相关规定。

解析

期货交易者享有查询与其接受服务有关的重要信息的权利。本条明确交易者接受服务有关的重要信息，包括委托记录、交易记录、保证金余额和与其接受服务有关的其他重要信息。这些信息能够使交易者了解其期货交易所涉及的接受服务的相关情况，有利于减少交易者与期货经营机构等相关机构的纠纷，并可以作为处理纠纷的证据材料。其中，委托记录是交易者委托期货经营机构从事期货交易的相关资料，包括委托书，通过书面、电话、自助终端、网络等方式委托时保存的数据等。交易记录是指记载交易者进行期货交易活动的资料。而对于保证金余额，由于期货市场施行保证金制度，根据本法第四十一条的规定，交易者的保证金不符合结算参与人与交易者约定标准的，交易者在约定时间内应追加保证金或者自行平仓，交易者未在约定时间内追加保证金或者自行平仓的，按照约定强行平仓。因此保证金余

① 详见（2018）粤刑终479号刑事裁定书。

额这一信息对于交易者至关重要，其有权进行查询。此外，本条进行了兜底性规定，即与交易者接受服务有关的其他重要信息，交易者亦有权查询。

●期货市场机构及其工作人员的保密义务

第五十五条　期货经营机构、期货交易场所、期货结算机构、期货服务机构及其工作人员应当依法为交易者的信息保密，不得非法买卖、提供或者公开交易者的信息。

期货经营机构、期货交易场所、期货结算机构、期货服务机构及其工作人员不得泄露所知悉的商业秘密。

《期货和衍生品法》	《期货交易管理条例》
第五十五条　期货经营机构、期货交易场所、期货结算机构、期货服务机构及其工作人员应当依法为交易者的信息保密，不得非法买卖、提供或者公开交易者的信息。 期货经营机构、期货交易场所、期货结算机构、期货服务机构及其工作人员不得泄露所知悉的商业秘密。	**第六十三条**　~~国务院期货监督管理机构、~~期货交易所~~、期货保证金安全存管监控机构和期货保证金存管银行等相关单位的~~工作人员~~，应当忠于职守，依法办事，公正廉洁，保守国家秘密和有关当事人~~的商业秘密~~，不得利用职务便利牟取不正当的利益。~~

本条是关于期货市场机构及其工作人员保密义务的规定。本条与《期货交易管理条例》第六十三条相比，修改了适用范围和保密信息的范围。此外，2019年修订的《证券法》第四十一条有和本条类似的关于证券交易场所、证券公司、证券登记结算机构、证券服务机构及其工作人员保密义务的规定。

解析

相关期货市场机构在为交易者提供服务的过程中，会了解到交易者的有关信息。在适用范围上，《期货交易管理条例》第六十三条仅明确相关单位的工作人员的保密义务，其中相关单位包括“国务院期货监督管理机构、期货交易所、期货保证金安全存管监控机构和期货保证金存管银行等相关单位”。而本条则将适用范围调整为“期货经营机构、期货交易场所、期货结算机构、期货服务机构及其工作人员”，不仅相关单位的范围有所变化，而且在法律层面上明确除了工作人员外，相关单位也应履行保障义务。在保密信息范围上，《期货交易管理条例》第六十三条的保密信息为“国家秘密和有关当事人的商业秘密”；本条则调整为交易者的信息和商业秘密。其中，交易者的信息包括但不限于交易者的个人隐私信息、账户信息等；商业秘密则包括但不限于投资意图、商业计划等。

此外，本条第一款强调不得非法买卖、提供或者公开交易者的信息。实践中，按照相关法律规定，在特定情形下有关机构应当予以配合提供信息，如针对司法机关的司法协助、一些特定的合法交易活动中涉及的某些交易者信息等。

在境外执法实践中，有利用交易者的信息进交易的案例。例如，2019年9月30日，在美国商品期货交易委员会查处的一起内幕交易案中，当事人在天然气期货合约中，利用客户的大宗交易信息与客户互为对手方交易。该案和解结案，当事人被处以合计200万美元罚款。

• 纠纷调解制度

第五十六条 交易者与期货经营机构等发生纠纷的，双方可以向行业协会等申请调解。普通交易者与期货经营机构发生期货业务纠纷并提出调解请求的，期货经营机构不得拒绝。

本条是关于期货纠纷调解制度的规定。与《期货交易管理条例》相比，本条是新增条款。2019年修订的《证券法》第九十四条第一款规定了证券纠纷的调解制度。本条明确了期货纠纷调解机构和强制调解制度。

解析

与一般民商事纠纷相比，期货纠纷涉众性强、利益巨大、专业性强、需要及时稳定市场预期。从境内外成熟市场经验看，解决资本市场的特殊矛盾和纠纷，各国普遍建立有一整套多元化纠纷解决机制，包括依托行业协会或设立专门的投资者保护机构，建立专门化的投资者纠纷调解组织等。[①]近年来，在借鉴国际经验的基础上，结合我国证券期货市场特点，证券期货监管机构、司法机关、行业协会等各

① 《积极化解矛盾纠纷 有效提振市场信心——姜洋副主席在全国证券期货纠纷多元化解机制试点工作推进会上的讲话》，http://www.csrc.gov.cn/csrc/c100028/c1001710/content.shtml，访问日期：2022年5月2日。

单位探索建立起多元化纠纷解决机制，包括证监会和最高人民法院建立证券期货纠纷在线诉调对接机制等。而具体到期货市场，由期货业协会和中证中小投资者服务中心等进行期货纠纷调解相关工作。期货业协会出台的《中国期货业协会调解规则》，明确了期货业协会调解期货纠纷的受理范围、调解委员会相关要求、调解员的相关要求、调解程序等内容。中证中小投资者服务中心出台的《中证中小投资者服务中心调解规则》，明确了中证中小投资者服务中心纠纷受理范围、中证中小投资者服务中心的调解职责、有关调解员的相关规定、当事人的权利和义务、调解程序、调解的效力保障等内容。

本条在法律层面明确由行业协会等调解交易者与期货经营机构等发生的纠纷。同时，本条引入了强制调解制度，明确普通交易者与期货经营机构发生期货业务纠纷并提出调解请求的，期货经营机构不得拒绝。需要强调的是，期货业协会和中证中小投资者服务中心的调解规则均明确调解遵循自愿的原则，《期货和衍生品法》的强制调解规定适用于普通交易者提出调解请求，若当事人的身份不是普通交易者，或者仅期货经营机构提出调解请求，则不在强制调解的适用范围内，而是在双方当事人自愿的情况下，启动调解程序。

• 期货代表人诉讼制度

第五十七条　交易者提起操纵市场、内幕交易等期货民事赔偿诉讼时，诉讼标的是同一种类，且当事人一方人数众多的，可以依法推选代表人进行诉讼。

本条是关于期货代表人诉讼制度的规定。与《期货交易管理条例》相比，本条是新增条款。2019年修订的《证券法》第九十五条规定了证券代表人诉讼制度。本条明确了期货民事赔偿诉讼时可以适用代表人诉讼制度的条件。

解析

在民事诉讼中，《中华人民共和国民事诉讼法》（以下简称《民事诉讼法》）对于代表人诉讼制度作出相关规定，具体而言：《民事诉讼法》第五十五条规定，当事人一方或者双方为二人以上，其诉讼标的是共同的，或者诉讼标的是同一种类、人民法院认为可以合并审理并经当事人同意的，为共同诉讼。第五十六条规定，当事人一方人数众多的共同诉讼，可以由当事人推选代表人进行诉讼。第五十七条明确、诉讼标的是同一种类、当事人一方人数众多在起诉时人数尚未确定的，人民法院可以发出公告，说明案件情况和诉讼请求，通知权利人在一定期间向人民法院登记。据此，当事人可以依据《民事诉讼法》的上述规定提起代表人诉讼。

在证券市场领域，2019年修订的《证券法》第九十五条规定了证券代表人诉讼制度。最高人民法院于2020年7月发布《关于证券纠纷代表人诉讼若干问题的规定》，对《证券法》第九十五条予以细化。此外，2020年3月24日，上海金融法院发布全国法院首个关于证券纠纷代表人诉讼制度实施的具体规定——《上海金融法院关于证券纠纷代表人诉讼机制的规定（试行）》。证券纠纷代表人诉讼包括因证券市场虚假陈述、内幕交易、操纵市场等行为引起的普通代表人诉讼和特别代表人诉讼。目前，国内已经有多起证券代表人诉讼案件。其中，在普通代表人诉讼案件中，“飞乐音响”案是最高人民法院《关于证券纠纷代表人诉讼若干问题的规定》出台后普通代表人诉讼的首次全面实践。在该案的程序上，2020年8月，34名个人投资者共同推选其中4人作为诉讼代表人诉称，其系飞乐音响股票的投资者。2019年11月，中国证监会上海监管局作出行政处罚决定，认定飞乐音响因项目确认收入不符合条件，导致2017年半年度报告、三季度报告收入、利润虚增及相应业绩预增公告不准确。原告认为，被告上述虚假陈述行为造成其重大投资损失，故起诉要求被告赔偿损失。上海金融法院作出裁定确定权利人范围并发布权利登记公告，根据《关于证券纠纷代表人诉讼若干规定》，经“明示加入”，共有315名投资者成为本案原告，其中5名原告当选代表人，诉请被告赔偿投资损失及律师费、通知费等。①

对于特别代表人诉讼的落地，证监会发布了《关于做好投资者保护机构参加证券纠纷特别代表人诉讼相关工作的通知》，中证中小投资者服务中心对此发布了《中证中小投资者服务中心特别代表人诉讼业务规则（试行）》，对相关主体的权利和义务、诉讼重要环节等内容予以明确。2021年11月，国内首单证券特别代表人诉讼案——“康美药业”案作出一审判决。在该案的程序上，2020年12月31日，11名个人投资者请求发起该案普通代表人诉讼。2021年2月10日，广州市中级人民法院作出裁定，决定适用普通代表人诉讼程序审理本案，并确定权利人范围。②2021年3月26日，广州中院发布《普通代表人诉讼权利登记公告》。③同日，中证中小投资者服务中心公开接受投资者委托。4月8日，中证中小投资者服务中心向广州中院申请转换为特别代表人诉讼。4月16日，经最高人民法院指定管辖，广州中院发布公告，同

① 上海金融法院：《1.23亿元赔偿款 315名投资者 人均获赔39万元！证券纠纷普通代表人诉讼首案今宣判》，https://mp.weixin.qq.com/s/hXUh6SBge4tGu_gQbLpyWA，访问日期：2022年4月27日。

② 详见（2020）粤01民初2171号民事裁定书。

③ 详见（2020）粤01民初2171号普通代表人诉讼权利登记公告。

意转换特别代表人诉讼。[①]4月16日，广州中院发布公告明确了本案的权利人范围，同时指出符合权利人范围的投资者如不愿意参加本特别代表人诉讼，应当在本公告期间届满后十五日内向法院提交书面声明退出诉讼。声明退出的投资者可以另行起诉，依法不视为特别代表人诉讼的原告。[②]可见，在特别代表人诉讼程序上，该案由中证中小投资者服务中心作为诉讼代表人，并遵循了“明示退出、默示加入”的投资者加入投保机构代表人诉讼程序的参加方式。

在期货市场领域，我国期货市场目前以个人交易者为主，部分中小交易者可能因为起诉难、缺乏专业力量、维权成本高等问题难以参与民事赔偿诉讼，其损失较难弥补。本条在法律层面明确了期货代表人诉讼制度，破解了中小交易者的上述困境，帮助交易者公平、高效获赔，并给违法行为人以震慑，对于保护交易者合法权益、维护期货市场秩序具有重要意义。需要指出的是，在代表人诉讼制度的具体设计上，本法和《证券法》有所不同：《证券法》根据证券市场违法行为的特点，引入了特别代表人诉讼。一读稿也拟在期货市场引入特别代表人诉讼，但考虑到期货市场这种诉讼的实践需要没有像证券市场那样紧迫，因此二读稿和最终稿删除了特别代表人诉讼制度。[③]

• 期货交易者保障基金制度

第五十八条 国家设立期货交易者保障基金。期货交易者保障基金的筹集、管理和使用的具体办法，由国务院期货监督管理机构会同国务院财政部门制定。

《期货和衍生品法》	《期货交易管理条例》
第五十八条 国家设立期货**交易者**保障基金。期货**交易者**保障基金的筹集、管理和使用的具体办法，由国务院期货监督管理机构会同国务院财政部门制定。	**第五十条** 国家~~根据期货市场发展的需要，~~设立期货~~投资者~~保障基金。 期货~~投资者~~保障基金的筹集、管理和使用的具体办法，由国务院期货监督管理机构会同国务院财政部门制定。

① 中证中小投资者服务中心：《投服中心全国首单特别代表人诉讼一审胜诉》，https://mp.weixin.qq.com/s/oZF3xlkBDrvWx0jdZE4PJg，访问日期：2022年4月27日。

② 详见（2020）粤01民初2171号特别代表人诉讼权利登记公告。

③ 王翔：《期货法立法原则及进程》，https://finance.sina.com.cn/money/future/fmnews/2021-12-05/doc-ikyakumx2168135.shtml，访问日期：2022年5月1日。

本条是关于期货交易者保障基金制度的规定。本条沿用了《期货交易管理条例》的相关规定，为期货交易者保障基金制度提供法律依据，并授权国务院期货监督管理机构会同国务院财政部门制定具体办法。

解析

一、各国的期货交易者保障基金制度模式

期货交易者保障基金是在期货公司严重违法违规或者风险控制不力等导致保证金出现缺口，可能严重危及社会稳定和期货市场安全时，补偿交易者保证金损失的专项基金。[①]对于期货交易者的保障基金，各国设立了不同的制度模式：一是建立独立的期货交易者保障基金制度，如日本通过1950年《商品交易法》设立了全国期货保护基金（National Futures Protection Fund，NFPF）。二是建立证券期货保障基金制度，如设立于1969年的加拿大投资者保护基金（Canadian Investor Protection Fund，CIPF）的成员包括证券经纪商和期货经纪商，其赔偿范围包括有价证券、期货、期权、存款余额等与证券期货相关的财产损失。三是建立金融投资者保护制度。例如英国2000年《金融服务与市场法》建立了金融服务赔偿计划（Financial Services Compensation Scheme，FSCS），将对期货交易者的保护与证券、存款、保险等纳入统一的金融投资者保护制度。四是美国未将期货纳入证券投资者保护计划，而是通过联邦存款保险公司、国家信贷联盟保险计划、交易所的专项赔偿基金等对期货交易者予以保护。[②]

二、我国期货交易者保障基金的基本运作

对于我国期货市场，在本法出台前，《期货交易管理条例》即规定了期货投资者保障基金，本条沿用了相关规定。同时，证监会和财政部联合印发了《期货投资者保障基金管理办法》，对保障基金的筹集、管理和监管、使用等进行了具体规定。

其中，在保障基金的筹集上，保障基金的启动资金由期货交易所从其积累的风险准备金中按照截至2006年12月31日风险准备金账户总额的百分之十五缴纳形成。保障基金的后续资金来源包括：第一，期货交易所按其向期货公司会员收取的交易手续费的一定比例缴纳；第二，期货公司从其收取的交易手续费中按照代理交易额

① 详见《期货投资者保障基金管理办法》第二条。
② 曹胜：《海外发达市场期货投资者保护制度比较》，《期货日报》2005年10月20日。

的一定比例缴纳；第三，保障基金管理机构追偿或者接受的其他合法财产。[①]期货交易所、期货公司应当按年度缴纳保障基金。[②]有下列情形之一的，经中国证监会、财政部批准，期货交易所、期货公司可以暂停缴纳保障基金：第一，保障基金总额足以覆盖市场风险；第二，期货交易所、期货公司遭受重大突发市场风险或者不可抗力。当上述情形消除后，经证监会、财政部批准，应当恢复缴纳。[③]对于新设立的期货公司，应当自产生经纪业务收入后纳入保障基金缴纳范围；公司停止经营的，应当告知期货交易所，对其当年应缴纳的保障基金份额进行扣缴。[④]此外，鼓励保障基金来源多元化，保障基金可以接受社会捐赠和其他合法财产。保障基金产生的利息以及运用所产生的各种收益等孳息归属保障基金。[⑤]

在保障基金的管理和监管方面，证监会、财政部可以指定相关机构作为保障基金管理机构，代为管理保障基金。[⑥]对保障基金的管理应当遵循安全、稳健的原则，保证保障基金的安全。保障基金的资金运用限于银行存款、购买国债、中央银行债券（包括中央银行票据）和中央级金融机构发行的金融债券，以及证监会和财政部批准的其他资金运用方式。[⑦]保障基金应当实行独立核算，分别管理，并与保障基金管理机构管理的其他资产有效隔离。保障基金管理机构应当定期编报保障基金的筹集、管理、使用报告，经会计师事务所审计后，报送证监会和财政部。[⑧]保障基金管理机构、期货交易所及期货公司，应当妥善保存有关保障基金的财务凭证、账簿和报表等资料，确保财务记录和档案完整、真实。[⑨]此外，财政部负责保障基金财务监管。保障基金的年度收支计划和决算报财政部批准。[⑩]证监会则负责保障基金业务监管，对保障基金的筹集、管理和使用等情况进行定期核查。证监会定期向保障基金管理机构通报期货公司总体风险状况。存在较高风险的期货公司应当每月向保障基金管理机构提供财务监管报表。[⑪]

在保障基金的使用方面，期货公司因严重违法违规或者风险控制不力等导致保证金出现缺口的，证监会可以按照《期货投资者保障基金管理办法》规定决定使用

① 详见《期货投资者保障基金管理办法》第九条。
② 详见《期货投资者保障基金管理办法》第十条。
③ 详见《期货投资者保障基金管理办法》第十一条。
④ 详见《期货投资者保障基金管理办法》第十二条。
⑤ 详见《期货投资者保障基金管理办法》第十三条。
⑥ 详见《期货投资者保障基金管理办法》第十四条。
⑦ 详见《期货投资者保障基金管理办法》第十五条。
⑧ 详见《期货投资者保障基金管理办法》第十六条。
⑨ 详见《期货投资者保障基金管理办法》第十七条。
⑩ 详见《期货投资者保障基金管理办法》第十八条。
⑪ 详见《期货投资者保障基金管理办法》第十九条。

保障基金，对不能清偿的投资者保证金损失予以补偿。[①]补偿的原则是：第一，对每位个人投资者的保证金损失在10万元以下（含10万元）的部分全额补偿，超过10万元的部分按百分之九十补偿；第二，对每位机构投资者的保证金损失在10万元以下（含10万元）的部分全额补偿，超过10万元的部分按百分之八十补偿。现有保障基金不足补偿的，由后续缴纳的保障基金补偿。[②]使用保障基金前，证监会和保障基金管理机构应当监督期货公司核实投资者保证金权益及损失，积极清理资产并变现处置，应当先以自有资金和变现资产弥补保证金缺口。不足弥补或者情况危急的，方能决定使用保障基金。[③]对投资者因参与非法期货交易而遭受的保证金损失，保障基金不予补偿。对机构投资者以个人名义参与期货交易的，按照机构投资者补偿规则进行补偿。[④]动用保障基金对期货投资者的保证金损失进行补偿后，保障基金管理机构依法取得相应的受偿权，可以依法参与期货公司清算。[⑤]此外，保障基金管理机构应当及时将保障基金的使用、补偿、追偿等情况报告证监会和财政部。[⑥]

三、我国的金融稳定保障基金

2022年政府工作报告提出“设立金融稳定保障基金”。《中华人民共和国金融稳定法（草案征求意见稿）》亦明确建立金融稳定保障基金，由国家金融稳定发展统筹协调机制统筹管理，作为应对重大金融风险的后备资金。金融稳定保障基金由向金融机构、金融基础设施等主体筹集的资金以及国务院规定的其他资金组成。必要时，中国人民银行再贷款等公共资金可用于为金融稳定保障基金提供流动性支持，金融稳定保障基金应当以处置所得、收益和行业收费等偿还。金融稳定保障基金筹集、管理和使用的具体办法，由国务院规定。[⑦]金融稳定保障基金与既有的存款保险基金和行业保障基金双层运行、协同配合，进一步筑牢我国金融安全网。[⑧]与期货交易者保障基金等相关行业保障基金相比，金融稳定保障基金用于具有系统性隐患的重大风险处置，而存款保险基金和期货交易者保障基金等相关行业保障基金用于发挥常规化风险处置作用，都是我国金融安全网必不可少的部分。[⑨]

---

① 详见《期货投资者保障基金管理办法》第二十条。
② 详见《期货投资者保障基金管理办法》第二十一条。
③ 详见《期货投资者保障基金管理办法》第二十二条。
④ 详见《期货投资者保障基金管理办法》第二十三条。
⑤ 详见《期货投资者保障基金管理办法》第二十四条。
⑥ 详见《期货投资者保障基金管理办法》第二十五条。
⑦ 详见《中华人民共和国金融稳定法（草案征求意见稿）》第二十九条。
⑧ 详见《〈中华人民共和国金融稳定法（草案征求意见稿）〉起草说明》。
⑨ 《中国银保监会新闻发言人答记者问》，http://www.cbirc.gov.cn/cn/view/pages/ItemDetail.html?docId=1044286&itemId=915&generaltype=0，访问日期：2022年5月1日。

第五章 期货经营机构

本章共二十条，在《期货交易管理条例》“期货公司”章节的基础上进行了扩充：一是除期货公司以外，将国务院期货监督管理机构核准从事期货业务的其他机构纳入规制范围。二是明确期货公司设立条件、名称识别、需核准事项、业务范围、董监高任职要求，期货经营机构内控与业务隔离、经纪业务模式、资产管理业务要求、不得违反规定提供融资或担保、从业人员基本要求、期货经营机构风险事件的处置、禁止期货经营机构从事的行为等。

●期货经营机构的定义

第五十九条 期货经营机构是指依照《中华人民共和国公司法》和本法设立的期货公司以及国务院期货监督管理机构核准从事期货业务的其他机构。

《期货和衍生品法》	《期货交易管理条例》
第五十九条 期货经营机构是指依照《中华人民共和国公司法》和**本法**设立的**期货公司以及国务院期货监督管理机构核准从事期货业务的其他机构**。	**第十五条** ~~期货公司~~是依照《中华人民共和国公司法》和~~本条例规定~~设立的~~经营期货业务的金融机构~~。~~设立期货公司，应当在公司登记机关登记注册，并经国务院期货监督管理机构批准。~~ ~~未经国务院期货监督管理机构批准，任何单位或者个人不得设立或者变相设立期货公司，经营期货业务。~~

本条是关于期货经营机构定义的规定，与《期货交易管理条例》相比，提出“期货经营机构”的概念，明确其包括期货公司以及国务院期货监督管理机构核准从事期货业务的其他机构。

解析

长期以来，我国官方正式文件中并无期货经营机构的概念，主要原因在于多年以来，期货经营行业一直只包含期货公司，而期货公司业务范围长期又被限制于经纪业务。[1]2014年9月，证监会发布《关于进一步推进期货经营机构创新发展的意见》（以下简称《创新意见》），正式提出“期货经营机构”的概念。根据证监会的解释，《创新意见》将行业的主要参与者由期货公司扩展至期货经营机构，是期望发展多元化的行业业态，鼓励证券公司、基金公司、商业银行等金融机构逐步参与期货及衍生品业务。2015年1月9日，证监会发布《股票期权交易试点管理办法》，该办法规定“证券公司可以从事股票期权经纪业务、自营业务、做市业务，期货公司可以从事股票期权经纪业务、与股票期权备兑开仓以及行权相关的证券现货经纪业务”。2020年2月14日，中国证监会、财政部、中国人民银行、中国银保监会发布《关于商业银行、保险机构参与中国金融期货交易所国债期货交易的公告》，该公告明确，符合条件的商业银行、具备投资管理能力的保险机构可以以风险管理为目的，参与中国金融期货交易所国债期货交易。《创新意见》发布之后，期货及衍生品市场参与主体日渐多元化，为回应实践需要，此次立法明确提出“期货经营机构”的概念，并将国务院期货监督管理机构核准从事期货业务的其他机构纳入规范对象，在为行业发展预留空间的同时，统一协调相关规范及监管要求。

期货公司必须依照《中华人民共和国公司法》的规定设立，也就是说期货公司只能是有限责任公司或者股份有限公司，而不能采取其他组织形式。期货公司作为重要的金融机构，采取公司制这种企业组织形式，充分发挥公司法人主体资格、责任形式明确等优势，促进资本、技术、人才等生产要素的优化组合，保护股东、债权人的合法权利。

•期货公司设立条件、程序的规定

第六十条 设立期货公司，应当具备下列条件，并经国务院期货监督管理机构核准：

（一）有符合法律、行政法规规定的公司章程；

（二）主要股东及实际控制人具有良好的财务状况和诚信记录，净资产不低于国务院期货监督管理机构规定的标准，最近三年无重大违法违规记录；

（三）注册资本不低于人民币一亿元，且应当为实缴货币资本；

（四）从事期货业务的人员符合本法规定的条件，董事、监事和高级管理人员具备相应的任职条件；

① 叶林、钟维：《期货期权市场法律制度研究》，法律出版社，2017，第205页。

（五）有良好的公司治理结构、健全的风险管理制度和完善的内部控制制度；

（六）有合格的经营场所、业务设施和信息技术系统；

（七）法律、行政法规和国务院期货监督管理机构规定的其他条件。

国务院期货监督管理机构根据审慎监管原则和各项业务的风险程度，可以提高注册资本最低限额。

国务院期货监督管理机构应当自受理期货公司设立申请之日起六个月内依照法定条件、法定程序和审慎监管原则进行审查，作出核准或者不予核准的决定，并通知申请人；不予核准的，应当说明理由。

《期货和衍生品法》	《期货交易管理条例》
第六十条　设立期货公司，应当具备下列条件，**并经国务院期货监督管理机构核准**： （一）有符合法律、行政法规规定的公司章程； （二）主要股东及实际控制人具**有良好的财务状况和诚信记录，净资产不低于国务院期货监督管理机构规定的标准，**最近三年无重大违法违规记录； （三）注册资本**不低于人民币一亿元，且应当为实缴货币资本；** （四）**从事期货业务的人员符合本法规定的条件，**董事、监事**和**高级管理人员具备**相应的**任职条件； （五）有**良好的公司治理结构、**健全的风险管理**制度**和**完善的**内部控制制度； （六）有合格的经营场所、业务设施**和信息技术系统**； （七）**法律、行政法规和**国务院期货监督管理机构规定的其他条件。 国务院期货监督管理机构根据审慎监管原则和各项业务的风险程度，可以提高注册资本最低限额。 国务院期货监督管理机构应当**自**受理期货公司设立申请之日起六个月内**依照法定条件、法定程序和**审慎监管原则进行审查，作出**核准**或者不**予**核准的决定，**并通知申请人；不予核准的，应当说明理由**。	**第十六条**　~~申请~~设立期货公司~~，~~应当~~符合《中华人民共和国公司法》的规定，并~~具备下列条件： ~~（一）~~注册资本~~最低限额为人民币3000万元；~~ ~~（二）~~董事、监事~~、~~高级管理人员具备任职条件~~，从业人员具有期货从业资格；~~ ~~（三）~~有符合法律、行政法规规定的公司章程； （四）主要股东~~以~~及实际控制人具有~~持续盈利能力，信誉良好，~~最近3年无重大违法违规记录； ~~（五）~~有合格的经营场所和业务设施； ~~（六）~~有健全的风险管理和内部控制制度； （七）国务院期货监督管理机构规定的其他条件。 国务院期货监督管理机构根据审慎监管原则和各项业务的风险程度，可以提高注册资本最低限额。~~注册资本应当是实缴资本。股东应当以货币或者期货公司经营必需的非货币财产出资，货币出资比例不得低于85%。~~ 国务院期货监督管理机构应当~~在~~受理期货公司设立申请之日起6个月内~~，根据~~审慎监管原则进行审查，作出批准或者不批准的决定。

续表

《期货和衍生品法》	《期货交易管理条例》
	~~未经国务院期货监督管理机构批准，任何单位和个人不得委托或者接受他人委托持有或者管理期货公司的股权。~~

本条是关于期货公司设立条件、程序的规定，与《期货交易管理条例》相比，期货公司的设立由此前的“批准”转为“核准”，并在吸收《期货公司监督管理办法》相关内容的基础上，明确期货公司设立的主要股东、净资产、注册资本、从业人员等方面的条件以及设立程序。

解析

一、期货公司设立的审批

早前的批准制度，对于把牢入口关、提高期货公司的规范化程度发挥了积极作用。但随着期货及衍生品市场的飞速发展，法律制度的日趋健全，推动期货公司的设立由“批准”转为“核准”，充分体现了“简政放权、加强监管、优化服务”的要求，更符合市场化发展方向。2020年，时隔12年，期货公司审批再次开闸，山东港信期货有限公司获批设立，境内期货公司数量增至150家。

二、期货公司设立的主要条件

（一）有符合法律、行政法规规定的公司章程

公司章程是记载公司组织规范及行为准则的法律文件。期货公司的章程除了必须符合《公司法》的规定外，还应当符合本法和其他行政法规的要求，如注册资本、人员、部门设置、公司治理、风险管理制度和内部控制制度等方面。

（二）主要股东及实际控制人需满足的要求

与《期货交易管理条例》相比，删去了“持续盈利能力”的要求，新增“净资产不低于国务院期货监督管理机构规定的标准”的规定。总体而言，要求更为细致严格。股东对公司有重大影响，一方面要履行出资义务；另一方面要通过公司章程和股东会来决定公司的重大事项。2019年新修订的《期货公司监督管理办法》对期货公司的主要股东、控股股东净资产提出更高要求，并根据主要股东是法人还是自然人作出了不同的规

定。此次立法对《期货公司监督管理办法》的相关要求从法律层面予以了确认。

（三）注册资本不低于人民币一亿元，且应当为实缴货币资本

在财务要件上，此次立法大幅提高了期货公司注册资本的最低要求，从3000万元提高到一亿元，与2019年新修订的《期货公司监督管理办法》第六条要求一致。注册资本是期货公司抵御风险、正常运营的重要财务保障，直接在立法中量化规定最低资本要求，充分体现了严格期货公司准入的精神。此外在本条第二款，法律授权国务院期货监督管理机构结合具体情况可以提高注册资本最低限额。

（四）从事期货业务的人员符合本法规定的条件，董事、监事和高级管理人员具备相应的任职条件

与《期货交易管理条例》相比，取消了从业人员取得期货从业资格的有关要求。根据国家人社部公布的“国家职业资格目录清单”，期货从业资格已由此前的准入类资格调整为水平评价类资格。因此，为回应这一变化，参照《证券法》的相关规定，不再要求期货公司从业人员具有期货从业资格，并明确从事期货业务的人员符合本法规定的条件。此外，延续《期货交易管理条例》对于董事、监事和高级管理人员具备相应的任职条件的要求。

（五）有良好的公司治理结构、健全的风险管理制度和完善的内部控制制度

新增“良好的公司治理机构”要求。良好的公司治理机构是期货公司规范运行的重要保障，也关系到风险管理制度和内部控制制度能否切实得到执行。

（六）有合格的经营场所、业务设施和信息技术系统

新增“合格的信息技术系统”。经营场所、业务设施和信息技术系统是期货公司经营的物质基础，必须满足期货公司开展业务的需要。

（七）法律、行政法规和国务院期货监督管理机构规定的其他条件

期货公司的设立要遵循《公司法》等法律法规以及《期货公司监督管理办法》等，而且法律授权国务院期货监督管理机构可以对期货公司的设立条件作出补充或者细化规定。

三、期货公司设立的程序

根据本条第三款的规定，设立期货公司是一项行政许可项目，实施机关为国务院期货监督管理机构，审核期限为6个月。国务院期货监督管理机构依照法定条件、法定程序和审慎监管原则进行审查，全面考虑期货市场的规模、风险状况、期货公司的布局和竞争秩序等因素，作出核准或者不予核准的决定。

四、关于期货公司股权持有

一读稿沿用《期货交易管理条例》的内容，规定“未经国务院期货监督管理机构核准，任何单位和个人不得委托或者接受委托持有或者管理期货公司的股权”，二读稿在《期货交易管理条例》的基础上，删除了“经国务院期货监督管理机构核准”的例外规定，明确禁止相关股权代持行为。最终稿删去了该条规定。一方面与证券市场做法保持一致，另一方面也是落实“放管服”要求，为后续业务创新与风险防范等预留空间。

•期货公司的名称

第六十一条　期货公司应当在其名称中标明“期货”字样，国务院期货监督管理机构另有规定的除外。

与《期货交易管理条例》相比，本条是新增规定，对期货公司的名称进行规范。

解析

本条对于期货公司名称的使用作出了规范，明确要求期货公司应当在其名称中标明“期货”字样。在《期货公司监督管理办法》第三十七条中早已有类似规定，该条明确期货公司被撤销所有期货业务许可的，存续公司不得继续以期货公司名义从事业务，其名称中不得有“期货”或者近似字样。而且在商业银行市场也有类似规定，例如《商业银行法》第十一条规定，“未经国务院银行业监督管理机构批准，任何单位和个人不得从事吸收公众存款等商业银行业务，任何单位不得在名称中使用‘银行’字样”。此次立法就期货公司名称作出单独规范，有助于打击部分伪金融机构打擦边球的行为，规范期货及衍生品市场秩序。最终稿将“未经国务院期货监督管理机构核准，任何单位不得以经营为目的在名称中使用‘期货’、‘期权’字样”内容移到本法第六十三条一并作出规定，并对表述稍作调整。

•期货公司的变更

第六十二条　期货公司办理下列事项，应当经国务院期货监督管理机构核准：

（一）合并、分立、停业、解散或者申请破产；

（二）变更主要股东或者公司的实际控制人；

（三）变更注册资本且调整股权结构；

（四）变更业务范围；

（五）国务院期货监督管理机构规定的其他重大事项。

前款第三项、第五项所列事项，国务院期货监督管理机构应当自受理申请之日起二十日内作出核准或者不予核准的决定；前款所列其他事项，国务院期货监督管理机构应当自受理申请之日起六十日内作出核准或者不予核准的决定。

《期货和衍生品法》	《期货交易管理条例》
第六十二条　期货公司办理下列事项，应当经国务院期货监督管理机构**核**准： （一）合并、分立、停业、解散或者申请破产； （二）**变更主要股东或者公司的实际控制人；** （三）变更注册资本且调整股权结构； （四）变更业务范围； （五）国务院期货监督管理机构规定的其他重大事项。 前款第三项、第五项所列事项，国务院期货监督管理机构应当自受理申请之日起**二十**日内作出**核**准或者不**予核**准的决定；前款所列其他事项，国务院期货监督管理机构应当自受理申请之日起**六十日**内作出**核**准或者不**予核**准的决定。	**第十九条**　期货公司办理下列事项，应当经国务院期货监督管理机构~~批~~准： （一）合并、分立、停业、解散或者破产； ~~（二）~~变更业务范围； （三）变更注册资本且调整股权结构； ~~（四）新增持有5%以上股权的股东或者控股股东发生变化；~~ （五）国务院期货监督管理机构规定的其他事项。 前款第三项、第五项所列事项，国务院期货监督管理机构应当自受理申请之日起~~20~~日内作出~~批~~准或者不~~批~~准的决定；前款所列其他事项，国务院期货监督管理机构应当自受理申请之日起~~2个月~~内作出~~批~~准或者不~~批~~准的决定。

本条是关于期货公司变更的规定。《期货交易管理条例》第十九条规定了期货公司相关的行政许可，此次立法基本延续了《期货交易管理条例》的相关规定，同时根据“放管服”改革相关要求，对部分行政许可事项进行了调整。

解析

1. 合并、分立、停业、解散或者申请破产。合并是指期货公司与其他公司合并设立新公司，或者吸收合并其他公司，或者被其他公司吸收合并。分立是指期货公司分立为两家或者多家公司。停业是指期货公司暂时停止经营期货业务。解散是指期货公司因章程规定的营业期限届满或者章程规定的解散事由出现、股东会作出决议而解散。申请破产是指期货公司不能清偿到期债务，并且资产不足以清偿全部债务的或者有其他法定原因向人民法院申请破产。

2. 变更主要股东或者公司的实际控制人。对于期货公司新增持有5%以上股权的股东或者控股股东发生变化的审批，考虑到监管的必要性与法律规定之间的一致性，将其调整为期货公司变更主要股东的审批，同时将期货公司变更实际控制人纳入审批。

3. 变更注册资本且调整股权结构，是指期货公司改变其登记注册的资本额，增加或者减少注册资本且调整股权结构。

4. 变更业务范围，是指期货公司改变其经国务院期货监督管理机构依法核准的期货业务，扩大或者缩小其业务范围。

5. 国务院期货监督管理机构规定的其他重大事项。

以上事项有的涉及期货公司主体资格的变更，有的涉及公司主要股东或者实际控制人的变动，有的涉及业务范围的调整，这些事项对期货公司的经营活动产生重大影响，为了从源头上防范风险，保护投资者合法权益，有必要设定为行政许可。

●期货公司的业务

第六十三条 期货公司经国务院期货监督管理机构核准可以从事下列期货业务：

（一）期货经纪；

（二）期货交易咨询；

（三）期货做市交易；

（四）其他期货业务。

期货公司从事资产管理业务的，应当符合《中华人民共和国证券投资基金法》等法律、行政法规的规定。

未经国务院期货监督管理机构核准，任何单位和个人不得设立或者变相设立期货公司，经营或者变相经营期货经纪业务、期货交易咨询业务，也不得以经营为目的使用“期货”、“期权”或者其他可能产生混淆或者误导的名称。

《期货和衍生品法》	《期货交易管理条例》
第六十二条　期货公司经国务院期货监督管理机构核准可以从事下列期货业务： **（一）期货经纪；** **（二）期货交易咨询；** **（三）期货做市交易；** **（四）其他期货业务。** **期货公司从事资产管理业务的，应当符合《中华人民共和国证券投资基金法》等法律、行政法规的规定。** 未经国务院期货监督管理机构核准，任何单位和个人不得设立或者变相设立期货公司，经营**或者变相经营期货经纪业务、期货交易咨询**业务，**也不得以经营为目的使用"期货"、"期权"或者其他可能产生混淆或者误导的名称**。	**第十七条**　~~期货公司业务实行许可制度，由国务院期货监督管理机构按照其商品期货、金融期货业务种类颁发许可证。期货公司除申请经营境内期货经纪业务外，还可以申请经营境外期货经纪、期货投资咨询以及国务院期货监督管理机构规定的其他期货业务。~~ ~~期货公司不得从事与期货业务无关的活动，法律、行政法规或者国务院期货监督管理机构另有规定的除外。~~ ~~期货公司不得从事或者变相从事期货自营业务。~~…… **第十五条**　……未经国务院期货监督管理机构~~批准~~，任何单位~~或者~~个人不得设立或者变相设立期货公司，经营~~期货~~业务。

本条是关于期货公司业务范围的规定，与《期货交易管理条例》相比，扩展了期货公司业务范围，增加了期货做市交易等[1]业务，删除了"期货公司不得从事或者变相从事期货自营业务"，为期货公司增强经营能力和风险管理能力、更好地服务实体企业，预留了法律空间。

解析

一、期货公司的业务范围

实践中，期货公司业务主要集中于期货经纪、期货投资咨询、客户资产管理三大领域。与《期货交易管理条例》相比，主要有以下四处明显改动：一是明确期货做市交易为期货业务；二是将期货投资咨询修改为期货交易咨询；三是不再区分境内期货经纪业务和境外期货经纪业务；四是取消"期货公司不得从事或者变相从事期货自营业务"的规定。

① 根据《期货和衍生品法》第三十一条，金融机构开展衍生品交易业务，应当依法经过批准或者核准，履行交易者适当性管理义务，并应当遵守国家有关监督管理规定。期货公司作为金融机构，经过批准或者核准，除了从事第六十三条规定的期货业务外，还可以开展衍生品交易业务。

一是期货经纪业务。它是指期货公司接受其客户的委托，代客户买卖期货合约，并收取佣金作为报酬的期货中介业务，为期货公司的传统业务领域，也是期货公司主要收入来源。从法律关系上来看，期货公司与客户之间建立的是行纪法律关系，期货公司接受客户的委托，以期货公司的名义为客户进行期货交易，交易结果由客户承担。按照流程，期货经纪业务主要可以分为五个环节：账户开立和管理、保证金存管、受托交易、逐日结算、交割履约。

二是期货交易咨询。它是指期货公司基于客户委托从事的风险管理顾问、研究分析、交易咨询等服务。根据中国证监会现行的相关规定，期货投资咨询业务主要包括三大项服务：第一，协助客户建立风险管理制度、操作流程，提供风险管理咨询、专项培训等风险管理顾问服务；第二，收集整理期货市场信息及各类相关经济信息，研究分析期货市场及相关现货市场的价格及其相关影响因素，制作、提供研究分析报告或者资讯信息的研究分析服务；第三，为客户设计套期保值、套利等投资方案，拟定期货交易策略等交易咨询服务。一读稿、二读稿都用的是“期货投资咨询”的表述，最终稿修改为“期货交易咨询”，与本法使用交易者概念保持协调。2011年5月1日施行的《期货公司期货投资咨询业务试行办法》正式确立该业务。截至2020年末，121家期货公司具备投资咨询业务资格。[①]从法律上来看，期货公司与客户之间建立的是委托代理法律关系，期货公司接受客户委托开展期货交易咨询服务，对客户负有诚信义务，并应当遵守有关法律、法规等规定，公平对待客户，避免利益冲突。

三是期货做市交易。它是指为期货、期权品种的合约提供双边报价，并在其报价范围按其报价履行与投资者成交义务的经营活动。我国多数商品期货活跃合约都集中在1月、5月、9月这三个月。活跃合约的非连续性会增加交易难度和成本，使实体企业难以根据生产和贸易的实际需求来选择合适月份的期货合约进行交易，套期保值期现错配现象大量存在，减弱套期保值的效果。在期货合约市场引入做市商，对不活跃合约提供持续双边报价，通过增加不活跃合约的流动性，能够有效提高市场交易效率，提升期货市场服务实体经济的能力。期权合约方面，因为具有到期日、看涨、看跌、行权价等多维要素，一个标的对应的期权合约会有数十个，交易资金于是会相应被分散，导致期权合约的流动性天然较差。引入做市商为期权市场提供流动性和定价服务，是期权市场的国际惯例。随着期货公司做市业务的开展和相关制度规则的逐步完善，此次立法将做市交易正式列入期货业务类型进行监管。

① 中国证券监督管理委员会、中国期货业协会：《中国期货市场年鉴（2020）》，中国财政经济出版社，2021，第15页。

境内四家期货交易所均出台了《做市商管理办法》等规则，对做市商资格、做市交易及权利义务等进行了规范。根据协议约定和做市交易开展情况，做市商可以享有手续费减收等权利，同时应履行协议约定的义务。[①]截至2021年末，我国期货市场做市品种已达70个，占已上市品种数量的74.5%，其中期货做市品种47个，期权做市品种23个。[②]

四是资产管理业务。期货客户资产管理业务，即期货公司接受客户的委托，通过证券、期货市场等资本市场，借助多种资产组合手段，对所委托的资产在客户授权的范围内进行的经营管理活动。[③]草案一读稿曾规定开展该业务需经国务院期货监督管理机构核准，考虑到资产管理业务已在《证券投资基金法》中进行系统规定，且2018年4月《关于规范金融机构资产管理业务的指导意见》也对资产管理业务的统一监管提出要求，为使资产管理业务的监管标准统一，此次立法明确规定期货公司从事资产管理业务的，应当符合《证券投资基金法》等法律、行政法规的规定，整体表述与《证券法》第一百二十条基本一致。

根据监管安排，中国期货业协会依法对期货公司资产管理业务实施自律管理。2014年12月，中国期货业协会发布《期货公司资产管理业务管理规则（试行）》（已废止），期货公司资产管理业务由行政审批变成向协会备案。截至2022年5月末，共有129家期货公司可以开展期货资产管理业务，正常运作的资产管理计划共1830只，净资产规模为3416.57亿元。[④]期货资产管理计划可以投资于标准化的债权类资产、股权类资产、商品及金融衍生品类资产、公募基金以及比照公募基金管理的资产管理产品等资产，原则上不得投资于非标准化债权类资产、股权类资产、商品及金融衍生品类资产，不得通过投资于其他受国务院金融监管机构监管的机构发行的资产管理产品变相扩大投资范围或者规避监管要求。

① 经期货交易所批准的做市商，负有持续报价、回应报价等业务规则以及做市协议规定的义务，享有交易手续费减收、豁免频繁报撤单限制、增加持仓额度等权利。做市商在规定期限内未完成其参与做市品种的报价义务的，期货交易所可以取消其在相关品种上的做市资格。做市商应当依据市场情况合理报价，不得利用做市商资格进行内幕交易、市场操纵、欺诈等违法违规行为，或者牟取其他不正当利益。期货交易所按照业务规则对做市商进行监督管理，做市商应当按照交易所要求报告做市情况，妥善保存相关交易及风控记录。

② 参见证监会副主席方星海在第17届中国（深圳）国际期货大会上的讲话，http://news.stcn.com/news/202112/t20211205_3936456.html，访问日期：2022年4月22日。

③ 叶林、钟维：《期货期权市场法律制度研究》，法律出版社，2017，第211页。

④ 沈宁：《期货资管规模增长明显放缓　两大难题困扰行业发展》，《证券时报》2022年7月6日A03版。

二、禁止设立或者变相设立期货公司等行为

本条第三款包含三层含义：第一，设立期货公司必须经国务院期货监督管理机构核准，未经核准，任何单位不得设立期货公司，公司名称中不得出现“期货”“期权”等字样。同时，也不得变相设立期货公司，变相设立期货公司是指期货公司名称中不使用“期货公司”字样，或者采用公司制以外的企业组织形式，但超出或者改变其业务范围从事期货业务活动。第二，禁止未经核准，经营或者变相经营期货经纪业务、期货交易咨询业务。变相经营期货业务是指通过代理合同、委托合同等形式实质从事接受客户委托从事期货交易的活动。一读稿、二读稿规定的是“不得经营或者变相经营期货业务”，考虑到实践中存在大量非期货经营机构开展期货做市交易的情况，最终稿进一步限定为“期货经纪业务、期货交易咨询业务”。第三，禁止以经营为目的使用“期货”“期权”或者其他可能产生混淆或者误导的名称。实践中可能出现部分主体或者平台等冠以“期货”“期权”字样，这些容易对社会公众造成误导，扰乱金融市场秩序。此次立法对此类行为加以禁止，充分体现出对变相开展期货业务等违法行为“零容忍”，有助于进一步规范市场秩序，切实保护市场参与者合法权益。

●期货公司董事、监事、高级管理人员的任职条件和备案管理

第六十四条　期货公司的董事、监事、高级管理人员，应当正直诚实、品行良好，熟悉期货法律、行政法规，具有履行职责所需的经营管理能力。期货公司任免董事、监事、高级管理人员，应当报国务院期货监督管理机构备案。

有下列情形之一的，不得担任期货公司的董事、监事、高级管理人员：

（一）存在《中华人民共和国公司法》规定的不得担任公司董事、监事和高级管理人员的情形；

（二）因违法行为或者违纪行为被解除职务的期货经营机构的董事、监事、高级管理人员，或者期货交易场所、期货结算机构的负责人，自被解除职务之日起未逾五年；

（三）因违法行为或者违纪行为被吊销执业证书或者被取消资格的注册会计师、律师或者其他期货服务机构的专业人员，自被吊销执业证书或者被取消资格之日起未逾五年。

本条是对期货公司董事、监事、高级管理人员任职资格管理的规定。《期货交易管理条例》仅在第九条明确规定，不得担任期货交易所的负责人、财务会计人员的情形，主体未包含期货公司董监高，第十六条虽涉及期货公司董监高，但仅为原则性规定，此次立法新增相关要求弥补不足，且从一读稿到最终稿内容未做调整。

解析

期货公司的董事、监事、高级管理人员共同组成公司的经营管理层，负责公司的经营管理，有权依照法律和公司章程的规定，处理公司经营中的重大问题。他们的素质如何、能否忠实地履行自己的职责，不仅事关公司的命运，对期货市场的稳定与发展也有重大影响。因此，此次立法明确列举了不得担任期货公司董监高的三种情形，相关做法与证券市场也基本一致。同时，对期货公司任免董事、监事、高级管理人员实施备案管理。

《期货公司董事、监事和高级管理人员任职管理办法》等规定对期货公司高级管理人员的任职要求做了进一步细化。主要包括：期货公司董事、监事和高级管理人员不得在党政机关兼职；期货公司高级管理人员最多可以在期货公司参股的2家公司兼任董事、监事，但不得在上述公司兼任董事、监事之外的职务，不得在其他营利性机构兼职或者从事其他经营性活动，在期货公司全资或控股子公司兼职的不受前述限制；期货公司营业部负责人不得兼任其他营业部负责人；符合任职条件的人员最多可以在2家期货公司兼任独立董事；期货公司的董事长、总经理、首席风险官之间不得存在近亲属关系等。

• 期货经营机构依法经营与内部控制

第六十五条 期货经营机构应当依法经营，勤勉尽责，诚实守信。期货经营机构应当建立健全内部控制制度，采取有效隔离措施，防范经营机构与客户之间、不同客户之间的利益冲突。

期货经营机构应当将其期货经纪业务、期货做市交易业务、资产管理业务和其他相关业务分开办理，不得混合操作。

期货经营机构应当依法建立并执行反洗钱制度。

《期货和衍生品法》	《期货交易管理条例》
第六十五条　期货经营机构应当依法经营，勤勉尽责，诚实守信。期货经营机构应当建立健全内部控制制度，采取有效隔离措施，防范经营机构与客户之间、不同客户之间的利益冲突。 **期货经营机构应当将其**期货经纪业务**、期货做市交易业务、资产管理业务和**其他**相关**业务**分开办理**，不得混合操作。 **期货经营机构应当依法建立并执行反洗钱制度。**	第三十条　~~期货公司经营~~期货经纪业务~~又同时经营~~其他~~期货~~业务~~的，应当严格执行业务分离和资金分离制~~度，不得混合操作。

本条是关于期货经营机构依法经营和内部控制制度的规定，在《期货交易管理条例》的基础上进一步拓展，要求期货经营机构完善内控制度，防范利益冲突，明确期货经纪等三类业务应与其他相关业务分开办理，并要求建立并执行反洗钱制度。从一读稿到最终稿，条文内容未做改动。

解析

《期货公司监督管理办法》第三条规定，期货公司应当遵守法律、行政法规和中国证券监督管理委员会的规定，审慎经营，防范利益冲突，履行对客户的诚信义务。此次立法，将办法实践中比较成熟的内容，上升到法律，明确其应当依法经营，同时，结合期货市场诚信建设的需要，增加规定了期货经营机构应当勤勉尽责、诚实守信的有关要求。完善的内部控制制度有利于保证期货经营机构的合法合规，防范经营风险和道德风险，保障客户及期货经营机构资产的安全、完整，提高期货经营机构的运行效率。因此，本条第一款明确要求期货经营机构应当建立健全内部控制制度，防范利益冲突，这一规定与证券市场要求基本一致。

本条第二款对期货经营机构业务隔离提出了更进一步要求。按照本法规定，以期货公司为例，它可以同时经营期货经纪、期货投资咨询、期货做市交易、资产管理等多种业务。从事不同业务，期货公司所处的法律关系、所居的法律地位有所不同。为了确保期货经营机构开展有关业务的独立性、公正性和客观性，避免因为业务混合、资金混合等混合操作带来的风险以及对客户利益造成潜在的损害，本条对期货经营机构必须进行业务隔离，不得混合操作提出了明确要求。

本条第三款对期货经营机构建立反洗钱制度也作出了规定。早在2008年，中国期货业协会就曾下发《中国期货业协会会员单位反洗钱工作指引》，要求会员单位建立健全反洗钱内部控制制度体系，积极履行反洗钱业务，维护期货行业信誉，实现反洗钱工作的制度化、规范化与程序化。此次立法，将相关内容上升到法律，为相关规定的制定和执行提供了依据。

●期货经营机构接受交易者委托

第六十六条　期货经营机构接受交易者委托为其进行期货交易，应当签订书面委托合同，以自己的名义为交易者进行期货交易，交易结果由交易者承担。

期货经营机构从事经纪业务，不得接受交易者的全权委托。

《期货和衍生品法》	《期货交易管理条例》
第六十六条　期货经营机构接受**交易者**委托为其进行期货交易，应当签订书面**委托**合同，以自己的名义为**交易者**进行期货交易，交易结果由**交易者**承担。 **期货经营机构从事经纪业务，不得接受交易者的全权委托。**	**第十八条**　~~期货公司从事经纪业务，~~接受~~客户~~委托，以自己的名义为~~客户~~进行期货交易，交易结果由~~客户~~承担。 **第二十四条**　~~期货公司~~接受~~客户~~委托为其进行期货交易，应当~~事先向客户出示风险说明书，经客户签字确认后，与客户~~签订书面合同。~~期货公司不得未经客户委托或者不按照客户委托内容，擅自进行期货交易。~~ ~~期货公司不得向客户作获利保证，不得在经纪业务中与客户约定分享利益或者共担风险。~~

本条是关于期货经营机构接受交易者委托的规定。整合了《期货交易管理条例》第十八条和第二十四条的相关规定，并新增“不得接受交易者的全权委托”等要求。

解析

期货经纪的法律性质为传统民法中的行纪，而不是代理[①]或者居间[②]。根据《期

① 代理说认为期货经纪的性质属于委托代理，该观点可能是受到了英美法系代理理论的影响。

② 居间说认为期货经纪是期货公司接受客户委托，为客户报告期货交易的机会或提供交易的中介服务。

货和衍生品法》的规定，期货经纪的基本特征包括：（1）从事期货经纪业务的主体具有限定性。即只能是具有特定资格的营利法人。根据《期货和衍生品法》第五十九条和第六十三条，期货经营机构是指依照《公司法》和《期货和衍生品法》设立的期货公司以及中国证监会核准从事期货业务的其他机构；期货经营机构的业务范围是期货业务和资产管理业务；期货经纪属于仅可由经核准的期货经营机构从事的期货业务，未经国务院期货监督管理机构核准，任何单位和个人不得经营或者变相经营。（2）期货经纪的客体是特定的服务。即在期货交易场所为委托人进行期货合约或标准化期权合约交易的服务。这种服务行为具有限制性。《期货和衍生品法》第六十六条规定，期货经营机构从事经纪业务，必须依据客户交易指令进行，不得接受交易者的全权委托。（3）期货经纪是以期货经营机构的名义进行交易。期货经营机构在为客户从事交易时，是以独立的主体资格在期货交易场所内进行交易，对交易直接享有权利、承担义务。交易所并不与作为委托人的客户直接发生关系，在交易、结算、交割等各环节都是要求作为会员的期货经营机构直接承担。交易后果由期货经营机构承担后，再由其按期货经纪合同的约定转移给客户。虽然法律规定交易结果最终由交易者承受，但基于合同相对性的原则，交易者与交易所之间不存在直接的权利义务关系，交易所无法直接向交易者主张权利。如果客户发生违约，期货经营机构对交易所也负有履约的义务，当先履约后再向客户追偿。（4）交易的目的是为了委托人的利益。虽然期货经营机构是以自己的名义进行交易，但交易所产生的权利义务最终归属于客户，因此期货经营机构在为经纪行为时，当为客户的利益服务，严格遵守客户的指示，不得从事损害客户利益的行为。（5）期货行纪是诺成、双务和有偿行为。期货经纪合同只需当事人意思表示一致即可成立，无须一方当事人的实际履行。期货经营机构负有代客户进行交易的义务，客户则有支付报酬的义务。期货经营机构从事经纪业务的目的是为了获取报酬。

从上述特征可以看出，期货经纪的特征与行纪制度相契合。在华泰长城期货有限公司诉张某期货透支交易纠纷案①中，法院认为，依照期货经纪合同的约定，期货公司系按照客户指令为其进行交易，交易结果由客户承担。上述合同约定及《期货交易管理条例》规定内容符合《合同法》关于行纪合同法律特征的规定，故应认定客户与期货公司间系基于期货交易委托行为构成行纪法律关系。特别是在《合同法》对居间、行纪进行了专章规定后，行纪说已成为通说。在《民法典》中，代理、居间、行纪又得到了一次系统化地梳理，三者的区别已非常清晰，期货经纪的法律关系性质属于行纪当无争议。

① 上海市第一中级人民法院民事判决书（2014）沪一中民六（商）初字第1号。

此次立法明确禁止期货经营机构接受交易者的全权委托，有以下两方面考虑：一是不是所有的期货经营机构及其从业人员都能忠实地履行诚信义务，有些甚至利用客户的授权为自己谋取私利；另一方面，全权委托实际上改变了经纪业务的基础法律关系，更类似于一种资产管理的行为，不能简单地作为经纪业务看待。《最高人民法院关于审理期货纠纷案件若干问题的规定》第十七条规定，期货公司接受客户全权委托进行期货交易的，对交易产生的损失，承担主要赔偿责任，赔偿额不超过损失的百分之八十，法律、行政法规另有规定的除外。

● 期货经营机构公平对待所管理的不同交易者资产

第六十七条　期货经营机构从事资产管理业务，接受客户委托，运用客户资产进行投资的，应当公平对待所管理的不同客户资产，不得违背受托义务。

本条是关于期货经营机构从事资产管理业务的规定，明确公平对待原则，并要求期货经营机构不得违背受托义务。

解析

期货市场资产管理业务虽然开展的时间较晚，但发展较为迅速。2020年，116家期货公司资产管理业务实现收入共计8.97亿元，同比增长16.05%。[①]公平对待所管理的不同交易者资产，是资管业务领域的普遍要求，包括银行、保险、证券、基金等领域都有类似规定，《期货公司资产管理业务试点办法》（2017年修正，已废止）第三条和《证券期货经营机构私募资产管理业务管理办法》（2018年）第五条、第六十四条也明确要求期货公司从事资产管理业务应当公平对待所有客户，防范利益冲突，禁止各种形式的利益输送。本次立法就此作出规定，有助于保护期货经营机构的合法权益，维护期货市场正常秩序。同时，该条明确了期货经营机构从事资产管理业务“不得违背受托义务”。[②]

① 中国证券监督管理委员会、中国期货业协会：《中国期货市场年鉴》（2020），中国财政经济出版社，2021，第21页。

② 《全国人民代表大会宪法和法律委员会关于〈中华人民共和国期货和衍生品法（草案三次审议稿）〉修改意见的报告》，http://www.npc.gov.cn/npc/c30834/202204/5cc0b7bcd0694556801ab8d35d2524b1.shtml，访问日期：2022年4月23日。

期货经营机构作为资产管理人的公平义务至少包括两个方面，一是公平对待不同资产管理计划之间的利益冲突问题，二是公平对待同一资产管理计划内不同投资者之间的利益冲突问题。投资人之间利益的天然不一致性使得资产管理人不可避免地会涉及内部冲突问题。如在结构化的分级资产管理计划中，管理人如何应对优先级投资者和劣后级投资者之间的不同利益。公平义务要求期货经营机构平衡这些冲突，依照法律法规和资产管理合同的约定，为投资者的利益进行投资活动，不得以自己的好恶来区别对待不同投资者，从事非公平交易、利益输送等损害投资者合法权益的行为。

《证券期货经营机构私募资产管理业务管理办法》对期货经营机构的公平义务做了具体规定。期货经营机构应当采取有效措施，确保不同投资经理管理的资产管理计划的持仓和交易等重大非公开投资信息相隔离，控制敏感信息的不当流动和使用，切实防范内幕交易、利用未公开信息交易、利益冲突和利益输送。应当加强对私募资产管理业务从业人员的管理，加强关键岗位的监督与制衡，投资经理、交易执行、风险控制等岗位不得相互兼任，并建立从业人员投资申报、登记、审查、处置等管理制度。期货经营机构的自营账户、资产管理计划账户、作为投资顾问管理的产品账户之间，以及不同资产管理计划账户之间，不得发生交易，有充分证据证明进行有效隔离并且价格公允的除外。

• 期货经营机构不得违反规定提供融资或者担保、对外担保

第六十八条 期货经营机构不得违反规定为其股东、实际控制人或者股东、实际控制人的关联人提供融资或者担保，不得违反规定对外担保。

《期货和衍生品法》	《期货交易管理条例》
第六十八条　期货经营机构不得**违反规定**为其股东、实际控制人或者**股东、实际控制人的**关联人提供融资**或者担保**，不得**违反规定**对外担保。	**第十七条**　……~~期货公司~~不得为其股东、实际控制人或者~~其他~~关联人提供融资，不得对外担保。

本条是关于期货经营机构不得违反规定提供融资或者担保、对外担保的规定，重点防范期货经营机构股东、实际控制人等借助自身地位实施损害期货经营机构稳健运营的行为。

解析

期货经营机构的股东、实际控制人或者股东、实际控制人的关联人可能利用控股地位或关联关系的影响要求期货经营机构提供各种各样形式的资金。期货经营机构对外担保是指对非因自身经营活动产生的债务提供各种形式的担保，如为其他单位的债务提供担保。期货经营机构的上述行为大大降低了自身资产的安全性和流动性，严重损害客户和其他债权人的合法权益。在《期货交易管理条例》第十七条第四款的基础上，此次立法对于期货经营机构不得为其股东、实际控制人或者股东、实际控制人的关联人提供融资或者担保的禁止性规定，增加了限定条件，即“违反规定”，因此，对于期货经营机构为其股东、实际控制人或者股东、实际控制人的关联人提供融资或者担保，对外担保并没有全盘禁止，重在打击违反规定实施的行为。

根据本法第五十九条，期货公司只能采取有限责任公司或股份有限公司的组织形式。这意味着，期货公司对外担保一方面要遵守期货相关法律法规的规定，另一方面要遵守《公司法》《民法典》等法律法规的规定。目前，期货监督管理部门尚未制定期货公司对外担保的专门规定，《公司法》《民法典》等法律法规关于公司对外担保的规定主要有：（1）遵守法律关于公司对外担保决议程序的规定。期货公司为他人提供担保，应当按照公司章程的规定由董事会或者股东会、股东大会决议。为股东或者实际控制人提供担保的，必须经股东会或者股东大会决议。《全国法院民商事审判工作会议纪要》提出，法定代表人未经授权擅自为他人提供担保的，构成越权代表，人民法院应当根据《合同法》第五十条关于法定代表人越权代表的规定，区分订立合同时债权人是否善意分别认定合同效力：债权人善意的，合同有效；反之，合同无效。（2）遵守章程规定的担保限额。期货公司章程对担保的总额及单项担保的数额有限额规定的，不得超过规定的限额。

期货公司违反本条规定对外提供担保，由中国证监会按照《期货和衍生品法》第一百三十四条，责令公司改正、给予警告、没收违法所得、罚款等处罚；情节严重的，责令停业整顿或者吊销期货业务许可证；并对直接负责的主管人员和其他直接责任人员给予警告并处罚款。期货经营机构有违规担保等违法情形，给交易者造成损失的，应当依法承担赔偿责任。实践中，山西证监局曾对三立期货公司为其实际控制人个人借款提供担保，导致公司账户被冻结，严重影响公司运营的行为作出行政处罚，责令公司改正，给予警告，并处以十万元的罚款；对实际控制人给予警告，并处以五万元的罚款。[①]

① 中国证券监督管理委员会山西证监局行政处罚决定书〔2017〕2号。

●期货经营机构从业人员的任职条件、禁止行为和职务行为的责任承担

第六十九条 期货经营机构从事期货业务的人员应当正直诚实、品行良好，具备从事期货业务所需的专业能力。

期货经营机构从事期货业务的人员不得私下接受客户委托从事期货交易。

期货经营机构从事期货业务的人员在从事期货业务活动中，执行所属的期货经营机构的指令或者利用职务违反期货交易规则的，由所属的期货经营机构承担全部责任。

与《期货交易管理条例》相比，本条是新增规定，对期货经营机构从业人员的任职条件、不得私下接受客户委托从事期货交易以及有关行为法律后果进行规范。一读稿、二读稿在第三款使用的表述是“利用职务违反期货法律法规”，最终稿修改为“利用职务违反期货交易规则”，该表述与《证券法》第一百三十六条基本保持一致。

解析

根据人力资源和社会保障部制定、国务院批准发布的《国家职业资格目录（2021年版）》，期货从业资格属于水平评价类职业资格，不属于所涉职业关系到公共利益或涉及国家安全、公共安全、人身健康、生命财产安全，且有法律法规或国务院决定作为依据的准入类职业资格。所以本法第六十条删除了《期货交易管理条例》第十六条期货从业资格的有关规定，仅原则性规定从事期货业务的人员符合本法规定的条件，并相应新增了一款关于期货经营机构从业人员任职要求的规定，明确相关人员应当正直诚实、品行良好，具备从事期货业务所需的专业能力。

《期货公司监督管理办法》第六十五条规定“期货公司从业人员不得私下接受客户委托进行期货交易”，此次立法将该项要求上升为法律，主体扩展为期货经营机构。一读稿、二读稿曾在本法第六十六条规定“期货经营机构从业人员不得私下接受客户委托从事期货交易”，最终稿将该部分内容移至本条第二款进行规定，要求“期货经营机构从事期货业务的人员不得私下接受客户委托从事期货交易”。期货经营机构私下接受客户委托从事期货交易的行为，不利于期货经营机构对其从业人员的执业行为进行全面、有效的监督，对交易者保护造成很大隐患，容易滋生商

业贿赂、内幕交易等违法违规行为，也可能发生期货经营机构从业人员绕开机构开展期货经营活动。

《民法典》第六十二条规定，法定代表人因执行职务造成他人损害的，由法人承担民事责任；第一千一百九十一条规定，用人单位的工作人员因执行工作任务造成他人损害的，由用人单位承担侵权责任。期货经营机构的从业人员，在期货业务活动中作出的行为，一般是以期货经营机构的名义作出的职务行为或者因执行机构的指令作出的，而非以独立的经纪人的名义。因此，在期货业务活动中，期货经营机构从事期货业务的人员在执行所属的期货经营机构的指令或者利用职务违反期货法律法规的，由所属的期货经营机构承担全部责任。本款的规定，既有利于对客户利益的保护，也有利于期货经营机构严格公司纪律，加强对其从业人员的教育和监管。

●期货经营机构持续性经营规则

第七十条　国务院期货监督管理机构应当制定期货经营机构持续性经营规则，对期货经营机构及其分支机构的经营条件、风险管理、内部控制、保证金存管、合规管理、风险监管指标、关联交易等方面作出规定。期货经营机构应当符合持续性经营规则。

《期货和衍生品法》	《期货交易管理条例》
第七十条　国务院期货监督管理机构应当制定**期货经营机构**持续性经营规则，对**期货经营机构**及其分支机构的经营条件、风险管理、内部控制、保证金存管、**合规管理**、**风险监管指标**、关联交易等方面**作出规定**。**期货经营机构应当符合持续性经营规则**。	**第五十四条**　国务院期货监督管理机构应当制定~~期货公司~~持续性经营规则，~~对期货公司的净资本与净资产的比例，净资本与境内期货经纪、境外期货经纪等业务规模的比例，流动资产与流动负债的比例等风险监管指标作出规定；~~对~~期货公司~~及其分支机构的经营条件、风险管理、内部控制、保证金存管、关联交易等方面~~提出要求~~。

本条是关于期货经营机构持续性经营规则的基本规定。与《期货交易管理条例》相比，一是将该条从监督管理一章调整到期货经营机构一章；二是要求国务院期货监督管理机构对期货经营机构“合规管理”作出规定；三是精简“风险监管指标”表述，不再列举指标所涉内容；四是要求期货经营机构应当符合持续性经营规则。

解析

期货经营机构持续性经营规则主要包括期货经营机构持续符合风险监管指标要求，对期货经营机构及其分支机构的经营条件、风险管理、内部控制、保证金存管、合规管理、风险监管指标、关联交易等的规范要求。当然，这里只是列举了持续性经营规则的七项主要内容，并不仅仅限于此。

《期货公司监督管理办法》第一百一十条规定，期货公司或其分支机构存在影响持续经营等情形时，包括公司治理不健全，部门或者岗位设置存在较大缺陷，关键业务岗位人员缺位或者未履行职责；业务规则不健全或者未有效执行，风险管理或者内部控制等存在较大缺陷，经营管理混乱；违规开展关联交易；存在重大纠纷、仲裁、诉讼等，中国证监会及其派出机构可以依法采取监管措施。自律监管层面，交易所相关业务规则也对会员持续经营提出了要求，例如《中国金融期货交易所会员管理办法》规定，当会员发生重大诉讼案件或者经济纠纷、风险控制指标等不符合规定等应当向交易所报告，交易所可以根据审慎管理原则，要求会员对期货交易、内部控制、风险管理和技术系统运行等情况进行自查，并提交专项自查报告。

随着期货经营机构的发展，持续性经营规则的要求也会越来越细化。期货经营机构持续性经营规则将是其日常监管和审慎经营的重要准则，有助于进一步落实“放管服”改革要求，实现以往侧重事前审批向注重事中事后持续监管的转变。

●期货经营机构及其主要股东、实际控制人、其他关联人报送和提供有关信息、资料的义务

第七十一条 期货经营机构应当按照规定向国务院期货监督管理机构报送业务、财务等经营管理信息和资料。国务院期货监督管理机构有权要求期货经营机构及其主要股东、实际控制人、其他关联人在指定的期限内提供有关信息、资料。

期货经营机构及其主要股东、实际控制人或者其他关联人向国务院期货监督管理机构报送或者提供的信息、资料，应当真实、准确、完整。

《期货和衍生品法》	《期货交易管理条例》
第七十一条　期货经营机构应当**按照规定**向国务院期货监督管理机构报送**业务**、财务**等经营管理信息和**资料。国务院期货监督管理机构**有权**要求**期货经营机构及其主要**股东、实际控制人、其他关联人**在指定的期限内提供有关信息**、资料。 **期货经营机构及其主要股东、实际控制人或者其他关联人向国务院期货监督管理机构报送或者提供的信息、资料，应当真实、准确、完整。**	**第四十八条**　~~期货交易所、期货公司及其他期货经营机构、期货保证金安全存管监控机构，~~应当向国务院期货监督管理机构报送财务~~会计报告、业务资料和其他有关~~资料。 ~~对期货公司及其他期货经营机构报送的年度报告，国务院期货监督管理机构应当指定专人进行审核，并制作审核报告。审核人员应当在审核报告上签字。审核中发现问题的，国务院期货监督管理机构应当及时采取相应措施。~~ ~~必要时，~~国务院期货监督管理机构~~可以~~要求~~非期货公司结算会员、交割仓库，以及期货公司~~股东、实际控制人~~或者~~其他关联人~~报送相关~~资料。

本条是对期货经营机构及其主要股东、实际控制人、其他关联人负有依法报送或提供有关信息和资料义务的规定。相较于《期货交易管理条例》第四十八条，将期货交易所、期货公司及其他期货经营机构、期货保证金安全存管监控机构等多个主体放在一起在监督管理一章规定信息报送的做法，本法就期货经营机构及其主要股东、实际控制人、其他关联人报送和提供有关信息、资料的义务作出专门规定，删去了“必要时”这一限定条件，但将报送义务人由全体股东调整为主要股东。关于相关信息的要求以及第一百三十四条关于相关法律责任的规定，一读稿和二读稿此前规定的是“股东”，最终稿采纳有关意见，将其改为“主要股东”，与本条第一款相关内容保持一致。

解析

通过要求期货经营机构等报送或者提供信息和资料，证监会可以了解其经营管理的情况，有利于分析市场运行情况，及时发现存在的问题，并采取相应措施进行纠正处理。同时，也可将获得的信息作为制定有关政策、法规的依据和参考，更好地履行监管职责。

股东报告的情形主要包括：第一，定期评估自身状况并报告。[①]第二，出现规定

① 《期货公司监督管理办法》第四十三条规定，期货公司控股股东、第一大股东应当每年对自身遵守法律法规及监管规定情况、经营状况、履行对期货公司承诺事项和期货公司章程的情况进行自查自评，每年度结束之日起4个月内将评估报告通过期货公司报送期货公司住所地中国证监会派出机构。

情况时及时报告。①关于期货经营机构的报告义务，除了本法规定以外，《期货公司监督管理办法》已作出详尽规定，报告的主要情形包括：按照规定报送年度报告、月度报告等资料，关联交易②、公司变更③、突发事件等事项的报告。

●期货经营机构重大事件书面报告义务

第七十二条　期货经营机构涉及重大诉讼、仲裁，股权被冻结或者用于担保，以及发生其他重大事件时，应当自该事件发生之日起五日内向国务院期货监督管理机构提交书面报告。

期货经营机构的控股股东或者实际控制人应当配合期货经营机构履行前款规定的义务。

《期货和衍生品法》	《期货交易管理条例》
第七十二条　期货经营机构涉及重大诉讼、仲裁，股权被冻结或者用于担保，以及发生其他重大事件时，应当自该事件发生之日起**五**日内向国务院期货监督管理机构提交书面报告。 **期货经营机构的控股股东或者实际控制人应当配合期货经营机构履行前款规定的义务。**	**第六十条**　~~期货公司~~涉及重大诉讼、仲裁，~~或者~~股权被冻结或者用于担保，以及发生其他重大事件时，~~期货公司及其相关股东、实际控制人~~应当自该事件发生之日起**5**日内向国务院期货监督管理机构提交书面报告。

① 《期货公司监督管理办法》第四十四条规定，期货公司主要股东或者实际控制人出现下列情形之一的，应当主动、准确、完整地在3个工作日内通知期货公司：（一）所持有的期货公司股权被冻结或者被强制执行；（二）质押或解除质押所持有的期货公司股权；（三）决定转让所持有的期货公司股权；（四）不能正常行使股东权利或者承担股东义务，可能造成期货公司治理的重大缺陷；（五）股权变更或者业务范围、经营管理发生重大变化；（六）董事长、总经理或者代为履行相应职务的董事、高级管理人员等发生变动；（七）因国家法律法规、重大政策调整或者不可抗力等因素，可能对公司经营管理产生重大不利影响；（八）涉嫌重大违法违规被有权机关调查或者采取强制措施；（九）因重大违法违规行为受到行政处罚或者刑事处罚；（十）变更名称；（十一）合并、分立或者进行重大资产、债务重组；（十二）被采取停业整顿、撤销、接管、托管等监管措施，或者进入解散、破产、关闭程序；（十三）其他可能影响期货公司股权变更或者持续经营的情形。期货公司主要股东发生前款规定情形的，期货公司应当自收到通知之日起3个工作日内向期货公司住所地中国证监会派出机构报告。期货公司实际控制人发生第一款第（八）项至第（十二）项所列情形的，期货公司应当自收到通知之日起3个工作日内向中国证监会及住所地派出机构报告。

② 《期货公司监督管理办法》第四十二条规定，期货公司应当加强关联交易管理，准确识别关联方，严格落实关联交易审批和信息披露制度，及时向公司住所地中国证监会派出机构报告关联交易情况。

③ 《期货公司监督管理办法》第一百零二条规定，发生下列事项之一的，期货公司应当在5个工作日内向住所地中国证监会派出机构书面报告：（一）变更公司名称、形式、章程；（二）同比例增减资；（三）变更股权或注册资本，且不涉及新增持有5%以上股权的股东；（四）变更分支机构负责人或者营业场所；（五）作出终止业务等重大决议；（六）被有权机关立案调查或者采取强制措施；（七）发生影响或者可能影响期货公司经营管理、财务状况或者客户资产安全等重大事件；（八）中国证监会规定的其他事项。上述事项涉及期货公司分支机构的，期货公司应当同时向分支机构住所地中国证监会派出机构书面报告。

本条是关于期货经营机构在发生重大事件时，负有向监管机构提交书面报告义务，其控股股东或者实际控制人有配合履行相关规定的义务。与《期货交易管理条例》第六十条的规定相比，本次立法对于期货经营机构的控股股东或者实际控制人的义务调整为配合义务，将相关股东修改为控股股东。

解析

一、重大事件书面报告

期货经营机构发生重大事件，无论对其公司治理、经营状况，还是对作为其客户的广大期货交易者的利益，都会产生一定程度的影响。因此，本条规定期货经营机构发生重大事件时，应当向国务院期货监督管理机构提交书面报告，以便于监管机构及时掌握信息，分析和了解相关问题。本条采取“列举+兜底”的方式对重大事件进行了规定。

涉及重大诉讼、仲裁，是指与期货经营机构有关，对其造成重大影响的诉讼、仲裁活动，所争议的标的通常较大，在公司资产中所占比例也较大。股权被冻结或者用于担保。股权被冻结是指股东因与他人的债权债务关系，被法院依法采取的限制其股东权利的强制措施。股权被用于担保是指股东以其持有的期货经营机构股权为他人的债务提供担保。发生其他重大事件。除了上述列举事项外，还可能存在其他对公司治理、经营状况、客户风险管理等有重大影响的其他事件，当它发生时应当按照本条规定提交书面报告。

二、控股股东、实际控制人的配合义务

期货经营机构是重大事件书面报告义务当然责任人，实践中，期货经营机构的控股股东、实际控制人往往能够支配或者控制公司的行为，很多重大事件可能与控股股东、实际控制人直接相关或者它们更早知悉，因此与证券市场做法类似，该条明确规定控股股东、实际控制人配合期货经营机构履行前款规定的义务。

●对不符合持续性经营规则或者出现经营风险期货经营机构的监督管理措施

第七十三条　期货经营机构不符合持续性经营规则或者出现经营风险的，国

务院期货监督管理机构应当责令其限期改正；期货经营机构逾期未改正的，或者其行为严重危及该期货经营机构的稳健运行、损害交易者合法权益的，或者涉嫌严重违法违规正在被国务院期货监督管理机构调查的，国务院期货监督管理机构可以区别情形，对其采取下列措施：

（一）限制或者暂停部分业务；

（二）停止核准新增业务；

（三）限制分配红利，限制向董事、监事、高级管理人员支付报酬、提供福利；

（四）限制转让财产或者在财产上设定其他权利；

（五）责令更换董事、监事、高级管理人员或者有关业务部门、分支机构的负责人员，或者限制其权利；

（六）限制期货经营机构自有资金或者风险准备金的调拨和使用；

（七）认定负有责任的董事、监事、高级管理人员为不适当人选；

（八）责令负有责任的股东转让股权，限制负有责任的股东行使股东权利。

对经过整改符合有关法律、行政法规规定以及持续性经营规则要求的期货经营机构，国务院期货监督管理机构应当自验收完毕之日起三日内解除对其采取的有关措施。

对经过整改仍未达到持续性经营规则要求，严重影响正常经营的期货经营机构，国务院期货监督管理机构有权撤销其部分或者全部期货业务许可、关闭其部分或者全部分支机构。

《期货和衍生品法》	《期货交易管理条例》
第七十三条　期货经营机构不符合持续性经营规则或者出现经营风险的，国务院期货监督管理机构**应当责令其限期改正；期货经营机构**逾期未改正**的，或者**其行为严重危及**该期货经营机构**的稳健运行、损害**交易者**合法权益**的**，或者涉嫌严重违法违规正在被国务院期货监督管理机构调查的，国务院期货监督管理机构可以区别情形，对其采取下列措施： （一）限制或者暂停部分业务； （二）停止**核准**新增业务； （三）限制分配红利，限制向董事、监事、高级管理人员支付报酬、提供福利；	**第五十五条**　~~期货公司及其分支机构~~不符合持续性经营规则或者出现经营风险的，国务院期货监督管理机构~~可以对期货公司及其董事、监事和高级管理人员采取谈话、提示、记入信用记录等监管措施或者责令期货公司限期整改，并对其整改情况进行检查验收。~~ ~~期货公司~~逾期未改正，其行为严重危及~~期货公司~~的稳健运行、损害客户合法权益，或者涉嫌严重违法违规正在被国务院期货监督管理机构调查的，国务院期货监督管理机构可以区别情形，对其采取下列措施：

续表

《期货和衍生品法》	《期货交易管理条例》
（四）限制转让财产或者在财产上设定其他权利； （五）责令更换董事、监事、高级管理人员或者有关业务部门、分支机构的负责人员，或者限制其权利； （六）限制**期货经营机构**自有资金或者风险准备金的调拨和使用； **（七）认定负有责任的董事、监事、高级管理人员为不适当人选；** **（八）**责令**负有责任的**股东转让股权，限制**负有责任的**股东行使股东权利。 对经过整改符合有关法律、行政法规规定以及持续性经营规则要求的**期货经营机构**，国务院期货监督管理机构应当自验收完毕之日起**三**日内解除对其采取的有关措施。 对经过整改仍未达到持续性经营规则要求，严重影响正常经营的**期货经营机构**，国务院期货监督管理机构有权撤销其部分或者全部期货业务许可、关闭其**部分或者全部**分支机构。	（一）限制或者暂停部分期货业务； （二）停止批准新增业务； （三）限制分配红利，限制向董事、监事、高级管理人员支付报酬、提供福利； （四）限制转让财产或者在财产上设定其他权利； （五）责令更换董事、监事、高级管理人员或者有关业务部门、分支机构的负责人员，或者限制其权利； （六）限制~~期货公司~~自有资金或者风险准备金的调拨和使用； ~~（七）~~责令~~控股~~股东转让股权~~或者~~限制~~有关~~股东行使股东权利。 对经过整改符合有关法律、行政法规规定以及持续性经营规则要求的~~期货公司~~，国务院期货监督管理机构应当自验收完毕之日起3日内解除对其采取的有关措施。 对经过整改仍未达到持续性经营规则要求，严重影响正常经营的~~期货公司~~，国务院期货监督管理机构有权撤销其部分或者全部期货业务许可、关闭其分支机构。

本条是关于期货经营机构不符合持续性经营规则或者出现经营风险，国务院期货监督管理机构可以区别情形，采取措施的规定。《期货交易管理条例》原有规定内容大部分得到保留，同时结合其他条文以及监管实践，对部分条款进行新增、删减或者对表述进行调整。

解析

本法第六十条规定，设立期货公司应当有良好的公司治理结构、健全的风险管理制度和完善的内部控制制度。本法第七十条进一步规定，国务院期货监督管理机构应当制定期货经营机构持续性经营规则，期货经营机构应当符合持续性经营规则。期货经营机构不符合持续性经营规则或者出现经营风险，可能会给交易者造成损害，并引起期货市场的动荡。为此，本条规定当出现上述情形时，由国务院期货监督管理机构区别情形，依法处理。实践中也出现不少期货公司被采取监管措施的案例，例如东方期货公司因持续亏损，出现经营风险，影响持续性经营，上海证监局责令公司在2022年1月18日前予以改正，使公司净资本监管指标符合规定标准，[①] 再如新纪元期货公司因资产管理相关违规事项未整改到位，严重危及公司的稳健运行，江苏证监局决定对该公司采取暂停开展新的资产管理业务和期货投资咨询业务、暂停开展基金销售业务、暂停核准新业务申请的行政监管措施。[②]

相较于《期货交易管理条例》第五十五条的规定，本法主要就以下内容作出调整。一是将“期货公司”更改为“期货经营机构”，将“客户”更改为“交易者”，将停止“批准”新增业务更改为停止“核准”。二是删去“对期货公司及其董事、监事和高级管理人员采取谈话、提示、记入信用记录等监管措施”，本条主要规范对象为期货经营机构，删去对董监高的要求有助于保持本条的统一性，而且本法第一百零六条第二款规定“为防范期货市场风险，维护市场秩序，国务院期货监督管理机构可以采取责令改正、监管谈话、出具警示函等措施”，此处并未限定对象，删去本条并不会影响法律的周延性，而且实践中，证监会也可根据本法的授权或者原则性规定，通过部门规章等形式进一步明确对董监高的要求。三是新增认定负有责任的董事、监事、高级管理人员为不适当人选的措施，这也是期货经营机构董监高任职资格被取消后，中国证监会从严监管金融机构的重要抓手。四是将“责令控股股东转让股权或者限制有关股东行使股东权利”调整为“责令负有责任的股东转让股权，限制负有责任的股东行使股东权利”。

• 期货经营机构风险处置措施

第七十四条 期货经营机构违法经营或者出现重大风险，严重危害期货市场秩序、损害交易者利益的，国务院期货监督管理机构可以对该期货经营机构采取责令停业整顿、指定其他机构托管或者接管等监督管理措施。

期货经营机构有前款所列情形，经国务院期货监督管理机构批准，可以对该期货经营机构直接负责的董事、监事、高级管理人员和其他直接责任人员采取以下措施：

① 中国证券监督管理委员会上海证监局行政监管措施决定书〔2021〕232号。
② 中国证券监督管理委员会江苏证监局行政监管措施决定书〔2021〕5号。

（一）决定并通知出境入境管理机关依法阻止其出境；

（二）申请司法机关禁止其转移、转让或者以其他方式处分财产，或者在财产上设定其他权利。

《期货和衍生品法》	《期货交易管理条例》
第七十四条　期货经营机构违法经营或者出现重大风险，严重危害期货市场秩序、损害**交易者**利益的，国务院期货监督管理机构可以对该**期货经营机构**采取责令停业整顿、指定其他机构托管或者接管等**监督管理**措施。 **期货经营机构有前款所列情形，**经国务院期货监督管理机构批准，可以对该**期货经营机构**直接负责的董事、监事、高级管理人员和其他直接责任人员采取以下措施： （一）**决定并**通知出境**入境**管理机关依法阻止其出境； （二）申请司法机关禁止其转移、转让或者以其他方式处分财产，或者在财产上设定其他权利。	**第五十六条**　~~期货公司~~违法经营或者出现重大风险，严重危害期货市场秩序、损害~~客户~~利益的，国务院期货监督管理机构可以对该~~期货公司~~采取责令停业整顿、指定其他机构托管或者接管等~~监管~~措施。经国务院期货监督管理机构批准，可以对该~~期货公司~~直接负责的董事、监事、高级管理人员和其他直接责任人员采取以下措施： （一）通知出境管理机关依法阻止其出境； （二）申请司法机关禁止其转移、转让或者以其他方式处分财产，或者在财产上设定其他权利。

本条是关于期货经营机构风险处置措施的规定，明确特定情形下，国务院期货监督管理机构可以对该期货经营机构采取责令停业整顿等监督管理措施，可以对期货经营机构直接负责的董监高等采取限制出入境等措施。

解析

在期货经营机构出现重大风险，严重危害期货市场秩序、损害交易者利益的情况下，中国证监会可以采取多种风险处置措施。本条规定的风险处置措施分为两个方面：一是针对风险机构采取的责令停业整顿、指定其他机构托管或者接管三种措施；二是针对风险机构的责任人员采取的限制出境、限制转移处分财产权利两种措施。

实践中，国盛期货曾因为隐瞒实际控制人或持股比例，公司治理失衡，被证监会依法实施接管。自接管之日起，接管组行使被接管公司的经营管理权，接管组组长行使公司法定代表人职权。国盛期货的股东大会或股东会、董事会、监事会及经理层停止履行职责。接管期间，接管组及托管组将采取有效措施维护客户资金安全，继续保持公司经营稳定，规范公司股权和治理结构。国盛期货期货经纪等业务照常经营。客户期货交易不受影响，客户资金转入转出正常进行；公司与客户之间的各类业务合同继续履行，资管产品的申赎正常进行。[①]

关于接管，《中华人民共和国金融稳定法（草案征求意见稿）》也规定“为处置金融风险，处置部门可以依法实施促成重组、接管、托管、撤销或者申请破产，实现被处置金融机构恢复正常经营或者平稳有序退出”“金融机构被接管或者被撤销的，国务院金融管理部门可以指定存款保险基金管理机构、行业保障基金管理机构担任接管组织或者实施清算”。未来随着《中华人民共和国金融稳定法》的出台，在涉及期货经营机构风险处置尤其是接管时，可能要考虑本法与上述法律的协调适用。

期货经营机构的风险处置涉及各方权益，矛盾集中，情况复杂。此次立法基本延续了《期货交易管理条例》第五十六条的规定，并将该规定上升为法律层面，为风险处置提供了明确的法律依据，有助于及时化解风险维护市场平稳。与《期货交易管理条例》相比，关于限制出境方面，本法新增“决定”这一表述，明确了该措施采取的程序要求。实践中，出境入境管理机关难以对有关人员是否符合本条规定的情形进行判断，本身不具备审查的条件，而且限制出境一般具有急迫性。因此，本次明确由国务院期货监督管理机构批准，决定并通知出境入境管理机关依法阻止其出境，有助于双方职责划分，更高效采取措施。

•对虚假出资、抽逃出资的期货经营机构的股东的监督管理措施

第七十五条 期货经营机构的股东有虚假出资、抽逃出资行为的，国务院期货监督管理机构应当责令其限期改正，并可责令其转让所持期货经营机构的股权。

在股东依照前款规定的要求改正违法行为、转让所持期货经营机构的股权前，国务院期货监督管理机构可以限制其股东权利。

① 中国证监会有关负责人就接管新时代证券、国盛证券、国盛期货事宜答记者问，http://www.csrc.gov.cn/csrc/c100028/c1000740/content.shtml。

《期货和衍生品法》	《期货交易管理条例》
第七十五条　期货经营机构的股东有虚假出资、抽逃出资行为的，国务院期货监督管理机构应当责令其限期改正，并可责令其转让所持**期货经营机构**的股权。 在股东**依照**前款**规定的**要求改正违法行为、转让所持**期货经营机构**的股权前，国务院期货监督管理机构可以限制其股东权利。	**第五十七条**　~~期货公司~~的股东有虚假出资~~或者~~抽逃出资行为的，国务院期货监督管理机构应当责令其限期改正，并可责令其转让所持~~期货公司~~的股权。 在股东~~按照~~前款要求改正违法行为、转让所持~~期货公司~~的股权前，国务院期货监督管理机构可以限制其股东权利。

本条是对虚假出资、抽逃出资的期货经营机构股东采取措施的规定。与《期货交易管理条例》相比，仅就部分表述作出调整，一读稿、二读稿及最终稿关于本条也未做改动。

解析

股东的真实出资义务是《公司法》所规定的股东的基本义务之一，公司的股东不得虚假出资、抽逃出资。股东虚假出资、抽逃出资时，由于其出资存在瑕疵，因此其股东权利的基础也受到影响，只有完全履行出资义务，才重新有行使权利的基础。就期货市场而言，股东的虚假出资或者抽逃出资的行为严重影响到期货经营机构持续稳健经营。如果期货经营机构的股东在其成立时或者成立后，以各种方式虚假出资或者抽逃出资，将造成期货经营机构在实际经营过程中资本金空虚，不足以抵抗期货市场的风险，容易引发连锁反应。因此，本法对于《期货交易管理条例》相关规定基本上予以了保留，并对表述稍作调整。

•期货经营机构业务许可证的注销

第七十六条　期货经营机构有下列情形之一的，国务院期货监督管理机构应当依法办理相关业务许可证注销手续：

（一）营业执照被依法吊销；

（二）成立后无正当理由超过三个月未开始营业，或者开业后无正当理由停业连续三个月以上；

（三）主动提出注销申请；

（四）《中华人民共和国行政许可法》和国务院期货监督管理机构规定应当注销行政许可的其他情形。

期货经营机构在注销相关业务许可证前，应当结清相关期货业务，并依法返还交易者的保证金和其他资产。

《期货和衍生品法》	《期货交易管理条例》
第七十六条　期货经营机构有下列情形之一的，国务院期货监督管理机构应当依法办理**相关**业务许可证注销手续： （一）营业执照被依法**吊**销； （二）成立后无正当理由超过**三**个月未开始营业，或者开业后无正当理由停业连续**三**个月以上； （三）主动提出注销申请； （四）**《中华人民共和国行政许可法》**和国务院期货监督管理机构规定**应当注销行政许可**的其他情形。 **期货经营机构**在注销相关业务许可证前，应当结清相关期货业务，并依法返还**交易者**的保证金和其他资产。	**第二十条**　~~期货公司或者其分支机构有《中华人民共和国行政许可法》第七十条规定的情形或者~~下列情形之一的，国务院期货监督管理机构应当依法办理~~期货~~业务许可证注销手续： （一）营业执照~~被公司登记机关~~依法~~注~~销； （二）成立后无正当理由超过3个月未开始营业，或者开业后无正当理由停业连续3个月以上； （三）主动提出注销申请； （四）国务院期货监督管理机构规定的其他情形。 ~~期货公司~~在注销期货业务许可证前，应当结清相关期货业务，并依法返还~~客户~~的保证金和其他资产。~~期货公司分支机构在注销经营许可证前，应当终止经营活动，妥善处理客户资产。~~

本条是关于期货监督管理机构可以注销期货经营机构相关业务许可证的情形的规定。相较于《期货交易管理条例》第二十条的规定，主要有以下调整：一是不明确列明《中华人民共和国行政许可法》（以下简称《行政许可法》）具体条文，而是将该部分内容移到本条第一款第（四）项一并作出规定；二是将“期货”业务许可调整为“相关”业务许可，适应期货经营业务范围拓展的现实情况；三是不就期货公司分支机构另行规定。

解析

1. 营业执照被依法吊销。一读稿、二读稿曾规定的是“营业执照被公司登记机关依法注销”，最终稿修改为“营业执照被依法吊销”。根据《公司法》的有关规定，公司注销一般是公司解散、清算结束后等，公司申请办理注销登记，结束自身法人资格的行为。营业执照被吊销，往往是由于公司从事严重违法行为进而被剥夺经营资格[1]。结合本条来看，最终使用的表述更为严谨，营业执照被依法吊销，则不得继续开展相关业务。

2. 成立后无正当理由超过三个月未开始营业，或者开业后无正当理由停业连续三个月以上。相关业务是期货经营机构主动申请的特许业务，如果相关机构无正当理由在较长的时期内未开展业务，不利于期货市场规范有序发展，因此予以禁止。

3. 主动提出注销申请。期货经营机构主动提出注销的申请获得核准的，其相关业务许可证应当注销。

4.《行政许可法》和国务院期货监督管理机构规定应当注销行政许可的其他情形。改变了《期货交易管理条例》直接明确《行政许可法》条文的做法，有助于维护本法的稳定。

为了保护交易者的合法权益，期货经营机构注销相关业务许可前，应当结清相关期货业务，并依法返还交易者的保证金和其他资产。期货经营机构出现注销许可证的情形后，不得再进行拓展业务的活动，对现有的业务，应当按照合同约定的方式通知交易者，为交易者办理平仓或者移仓，对没有持仓的交易者返还保证金或者其他资产，确保交易者的权益不受侵害。

●对期货经营机构的审计或评估

第七十七条 国务院期货监督管理机构认为必要时，可以委托期货服务机构对期货经营机构的财务状况、内部控制状况、资产价值进行审计或者评估。具体办法由国务院期货监督管理机构会同有关主管部门制定。

与《期货交易管理条例》相比，本条是新增规定，明确国务院期货监督管理机构可以依法委托有关期货服务机构对期货经营机构进行审计或者评估。一读稿、二读稿及最终稿关于本条内容未做调整。

---

① 《公司法》第二百一十一条规定，公司成立后无正当理由超过六个月未开业的，或者开业后自行停业连续六个月以上的，可以由公司登记机关吊销营业执照。第二百一十三条规定，利用公司名义从事危害国家安全、社会公共利益的严重违法行为的，吊销营业执照。

解析

本法规定期货经营机构应当按照规定向国务院期货监督管理机构报送业务、财务等经营管理信息和资料。国务院期货监督管理机构有权要求期货经营机构及其主要股东、实际控制人、其他关联人在指定的期限内提供有关信息、资料。期货经营机构及其股东、实际控制人或者其他关联人向国务院期货监督管理机构报送或者提供的信息、资料，应当真实、准确、完整。期货经营机构报送、提供的信息、资料是否反映了该机构的真实情况，还需要国务院期货监督管理机构进行具体的分析。由于国务院期货监督管理机构对期货经营机构财务和经营状况的掌握程度，直接影响到监督管理的质量，但该机构状况如何，不能完全仅靠期货经营机构自身的表述来确定。对此，监管机构可以自己核查，但在必要时，也可以委托期货服务机构对期货经营机构的财务状况、内部控制状况、资产价值进行审计或者评估。

●禁止期货经营机构损害交易者利益

第七十八条 禁止期货经营机构从事下列损害交易者利益的行为：

（一）向交易者作出保证其资产本金不受损失或者取得最低收益承诺；

（二）与交易者约定分享利益、共担风险；

（三）违背交易者委托进行期货交易；

（四）隐瞒重要事项或者使用其他不正当手段，诱骗交易者交易；

（五）以虚假或者不确定的重大信息为依据向交易者提供交易建议；

（六）向交易者提供虚假成交回报；

（七）未将交易者交易指令下达到期货交易场所；

（八）挪用交易者保证金；

（九）未依照规定在期货保证金存管机构开立保证金账户，或者违规划转交易者保证金；

（十）利用为交易者提供服务的便利，获取不正当利益或者转嫁风险；

（十一）其他损害交易者权益的行为。

《期货和衍生品法》	《期货交易管理条例》
第七十八条　禁止期货经营机构从事下列损害交易者利益的行为： （一）向**交易者**作出保证**其资产本金不受损失或者取得最低收益承诺**； （二）与**交易者**约定分享利益、共担风险； **（三）违背交易者委托**进行期货交易； （四）隐瞒重要事项或者使用其他不正当手段，诱骗**交易者**交易； **（五）以虚假或者不确定的重大信息为依据向交易者提供交易建议；** **（六）**向**交易者**提供虚假成交回报； **（七）**未将**交易者**交易指令下达到期货交易**场**所； **（八）**挪用**交易者**保证金； **（九）未依**照规定在期货保证金存管**机构**开立保证金账户，或者违规划转**交易者**保证金； **（十）利用为交易者提供服务的便利，获取不正当利益或者转嫁风险；** **（十一）**其他**损害交易者权益**的行为。	**第六十七条**　~~期货公司有下列欺诈客户行为之一的，责令改正，给予警告，没收违法所得，并处违法所得1倍以上5倍以下的罚款；没有违法所得或者违法所得不满10万元的，并处10万元以上50万元以下的罚款；情节严重的，责令停业整顿或者吊销期货业务许可证：~~ （一）向~~客户~~作~~获利~~保证~~或者不按照规定向客户出示风险说明书的；~~ （二）~~在经纪业务中~~与~~客户~~约定分享利益、共担风险~~的~~； （三）~~不按照规定接受客户委托或者不按照客户委托内容擅自~~进行期货交易~~的~~； （四）隐瞒重要事项或者使用其他不正当手段，诱骗~~客户发出~~交易~~指令的；~~ ~~（五）~~向~~客户~~提供虚假成交回报~~的~~； ~~（六）~~未将~~客户~~交易指令下达到期货交易所~~的~~； ~~（七）~~挪用~~客户~~保证金~~的~~； ~~（八）不按~~照规定在期货保证金存管~~银行~~开立保证金账户，或者违规划转~~客户~~保证金~~的~~； ~~（九）国务院期货监督管理机构规定的~~其他~~欺诈客户~~的行为。 ……

本条是对禁止期货经营机构从事损害交易者利益行为的规定。《期货交易管理条例》第六十七条将相关禁止的行为定性为欺诈客户的行为，并与量罚一起规定在法律责任一章。本法删除了欺诈客户这一定性要求，只要期货经营机构从事了相关禁止行为，就违反了本条规定，使得法律规定更为准确。最终稿删去此前草案第十一（项）“国务院期货监督管理机构规定的”限定条件，给国务院期货监督管理机构预留更大裁量空间，便于从严打击各类损害交易者权益的行为，切实维护市场秩序。

解析

在期货交易活动中，期货经营机构接受交易者委托，代理交易者进行期货交易，构成了双方之间的行纪法律关系，要求期货经营机构应当对交易者尽信赖义务和善良管理义务。如果期货经营机构在职责范围内作出损害交易者利益的行为，则违反了上述义务，并可能给交易者造成损失，应当予以规范。按照本条规定，损害交易者利益的行为主要有以下具体表现：

一是向交易者作出保证其资产本金不受损失或者取得最低收益承诺。期货市场是高风险市场，期货经纪法律关系为行纪。如果期货经营机构向交易者做保本或获利保证，就可能是欺诈客户、损害客户利益，属于违法行为。实践中因在资产管理业务存在保本保收益等行为而被处罚的情形相对较多，例如新纪元期货在资管计划逾期不能兑付后，向投资者及代销机构提供承诺函保证本金和收益，最终被江苏证监局处罚。①

二是与交易者约定分享利益、共担风险。本法第六十六条规定，期货经营机构接受交易者委托为其进行期货交易，应当签订书面委托合同，以自己的名义为交易者进行期货交易，交易结果由交易者承担。如果期货经营机构在从事相关业务中，与交易者约定分享利益、共担风险，就属于本项违法行为。证监会曾对京都期货与客户约定分享收益、共担风险的行为作出处罚，该案中京都期货总经理与客户签订投资协议，并加盖该公司的合同专用章。双方约定，“甲方投资20万元，交与乙方进行套期保值业务，乙方保证甲方投资有10%的收益，超出部分双方按各50%分配”。②

三是违背交易者委托进行期货交易。本法第六十六条规定，期货经营机构接受交易者委托为其进行期货交易。期货经营机构应诚实信用地履行受托义务，不得违背交易者委托擅自进行期货交易。恒丰期货曾因未经客户委托或者不按照客户委托范围擅自进行交易被证监会处罚。③

四是隐瞒重要事项或者使用其他不正当手段，诱骗交易者交易。交易者交易频率及交易量与期货经营机构的经纪业务收入息息相关，但作为专业金融机构，期货经营机构不得为了收入，使用不正当手段诱骗交易者交易。

五是以虚假或者不确定的重大信息为依据向交易者提供交易建议。期货交易应

① 中国证券监督管理委员会江苏证监局行政处罚决定书〔2021〕4号。
② 中国证券监督管理委员会行政处罚决定书〔2002〕17号。
③ 中国证券监督管理委员会行政处罚决定书〔2003〕24号。

由交易者自身独立决策，经营机构不能以虚假或者不确定的重大信息误导交易者。

六是向交易者提供虚假成交回报。是指期货经营机构向交易者提供的成交回报与在期货交易场所的实际成交情况不相符合，这是一种严重欺骗交易者的行为。

七是未将交易者交易指令下达到期货交易场所。如果期货经营机构没有将期货经营机构的交易指令下达到期货交易场所，交易者就无法真正进行期货交易，其预期的目的就没有可能实现。证监会曾对京都期货未将客户交易指令下达到期货交易所内的行为进行处罚，该案中京都期货将原股东所属的711账户（客户名为邵某珍）、188账户（客户名为徐某）与608账户（户名为总部风险户）私下对冲，未将711和188账户的部分指令下达到期货交易所内[①]，吉粮发期货、恒丰期货也曾因类似行为被处罚，近期该类违法行为较少发生。

八是挪用交易者保证金。期货经营机构向交易者收取的保证金，属于客户所有，不得挪用。挪用客户保证金曾是我国期货市场上主要违法行为之一，1999—2018年有8起处罚案例，涉及恒丰期货、金迪期货、新天期货、嘉陵期货、万汇期货等多家期货公司，占同期期货市场所有行政处罚案件数量的比重超过20%。从涉案行为发生时间来看，挪用客户保证金行为发生年份主要在2006年之前。随着中国期货保证金监控中心（2015年4月更名为中国期货市场监控中心）的成立，期货保证金安全存管制度的推行，挪用客户保证金的行为在实践中已经基本销声匿迹。[②]

九是未依照规定在期货保证金存管机构开立保证金账户，或者违规划转交易者保证金。本法第四十条规定，期货结算机构、结算参与人收取的保证金、权利金等，应当与其自有资金分开，按照国务院期货监督管理机构的规定，在期货保证金存管机构专户存放，分别管理，禁止违规挪用。否则，就构成违法行为。

十是利用为交易者提供服务的便利，获取不正当利益或者转嫁风险。期货经营机构可能给交易者提供经纪、投资咨询、资产管理等多种服务，不得基于相关便利条件，误导或者诱骗交易者交易以获取不正当利益或者转嫁风险。

---

① 中国证券监督管理委员会行政处罚决定书〔2002〕17号。

② 刘宏光：《我国期货市场行政处罚案例透视：1999—2018》，《金融法苑》2019年第2期。

第六章　期货交易场所

本章共十二条，主要规定期货交易场所的公共利益原则、自律监管地位、交易所的批准、章程、名称使用、组织机制、业务规则效力、负责人资格、主要职责、收益使用、紧急措施、行情、突发性事件处置、责任豁免等内容。

●公共利益优先

第七十九条　期货交易场所应当遵循社会公共利益优先原则，为期货交易提供场所和设施，组织和监督期货交易，维护市场的公平、有序和透明，实行自律管理。

《期货和衍生品法》	《期货交易管理条例》
第七十九条　**期货交易场所应当遵循社会公共利益优先原则，为期货交易提供场所和设施，组织和监督期货交易，维护市场的公平、有序和透明，**实行自律管理。	**第七条**　期货交易所~~不以营利为目的，按照其章程的规定~~实行自律管理。~~期货交易所以其全部财产承担民事责任。期货交易所的负责人由国务院期货监督管理机构任免。~~ ~~期货交易所的管理办法由国务院期货监督管理机构制定。~~

本条优化了《期货交易管理条例》第七条的规定。

解析

本条借鉴2019年《证券法》第九十九条的规定，确立了期货交易所的公共利益优先原则，明确了自律监管的法律地位。

一、期货交易场所

《期货和衍生品法》中的场所分为期货交易场所和衍生品交易场所（第三十条）。本条将期货交易所修改为期货交易场所，主要是考虑到上交所、深交所是证券交易所，但上市了ETF期权。可见，期货交易场所包括5家期货交易所、上交所和深交所。

衍生品交易场所比较复杂，根据监管机构可以划分为证监会监管和人民银行监管的衍生品交易场所。一是证券公司和期货公司等机构开展收益互换、场外期权等场外衍生品活动，属于期货柜台市场，受证监会监管。二是人民银行监管的衍生品场所主要包括中国外汇交易中心暨全国银行间同业拆借中心（“银行间市场”）、上海黄金交易所、商业银行柜台市场等。银行间市场主要品种包括利率互换、债券远期、标准债券远期、远期利率协议、利率期权等。上海黄金交易所主要品种是现货延期交收黄金合约、现金延期交收黄金合约等。标准债券远期、利率期权、现货延期交收黄金合约、现金延期交收黄金合约等品种尽管被称作场外衍生品，但其合约标准化程度与场内市场合约基本相同，交易方式也采取集中买卖的方式，与狭义期货基本无异。商业银行曾开展的“原油宝”等柜台衍生品交易，这些柜台市场是人民银行、银保监会监管的衍生品交易场所。

二、主要职责

本条从宏观上确定了期货交易所的三个主要职责，即为期货交易提供场所和设施，组织和监督期货交易和维护市场的公平、有序和透明，微观职责规定在第八十五条。

三、交易所的双重属性和公共利益优先

双重属性。期货交易场所是进行期货交易的地方，有交易市场和法律主体两重含义，[①]前者是指进行期货交易的市场，后者是指作为法律关系主体的法人。期货交易所有双重属性，作为金融基础设施具有明显的公共利益和公共服务特征，作为市场主体有明显的商业利益和追求营利特征。这两种特征和属性会存在利益冲突，在会员制交易所体现为公共利益与会员利益的利益冲突，在公司制交易所表现为公共利益和股东利益的冲突。[②]

公共利益优先。从1999年《期货交易管理暂行条例》到历次《期货交易管理条例》修改，延续了“不以营利为目的”的规定。为进一步从正面突出期货市场的公共利益属性，本次修改借鉴2019年《证券法》第九十九条的规定调整为公共利益优先，并通过第八十条章程由监管机构批准、第八十四条负责人由国务院期货监督管理机构提名或者任免等配套制度确保公共利益的实现。

四、自律管理

从字面上理解，自律指由行业自身制定和执行一套伦理道德制度。自律的内在

① 叶林等编：《期货期权市场法律制度研究》，法律出版社，2017，第186页。

② 程合红主编《〈证券法〉修订要义》，人民出版社，2020，第212页。

含义是行业自身在自律方案的制定和执行中同时充当立法者和法官的角色。[①] 就期货交易所而言，自律管理是指交易所制定并执行交易所规则。在不同的国家、不同的发展阶段，市场监管模式不同，关于自律管理权的性质有不同理论，主要分为权利说、权力说和混合说三种。其中，混合说在我国属于比较主流的意见，认为自律监管权兼具“权利”和“权力”的双重属性，既来源于会员权利的让渡，也来源于法律的授权，其中“权利”为自律机构的基本属性。[②]从境外成熟市场经验来看，主要把自律监管权理解为权利。

一是自律监管权是民事合同权利，来自交易所与相关市场机构的民事合同。其中，对会员、期货保证金存管银行、信息服务机构的自律监管权来自彼此间直接的合同关系，对客户自律监管权则通过交易所与会员，以及会员与客户之间的双重合同关系实现。二是法律赋予交易所的自律管理权是民法上的权利，而非公法上的权力。《民法典》也有关于当事人权利和义务的规定，但这并不能否定这些权利的民事法律性质。《证券法》《期货交易管理条例》是公法和私法混合的法律，关于交易所自律管理的规定可以理解为民事权利的私法规定，并非是赋予交易所“权力”的公法规定，这些规定只有转化为民事性质的业务规则后才能对会员、客户及相关市场主体适用。比如《期货和衍生品法》第八十七条规定，当期货市场出现异常情况时，期货交易场所可以按业务规则采取紧急措施。2019年《证券法》第一百一十一条规定，为维护证券交易正常秩序和市场公平，证券交易所可以按照业务规则采取技术性停牌、临时停市等处置措施。这些都要求将相关法律规定转化为民事性质的交易所业务规则。

依据监管对象的不同，自律管理法律关系可以分为交易所与会员、与客户（投资者）、与期货保证金存管银行、与信息服务机构、与期货市场其他参与者之间的自律管理法律关系。依据管理内容的不同，自律监管可以分为交易行为监管和非交易行为监管，前者主要针对市场操纵、内幕交易等交易类行为，后者主要针对客户管理、结算业务、交割业务等非交易类业务行为监管。

●设立、章程的批准

第八十条　设立、变更和解散期货交易所，应当由国务院期货监督管理机构

① Philip McBride Johnson，Thomas Lee Hazen，Commodities Regulation，Boston: Little，Brown and Company，1989，p. 409.

② 叶林等编：《期货期权市场法律制度研究》，法律出版社，2017，第188页。

批准。

设立期货交易所应当制定章程。期货交易所章程的制定和修改，应当经国务院期货监督管理机构批准。

《期货和衍生品法》	《期货交易管理条例》
第八十条 设立、**变更和解散**期货交易所，应当由国务院期货监督管理机构**批准**。 设立期货交易所应当制定章程。期货交易所章程的制定和修改，应当经国务院期货监督管理机构批准。	**第六条** 设立期货交易所，由国务院期货监督管理机构~~审批~~。 ~~未经国务院批准或者国务院期货监督管理机构批准，任何单位或者个人不得设立期货交易场所或者以任何形式组织期货交易及其相关活动。~~ **第十三条** 期货交易所办理下列事项，应当经国务院期货监督管理机构批准： （一）制定或者修改章程、交易规则；

本条整合了《期货交易管理条例》关于期货交易所设立、章程的规定。

解析

一、境内期货交易所审批制的确立

（一）期货交易所的发展起步

1988年9月，国务院提出“逐步建立粮食批发市场，有秩序地组织市场调节”“价格由供求双方议定”等要求，[①]为期货交易所的建立奠定坚实基础。1990年7月27日，《国务院批转商业部等八部门关于试办郑州粮食批发市场报告的通知》发布，“允许远期合同在场内转让”，[②]“具体交易价格通过市场公开竞争形成”，[③]批准成立可以从事期货交易的郑州粮食批发市场。由于当时社会对期货的认知整体比较负面，也缺乏运行期货交易所的经验，没有使用期货交易或期货交易所的表述，采取了期现货在同一市场交易的方式，强调远期合同交易必须同现货交易严格

① 《国务院关于加强粮食管理稳定粮食市场的决定》。

② 《国务院批转商业部等八部门关于试办郑州粮食批发市场报告的通知》第五条。

③ 《国务院批转商业部等八部门关于试办郑州粮食批发市场报告的通知》第二条。

区分。1990年10月，郑州粮食批发市场正式开业，这是我国第一个拥有期货交易品种的市场。《1992年政府工作报告》提出“发展批发市场和期货市场”，[①]第一次在官方文件中明确提出发展期货市场。1992年10月，深圳有色金属交易所推出了中国第一个标准化期货合约——特级铝期货标准合同，实现了由远期合同向期货交易的过渡。[②]1992年12月，上交所也在我国首次推出国债期货交易。初期只面向证券公司，为提升市场流动性，1993年10月进一步向社会公众开放。1994年至1995年初，国债期货得到迅速发展，全国开设国债期货的交易场所从2家增加到14家。[③]

（二）审批制的确立

1993年，我国商品期货市场出现盲目发展的情况，各种商品期货交易所达到50家左右，交易品种重复，盲目发展境外期货交易，地下交易和欺诈时有发生。[④]1993年底，期货市场进入清理整顿期。1993年11月，国务院明确“除选择少数商品和地方进行试点探索外，必须严加控制”，“未经证券委批准，不得设立期货交易所（中心）”。[⑤]1994年5月，国务院办公厅转发证券委员会请示，对已有的期货交易所重新进行审核和规范，大部分交易所将按批发市场进行管理，不再冠以交易所的名称，不得进行期货合约买卖；符合条件的少数交易所，由中国证监会从严审核并报请国务院批准后，可进行标准化期货合约交易试点。[⑥]1995年4月，期货交易所被压缩到14家。[⑦]1998年8月，国务院进一步将14家期货交易所重组调整为上海期货交易所、大连商品交易所和郑州商品交易所3家，其余合并、撤销、改组为期货公司、证券公司等。[⑧]2006年9月，中国金融期货交易所成立。2019年2月，《粤港澳大湾区发展规划纲要》发布，要求研究设立以碳排放为首个品种的创新型期货交易所。2021年4月19日，广州期货交易所举行揭牌活动。

二、非法期货交易场所的清理整顿

随着计算机技术和网络技术的发展，成立期货交易场所、组织期货交易的技术门槛明显降低，非法期货交易场所呈较为多发态势。由于缺乏规范管理，在交易场所设立和交易活动中违法违规问题比较突出，风险不断暴露，为此相关部门开展了

① 《1992年政府工作报告》，http://www.gov.cn/test/2006-02/16/content_200922.htm。
② 中国证券监督管理委员会：《中国资本市场发展报告》，中国金融出版社，2008，第8页。
③ 中国证券监督管理委员会：《中国资本市场发展报告》，中国金融出版社，2008，第18页。
④ 中国证券监督管理委员会：《中国资本市场发展报告》，中国金融出版社，2008，第18页。
⑤ 《关于坚决制止期货市场盲目发展的通知》。
⑥ 《国务院证券委员会关于坚决制止期货市场盲目发展若干意见请示的通知》。
⑦ 中国证券监督管理委员会：《中国资本市场发展报告》，中国金融出版社，2008，第18页。
⑧ 《关于进一步整顿和规范期货市场的通知》。

非法交易场所清理整顿工作。2007年，《期货交易管理条例》第八十九条规定[①]同时采用以下交易机制或者具备以下交易机制特征之一的为变相期货交易：为参与集中交易的所有买方和卖方提供履约担保的；实行当日无负债结算制度和保证金制度，同时保证金收取比例低于合约（或者合同）标的额20%的。

（一）主要规定

2011年11月，《国务院关于清理整顿各类交易场所切实防范金融风险的决定》（以下简称《决定》）开启清理整顿现货交易场所的序幕。该文件规定现货交易场所不得进行权益拆分，不得进行持续挂牌交易，不得以集中竞价、电子撮合、匿名交易、做市商等集中交易方式进行标准化合约交易等，要求各省级人民政府对本地区各类交易场所进行集中清理整顿。

2011年12月，中央机构编制委员会办公室下发《关于进一步明确黄金市场及黄金衍生品交易监管职责的意见》，明确人民银行负责组织认定非法黄金期货交易等活动。

2011年12月20日，人民银行、公安部、工商总局、银监会、证监会共同发布《关于加强黄金交易所或从事黄金交易平台管理的通知》（银发〔2011〕301号），规定除上海黄金交易所和上海期货交易所外，任何地方、机构或个人均不得设立黄金交易所（交易中心），也不得在其他交易场所（交易中心）内设立黄金交易平台。

2012年1月，为贯彻落实《决定》，《国务院关于同意建立清理整顿各类交易场所部际联席会议制度的批复》决定建立由中国证监会牵头的清理整顿各类交易场所部际联席会议制度，以加强对清理整顿各类交易场所工作的组织领导。

2012年7月，国务院办公厅发布《国务院办公厅关于清理整顿各类交易场所的实施意见》，进一步明确了集中交易方式的类型以及标准化合约的具体情形。

2012年10月，国务院修订《期货交易管理条例》，明确规定未经国务院批准或者国务院期货监督管理机构批准，任何单位或者个人不得设立期货交易场所或者以任何形式组织期货交易及其相关活动。

2013年底，商务部、人民银行、中国证监会颁布了《商品现货市场交易特别规定（试行）》（商务部、人民银行、证监会令2013年第3号），对商品现货市场的交易对象、交易方式等予以了明确，并明确各证监局负责商品现货市场非法期货交易活动的认定等工作。

2013年12月31日，中国证监会办公厅发布《关于做好商品现货市场非法期货交

① 该项内容已在《期货交易管理条例》中删除。

易活动认定有关工作的通知》（证监办发〔2013〕111号），明确了认定对象、认定标准和认定程序等内容，尤其是明确定义和解释了认定商品现货市场非法组织期货交易活动的目的要件和形式要件、标准化合约、集中交易、集合竞价、连续竞价、电子撮合、匿名交易、做市商机制等内容。

2015年7月27日，公安部经侦局发布《非法设立期货交易场所类犯罪案件侦办指南》（公经期货〔2015〕24号），明确规定了非法设立期货交易场所类犯罪的概念、表现形式、立案标准、侦查重点、讯（询）问重点等内容。

2017年3月16日，清理整顿各类交易场所部际联席会议办公室发布《关于做好清理整顿各类交易场所"回头看"前期阶段有关工作的通知》（清整联办〔2017〕31号），明确了商品类交易场所的分散式柜台交易、现货连续（延期）交易具有期货交易特征。

2017年8月4日，最高人民法院发布《关于进一步加强金融审判工作的若干意见》（法发〔2017〕22号），第二十一条明确规定，规范整治地方交易场所的违法交易行为，防范和化解区域性金融风险。对地方交易场所未经许可或者超越经营许可范围开展的违法违规交易行为，要严格依照相关法律和行政法规的禁止性规定，否定其法律效力，明确交易场所的民事责任。切实加强涉地方交易场所案件的行政处置工作与司法审判工作的衔接，有效防范区域性金融风险。

（二）非法期货交易场所的认定

一是认定部门。人民银行负责组织认定非法黄金期货交易等活动，[①]中国证监会派出机构负责商品现货市场非法期货交易活动的认定工作。[②]对于没有明确行政认定单位的，如权益类（产权、股权、债权、知识产权等）、有价证券、指数、利率、汇率等，可以提请国务院清理整顿各类交易场所部际联席会议办公室（设在中国证监会）进行行政认定。[③]

二是认定标准。从行政认定标准看，商品现货市场非法期货交易包括《期货交易管理条例》第七十四条规定的"非法组织期货交易活动"和"擅自从事期货业务"等情形。认定的主要标准是目的要件和形式要件相结合。目的要件是指，主要以标准化合约为交易对象，允许交易者以对冲平仓方式了结交易，而不以实物交收为目的或者不必交割实物。形式要件是指，根据《国务院关于清理整顿各类交易场所切实防范金融风险的决定》和《国务院办公厅关于清理整顿各类交易场所的实施

①《关于进一步明确黄金市场及黄金衍生品交易监管职责的意见》。
②《商品现货市场交易特别规定（试行）》。
③《非法设立期货交易场所类犯罪案件侦办指南》。

意见》等有关规定，一般有如下特征：交易对象为标准化合约，交易方式为集中交易，集中交易又可细分为集合竞价、连续竞价、电子撮合、匿名交易、做市商机制等交易方式。[①]

三是从民事认定标准看，司法系统认定非法期货交易主要包括以下因素：涉案交易除价格未确定外，其他要素均在交易前确定，投资者支付一定金额的保证金即可进行交易，构成集中交易的结果，符合做市商交易特征，符合非法期货交易的目的要件。[②]此后，最高人民法院进一步完善认定标准，如涉案交易除买卖方向和手数外其他交易参数由交易系统事先设定，交易标的具有同质性或可替代性，相对固定，只缴纳一定比例保证金即可买入或者卖出，可以通过反向操作、对冲平仓方式了结持仓。[③]

三、境外主要期货交易所发展概览

美国期货交易所发展较早。19世纪初期，芝加哥是美国最大的谷物集散中心。当时农业生产面临交通不便、信息传递落后、仓库稀缺、价格波动频繁而且剧烈等问题。1848年，芝加哥期货交易所（CBOT）成立。1851年，CBOT上市远期合约上市，允许农场主预售谷物，在谷物收割前先卖出。1865年，CBOT上市第一个标准化的期货合约。[④]1874年，芝加哥商品交易所（Chicago Mercantile Exchange，CME）成立。1872年，纽约商品交易所（NYMEX）的前身纽约黄油和奶酪交易所成立。1933年，纽约皮草交易所、纽约橡胶交易所、国家金属交易所和生丝交易所合并组成纽约期货交易所（Commodity Exchange）。1994年，NYMEX和纽约金属交易所（COMEX）合并。2007年，CBOT和芝加哥商品交易所（CME）合并组成CME集团，成为全球最大的期货交易所。2008年，CME集团并购NYMEX与COMEX。

1973年，芝加哥期权交易所（Cboe）成立，成为第一个公开交易期权的市场。2010年，Cboe上市，成为上市公司。

1998年，德国期货交易所（Deutsche Terminbörse，DTB）与瑞士期权和金融期

---

① 《关于做好商品现货市场非法期货交易活动认定有关工作的通知》（证监办〔2013〕111号）。

② 陕西西北黄金珠宝交易中心有限公司、展超买卖合同纠纷再审审查与审判监督民事裁定书［（2016）最高法民申1002号］。

③ 区淑媚、陕西有色金属交易中心有限公司买卖合同纠纷再审审查与审判监督民事裁定书［（2017）最高法民申3792号］，陈秋河、陕西有色金属交易中心有限公司买卖合同纠纷再审审查与审判监督民事裁定书［（2017）最高法民申3794号］，刘琼、陕西有色金属交易中心有限公司买卖合同纠纷再审审查与审判监督民事裁定书［（2017）最高法民申4790号］，东青松、陕西有色金属交易中心有限公司买卖合同纠纷再审审查与审判监督民事裁定书［（2017）最高法民申4792号］，田野、陕西有色金属交易中心有限公司买卖合同纠纷再审审查与审判监督民事裁定书（2017）最高法民申4816号。

④ CME集团官网。

货交易所（SOFFEX）合并成立欧洲期货交易所（EUREX）。2012年，德意志交易所（Deutsche Boerse）成为EUREX的单一股东。

1982年，伦敦国际金融期货交易所（Liffe）成立，最初上市短期利率期货期权产品，20世纪90年代开始上市农产品期货和股指期权。2000年，巴黎证券交易所、布鲁塞尔证券交易所、阿姆斯特丹证券交易所合并组成泛欧交易所（Euronext）。2002年，Liffe被Euronext收购。2007年，纽约证券交易所（NYSE）和Euronext合并组成NYSE Euronext。

2000年5月，洲际交易所（ICE）由全球最大的一些能源公司和跨国银行发起成立，为分散的场外能源交易市场提供一个更为透明开放的集中电子化交易平台。相对传统的公开喊价的会员制期货交易所，ICE走的是开放式电子交易平台路线，成立之后即开始了大规模收购扩张。2013年，洲际交易所（ICE）并购NYSE Euronext。2014年，Liffe被重命名为ICE Futures Europe。

四、期货交易所章程的审批制

期货交易所章程，是指由期货交易所会员大会或股东会制定的对期货交易所及其会员、内部组织机构具有约束力的，并经过国务院期货监督管理机构批准的内部行为规范。章程规定了期货交易所的设立目的、职责、组织结构、基本业务制度等内容。期货交易所章程是设立期货交易所的必备条件，会员制和公司制交易所都要遵守该规定。1999年《期货交易管理暂行条例》第十七条已经明确期货交易所制定或者修改章程应经中国证监会批准，该规定被延续至今。对章程进行批准也是各国期货交易法律法规的普遍做法。期货交易所章程由期货监督管理机构批准是《期货和衍生品法》第七十九条“社会公共利益优先原则”的配套制度，有利于维护期货市场的公平、有序和透明运行。

五、依据层级确定流程

交易所业务规则主要分为三级，制定的流程相应分为三类。交易规则的层级最高，修改程序要求最高，需要证监会审批。实施细则的层级其次，需向证监会报备。业务指引、业务通知等规则交易所可以自行决定。

●交易所名称的使用

第八十一条 期货交易所应当在其名称中标明“商品交易所”或者“期货交

易所”等字样。其他任何单位或者个人不得使用期货交易所或者其他可能产生混淆或者误导的名称。

本条新增了关于期货交易所名称的规定。

解析

1999年《期货交易所管理办法》第五条[①]已有类似规定，本条借鉴2019年《证券法》第一百条的规定，将该规定上升至法律层面，明确规范了期货交易所的名称使用，主要包括期货交易所必须在名称中使用“商品交易所”或者“期货交易所”等字样，其他单位和个人不得使用期货交易所或相似的名称。

随着电子化交易技术的发展，设立交易场所的技术门槛相对降低。不少地方为推进权益（如股权、产权等）和商品市场发展，陆续批准设立了一些从事产权交易、文化艺术品交易和大宗商品中远期交易等各种类型的交易场所。由于缺乏规范管理，在交易场所设立和交易活动中违法违规问题日益突出，风险不断暴露，引起了社会广泛关注。2011年国务院发布的《关于清理整顿各类交易场所切实防范金融风险的决定》第三条和第四条规定，凡使用“交易所”字样的交易场所，除经国务院或国务院金融管理部门批准的外，必须报省级人民政府批准；省级人民政府批准前，应征求联席会议意见；未经批准在交易场所名称中使用“交易所”字样的交易场所，应限期清理规范。本条进一步明确其他任何单位或者个人不得使用期货交易所或者近似的可能产生混淆或者误导的名称。

●组织形式

第八十二条 期货交易所可以采取会员制或者公司制的组织形式。

会员制期货交易所的组织机构由其章程规定。

本条新增了期货交易所组织形式的规定。

① 1999年《期货交易所管理办法》第五条规定：期货交易所的名称，应当标明商品交易所或者期货交易所字样。其他任何单位或者个人不得使用商品交易所、期货交易所或者近似的名称。

解析

一、会员制和公司制

全球期货交易所大致分为会员制和公司制两种。作为组织形式的会员制指的是交易所管理运营方式，交易所由会员组成理事会进行决策管理和日常运营，不以营利为目的，更多是互助性质，与以营利为目的公司的治理机制相对应。[①]

（一）境外实践

境内外会员制交易所主要特征类似，都是不以营利为目的，由会员共同拥有，[②]但公司制交易所主要强调以营利为目的。比如CME、NYMEX和CBOT在很长的时间里都是不以营利为目的的会员公司（not-for-profit membership corporation）[③]，公司制改革后变为营利性股份公司（for-profit stock corporation）。国内会员制交易所是非营利法人（事业单位），公司制交易所是不以营利为目的的公司。

与证券交易所类似，期货交易所在诞生之初也多采用会员制组织形式，比如1884年在芝加哥成立的芝加哥期货交易所（CBOT）、1877年在伦敦成立的伦敦金属交易所（LME）都是会员制。1993年瑞典斯德哥尔摩交易所（Stockholm Stock Exchange）由会员制改制为公司制。交易所行业在全球范围内经历公司化改制进程，更准确而言是经历去互助化（demutualization）过程，因为不少交易所本来就是不以营利为目的的会员公司。1998年澳大利亚证券交易所不仅改制，还公开上市，成为全球第一家上市的证券交易所。全球主要期货交易所芝加哥商品交易所（CME）、芝加哥期货交易所（CBOT）、纽约商业交易所（NYMEX）、芝加哥期权交易所（CBOE）以及伦敦金属交易所（LME）都先后完成了公司制改革，洲际交易所（ICE）与欧洲期货交易所（Eurex）本就采用公司制的组织形式。[④]

---

① 还有一种作为交易和结算机制的会员制，会员制和公司制交易所都可以在交易和结算机制中采用会员制。比如中金所是公司制交易所，上期所是会员制交易所，两者在交易和结算机制中均采取会员制度。银行以自营会员形式参与国债期货市场。

② Thomas J. Erickson，FUTURES EXCHANGE DEMUTUALIZATION，https://www.cftc.gov/sites/default/files/opa/speeches00/opaericks-5.htm.

③ Thomas J. Erickson，FUTURES EXCHANGE DEMUTUALIZATION，https://www.cftc.gov/sites/default/files/opa/speeches00/opaericks-5.htm.

④ 新加坡证券交易所（SES）与新加坡国际金融交易所（SIMEX）合并成立了新加坡交易所（SGX），合并过程同时也是公司制改革过程。香港期货交易所与香港联合交易所的合并过程也是公司制改革过程，澳大利亚的悉尼期货交易所（SFE）、日本的东京商品交易所（TOCOM）也先后完成公司制改革。

（二）境内实践

历史上，我国期货交易所都是会员制。一般认为，尽管1999年《期货交易管理暂行条例》没有明确否定可以采取公司制，但1999年《期货交易所管理办法》的第六条[①]、2002年《期货交易所管理办法》第十五条[②]只规定了会员制交易所。2006年9月8日，中国金融期货交易所成立，这是我国第一家公司制交易所。2007年《期货交易所管理办法》第四条首次明确规定期货交易所可以采用会员制或公司制。[③]2021年4月，广州期货交易所成立，成为我国第二家公司制期货交易所。

证券交易所也经历了相似的发展历程。一般认为，尽管1998年至2014年的历次《证券法》均没有明确否定可以采取公司制，但从文义解释可以得出只规定会员制的结论。一是1998年《证券法》第九十八条规定，“证券交易所的积累归会员所有，其权益由会员共同享有，在其存续期间，不得将其积累分配给会员”，该条被2004年《证券法》第九十八条所延续。1997年《证券交易所管理办法》第三条规定，证券交易所是“实行自律性管理的会员制事业法人”。二是尽管2005年《证券法》第一百零五条将该条修改为“实行会员制的证券交易所的财产积累归会员所有”，并延续至2014年《证券法》第一百零五条，这似乎为公司制交易所提供了制度空间，但考虑到第一百零六条同时规定“证券交易所设理事会”，而不是董事会，这意味着证券交易所只能采取会员制。2017年《证券交易所管理办法》第十七条规定：“证券交易所实行会员制，设会员大会、理事会、总经理和监事会。”

2019年《证券法》为公司制交易所提供了制度空间。尽管2019年《证券法》第一百零一条规定“实行会员制的证券交易所的财产积累归会员所有”，这与此前《证券法》第一百零五条的规定相同，但第一百零二条又规定“实行会员制的证券交易所设理事会、监事会”，这意味着不实行会员制的证券交易所可以另有规定。但也有意见认为，证券交易所是特许经营行业，公司制证券交易所必须有法律的明确授权，否则违反法无明文规定不可为的原则。2021年，为配合采取公司制的北京证券交易所的成立，《证券交易所管理办法》相应修订，第十七条明确规定“实行有限责任公司制的证券交易所设股东会、董事会、总经理和监事会”，为公司制证券交易所提供了明确的法律依据。

---

① 第六条规定：期货交易所的注册资本划分为均等份额的会员资格费，由会员出资认缴。期货交易所的权益由会员共同享有，在其存续期间，不得将其积累分配给会员。

② 第十五条规定：期货交易所设会员大会、理事会。

③ 第四条规定：经中国证券监督管理委员会批准，期货交易所可以采取会员制或者公司制的组织形式。会员制期货交易所的注册资本划分为均等份额，由会员出资认缴。公司制期货交易所采用股份有限公司的组织形式。

二、期货交易所的公司制改革

期货交易所公司制改革有诸多成因，[①]但电子计算机信息技术发展导致市场竞争加剧是主要成因。[②]

法律和制度是约束条件下的产物，交易所组织形式也是。在信息技术和网络技术普及前，期货交易在物理交易大厅（trading pit）进行。交易大厅物理空间有限，能够容纳的人员有限，无法实现投资者直接进场交易，只能采取委托可以进场交易的会员（经纪商）代为交易。此时，会员是期货交易的核心，带有天然垄断地位，没有会员期货交易就难以进行。因此期货交易所多由会员管理运营，会员制交易所也就成了常态。

20世纪末，信息技术快速发展，电子化交易逐渐成为主流的交易方式，传统的在交易池进行的线下交易逐渐落伍，这对交易所组织机制产生重大影响。从外部看，电子化交易使得交易更容易组织，交易所之间的竞争越发激烈。从内部看，会员在交易池所处的垄断地位不复存在。同时，电子化交易的基础技术设施投入需要大量资金，对交易所融资能力提出更高要求。因此，20世纪90年代，证券期货交易所的组织形式发生重大变革，由会员制转变为公司制。

证券交易所首先开始公司制改革。1993年，瑞典斯德哥尔摩证券交易所（OM）公司化改制是第一个。1998年，澳大利亚证券交易所改制为公司制，并公开上市，成为全球第一家上市的证券交易所。20世纪90年代末，公司化拓展至期货交易所。芝加哥商品交易所（CME）、芝加哥期货交易所（CBOT）、纽约商业交易所（NYMEX）、芝加哥期权交易所（CBOE）以及伦敦金属交易所（LME）都先后完成了公司制改革，洲际交易所（ICE）与欧洲期货交易所（Eurex）设立时就采用了公司制的组织形式。新加坡证券交易所（SES）与新加坡国际金融交易所（SIMEX）合并成立了新加坡交易所（SGX），同时进行了公司化改制。香港期货交易所与香港联合交易所在合并过程中也完成了公司制改革过程。澳大利亚的悉尼期货交易所（SFE）、日本的东京商品交易所（TOCOM）也先后完成公司制改革。[③]公司化改制后，交易所的决策、激励、融资等能力有很大的提升。市场化的运营模式使得品种推出加速，成交量大幅提升，比如CME从2000年改制至2006年，交易量增加了近

① 叶林等编：《期货期权市场法律制度研究》，法律出版社，2017，第186页。王湘淳：《论我国期交所组织形式的选择》，《河北法学》2008年第6期。

② Thomas J. Erickson，"FUTURES EXCHANGE DEMUTUALIZATION，" https://www.cftc.gov/sites/default/files/opa/speeches00/opaericks-5.htm.

③ 王湘淳：《论我国期交所组织形式的选择》，《河北法学》2018年第6期。

700%。同时，公司化改制还推动了交易所在全球范围的合并进程。就我国情况而言，中金所成立之时，恰逢国际市场的交易所改制和并购大潮，作为改革试点采取了公司制形态，两家证券交易所和三家期货交易所是公司股东。2021年成立的广州期货交易所也采取了公司制。

三、公共利益与股东利益的平衡

如何平衡营利与公共利益的关系是公司制交易所面临的主要挑战。公司制改革后，交易所不断提升营利能力，实现股东利益（stockholder）最大化是应有之义。同时，交易所还具有较明显的公共利益属性，涉及的利益相关者比较多，交易所平稳运行关乎金融体系的效率与质量，关乎金融资源合理、有效地配置，交易所既是金融市场稳健高效运行的基础性保障，也是实施宏观审慎管理和强化风险防控的重要抓手。过度强调以股东利益为中心，单纯强调营收要求，可能会带来监管标准的放松、监管投入的减少，甚至对投资者采取歧视性的制度安排，①最终妨碍公共利益的实现。

为此，公司制交易所均采取了应对措施，平衡交易所股东利益与公共利益的关系。在监管机构层面，交易所主要规则的修改需要向监管机构报告，比如，CME集团手续费的修改要向美国商品期货交易委员会报备。在交易所层面，设置了相应的管理机制，比如，CME集团的市场监管部直接隶属于董事会，防范管理层过度重视短期营收，忽略确保市场平稳运行的市场监管。2006年3月，纽约证券交易所（NYSE）上市后，为解决利益冲突问题，NYSE将监管和运营完全分离，纽约证券交易所市场公司负责纽交所市场的具体运营，纽约证券交易所监管公司作为独立的非营利实体，主要通过委托协议的形式来承担履行交易所的自律监管职能。2007年，又将会员的监管责任移交给金融业监管局（FINRA），委托其代表交易所对券商会员进行自律监管。2013年，纽交泛欧交易所集团被洲际交易所并购后，监管机制也经历较大调整。纽交所市场公司和纽交所监管公司被注销，所有自律监管职责移交给董事会下设的监管委员会和首席监管官。

以往，我国通过规定期货交易所不以营利为目的来维护公共利益，《期货和衍生品法》第七十九条规定了社会公共利益有限原则。会员制交易所和公司制交易所均可以采用互联网和网络技术组织交易，在这种意义上我国会员制和公司制交易所主要是在管理机制上的技术性差异，并无实质区别。随着交易所国际化进程的不断

---

① 谢增毅：《证券交易所自律监管的全球考察：困境与出路》，载《商事法论集》第11卷，法律出版社，2006。

推进，是否需要通过公司制改革推进国际并购，有待进一步探索。

●业务规则效力

第八十三条 期货交易所依照法律、行政法规和国务院期货监督管理机构的规定，制定有关业务规则；其中交易规则的制定和修改应当报国务院期货监督管理机构批准。

期货交易所业务规则应当体现公平保护会员、交易者等市场相关各方合法权益的原则。

在期货交易所从事期货交易及相关活动，应当遵守期货交易所依法制定的业务规则。违反业务规则的，由期货交易所给予纪律处分或者采取其他自律管理措施。

《期货和衍生品法》	《期货交易管理条例》
第八十三条 期货交易所依照法律、行政法规和国务院期货监督管理机构的规定，制定有关业务规则；其中交易规则的制定和修改应当**报**国务院期货监督管理机构批准。 **期货交易所业务规则应当体现公平保护会员、交易者等市场相关各方合法权益的原则。** **在期货交易所从事期货交易及相关活动，应当遵守期货交易所依法制定的业务规则。违反业务规则的，由期货交易所给予纪律处分或者采取其他自律管理措施。**	**第十条** ~~期货交易所应当依照本条例和国务院期货监督管理机构的规定，建立、健全各项规章制度……~~ **第十三条** ~~期货交易所办理下列事项，应当经国务院期货监督管理机构批准：~~ ~~（一）制定或者修改章程、交易规则；~~

本条是新增条款，借鉴2019年《证券法》第一百一十五条的规定，增加了期货交易所业务规则法律地位和效力内容。

解析

本条规定业务规则制定和修改要国务院期货监督管理机构审批，明确业务规则的依据包括法律、行政法规和国务院期货监督管理机构的规定，明确业务规则的约束对象包括“在期货交易所从事期货交易及相关活动”的所有主体，明确自律管理措施包括纪律处分和其他措施。

一、交易规则的批准

二读稿中要求所有的规则都要报批，《期货和衍生品法》规定只有交易规则需要报批，延续了《期货交易管理条例》的规定，既符合实践情况，也符合简政放权精神。整体上来看，英美的交易所修改手续费一般无须监管机构审批，德国的交易所修改手续费只需州层面监管机构审批。

（一）美国期货交易所业务规则批准情况

根据美国商品期货交易委员会的规定，交易所修订规则时，有自愿报批①、自我认证②和自行决定三种方式。自愿报批、自我认证均类似备案制，需获取美国商品期货交易委员会认可。美国商品期货交易委员会在规定时间内未反馈的，推定获得批准。美国商品期货交易委员会规定中未明确何种事项必须采用报批或认证。目前，CME集团选择自我认证多过自愿报批。此外，在某些特殊条件下，交易所可以不履行前述两种程序，自行决定部分费用及某些事项的调整。

一是自愿报批。自愿报批是指交易所可以将修订申请提交至美国商品期货交易委员会，美国商品期货交易委员会在收到申请后的45天内进行审查并给予回复，45天未获回复的推定获得审批。必要时，美国商品期货交易委员会可以要求延长90天时间，并公开征求意见。二是自我认证。交易所自我认证是指交易所根据法定程序对修订的内容进行自我认证。交易所按照指定格式向美国商品期货交易委员会指定邮箱提交相关材料，美国商品期货交易委员会收到材料后，按照法律法规和政策要求对交易所自我认证的真实性进行尽职调查和评估。收到材料后10日内，若美国商品期货交易委员会未终止交易所变更或未做出任何答复，则交易所可以直接发布相关手续费及规则变更修订案通告市场并依此生效。自我认证程序简洁、运行效率较高，美国商品期货交易委员会最快可于下一交易日反馈结果。三是自行决定。在特定条件下，部分手续费及某些事项的调整可以无须履行前述两种程序，交易所自行决定即可。这里依据是否向美国商品期货交易委员会进行事后报告又分两种情形。一是交易所自行决定变更手续费但需要向美国商品期货交易委员会提交报告的情况③，以下两个条件必须同时满足：费用不涉及交易激励计划、做市商费用等事项；

① 《美国联邦法规》第40.5条规定“Voluntary submission of rules for Commission review and approval”。

② 《美国联邦法规》第40.6条规定“Self-certification of rules”。

③ 《美国联邦法规》第40.6条。

费用或费用变更大于等于1美元，且费用由独立第三方设立或者不涉及交易、交割、清算、争端解决。报告方式为交易所当周向美国商品期货交易委员会提交此前一周交易所自行决定的规则修改简报。二是交易所自行决定变更手续费且无须向美国商品期货交易委员会报告的情况[①]，以下两个条件必须同时满足：费用不涉及交易激励计划、做市商费用等事项；费用或费用变更小于1美元。

（二）欧洲期货交易所业务规则审批情况

一是英国情况。《金融服务和市场法》第8章第293条[②]、英国金融行为监管局（FCA）的《被认可的投资交易所规则》[③]第3.9条规定，对于会员费、交易费、费用减免等标准费用（standard tariff）的修改，交易所应在向会员征求意见的同时、在修改公布或向会员发布前，向FCA报告；对于非标准费用的修改，完全无须向FCA报告。二是德国情况。德国资本市场监管分为德国联邦金融监管局（以下简称BaFin）、州层面的交易所监管局（以下简称BAB[④]）和交易监察办公室三个层级[⑤]，分别负责市场滥用行为的监管、交易所和交易相关实体的监管以及日常交易监控工作。德国《交易所法》规定，交易所规则应由交易所委员会通过，并经过州层面的交易所监管机构（zuständigen obersten Landesbehörde）批准，再向市场披露[⑥]。交易所委员会（Exchange Council）是Eurex的最高权力机构，具体负责颁布交易所规则、交易所业务条件、交易费用规定、会员准入规则等。

二、业务规则要坚持公平原则

各期货交易所业务规则一般包括交易规则、实施细则、业务指引、业务通知等，一般分为业务（比如交易、结算、交割等业务规则）和产品（比如国债期货、股指期货等产品规则）两大类。其中，交易规则的制定和修改应当报国务院期货监督管理机构批准。

期货交易所作为期货市场的组织者，具有明显的公共利益特点，是期货市场的裁判员，业务规则应持中立立场，公平保护会员、交易者等市场相关各方的合法权益。为确保交易所业务规则的公平性，交易所重要业务规则修订需要向市场征求意

① 《美国联邦法规》第40.6条。

② Financial Services and Markets Act 2000，Chapter 8，Section 293，293. http://www.legislation.gov.uk/ukpga/2000/8/pdfs/ukpga_20000008_en.pdf.

③ Recognised Investment Exchanges，https://www.handbook.fca.org.uk/handbook/REC.pdf.

④ BAB=Börsenaufsichtsbehörde.

⑤ https://www.eurexchange.com/dbcm-en/about-us/organisation-of-the-fwb/market-surveillance-in-germany/market-surveillance-21856?frag=251026.

⑥ Börsengesetz（BörsG），17 Gebühren und Entgelte und 3 Aufgaben und Befugnisse der Börsenaufsichtsbehörde.

见。比如，欧洲期货交易所（Eurex）结算规则第一章第17.2.3条规定，重要结算条款的修改要公开征求意见。2018年7月18日至7月24日，中金所就2年期国债期货合约及相关规则向社会公开征求意见。下一步应实施拓展重要修改要向全市场征求意见的实践。

三、业务规则的法律效力

理论上讲，期货交易所是自律管理主体，交易所与管理对象之间是民事法律关系，管理对象可以质疑交易所业务规则的合法性，进而否定交易所的管理。从实践中来看，科创板相关规则已有突破。《最高人民法院关于为设立科创板并试点注册制改革提供司法保障的若干意见》第四条规定，“对于证券交易所经法定程序制定的科创板发行、上市、持续监管等业务规则，只要不具有违反法律法规强制性规定情形，人民法院在审理案件时可以依法参照适用”。本条第三款规定，在期货交易所从事期货交易及相关活动，应当遵守期货交易所依法制定的业务规则，从法律上明确了交易所规则的强制执行效力，管理对象无权挑战交易所业务规则。同时，该款并未改变期货交易所自律管理的民事法律性质，交易所依据业务规则作出的决定并非行政行为。

四、自律管理措施的种类

违规行为的严重程度不同，程序也相应不同。实践中，自律管理措施分为纪律处分和监管措施，我国证券交易所对两类管理措施做了较明确区分，在期货市场目前只有郑商所进行了较为明确的区分。郑商所的监管措施主要包括11种[①]：（1）口头警示；（2）出具警示函；（3）监管谈话；（4）要求公开说明；（5）要求参加培训；（6）要求定期报告；（7）要求提交书面承诺；（8）要求增加内部合规检查的次数；（9）要求聘请中介机构核查并发表意见；（10）要求处分有关人员；（11）上报中国证监会等。纪律处分包括通报批评、公开谴责、暂停部分业务等。

●负责人资格

第八十四条　期货交易所的负责人由国务院期货监督管理机构提名或者任免。

① 《郑州商品交易所违规处理办法》（郑商发〔2017〕68号）第四十一条，该文件于2021年11月修订。

有《中华人民共和国公司法》规定的不适合担任公司董事、监事、高级管理人员的情形或者下列情形之一的，不得担任期货交易所的负责人：

（一）因违法行为或者违纪行为被解除职务的期货经营机构的董事、监事、高级管理人员，或者期货交易场所、期货结算机构的负责人，自被解除职务之日起未逾五年；

（二）因违法行为或者违纪行为被吊销执业证书或者被取消资格的注册会计师、律师或者其他期货服务机构的专业人员，自被吊销执业证书或者被取消资格之日起未逾五年。

《期货和衍生品法》	《期货交易管理条例》
第八十四条　期货交易所的负责人由国务院期货监督管理机构提名或者任免。 有《**中华人民共和国公司法**》**规定的不适合担任公司董事、监事、高级管理人员的情形或者**下列情形之一的，不得担任期货交易所的负责人： （一）因违法行为或者违纪行为被解除职务的**期货经营机构**的董事、监事、高级管理人员，或者期货交易**场所**、**期货**结算机构的负责人，自被解除职务之日起未逾**五**年； （二）因违法行为或者违纪行为**被吊销执业证书或者**被**取消**资格的注册会计师、律师或者**其他期货服务机构**的专业人员，自**被吊销执业证书或者**被**取消**资格之日起未逾**五**年。	**第九条**　有《中华人民共和国公司法》~~第一百四十六条规定~~的情形或者下列情形之一的，不得担任期货交易所的负责人~~、财务会计人员~~： （一）因违法行为或者违纪行为被解除职务的期货交易所、~~证券交易所、证券登记~~结算机构的负责人，或者期货公司~~、证券公司~~的董事、监事、高级管理人员，以及国务院期货监督管理机构规定的其他人员，自被解除职务之日起未逾5年； （二）因违法行为或者违纪行为被~~撤销~~资格的律师、注册会计师或者~~投资咨询机构、财务顾问机构、资信评级机构、资产评估机构、验证机构~~的专业人员，自被~~撤销~~资格之日起未逾5年。

本条借鉴2019年《证券法》第一百零三条的规定，对《期货交易管理条例》第九条的规定做了文字调整。

解析

本条规定了期货交易所负责人的负面清单。

第一，根据2018年《公司法》第一百四十六条规定，下列人员不得担任期货交易所负责人：（1）无民事行为能力或者限制民事行为能力；（2）因贪污、贿赂、侵占财产、挪用财产或者破坏社会主义市场经济秩序，被判处刑罚，执行期满未逾五年，或者因犯罪被剥夺政治权利，执行期满未逾五年；（3）担任破产清算的公司、企业的董事或者厂长、经理，对该公司、企业的破产负有个人责任的，自该公司、企业破产清算完结之日起未逾三年；（4）担任因违法被吊销营业执照、责令关闭的公司、企业的法定代表人，并负有个人责任的，自该公司、企业被吊销营业执照之日起未逾三年；（5）个人所负数额较大的债务到期未清偿。

第二，下列两类人员不得担任期货交易所负责人：一是因违法行为或者违纪行为被解除职务的期货市场主体管理人员，包括期货经营机构的董事、监事、高级管理人员，期货交易场所、期货结算机构的负责人。二是因违法行为或者违纪行为被吊销执业证书或者被取消资格专业人员，包括注册会计师、律师或者其他期货服务机构的专业人员。

第三，本条未规定期货交易所负责人的外延，一般认为交易所负责人包括理事、董事、监事、总经理、副总经理等。①

•交易所职责

第八十五条　期货交易场所应当依照本法和国务院期货监督管理机构的规定，加强对交易活动的风险控制和对会员以及交易场所工作人员的监督管理，依法履行下列职责：

（一）提供交易的场所、设施和服务；

（二）设计期货合约、标准化期权合约品种，安排期货合约、标准化期权合约品种上市；

（三）对期货交易进行实时监控和风险监测；

（四）依照章程和业务规则对会员、交易者、期货服务机构等进行自律管理；

（五）开展交易者教育和市场培育工作；

（六）国务院期货监督管理机构规定的其他职责。

期货交易场所不得直接或者间接参与期货交易。未经国务院批准，期货交易场所不得从事信托投资、股票投资、非自用不动产投资等与其职责无关的业务。

① 程合红主编《〈证券法〉修订要义》，人民出版社，2020，第217页。

《期货和衍生品法》	《期货交易管理条例》
第八十五条 期货交易**场**所应当依照本**法**和国务院期货监督管理机构的规定，加强对交易活动的风险控制和对会员以及交易**场**所工作人员的监督管理，**依法**履行下列职责： （一）提供交易的场所、设施和服务； （二）设计**期货**合约、**标准化期权合约品种**，安排**期货**合约、**标准化期权合约品种**上市； （三）**对期货交易进行实时监控和风险监测**； （四）**依照**章程和**业务**规则对会员、**交易者、期货服务机构等**进行自**律**管理； （五）**开展交易者教育和市场培育工作**； （六）国务院期货监督管理机构规定的其他职责。 期货交易**场**所不得直接或者间接参与期货交易。未经国务院批准，期货交易**场**所不得从事信托投资、股票投资、非自用不动产投资等与其职责无关的业务。	**第十条** 期货交易所应当依照本~~条例~~和国务院期货监督管理机构的规定，~~建立、健全各项规章制度，~~加强对交易活动的风险控制和对会员以及交易所工作人员的监督管理~~。期货交易所~~履行下列职责： （一）提供交易的场所、设施和服务； （二）设计合约，安排合约上市； ~~（三）组织并监督交易、结算和交割；~~ ~~（四）为期货交易提供集中履约担保；~~ （五）~~按照~~章程和~~交易~~规则对会员进行~~监督~~管理； （六）国务院期货监督管理机构规定的其他职责。 期货交易所不得直接或者间接参与期货交易。未经国务院~~期货监督管理机构审核并报~~国务院批准，期货交易所不得从事信托投资、股票投资、非自用不动产投资等与其职责无关的业务。

本条对《期货交易管理条例》第十条做了文字调整。鉴于《期货和衍生品法》第七章独立规定了期货结算机构，本条删除了结算、交割、履约担保等内容。

解析

本条规定了期货交易所职责的正面清单和负面清单。本条从1999年《期货交易管理暂行条例》第十四条发展而来，基本框架未作变动，《证券法》未见相关规定。

第一，正面清单。一是提供交易的场所、设施和服务。作为期货交易的组织者，期货交易所的基本职责是为期货交易提供场所、设施和管理服务，这是期货交易得以开展的物质基础。二是设计合约、安排上市。期货和期权作为高度标准化的合约，其设计主体并非买卖双方而是期货交易所，这是期货交易所的主要工作。该环节工作类似证券一级市场，但主要工作由期货交易所完成。三是对期货交易进行实时监控和风险监测。作为市场组织者，期货交易所要确保“三公”原则在期货市场的落实落地，监控交易、监测风险是职责的应有之义。四是依照章程和业务规则对会员、交易者、期货服务机构等进行自律管理。根据《期货和衍生品法》第八十三条的规定，期货交易所业务规则对参与期货市场的所有主体均具有法律效力。五是开展交易者教育和市场培育工作。期货市场是专业化市场，其可持续发展离不开持续开展投资者教育和市场培育工作。

第二，负面清单。一是不得直接或者间接参与期货交易。期货交易所作为期货市场的组织者，是期货市场裁判员，这种中立方的地位决定了期货交易所不可以参与期货交易。同时，期货交易所了解期货市场最新信息，如允许其参加交易，将违背市场的“三公”原则。二是未经国务院批准，期货交易场所不得从事信托投资、股票投资、非自用不动产投资等与其职责无关的业务。期货交易所作为金融基础设施具有明显的公共利益特点，必须以稳健运行为基础，从事与职责无关的业务可能影响运营。同时，期货交易所也有购买自用办公楼、全球并购等业务需要，本条又做了例外规定。

•收益使用

第八十六条　期货交易所的所得收益按照国家有关规定管理和使用，应当首先用于保证期货交易的场所、设施的运行和改善。

《期货和衍生品法》	《期货交易管理条例》
第八十六条　期货交易所的所得收益按照国家有关规定管理和使用，应当首先用于保证期货交易**的**场所、设施的运行和改善。	**第十四条**　期货交易所的所得收益按照国家有关规定管理和使用，但应当首先用于保证期货交易场所、设施的运行和改善。

本条未做改动。

解析

本条是期货交易所所得收益的管理和使用的规定。

一是期货交易所收益。期货交易所所得收益主要是指经营过程中取得的各项收入，主要包括交易手续费、申报费、交割手续费、席位使用费、转托管费、惩罚性违约金等。在日常经营过程中，期货交易所可以收取费用。期货交易所的收入在扣除税费、人员薪酬等项目后，构成期货交易所的所得收益。

二是收益使用管理。本条规定“应按照国家有关规定管理和使用”，而《证券法》第一百零一条规定“证券交易所可以自行支配的各项费用收入，应当首先用于保证其证券交易场所和设施的正常运行并逐步改善”，可见与证券市场相比期货交易所所得收益使用管理要求更高。《商品期货交易财务管理暂行规定》（财商字〔1997〕44号）第八条规定，期货交易所税后利润不得用于分配红利，应全部转作盈利公积金；可以从年度净利润中提取一定数额的公益金，用于期货交易所购建职工集体福利设施支出；期货交易所在净资产达到足以抵御市场风险的一定规模时，可以在一定期间对会员给予降低或免收手续费的待遇。

三是主要用途。加强和完善资本市场基础设施建设，对于提高市场运行效率和降低交易成本、支持资本市场改革创新和对外开放、保护广大投资者合法权益、维护国家金融安全具有重要意义，是守住“交易不断、数据不断”底线的根本，交易所所得收益理应首先用于保证期货交易的场所、设施的运行和改善。

四是境外期货交易所多为独立市场主体，其收益自行支配，与我国存在较大差别。

●紧急措施

第八十七条 期货交易场所应当加强对期货交易的风险监测，出现异常情况的，期货交易场所可以依照业务规则，单独或者会同期货结算机构采取下列紧急措施，并立即报告国务院期货监督管理机构：

（一）调整保证金；

（二）调整涨跌停板幅度；

（三）调整会员、交易者的交易限额或持仓限额标准；

（四）限制开仓；

（五）强行平仓；

（六）暂时停止交易；

（七）其他紧急措施。

异常情况消失后，期货交易场所应当及时取消紧急措施。

《期货和衍生品法》	《期货交易管理条例》
第八十七条 期货交易场所应当加强对期货交易的风险监测，出现异常情况**的**，期货交易**场**所可以**依**照业务规则，**单独或者会同期货结算机构**采取下列紧急措施，并立即报告国务院期货监督管理机构： （一）**调整**保证金； （二）调整涨跌停板幅度； （三）调整会员、**交易者**的**交易限额或**持仓**限额标准**； **（四）限制开仓；** **（五）强行平仓；** （六）暂时停止交易； （七）其他紧急措施。 异常情况消失后，期货交易**场**所应当及时取消紧急措施。	**第十二条** ~~当期货市场~~出现异常情况~~时~~，期货交易所可以~~按~~照~~其章程规定的权限和程序，决定~~采取下列紧急措施，并~~应当~~立即报告国务院期货监督管理机构： （一）~~提高~~保证金； （二）调整涨跌停板幅度； （三）限制会员~~或者客户~~的~~最大~~持仓~~量~~； （四）暂时停止交易； （五）~~采取~~其他紧急措施。 ~~前款所称异常情况，是指在交易中发生操纵期货交易价格的行为或者发生不可抗拒的突发事件以及国务院期货监督管理机构规定的其他情形。~~ 异常情况消失后，期货交易所应当及时取消紧急措施。

本条丰富了期货交易所紧急措施的种类，新增调整交易限额、限制开仓、强行平仓、暂时停止交易等措施。

解析

一、应急管理措施

本条是期货市场特有的制度，《证券法》第一百一十一条只规定了突发事件的处置。1999年《期货交易管理暂行条例》第十六条[①]已有相关规定，并延续至今。期货市场采取保证金交易，风险控制具有特别重要的意义。期货交易所作为期货市场组织者，是期货市场风险控制的核心，为使期货交易所具备及时高效防范和化解市场风险的能力，在期货市场出现异常情况时，期货交易所可以采取本条规定中的六

① 第十六条规定，当期货市场出现异常情况时，期货交易所可以按照其章程规定的权限和程序，决定采取下列紧急措施，并应当立即报告中国证监会：（一）提高保证金；（二）调整涨跌停板幅度；（三）限制会员或者客户的最大持仓量；（四）暂时停止交易；（五）采取其他紧急措施。前款所称异常情况，是指在交易中发生操纵市场并严重扭曲价格形成的行为或者不可抗力的突发事件以及中国证监会规定的其他情形。异常情况消失后，期货交易所应当及时取消紧急措施。

类紧急管理措施。[1]

一是调整保证金。保证金是期货市场履约的基石，提高保证金可以增强交易者合约履约能力，降低市场信用风险。二是调整涨跌停板幅度。涨跌停板限定了合约的波动幅度，适当调整涨跌停板幅度，可以控制市场价格波动幅度，限制恐慌情绪等短期因素对市场的影响。三是调整会员、交易者的交易限额或持仓限额标准。调整交易限额设置，可以调节市场流动性，促进市场平稳运行。调整持仓限额标准，可以防范市场操纵风险，有序化解单边市风险。四是限制开仓。限制开仓可以调节市场流动性，限制单个投资者参与交易能力，促进市场平稳运行。五是强行平仓。未经会员同意，交易所可以按规则强行关闭会员持仓，这有利于化解期货市场存量风险。六是暂时停止交易。在异常情况结束或处置完毕后，再重启交易。

二、司法审查

在郭某诉光大证券股份有限公司、上海证券交易所、中国金融期货交易所期货内幕交易责任纠纷案中，法院明确，被告上交所、中金所作为证券、期货交易市场的自律管理组织，其除了依照章程行使自律管理职责外，还具有为集中交易提供保障、发布信息的法定义务，并被赋予在法定条件下对特定市场主体采取单方、强制性、不利益措施的权力。同时，是否采取上述措施应由上交所、中金所结合当时市场具体状况，以合理合法为原则，以维护市场整体秩序及交易公平为目的自行决定，并非在市场出现异常时即必然立即行使，如否定上交所、中金所行使该种权力时的自主决定权，则证券市场的稳定及交易结果将因个别主体的违规行为而始终处于不确定状态，实质将对市场秩序及交易公平构成更大伤害，故交易所行使前述职权时的自主决定权系其履行监管职责的基础。据此应当认为，无论交易所在行使其监管职权过程中作为或不作为，只要其行为的程序正当、目的合法，且不具有主观恶意，则交易所不应因其自主决定的监管行为而承担民事法律责任，否则其监管职能的行使将无从谈起。

●行情所有权

第八十八条　期货交易场所应当实时公布期货交易即时行情，并按交易日制作期货市场行情表，予以公布。

① 姜洋等：《期货市场新法规解释与适用》，法律出版社，2007，第86页。

期货交易行情的权益由期货交易场所享有。未经期货交易场所许可，任何单位和个人不得发布期货交易行情。

期货交易场所不得发布价格预测信息。

期货交易场所应当依照国务院期货监督管理机构的规定，履行信息报告义务。

《期货和衍生品法》	《期货交易管理条例》
第八十八条　期货交易场所应当**实时**公布期货交易即时行情，**并按交易日制作期货市场行情表，予以公布。** **期货交易行情的权益由期货交易场所享有。**未经期货交易场所许可，任何单位和个人不得发布期货交易行情。 期货交易场所不得发布价格预测信息。 **期货交易场所应当依照国务院期货监督管理机构的规定，履行信息报告义务。**	**第二十七条**　期货交易所应当~~及时~~公布~~上市品种合约的成交量、成交价、持仓量、最高价与最低价、开盘价与收盘价和其他应当公布的~~即时行情，~~并保证即时行情的真实、准确。~~期货交易所不得发布价格预测信息。 未经期货交易所许可，任何单位和个人不得发布期货交易~~即时~~行情。

本条优化了《期货交易管理条例》第二十七条的规定，新增了期货交易场所享有即时行情的权益，新增了期货交易所信息报告义务。

解析

1999年《期货交易管理暂行条例》第三十四条已规定了期货交易所应当及时公布相关信息等内容，[①]并为后续历次《期货交易管理条例》所延续，《证券法》第一百零九条也有类似规定。[②]

一是行情必须实时公布。实时行情是交易者投资判断的主要参考因素，实时准确地公开行情是公开、公平、公正和诚实信用原则的要求，是防范欺诈、内幕交易、市场操纵等违法行为的重要举措。为保障交易行情的实时性，资本市场已经发

① 第三十四条规定，期货交易所应当及时公布上市品种期货合约的成交量、成交价、持仓量、最高价与最低价、开盘价与收盘价和其他应当公布的信息，并保证信息的真实、准确。期货交易所不得公布价格预测信息。

② 第一百零九条规定，证券交易所应当为组织公平的集中交易提供保障，实时公布证券交易即时行情，并按交易日制作证券市场行情表，予以公布。证券交易即时行情的权益由证券交易所依法享有。未经证券交易所许可，任何单位和个人不得发布证券交易即时行情。

展出一套由地面高速光纤和空中卫星网络传播双向保障的专属路径，保障即时行情稳定、实时地显示在投资者行情终端。

二是交易所对行情有所有权。行情信息是交易所的重要资源，关乎期货交易所的核心竞争力，交易所对即时行情享有专属权益是国际惯例。在法律中明确权属，可以避免境外机构基于即时行情编制指数并推出相关产品等问题，维护境内市场定价权，维护国家金融安全。期货交易所的行情所有权与证券交易所的行情所有权有所不同，考虑到期货结算价、交割价不是盘中实时形成的，因此将二读稿中的“期货交易即时行情的权益由期货交易场所享有”，修改为“期货交易行情的权益由期货交易场所享有”。

三是期货交易场所不得公布价格预测信息。所谓价格预测，是指对未来市场价格走势作出的分析判断，这是期货投资咨询机构从事的业务。作为金融基础设施，期货交易所中立性、专业性特征明显，有较强的公信力，发布价格预测损害期货交易所的中立性和公信力，也可能误导投资者。自《期货交易管理暂行条例》实行起，期货市场严禁期货交易所发布价格预测信息。

四是相关案例。1983年，在Board of Trade① 一案中俄亥俄州最高法院就未经指数权利人许可能否开发基于指数的衍生品并使用该指数的行情信息进行结算问题作出了明确判决，要求指数权利人有权要求任何人在上市基于其指数的衍生品时都应取得其授权并有权独立决定是否向特定人进行授权或不予授权。2007年，在上交所信息网络有限公司（以下简称“上证信息”）诉新华富时指数有限公司（以下简称“新华富时”）证券信息合同纠纷一案中，上海市第一中级人民法院判决新华富时将自己编制的新华富时中国A50股指（以下简称“A50指数”）授权给新加坡交易所（SGX），以供后者作为A50指数期货标的的做法构成了违约。法院认为，中国A50指数期货的基础是新华富时编制的中国A50指数，新华富时编制中国A50指数完全使用了上证信息提供的、在上海证券交易所上市交易的38种股票的实时行情。如果新华富时不能自上证信息处获取上述股票实时行情，就无法开发并上市中国A50指数期货。所以，新华富时开发、上市中国A50指数期货的行为，实质就是利用上证信息按约提供的上交所实时股票行情开发了衍生产品，该种行为显然违反合同的约定。

五是信息产权的性质和范围。证券期货行情信息是交易主体在市场集中交易过程中所形成的、经过交易所整理加工、能够反映行情走势的全部交易数据②，其包

① THE BOARD OF TRADE OF THE CITY OF CHICAGO，Appellant，v. DOW JONES & COMPANY，INC.，Appellee.

② 刘宏光、陈建伟：《证券期货行情信息保护的数据财产权视角初探》，《证券法律评论》2019年卷。

括盘中生成的即时行情、盘后加工的衍生信息。2021年《证券交易所管理办法》第三十八条规定："证券交易所即时行情的权益由证券交易所依法享有。证券交易所对市场交易形成的基础信息和加工产生的信息产品享有专属权利。"

各方对信息产权的法律性质有不同理解，主要有三种。其一，行情信息是传统的财产权。其二，行情信息是知识产权，基于行情信息编制的信息受版权法保护。其三，行情信息是数据财产权。信息的产生、收集和编辑需要付出"劳动"，信息是一种财产，但这不是传统的有形财产权，也不是具有"独创性"的知识产权，而是一种新型的数据财产权。数据财产是信息时代重要的经济要素，具有独特价值的经济要素，是与劳动、资本、土地、知识、技术、管理等相并列的经济要素。《民法典》第一百二十七条规定"法律对数据、网络虚拟财产的保护有规定的，依照其规定"，这为未来制定专门法律保护数据和虚拟财产提供了法律基础。

•突发性事件处置及取消交易

第八十九条　因突发性事件影响期货交易正常进行时，为维护期货交易正常秩序和市场公平，期货交易场所可以按照本法和业务规则规定采取必要的处置措施，并应当及时向国务院期货监督管理机构报告。

因前款规定的突发性事件导致期货交易结果出现重大异常，按交易结果进行结算、交割将对期货交易正常秩序和市场公平造成重大影响的，期货交易场所可以按照业务规则采取取消交易等措施，并应当及时向国务院期货监督管理机构报告并公告。

本条新增了突发事件的处置措施。

解析

本条借鉴2019年《证券法》第一百一十一条[①]规定，新增了期货交易所对突发事

① 第一百一十一条：因不可抗力、意外事件、重大技术故障、重大人为差错等突发性事件而影响证券交易正常进行时，为维护证券交易正常秩序和市场公平，证券交易所可以按照业务规则采取技术性停牌、临时停市等处置措施，并应当及时向国务院证券监督管理机构报告。因前款规定的突发性事件导致证券交易结果出现重大异常，按交易结果进行交收将对证券交易正常秩序和市场公平造成重大影响的，证券交易所按照业务规则可以采取取消交易、通知证券登记结算机构暂缓交收等措施，并应当及时向国务院证券监督管理机构报告并公告。证券交易所对其依照本条规定采取措施造成的损失，不承担民事赔偿责任，但存在重大过错的除外。

件的处置措施。

一、突发事件影响期货交易正常运行

实践中，随着期货市场电子化交易改造的完成，因重大技术故障、重大人为差错等突发性事件引发的证券交易异常情况日益频繁。据不完全统计，自2008年以来，境内外证券市场因系统故障原因导致的大规模交易异常已有百余次，对市场的功能和秩序形成巨大威胁。[①] 本条未规定突发事件的内容，2019年《证券法》第一百一十一条规定了四种类型：（1）不可抗力。不可抗力是指不能预见、不能避免、不能克服的客观情况，如台风、地震等自然灾害，事故灾难、公共卫生事件、社会安全事件等社会事件。（2）意外事件。与不可抗力中的社会事件不同，意外事件可能是由于第三人原因造成，往往只是针对特定当事人具有不可预见性和不可抗拒性。（3）技术故障。一般是指技术设备系统或相应零部件丧失其规定性能的状态。（4）人为差错。这是指在业务实施、流程衔接、操作运行等环节因人为原因出现的重大误差，比如"乌龙指"交易。[②]

二、取消交易

一是境外实践。所谓取消交易是指对已达成的交易确认无效，包括交易所主动取消或根据当事人申请取消交易两者情形，这是对《期货和衍生品法》第二十六条交易终局性的例外规定。实践中，各交易所对取消交易持非常谨慎态度，设定较为严格的适用的条件和程序，如芝加哥商品交易所规则手册第588条、新加坡交易所第4.1.8号监管通知等。一般而言，这些规定比较笼统，比如LME规则的第三章第13.1条规定，"在某些情况下，交易所可以根据通知规定的相关程序，宣布交易无效"。此外，LME规则的第三章第22.1条规定在交易所认为适当的情况下，交易所可以取消任何协议交易或合同。2022年3月，LME镍期货发生了全球瞩目的逼空事件，在两个交易日内（3月7日至8日），LME镍3月期货合约从29246美元最高升至101365美元，最高涨幅为247%。3月8日LME宣布暂停镍期货交易，并取消了3月8日零点后的所有交易。在2010年美国资本市场出现"闪崩"后，纳斯达克、纽交所等美国大型交易所决定取消问题时段出现的部分交易。

二是境内实践。我国期货交易所因缺乏上位法依据尚未制定错单规则。通常只有在极端市场环境下，为维护市场的公平、有序，并保护投资者和公众利益，交易

---

① 程合红主编：《〈证券法〉修订要义》，人民出版社，2020，第228页。
② 程合红主编：《〈证券法〉修订要义》，人民出版社，2020，第228页。

所才会采取这种处理措施。[1] 资本市场发展初期，在“327”国债期货事件中最后8分钟交易被宣告无效可能是我国期货市场唯一的一起取消交易事件。证券市场的突发事件处置措施更为丰富，《证券法》第一百一十一条还规定了技术性停牌、临时停市、暂缓交收等措施。上期所《风险控制管理办法》第四十五条规定，当出现地震、火灾、水灾等不可抗力或者计算机系统故障等原因导致交易、结算、交割、行权与履约等业务无法正常进行，且交易指令、成交数据错误、丢失无法恢复的，交易所总经理可以决定取消未成交的交易指令，理事会可以决定取消交易。该办法第四十六条规定交易所采取紧急措施前应当报告中国证监会。中金所的《风险控制管理办法》中亦有与上期所类似的相关规定。

《上海证券交易所、中国证券登记结算有限责任公司股票期权试点风险控制管理办法》第七十四条规定，期权交易中发生以下情形之一，且尚未进入清算程序的，上交所可以决定取消相关期权合约或者合约品种当日已经成交的交易：（1）期权合约在存续期间，合约类型、合约单位、行权价格等合约条款发生错误；（2）加挂的期权合约数量、到期日或者行权价格等出现错误，不符合期权合约加挂相关规则；（3）期权合约到期后未及时摘牌，仍进行交易；（4）合约标的除权、除息错误导致合约标的交易价格出现重大误差；（5）合约标的当日全部或者部分交易被上交所采取取消交易措施；（6）合约标的为交易所交易基金的，该交易所交易基金出现申赎清单错误，导致其在当日连续竞价交易时段的交易价格波幅与其对应指数波幅之差按时间加权平均后的绝对值超过2%；（7）合约标的为交易所交易基金的，因基金管理人出现技术故障或者重大差错等原因（申赎清单错误除外），导致该基金持有的各成分股权重与其对应指数相应成分股权重之差的绝对值合计超过35%；（8）因上交所交易系统发生重大故障、被非法侵入或遭受其他人为破坏等原因，导致期权交易未能按照上交所业务规则的规定进行成交或在规定的交易时段以外进行交易，或者出现其他重大异常情形。

除前款规定的情形外，因合约标的市场或者期权市场发生不可抗力、意外事件、技术故障以及重大差错，导致期权交易结果出现重大异常，按此交易结果进行结算将对期权交易正常秩序和市场公平造成重大影响的，上交所可以决定取消相关期权合约或者合约品种的交易。

三、取消交易的合理限制

取消交易是对交易终局性原则的例外，不可避免会对市场产生重大影响，应对

① 程合红主编《〈证券法〉修订要义》，人民出版社，2020，第229页。

其设定较为明确的程序要件。一是时效性。鉴于期货市场交易速度较快，时效成为取消交易处理关键要求。如果一个交易在较长时间处于效力待定的状态，会严重影响整个市场的后续交易，特别是在期货市场T+0交易机制和当日无负债结算制度下，交易更不能长时间处于不确定状态。二是透明度。考虑到取消交易的影响较大，交易所在规则中应对取消交易的程序、决定机构、取消交易的范围和时段确定等予以明确。三是配套措施。在针对具体的取消交易的通知中，应明确后续措施、恢复交易所需达到的条件，合理引导市场预期，并通过价格限制、持仓限额和报告等措施，降低市场风险。

• 交易所民事责任豁免

第九十条 期货交易场所对其依照本法第八十七条、第八十九条规定采取措施造成的损失，不承担民事赔偿责任，但存在重大过错的除外。

本条是新增条款，将相关司法判决的确定原则上升到法律层面，明确了交易所非重大过错免责原则，与《证券法》第一百一十一条保持一致。

解析

期货市场具有复杂性、不可预见性等特点，期货交易所作为风险输入性组织，应当被豁免除故意或者重大过失外造成损害的民事赔偿责任。否则，容易导致期货交易所在履职时面临较多的约束条件，失去风险处置中的灵活性与及时性优势。同时，也有司法实践认为交易所履职行为如果涉及公共职能可以进行司法审查。在叶伟钢诉新加坡证券交易所案中，法院指出，决策机构的决策仅仅源于双方明示或默示的合同约定时，所作决策不受司法审查，但如果非法定机构履行了公共职能，则应接受司法审查。[①]

一、境内司法实践

民事赔偿豁免应当适用于所有的自律监管职责，而不仅限于突发性事件和异常

① 张红：《证券交易所自律管理行为的司法审查标准——评叶伟钢诉新加坡证券交易所案》，《财经法学》2020年第2期。

情况处置，我国已有相关司法判决。在郭某兰诉光大证券股份有限公司、上海证券交易所、中国金融期货交易所期货内幕交易责任纠纷案中[①]，法院认为，交易所作为证券、期货市场的自律管理组织，其除了依照章程或业务规则行使自律管理职责外，还具有为集中交易提供保障、发布信息的法定义务，并被赋予在法定条件下对特定市场主体采取单方、强制性、不利益措施的权力。法院判决，证券交易所、期货交易所的法律性质为证券自律管理组织，在行使其法定自律监管职权时，若其行为的程序正当、目的合法，且不具有主观故意，则交易所不应对投资者损失承担民事侵权责任。本案为金融期货交易所正当履行自律监管职责免除了后顾之忧，在金融期货市场法治建设过程中具有标志性意义。

二、境外司法实践[②]

美国法院对免责制度的态度，由绝对豁免转向相对豁免。早期，美国法院认为交易所享受民事责任豁免是绝对的，只要其履行的是监管职责，无论过错与否，交易所都可以豁免民事责任。[③]近年来，随着交易所公司制改革的推进，交易所盈利性特点凸显，自律监管职能被削弱，[④]这动摇了绝对豁免的根基，因此，美国法院开始在判例中对绝对豁免进行修正，若交易所的行为被界定为旨在盈利的商业行为，将不能享受豁免。[⑤]

一是斯巴达外科公司案[⑥]。在1995年的Sparta Surgical Corporation v. NASD案中，法院确认全国证券交易商协会（NASD）对临时停牌的管理措施享有民事责任豁免。斯巴达外科公司在NASD下属的纳斯达克股票市场挂牌交易。经SEC同意，公司拟再次公开发行股票。公司第二次发行股票的前一天，纳斯达克在没有通知的前提下，临时停止该公司股票交易。虽然临时的停牌没有影响第二次公开发行，但是公司认为停牌引起了市场的怀疑，将NASD诉至法庭。法院认为，在Barbara v. New York Stock Exchange案中确立了私人主体在行使重要的政府性职能时受到豁免权保护的制度，[⑦]当自律组织行使准政府权力时，扩大豁免权与国会构建证券市场目标是一致

---

① 《最高人民法院公报》2018（12）。

② 李明良、马行知：《期货交易所采取紧急处置措施时的免责制度研究》，《证券法律评论》2020年。

③ 蔡伟：《我国证券（期货）交易所的民事责任豁免探讨——基于金融创新的视角》，《证券市场导报》2011年第8期。

④ 卢瑾：《非互助化证券交易所监管改革》，《云南社会科学》2012年第6期。

⑤ 王超：《评议美国证券交易所民事责任的承担——以绝对豁免原则的修正为视角》，《证券市场导报》2019年第1期。

⑥ Sparta Surgical Corp. v. National Ass’n of Securities Dealers，Inc. 159 F. 3d 1209（9th Cir. 1998）.

⑦ Barbara v. New York Stock Exch.，99 F.3d 49，1996（2d Cir. 1996）.

的。据此，法院决定NASD受豁免权的保护。

二是 Weissman案[①]和Facebook案[②]。Weissman v. NASD案是第一例交易所未受到民事责任豁免权保护的案件。一位名叫Weissman的投资者，受纳斯达克对世界通讯公司股票营销活动影响，购买了世界通讯的股票，随后世界通讯卷入重大财务造假案，投资者遭受巨大损失。法院认为，广告行为与政府授权交易所管理职能没有关系，是交易所旨在盈利的商业行为，该行为不受豁免制度保护，交易所应当承担民事责任。如果交易所的行为被认定商业行为，则很难受豁免制度保护，在Facebook上市案件中也体现这一原则。法院认为：当交易所仅为了自己的利益，而非政府授予的自律管理职权时，其行为不受豁免权保护，据此，设计和测试技术系统不受豁免权保护；自律监管豁免权保护交易所的监管职责，而非交易所寻求利润增长的广告。最终，纳斯达克赔偿了投资者数千万美元。

三是白金合伙套利基金案[③]。Platinum Partners Value Arbitrage Fund v. Chicago Board Options Exchange案中，原告投资了标的为IFN公司股票的看跌期权，2010年12月17日，IFN公司公布每股将进行3.78美元的分红。由于现金分红导致公司资产的减少，股价下跌，买入看跌期权的原告可以在股价下跌中获益。12月20日，原告买入了更多的IFN公司股票看跌期权。然而，被告芝加哥期权交易所在当日中午公开宣布，下调期权行权价，导致看跌期权价格下跌，致使原告产生损失。原告请求赔偿的原因并不只是行权价下调本身，还有被告私下将消息传递给部分投资者。上诉法院认为，被告作为自律组织本享有豁免权；但是仅向部分投资者私下宣布调整行权价格的消息有损公平，根据Weissman案，该行为不能受到豁免权保护。

四是神秘人操纵CBOE市场案[④]。在In re Chicago Board Options Exchange Volatility Index Manipulation Antitrust Litigation案中，CBOE开发了标的为标普500指数波动率的VIX期货和VIX期权。多位投资者起诉CBOE，称CBOE开发的期权与期货容易受到操纵，CBOE明知这种情况，却没有采取行动，导致投资者损失。法院认为，开发新产品，并为新产品做广告推广，是一种旨在盈利的商业行为，不能直接适用免责制度。

---

① Weissman v. NASD，500 F.3d 1293（11th Cir. 2007）.

② In re Facebook，Inc.，IPO & Sec. & Derivative Litig.，986 F. Supp. 2d 428（S.D.N.Y. 2013）.

③ Platinum Partners Value Arbitrage Fund，L.P. v. Chicago Board Options Exchange.976 N.E.2d 415（Ill. App. 1st Dist. 2018）.

④ In re Chi. Bd. Options Exch. Volatility Index Manipulation Antitrust Litig.，390 F. Supp. 3d 916（N.D. Ill. 2019）.

第七章　期货结算机构

与《期货交易管理条例》相比，本章是新增的章节，一共七条，主要规定了期货结算机构的设立与解散、性质、法律地位、职责、业务规则、流动性管理制度等内容。

●期货结算机构的法律地位

第九十一条　期货结算机构是指依法设立，为期货交易提供结算、交割服务，实行自律管理的法人。

期货结算机构包括内部设有结算部门的期货交易场所、独立的期货结算机构和经国务院期货监督管理机构批准从事与证券业务相关的期货交易结算、交割业务的证券结算机构。

本条是关于期货结算机构法律地位以及组织模式的规定，明确期货结算机构为实行自律管理的法人，主要职能是为期货交易提供结算、交割服务，具体包括内部设有结算部门的期货交易场所等。

解析

期货登记结算机构的主要职能

《期货和衍生品法》规定期货登记结算机构为期货交易提供结算与交割服务，是期货登记结算机构的两项法定基本职能，也是其为整个期货市场提供的两项重要服务。一读稿相关的表述为“组织和监督期货交易的结算、交割”，二读稿修改为“为期货交易提供结算、交割服务”。

（一）期货结算

期货结算是指根据交易结果和交易所有关规定对会员交易保证金、盈亏、手续费、交割货款及其他有关款项进行计算、划拨的业务活动。[①]从定义可以看出，期货

① 参见《上海期货交易所结算细则》第二条、《郑州商品交易所结算细则》第二条、《大连商品交易所结算管理办法》第二条、《中国金融期货交易所结算细则》第二条。

结算主要包括两个环节：一是款项的计算，二是款项的划拨。在实践中，根据《期货交易管理条例》的规定，期货交易的结算由期货交易所统一组织进行。同时，根据《期货交易所管理办法》（2021年修正）第六十一条至第六十五条的规定，期货交易所实行全员结算制度或者会员分级结算制度。实行全员结算制度的期货交易所会员均具有与期货交易所进行结算的资格，期货交易所对会员结算，会员对其受托的客户结算。实行会员分级结算制度的期货交易所会员由结算会员和非结算会员组成，结算会员具有与期货交易所进行结算的资格，非结算会员不具有与期货交易所进行结算的资格。期货交易所对结算会员结算，结算会员对非结算会员结算，非结算会员对其受托的客户结算。

（二）期货交割

期货交割是期货结算中除对冲平仓外的另一种形式。结合期货交易所的有关规定，期货交割一般可理解为期货交易双方在期货合同到期时，通过对期货合约中的标的资产所有权实际转移，或通过以现金支付标的资产差价的形式，了结未平仓期货合约的过程。①依据交割的标的不同，期货交割可分为实物交割与现金交割。《上海期货交易所交割细则》第三条规定，“实物交割是指期货合约到期时，交易双方通过该期货合约所载商品所有权的转移，了结到期未平仓合约的过程”。《中国金融期货交易所结算细则》第九十四条规定“采用现金交割方式的，合约最后交易日收市后，交易所以交割结算价为基准，划付持仓双方的盈亏，了结到期未平仓合约”。在期货结算中，以交割进行平仓的期货合约占比较低，但期货交割是期货交易链接期货市场与现货市场的桥梁，有助于期货价格的回归与期货价格趋于一致。

（三）期货结算模式

基于境外期货结算的演变过程，期货结算分为垂直结算和水平结算两种模式。其中，垂直结算模式主要指“交易和清算一体式服务”，即清算所作为交易所的内设部门或全资子公司，比如芝加哥商品交易所（CME）和洲际交易所（ICE）。水平结算模式主要指“交易和清算相分离”，即清算所与交易所是相互独立的机构，比如伦敦金属交易所（LME）和伦敦清算所（LCH）。②就发展趋势而言，以美国为例，期货市场清算机构设置模式具有从“碎片化”走向统一化的趋势，具体表现为一是清算数据集中，建立统一清算平台；二是全球主要金融基础设施合并或合作，形成双边或多边跨市场结算联盟；三是对交易后基础设施进行变革，积极推行金融

① 叶林、钟维：《期货期权市场法律制度研究》，法律出版社，2017，第150页。
② 汤云龙：《期货结算模式的国际经验与我国期货立法的路径选择》，《期货日报》，2014年7月28日。

科技革命。[1]从目前实践来看，我国一直沿用的是垂直结算模式，即由交易所分别内设结算部进行结算。此次立法，在具体结算模式选择上，首先确认了现行期货交易所设结算部门的基本模式，同时也明确列举了独立的期货结算机构和经国务院期货监督管理机构批准从事与证券业务相关的期货交易结算、交割业务的证券结算机构这两种形式，为独立的期货结算机构的设立提供了法律依据。

●期货结算机构的设立条件

第九十二条　独立的期货结算机构的设立、变更和解散，应当经国务院期货监督管理机构批准。

设立独立的期货结算机构，应当具备下列条件：

（一）具备良好的财务状况，注册资本最低限额符合国务院期货监督管理机构的规定；

（二）有具备任职专业知识和业务工作经验的高级管理人员；

（三）具备完善的治理结构、内部控制制度和风险控制制度；

（四）具备符合要求的营业场所、信息技术系统以及与期货交易的结算有关的其他设施；

（五）国务院期货监督管理机构规定的其他条件。

承担期货结算机构职责的期货交易场所，应当具备本条第二款规定的条件。

国务院期货监督管理机构应当根据审慎监管原则进行审查，在六个月内作出批准或者不予批准的决定。

本条规定了设立独立的期货结算机构以及承担期货结算机构职责的期货交易场所应当具备的条件以及国务院期货监督管理机构审查程序。

解析

独立的期货结算机构作为具有系统重要性的金融市场基础设施，负有提供期货结算、交割服务的特殊职能，其设立、变更和解散都必须慎重，应当经国务院期货监督管理机构批准。

---

① 李团团：《美国期货市场清算机构设置模式对我国的启示》，《中国集体经济》2022年第2期。

期货结算机构是具有法定职能的机构，一是必须具有一定的物质基础，来保证其实现各项法定职能。本条第二款第一项规定：具备良好的财务状况，注册资本最低限额符合国务院期货监督管理机构的规定。因期货结算机构日常业务处理交易多、资金流动大，良好的财务状况可以为正常业务活动的开展提供保障。二是人员条件。期货结算业务专业性强，需要具备任职专业知识和业务工作经验的高级管理人员。三是内部治理及风险控制制度等条件。期货结算机构以中央对手方方式结算，并没有减少期货市场的信用风险，其只是将各交易对手的信用风险集于自身。因此，加强期货结算机构的风险控制与管理就显得尤为重要。四是具备场所和设施条件。期货结算机构提供结算、交割服务要求，具备与之相适应的基本物质条件，包括相应的营业场所、信息技术系统和软硬件设施等。五是国务院期货监督管理机构规定的其他条件。前四项仅是主要条件，还有必要规定其他条件，故在法律上作出授权性规定。

此外，本条第三款明确承担期货结算机构职责的期货交易场所应当具备相应人员条件，第四款规定审查期货结算机构设立、变更和解散的原则以及决定作出的时限。

•期货结算机构的中央对手方法律地位

第九十三条 期货结算机构作为中央对手方，是结算参与人共同对手方，进行净额结算，为期货交易提供集中履约保障。

本条是关于期货结算机构中央对手方法律地位的规定，明确期货结算机构在结算业务中所扮演的角色，确立净额结算、集中履约保障等制度安排。一读稿至最终稿，本条除了摆放位置略有调整外，相关内容未做改动。

解析

一、净额结算

净额结算又称差额结算，是指期货结算机构以结算参与人为单位，对其买入和卖出交易的余额进行轧差，以轧差得到的净额组织结算参与人进行交收的制度。期货市场的结算模式经历了从直接结算到环形结算，然后再到完全结算的过程。[①]在直

①邹启钊：《期货市场中央对手方：制度内涵与法律基础》，《法学家》2015年第4期。

接结算与环形结算中，期货结算系在期货交易者之间以双边净额的方式进行。对比来看，完全结算发生了结算方式上的根本性改变：结算发生在交易者与期货结算机构之间，并且，结算方式由双边净额结算发展为多边净额结算，期货结算机构成为所有买方的卖方和所有卖方的买方，以净额方式结算。目前，我国期货交易的结算采用了多边净额结算的方式，四家期货交易所承担着中央对手方的角色。2012年国际清算银行支付结算体系委员会（CPSS）与国际证监会组织（IOSCO）发布了《金融市场基础设施原则》（PFMI），从总体架构、信用和流动性风险管理、结算、违约管理、一般业务和运行风险管理、准入、效率和透明度等方面对中央对手方提出了更高要求。符合PFMI 相关要求，并获得所在司法辖区监管机构认可的中央对手方即为合格中央对手方。2019年1月，证监会批复四家期货交易所为“合格中央对手方”。 相比普通的中央对手方，合格中央对手方在对手方交易风险敞口权重等国际监管要求上更加优惠，这有助于吸引更多境外投资机构和投资者参与国内期货市场交易，提升境内期货交易所的国际影响力。

二、中央对手方

为保证多边净额结算结果的法律效力，一般需引入中央对手方的制度安排。[①]我国期货交易所中央对手方的法律地位近年来已逐渐明晰，从《期货交易管理条例》中的“为期货交易提供集中履约担保”，到《境外交易者和境外经纪机构从事境内特定品种期货交易管理暂行办法》中“承担结算职能的期货交易所作为中央对手方，统一组织境内特定品种期货交易的结算”，再到铁矿石、原油国际化进程中交易所将中央对手方地位明确写入规则，我国期货交易所中央对手方的法律地位已基本达成市场共识。[②]2021年新修正的《期货交易所管理办法》第八十一条规定：承担期货结算职责的期货交易所是期货交易的中央对手方，自期货交易达成后介入期货交易双方，成为所有买方的卖方和所有卖方的买方，承继双方在期货交易中的权利和义务，为期货交易提供集中履约保障。

期货结算机构成为中央对手方的解释路径，包括合约更替、公开要约与合同权利义务的概括转移，其中合约更替更有优势，而合同权利义务的概括转移也是一个可替代的选择。[③]在境内期货交易所《金融市场基础设施原则》信息披露报告

① 程合红主编：《〈证券法〉修订要义》，人民出版社，2020，第307页。

② 兰晓为：《合格中央对手方制度发展实践及对我国期货交易所的影响》，载曹越主编《期货及衍生品法律评论》（第二卷），法律出版社，2020，第50页。

③ 叶林等：《期货市场中央对手方：理论内涵与制度构建》，载曹越主编《期货及衍生品法律评论》（第一卷），法律出版社，2018，第159页。

中，以中金所为例，其开展业务的法律基础是合同自由原则以及类似于合约替代安排的《合同法》中的债权债务概括转让制度。[①]从2021年《期货交易所管理办法》第八十一条去理解，可以发现中央对手方机制是通过让中央对手方介入合同对手方之间，成为“买方的卖方”和“卖方的买方”，成为所有结算参与人唯一的交收对手。中央对手方介入买卖双方合同关系后，即承担对结算参与人的履约义务，且不以任何对手方正常履约为前提。如果买卖中的一方不能正常向中央对手方履约，中央对手方也应当对守约一方履约，然后按照结算规则对违约方采取相应的处置措施，弥补其违约造成的损失。

国际清算银行支付结算体系委员会（CPSS）和国际证监会组织（IOSCO）联合发布的《金融市场基础设施原则》明确规定，中央对手方（CCP）是指将自身介入到一个或多个金融市场所交易合约的交易对手方中间，成为每一个卖方的买方和每一个买方的卖方，从而确保未平仓合约的履行。CCP通过约务更替或公开报价系统，或通过具有法律约束力的类似安排成为市场参与人的交易对手方。通过交易的多边净额轧差和对所有参与人实施更有效的风险控制，大幅降低参与人面临的风险。中央对手方作为结算机构防范结算风险的重要举措，目前国际上各主要期货市场无一例外采用了这一制度。以美国为例，其法律及期货结算机构的规则，均明确规定中央对手方制度，并明确说明期货结算机构成为中央对手方的法律基础是债务更新。

不过在法律、法规上，包括期货交易所在内的期货结算机构的中央对手方法律地位，我国一直没有直接规定，存在立法空白。此次立法，明确了期货结算机构作为期货结算中央对手方的角色，有助于提升境内期货交易所的综合竞争力，为相关金融市场基础设施的运行提供了坚实的法律基础，便于境外机构参与我国期货市场，也为交易所吸纳银行及欧盟主体作为清算会员预留空间。[②]中央对手方制度可以降低参与人面临的风险以及所服务市场的系统性风险，提高结算和资金使用效率，活跃市场交易。但是上述风险降低的实现离不开中央对手方风险控制措施的有效性及财务资源的充足性。中央对手方承担着整个市场的对手方信用风险，必须依靠完备的法律保护制度和严格的风险管理手段加以防范和化解。

三、集中履约保障

期货结算机构担保期货合约的履行，是期货交易的重要特征之一。期货结算机

① 中国金融期货交易所《金融市场基础设施原则》信息披露（2021年5月），http://www.cffex.com.cn/u/cms/www/202105/2817030498cn.pdf，访问日期：2022年4月24日。

② 兰晓为：《合格中央对手方制度发展实践及对我国期货交易所的影响》，载曹越主编《期货及衍生品法律评论》（第二卷），法律出版社，2020，第57-58页。

构要对期货交易买卖双方的履约进行担保，任何一方不履行合约义务时，期货结算机构要代为承担责任。即使违约方破产，期货结算机构也要承担担保责任，保证期货合约的履行。期货结算机构的这一职责使期货市场的交易者可以放心进行交易，不必担心对方违约发生信用风险，保证了期货交易的顺利进行。具体而言，中央对手方作为一个独立的风险管理者，只在期货交易达成后介入期货交易的双方，而非由它们自己进行交易。它通过合约更替以及多边净额结算等制度安排，减少会员间的关联性进而降低单个或者多个会员违约的影响，同时保护市场参与者不受结算会员违约影响。中央对手方可以缓解积累的过度风险并减少通过其进行市场清算的内部联系，如果结算会员违约了，中央对手方保护非违约结算会员并且扮演一个震荡的吸收者。为了给非违约方提供合同的安全保证，中央对手方使用从违约者处收取的保证金以及自己的财务安全体系——来自中央对手方和其会员的附加基金，用来处理极端情况下的尾部事件。利用违约会员的保证金、通过损失共担等方式吸收震荡，[①]为正常履约提供坚实保障。

在2008年国际金融危机中，伦敦清算所（LCH）应用CCP风险集中管理和违约处置机制，仅用雷曼公司20亿美元初始保证金的三分之一，即迅速有效处置了涉及5个币种、66390个合约、总名义本金达9万亿美元的利率互换（IRS），未对其他市场参与者造成任何损失。但同期雷曼公司720亿美元的信用违约互换（CDS），因采用双边清算机制，处置中给相关市场参与者造成的净损失高达52亿美元。历史情况显示，LCH共经历7次会员违约事件，每次均能顺利完成违约处置，并将所有违约损失控制在违约机构的初始保证金范围内，没有对金融市场造成任何损失。[②]

●期货结算机构的职责

第九十四条　期货结算机构履行下列职责：

（一）组织期货交易的结算、交割；

（二）按照章程和业务规则对交易者、期货经营机构、期货服务机构、非期货经营机构结算参与人等进行自律管理；

（三）办理与期货交易的结算、交割有关的信息查询业务；

① How central counterparties strengthen the safety and integrity of financial markets，Published by Deutsche Borse Group and Eurex Clearing，July 2014.

② 宋跃升：《中央对手方的风险管理制度建设》，《中国金融》2019年第21期。

（四）国务院期货监督管理机构规定的其他职责。

本条是关于期货结算机构职能的规定。与二读稿相比，最终稿有两处调整：一是将“职能”修改为“职责”，更加凸显期货结算机构作为自律管理法人所肩负的责任，也与期货交易场所部分关于职责的表述保持协调一致；二是将“批准的其他业务”修改为“规定的其他职责”，授权国务院期货监督管理机构未来就期货结算机构职责作出规定。

解析

一、期货交易的结算和交割

期货交易包括交易、结算和交割等主要环节。期货结算机构作为专门机构，最主要的职责就是组织期货交易的结算和交割。期货结算机构为期货交易提供结算是期货交易得以顺利进行的基础。当期货结算机构为期货交易提供结算与交割服务后，期货结算机构将为期货交易提供集中履约担保，交易对手方只需与期货结算机构进行结算即可，因此，期货结算机构有助于期货集中交易的顺利进行。期货交割由期货结算机构进行组织，也符合期货结算机构为集中交易提供集中履约担保的功能定位。[①]

二、自律管理

期货结算机构作为实行自律管理的法人，按照章程、业务规则对交易者、期货经营机构等进行自律管理。期货结算机构应当在其章程、业务规则中规定结算参与人资格的取得和终止、相关市场参与者的权利及义务以及对市场参与者违规时的纪律处分等，加强对相关参与者的监督管理。

三、办理信息查询业务

在提供期货交易结算与交割服务中，期货结算机构汇集了市场中的大量信息，以期货交易所为例，在行政执法调查、司法协助等事务中，也承担了期货账户的信息查询以及其他信息服务的职责，为回应实务需要，本次立法予以明确。

① 叶林、钟维：《期货期权市场法律制度研究》，法律出版社，2017，第202页。

●期货结算机构的章程与业务规则

第九十五条　期货结算机构应当按照国务院期货监督管理机构的规定，在其业务规则中规定结算参与人制度、风险控制制度、信息安全管理制度、违规违约处理制度、应急处理及临时处置措施等事项。期货结算机构制定和修改章程、业务规则，应当经国务院期货监督管理机构批准。参与期货结算，应当遵守期货结算机构制定的业务规则。

期货结算机构制定和执行业务规则，应当与期货交易场所的相关制度衔接、协调。

本条是关于期货结算机构章程和业务规则的规定，明确期货结算机构应当在业务规则中规定的制度措施等内容，制定和修改章程和业务规则的程序，业务规则的效力以及与期货交易场所相关制度的衔接。

解析

一、业务规则规定事项

期货结算机构是维持期货交易持续进行的前提和基础。为了保障期货市场持续不断地正常运转，防范结算系统风险，要求期货结算机构必须建立健全相关制度。在业务规则中，明确结算参与人相关制度安排，完善自身的包括保证金、当日无负债、强行平仓等风险控制制度，加强信息安全管理，确保交易不断、数据不乱。同时健全违规违约及应急处理相关制度，依法打击违法违规行为，妥善处置紧急情况，确保市场的平稳运行。

二、章程和业务规则制定和修改程序

期货结算机构是一个有法人资格的组织，应当制定章程。但基于其自身职责的特殊性，章程要体现法律的要求，需依法制定、修改，并经国务院期货监督管理机构批准才能生效。同时，期货结算机构作为自律管理的法人，为履行法定职责，需要制定、修改业务规则，同时需要经国务院期货监督管理机构批准。

三、业务规则的法律效力

期货结算机构是重要的金融市场基础设施，其依法制定的业务规则是细化期货

市场参与人之间的权利义务、法律关系，规范市场运行的重要依据。实践中，部分市场参与者、司法机关未准确理解和认同证券登记结算业务规则法律效力，导致了一些证券登记结算机构涉诉案件。目前，虽然包括期货交易所在内的期货结算机构涉诉较少，但是结合证券市场来看业务规则是否具备法律效力已是相关诉讼争议点之一。期货结算机构业务规则的法律效力被否认，将导致其开展的业务活动的合法性和确定性被质疑，影响整个期货市场的后台运行。明确期货结算机构业务规则的法律效力，有助于促进期货结算机构自律管理职责的全面履行，维护期货市场的交易安全和运行秩序。因此本条明确规定期货结算机构业务对期货结算活动具有普遍约束力。

此外，考虑到交易和结算密切相关，且我国期货结算模式以垂直为准，即由期货交易所内部部门承担期货结算职能，此次立法也明确要求，期货结算机构制定和执行业务规则，应当与期货交易场所的相关制度衔接、协调。在股票期权领域，中国结算与上交所、深交所在业务规则协调衔接方面已有实践，相关主体多次共同发布股票期权相关风险控制管理办法及组合策略业务指引等规则，保障了相关业务的平稳运行。

•流动性管理制度

第九十六条 期货结算机构应当建立流动性管理制度，保障结算活动的稳健运行。

本条对期货结算机构应当建立流动性管理制度作原则性规定。

解析

《金融市场基础设施原则》（PFMI）对金融市场基础设施流动性管理有明确要求，主要体现在原则7和原则9上。原则7要求金融基础设施应当有效地测量、监测以及管理其流动性风险，维持充裕的流动性资源应对日内或多日的结算需求。原则9从货币结算角度强调了在实践可行的情况下，使用央行货币化解流动性风险的优势。期货结算机构从央行申请流动性支持安全性最高，特别是在其出现风险事件、其他商业化筹资手段可能面临授信缩减无法执行的情况下。期货结算机构作为重要金融市场基础设施，是否持有充足的流动性资源，并在会员违约后完成违约处置过程中的所有结算义务，是防止违约风险蔓延的关键。

从境外实践来看，CME在处置违约会员头寸前后的所有结算周期内，利用并优化违约瀑布流动性资源（按照一定次序），替代违约结算会员完成所有结算支付义务。其中，对瀑布资源流动性的优化，主要依赖一套预设的流动性风险管理框架，该制度主要依赖美国国债主经纪商提供临时流动性，本质最终可理解为借助主经纪商通道从美联储筹措短期资金、应对流动性需求的安排；对EUREX而言，如果发生所谓的违约瀑布资源应用实现事件之后，结算所有权取得违约会员已提供的财务资源、EUREX清算所提供的专用金、非违约结算会员提供的结算担保金、非违约会员补缴结算担保金与清算所补充专用金、清算所的剩余权益资本等资源，对违约会员持仓进行支付。此外，EUREX构建了以央行货币为基础的流动性风险管理框架，确保在任何时候均有充裕流动性资源，应用于包括违约处置在内的所有结算支付安排。

境内期货交易所已建立流动性管理相关制度。以中国金融期货交易所为例，《中国金融期货交易所结算细则》第九十九条规定结算会员无法履约时，交易所有权按照规定依次采取下列保障措施：（1）暂停开仓；（2）强行平仓，并用平仓后释放的保证金履约赔偿；（3）处置有价证券，用于履约赔偿；（4）动用该违约结算会员缴纳的结算担保金；（5）动用其他结算会员缴纳的结算担保金；（6）动用交易所风险准备金；（7）动用交易所自有资金。另根据《中国金融期货交易所〈金融市场基础设施原则〉信息披露》，中金所已建立一整套应对流动性风险框架体系，可用的合格流动性资源包括：交易保证金、结算准备金、结算担保金、风险准备金及自有资金，且可以通过存管银行获得补充流动性资源。①

考虑到流动性管理涉及面较广，包括违约瀑布、流动性管理框架等，因此本条仅就该内容作原则性规定。

●独立期货结算机构和证券结算机构准用规定

第九十七条　本法第八十四条，第八十五条第二款，第八十六条，第八十八条第三款、第四款的规定，适用于独立的期货结算机构和经批准从事期货交易结算、交割业务的证券结算机构。

① 《中国金融期货交易所〈金融市场基础设施原则〉信息披露》（2021年5月），http://www.cffex.com.cn/u/cms/www/202105/2817030498cn.pdf，访问日期：2022年4月24日。

本条是关于独立的期货结算机构和经批准从事期货交易结算、交割业务的证券结算机构适用期货交易场所相关要求的规定。

解析

独立的期货结算机构和经批准从事期货交易结算、交割业务的证券结算机构是重要的金融市场基础设施，在法律地位、职责等方面与期货交易场所存在交叉重合。因此本法要求在负责人的任免及要求（第八十四条）、交易及投资限制（第八十五条第二款）、收益管理和使用限制（第八十六条）、不得发布价格预测信息及履行信息报告义务（第八十八条第三款、第四款）等方面与期货交易场所相关监管要求保持一致，从人员任免、投资、收益等多方面加强监管，切实防范运行风险。

第八章　期货服务机构

本章共四条，主要规定期货服务机构的活动准则和监管模式、义务和责任、期货交易的交割、信息技术服务机构的义务和责任等内容。本章较《期货交易管理条例》新增了相关规定，明确了期货服务机构“勤勉尽责、恪尽职守”的活动准则，进一步压实期货服务机构责任，并对交割库为期货交易的交割提供相关服务的条件作出了总体规范。

• 期货服务机构的活动准则和监管模式

第九十八条　会计师事务所、律师事务所、资产评估机构、期货保证金存管机构、交割库、信息技术服务机构等期货服务机构，应当勤勉尽责、恪尽职守，按照相关业务规则为期货交易及相关活动提供服务，并按照国务院期货监督管理机构的要求提供相关资料。

《期货和衍生品法》	《期货交易管理条例》
第九十八条　会计师事务所、律师事务所、资产评估机构、**期货保证金存管机构、交割库、信息技术服务机构**等**期货**服务机构，**应当勤勉尽责、恪尽职守，按照相关业务规则为期货交易及相关活动提供服务**，并按照国务院期货监督管理机构的要求提供相关资料。	**第六十一条**　会计师事务所、律师事务所、资产评估机构等~~中介~~服务机构~~向期货交易所和期货公司等市场相关参与者提供相关服务时，~~应当~~遵守期货法律、行政法规以及国家有关规定~~，并按照国务院期货监督管理机构的要求提供相关资料。

本条是关于期货服务机构的活动准则和监管模式的规定，与《期货交易管理条例》相比，本条规定了期货服务机构的勤勉尽责义务，明确了期货保证金存管机构、交割库、信息技术服务机构均为期货服务机构。

解析

为压实中介机构“看门人”作用，保障各方合法权益，防范化解金融风险，本条明确了期货服务机构的勤勉尽责义务，主要包括以下两个方面：一是明确了期货服务机构“勤勉尽责、恪尽职守”的活动准则。“勤勉尽责、恪尽职守”是期货服务机构履行中介职责、加强内部管理、从事期货服务业务的基本要求，是监管机构对期货服务机构进行监管、处罚的基本依据，也是在相关纠纷中判断期货服务机构是否承担责任的基本标准。二是要求按照相关业务规则为期货交易及相关活动提供服务。相关业务规则涵盖广泛，包括相关法律、行政法规、司法解释、部门规则、规范性文件、自律规则等；从业务规则的制定主体来看，既包括国务院有关主管部门出台的一般业务规则，也包括国务院期货监督管理机构根据期货市场特定需要制定的专门从事期货服务业务的规则。

期货服务机构在期货市场中的具体职责各不相同，如会计师事务所主要向期货市场主体提供会计报表审计、净资产验证、实收资本（股本）的审验及盈利预测审核等业务；律师事务所接受当事人委托，为其期货业务活动提供制作、出具法律意见书等文件的法律服务；资产评估机构组织专业人员依照有关规定和数据资料，按照特定的目的，遵循适当的原则、方法和计价标准，对资产价格进行评定估算；期货保证金存管机构存放期货结算机构、结算参与人收取的保证金、权利金等；交割库是期货品种进入实物交割环节提供交割服务和生成标准仓单必经的期货服务机构；信息技术服务机构主要为期货交易及相关活动提供软硬件产品、信息技术系统或者技术服务等。

目前，证券执法、司法机关已对中介机构未勤勉尽责展开立体追责，对于“康美药业”案[①]、“华泽钴镍”案[②]、“金亚科技”案[③]、“上海大智慧”案[④]、“昆机公司、沈机公司”案[⑤]、“五洋建设集团”案[⑥]、“中安科”案[⑦]、“保千里”案[⑧]等一系列信息披露违法违规案件的中介机构，法院均判决相关中介机构就投资者的全部损失承担连带赔偿责任、一定比例范围内的损失承担连带责任或一定比例范围内的损失承担补充赔偿责任。

• 期货服务机构的义务和责任

第九十九条 会计师事务所、律师事务所、资产评估机构等期货服务机构接

① 参见广东省广州市中级人民法院（2020）粤01民初2171号民事判决书。
② 参见四川省高级人民法院（2020）川民终293号民事判决书。
③ 参见四川省高级人民法院（2020）川民终1241号等民事判决书。
④ 参见上海市高级人民法院（2020）沪民终581号等民事判决书。
⑤ 参见云南省高级人民法院（2020）云民终1049号等民事判决书。
⑥ 参见浙江省高级人民法院（2021）浙民终389号民事判决书。
⑦ 参见上海市高级人民法院（2020）沪民终666号民事判决书。
⑧ 参见广东省深圳市中级人民法院（2018）粤03民初3640号民事判决书。

受期货经营机构、期货交易场所、期货结算机构的委托出具审计报告、法律意见书等文件，应当对所依据的文件资料内容的真实性、准确性、完整性进行核查和验证。

本条为新增条款。

解析

会计师事务所、律师事务所、资产评估机构等期货服务机构接受期货经营机构、期货交易场所、期货结算机构的委托出具审计报告、法律意见书等文件时，应建立核查和验证制度，对其受托出具的审计报告、法律意见书等文件所依据的文件资料内容的真实性、准确性、完整性进行核查和验证，防止和避免其出具的文件存在虚假记载、误导性陈述或重大遗漏。

会计师事务所主要向期货市场主体提供会计报表审计、净资产验证、实收资本（股本）的审验及盈利预测审核等业务；律师事务所接受当事人委托，为其期货业务活动提供制作、出具法律意见书等文件的法律服务。上述审计报告、法律意见书等文件对于期货市场交易者、投资者等市场主体以及监管部门等而言十分重要，无论是投资方向的确定、交易决策的制定以及监管措施的作出等，都在一定程度上会参考或依据期货服务机构所出具的审计报告、法律意见书等。一旦审计报告、法律意见书等存在虚假记载、误导性陈述或重大遗漏，不仅会给投资者带来损失，同时也会扰乱期货市场正常交易秩序，因此会计师事务所、律师事务所、资产评估机构等期货服务机构需对其受托出具的审计报告、法律意见书等文件所依据的文件资料内容的真实性、准确性、完整性进行核查和验证，防止和避免其出具的文件存在虚假记载、误导性陈述或重大遗漏。

• 交割库的概念、义务和责任

第一百条 交割库包括交割仓库和交割厂库等。交割库为期货交易的交割提供相关服务，应当符合期货交易场所规定的条件。期货交易场所应当与交割库签订协议，明确双方的权利和义务。

交割库不得有下列行为：

（一）出具虚假仓单；

（二）违反期货交易场所的业务规则，限制交割商品的出库、入库；

（三）泄露与期货交易有关的商业秘密；

（四）违反国家有关规定参与期货交易；

（五）违反国务院期货监督管理机构规定的其他行为。

《期货和衍生品法》	《期货交易管理条例》
第一百条　交割库包括交割仓库和交割厂库等。交割库为期货交易的交割提供相关服务，应当符合期货交易场所规定的条件。期货交易**场**所应当与交割库签订协议，明确双方的权利和义务。 交割库不得有下列行为： （一）出具虚假仓单； （二）违反期货交易**场**所**的**业务规则，限制交割商品的出库、入库； （三）泄露与期货交易有关的商业秘密； （四）违反国家有关规定参与期货交易； （五）**违反**国务院期货监督管理机构规定的其他行为。	**第三十五条**　~~期货交易的交割，由期货交易所统一组织进行。~~ ~~交割仓库由期货交易所指定。~~期货交易所~~不得限制实物交割总量~~，并应当与交割~~仓~~库签订协议，明确双方的权利和义务。交割~~仓~~库不得有下列行为： （一）出具虚假仓单； （二）违反期货交易所业务规则，限制交割商品的入库、出库； （三）泄露与期货交易有关的商业秘密； （四）违反国家有关规定参与期货交易； （五）国务院期货监督管理机构规定的其他行为。

本条与《期货交易管理条例》相比，删除“期货交易的交割，由期货交易所统一组织进行。交割仓库由期货交易所指定。期货交易所不得限制实物交割总量”，调整为“交割库为期货交易的交割提供相关服务，应当符合期货交易场所规定的条件”。

解析

《期货和衍生品法》相对于《期货交易管理条例》引入了交割库的定义，即交割库涵盖了交割仓库和交割厂库等，而《期货交易管理条例》则仅对交割仓库作出规范，《期货和衍生品法》相较于《期货交易管理条例》中规范对象更广泛。同时，《期货交易管理条例》说明“期货交易所不得限制实物交割总量”，《期货和衍生品法》调整为“交割库为期货交易的交割提供相关服务，应当符合期货交易场所规定的条件”。

目前我国境内各商品期货交易所对期货实物交割业务均作出了规范，且对交割仓库与交割厂库所需满足的申请条件以及提供相关服务的行为规范进行了约束，并形成了管理办法与相关实施细则。上海期货交易所已制定并发布《上海期货交易所交割细则》《上海期货交易所指定交割油库管理办法》《上海期货交易所指定交割仓库管理办法》《上海期货交易所指定钢材厂库交割办法（试行）》以及品种交割实施细则等，对交割库的申请资格与行为规范进行了约束。大连商品交易所已制定并发布《大连商品交易所交割管理办法》《大连商品交易所交割细则》《大连商品交易所指定交割仓库管理办法》等，其中，《大连商品交易所指定交割仓库管理办法》第二条对指定仓库与指定厂库进行了定义，第五条对指定仓库与指定厂库的申请条件进行了规范。郑州商品交易所已制定并发布《郑州商品交易所交割细则》《郑州商品交易所指定商品交割仓库管理办法》《郑州商品交易所指定交割厂库管理办法》等，与大连商品交易所不同，郑州商品交易所在交割管理办法中的交割仓库不包括交易所指定商品交割厂库，对交割仓库与交割厂库的申请条件与行为规范分别出具了管理办法进行约束。

由于交割库的特殊地位，交割库的工作人员相较于普通期货投资者，或能掌握更多的商业秘密，具有更多的信息优势。2019年9月至10月，某期货交易所纤维板指定交割仓库期货专员黄某利用提前获悉“纤维板1910合约”可交割仓单的关键信息，伙同他人共同操纵“纤维板1910合约”价格，非法获利231万元。2021年11月16日，证监会下发〔2021〕100号行政处罚决定书[①]，对黄某等3人罚没合计693.68万元。该案的处理充分警示期货市场从业人员应当坚持职业操守，切勿利用信息优势非法谋取不当利益。

•信息技术服务机构的义务和责任

第一百零一条 为期货交易及相关活动提供信息技术系统服务的机构，应当符合国家及期货行业信息安全相关的技术管理规定和标准，并向国务院期货监督管理机构备案。

国务院期货监督管理机构可以依法要求信息技术服务机构提供前款规定的信息技术系统的相关材料。

本条为新增条款。

① 参见中国证监会行政处罚决定书〔2021〕100号。

解析

本条第一款明确了信息技术服务机构为期货交易及相关活动提供信息技术系统服务的条件、备案制度以及国务院期货监督管理机构可以依法要求信息技术服务机构提供相关材料的权利。相较于二读稿，《期货和衍生品法》对于本条第一款的表述更为精练，将“为期货经营机构、期货交易场所、期货结算机构和非期货经营机构结算参与人等提供软硬件产品、信息技术系统或者技术服务的信息技术服务机构”精练为“为期货交易及相关活动提供信息技术系统服务的机构”。

习近平总书记在十九届五中全会中指出，要坚持创新在我国现代化建设全局中的核心地位。刘鹤副总理号召“要以科技创新作为畅通国内大循环的关键，集中力量打好关键核心技术攻坚战”[①]。目前，随着技术发展，大数据、云计算、人工智能、区块链等金融科技在证券期货市场得到广泛的应用，成为市场创新发展的重要推动力之一，同时，其安全问题和规范问题也备受关注。

中国证监会此前已围绕信息安全与规范问题发布多项业务部门规章与规范性文件，但在期货领域尚无全面系统的统筹性法律文件。其中，在已公布的《证券期货业信息安全保障管理办法》第六条中，已明确规定，“为证券期货业提供软硬件产品或者技术服务的供应商（以下简称供应商），应当保证所提供的软硬件产品或者技术服务符合国家及证券期货业信息安全相关的技术管理规定、技术规则、技术指引和技术标准”[②]，本条款在整合《证券期货业信息安全保障管理办法》的基础上对信息备案制度进一步进行了完善。此外，2020年中国证监会发布了《证券服务机构从事证券服务业务备案管理规定》，对开展信息技术系统服务业务的证券服务机构的信息备案要求进行了一系列的规定[③]，但在期货行业尚无相关的规范，本条款从一定程度上完善了期货行业的信息技术备案制度。此外，证监会还发布了《证券期货业网络安全事件报告与调查处理办法》[④]《证券期货业信息安全事件报告与调查处理办法》[⑤]等规范性文件，《证券期货业经营机构信息技术治理工作指引（试行）》《证券公司网上证券信息系统技术指引》等自律规则，《证券期货经营机构信息系统备份能力标准》《证券期货业数据分级分类指引》等行业标准。

本条款在已发布的相关行政法规、部门规章、规范性文件、自律规则与行业标

① 刘鹤：《必须实现高质量发展（学习贯彻党的十九届六中全会精神）》人民日报2021年11月24日。
②《证券期货业信息安全保障管理办法》。
③《证券服务机构从事证券服务业务备案管理规定》。
④《证券期货业网络安全事件报告与调查处理办法》。
⑤《证券期货业信息安全事件报告与调查处理办法》。

准的基础上，规定了相关信息技术服务机构应当向国务院期货监督管理机构备案，规范了期货业的信息技术和信息安全，在防范化解金融风险的同时推动期货市场高质量发展。

第九章　期货业协会

本章共三条，主要内容为期货业协会的性质、权力机构、章程以及职责。

● 期货业协会的性质

第一百零二条　期货业协会是期货行业的自律性组织，是社会团体法人。期货经营机构应当加入期货业协会。期货服务机构可以加入期货业协会。

《期货和衍生品法》	《期货交易管理条例》
第一百零二条　期货业协会是期货行业的自律性组织，是社会团体法人。 期货经营机构应当加入期货业协会。**期货服务机构可以加入期货业协会。**	**第四十三条**　期货业协会是期货业的自律性组织，是社会团体法人。 ~~期货公司以及其他专门从事期货~~经营~~的~~机构应当加入期货业协会~~，并缴纳会员费~~。

相较于《期货交易管理条例》，本条删去缴纳会员费这一规定。二读稿相较于一读稿，将“期货经营机构、期货服务机构等从事期货相关业务的机构应当加入期货业协会”调整为“期货经营机构应当加入期货业协会。期货服务机构可以加入期货业协会”。

解析

一、期货业协会是社会团体法人

根据《民法典》第五十七条规定，法人是具有民事权利能力和民事行为能力，依法独立享有民事权利和承担民事义务的组织。根据《民法典》第七十六条和第八十七条之规定，法人分为营利法人和非营利法人。非营利法人包括事业单位、社会团体、基金会、社会服务机构等。期货业协会属于社会团体法人。

中国期货业协会成立于2000年12月29日。《中国期货业协会章程》明确规定，中国期货业协会是根据《期货交易管理条例》《社会团体登记管理条例》成立的全国期货业自律性组织，为非营利性的社会团体法人。中国期货业协会的注册地和常设机构在北京。中国期货业协会接受中国证券监督管理委员会和社团登记管理机关中华人民共和国民政部的业务指导和监督管理。可以说，本章规定的期货业协会即指中国期货业协会。中国期货业协会的宗旨是，在国家对期货业实行集中统一监督管理的前提下，进行期货业自律管理；发挥政府与期货业间的桥梁和纽带作用，为会员服务，维护会员的合法权益；坚持期货市场的公开、公平、公正，维护期货业的正当竞争秩序，保护投资者的合法权益，推动期货市场的规范发展。美国全国期货协会（National Futures Association，NFA）与中国的期货业协会地位大抵相同，美国全国期货协会是根据美国《商品交易法》的规定，于1976年组建的全美期货行业自律组织，为非营利性会员制，是美国期货及外汇交易非商业独立监管机构。1981年，NFA获得法律及美国商品期货交易委员会的授权，行使对非期货交易所会员及中介机构（含从业人员）的自律管理权限，NFA承担会员注册、审计、仲裁、教育等四大职能，负责全美期货市场的行业管理协调。

二、期货业协会是自律性组织

所谓自律，是指由协会会员通过所订立的章程对协会进行自我管理自我约束。行业自律旨在保障行业的公平竞争并维护行业形象和行业利益。近年来，我国期货市场发展非常迅速，市场规模不断扩大，服务实体经济的功能日益发挥。但同时也要看到，我国期货市场尚处于新型加转轨的关键时期。对我国期货市场而言，期货业协会在加强行业自律、防范系统性风险和道德风险，引导市场功能发挥、服务实体经济，体现行业责任、确保市场平稳运行等方面将发挥重要作用。

三、期货业协会会员

关于成为期货业协会会员，通行做法有两种，一种做法是自愿入会，即是否加入期货业协会由会员自己决定。另一种做法是强制入会，即不论会员是否同意，依据法律规定必须入会。

本条第二款规定，期货经营机构应当加入期货业协会。期货服务机构可以加入期货业协会。可见目前我国采取的是自愿入会与强制入会相结合的方式，包括普通会员、特别会员、联系会员。期货经营机构属于强制入会，是期货业协会的普通会员。经中国证监会批准组织开展期货交易活动的期货交易场所、期货保证金安全存管监控机构以及组织开展其他衍生品交易的机构经期货业协会批准，可以加入期货业协会，成为特别会员。经各地方民政部门批准设立的省、自治区、直辖市、计划单列市的期货业社会团体法人，以及期货服务机构和其他与期货及衍生品业务相关的机构经期货业协会批准，可以加入期货业协会，成为联系会员。

除会员以外，还存在观察员。《中国期货业协会章程》规定，直接在期货交易所从事境内特定品种期货交易的境外交易者、境外经纪机构和境外证券期货监管机构批准设立的从事期货及衍生品业务的相关机构或境外期货行业协会，可以申请并经协会批准成为观察员。观察员应当支持协会工作，维护行业利益。观察员可以参加协会举办的活动，可以通过协会向有关部门反映意见和建议。观察员不享有协会的选举权、被选举权和表决权。

四、删去缴纳会员费

之所以删去这一规定，是因为并非所有会员均需缴纳会费，是否缴纳会费，由期货业协会制定相关办法予以规定。如2018年6月修订的《中国期货业协会会费收取办法》规定，会员入会时暂免予缴纳入会费；期货公司会员按每家2万元缴纳年会费；以经审计的手续费净收入作为划分依据，特别会员年会费分为1000万元、2000万元、3000万元三档；期货公司会员、特别会员以外的其他会员暂免予缴纳年会费。

●期货业协会的权力机构、章程和理事会

第一百零三条 期货业协会的权力机构为会员大会。

期货业协会的章程由会员大会制定，并报国务院期货监督管理机构备案。

期货业协会设理事会。理事会成员依照章程的规定选举产生。

《期货和衍生品法》	《期货交易管理条例》
第一百零三条 期货业协会的权力机构为会员大会。 期货业协会的章程由会员大会制定，并报国务院期货监督管理机构备案。 期货业协会设理事会。理事会成员**依**照章程的规定选举产生。	**第四十四条** 期货业协会的权力机构为~~全体会员组成的~~会员大会。 期货业协会的章程由会员大会制定，并报国务院期货监督管理机构备案。 期货业协会设理事会。理事会成员**按**照章程的规定选举产生。

本条规定了期货业协会的权力机构、章程和理事会的内容。相较于《期货交易管理条例》，本条删除了第一款“期货业协会的权力机构为全体会员组成的会员大会”中的“全体会员组成的”。根据《中国期货业协会章程》规定，会员大会是

中国期货业协会的最高权力机构，会员大会由理事会组织召开，每四年举行一次。理事会是会员大会的执行机构，在会员大会闭会期间领导协会开展日常工作，对会员大会负责。理事会每年至少召开一次会议。理事会由普通会员理事、特别会员理事、非会员理事组成。理事任期四年，可连选连任。协会设立专业委员会、专项基金管理委员会，按照理事会的授权开展工作。

解析

第一，期货业协会的权力机构为会员大会。根据《民法典》第九十一条第二款的规定，社会团体法人应当设会员大会或者会员代表大会等权力机构。所谓权力机构，是指期货业协会中有权决定协会的重大问题的内部机构，即会员大会。中国期货业协会的最高权力机构为会员大会，理事会是会员大会的执行机构。根据《中国期货业协会章程》，会员大会的职权包括：制定和修改章程；审议理事会工作报告和财务报告；选举和罢免普通会员理事；制定和修改会费标准；决定协会合并、分立和终止事宜；决定其他应由会员大会审议的事项。

第二，《民法典》第九十一条第一款规定，设立社会团体法人应当依法制定法人章程。期货业协会章程，是指由期货业协会的会员大会制定的对所有会员具有约束力的会员之间的一个协议，主要规定期货业协会的宗旨、职责范围、会员的管理、组织机构、经费及资产管理、章程的修改等内容。

根据本条第二款规定，期货业协会制定协会章程应当报国务院期货监督管理机构备案，这一规定更有利于相关部门的指导和监督。

第三，《民法典》第九十一条第三款规定，社会团体法人应当设理事会等执行机构。本法进一步明确，期货业协会设理事会，理事会成员依章程的规定由选举产生。根据《中国期货业协会章程》的规定，理事会是会员大会的执行机构，在会员大会闭会期间领导协会开展日常工作，对会员大会负责。理事会每年至少召开一次会议；三分之一以上理事联名提议，或会长办公会认为必要时，应召开理事会临时会议。理事会一般采用现场方式召开，情况特殊的，可以采取通讯方式召开。理事会的职责包括筹备召开会员大会，贯彻、执行大会的决议；向会员大会报告工作和财务状况；决定设立专业委员会、专项基金管理委员会；选举和罢免协会会长、副会长；聘任和解聘秘书长、副秘书长；聘任和解聘各专业委员会主任委员、副主任委员；在会员大会闭会期间，对不履职会员理事暂停理事资格；制定和颁布协会的自律规则、行业标准和业务规范；决定协会年度工作计划和预决算；决定会员的吸收或除名；表彰、奖励、处分会员；决定其他重大事项等。

●期货业协会的具体职责

第一百零四条 期货业协会履行下列职责：

（一）制定和实施行业自律规则，监督、检查会员的业务活动及从业人员的执业行为，对违反法律、行政法规、国家有关规定、协会章程和自律规则的，按照规定给予纪律处分或者实施其他自律管理措施；

（二）对会员之间、会员与交易者之间发生的纠纷进行调解；

（三）依法维护会员的合法权益，向国务院期货监督管理机构反映会员的建议和要求；

（四）组织期货从业人员的业务培训，开展会员间的业务交流；

（五）教育会员和期货从业人员遵守期货法律法规和政策，组织开展行业诚信建设，建立行业诚信激励约束机制；

（六）开展交易者教育和保护工作，督促会员落实交易者适当性管理制度，开展期货市场宣传；

（七）对会员的信息安全工作实行自律管理，督促会员执行国家和行业信息安全相关规定和技术标准；

（八）组织会员就期货行业的发展、运作及有关内容进行研究，收集整理、发布期货相关信息，提供会员服务，组织行业交流，引导行业创新发展；

（九）期货业协会章程规定的其他职责。

《期货和衍生品法》	《期货交易管理条例》
第一百零四条 期货业协会履行下列职责： （一）制定**和实施**行业自律规则，监督、检查会员的业务**活动及从业人员的执业**行为，对违反**法律、行政法规、国家有关规定、**协会章程和自律规则的，按照规定给予纪律处分**或者实施其他自律管理措施**； （二）对会员之间、会员与**交易者**之间发生的纠纷进行调解； （三）依法维护会员的合法权益，向国务院期货监督管理机构反映会员的建议和要求； （四）组织期货从业人员的业务培训，开展会员间的业务交流；	**第四十五条** 期货业协会履行下列职责： （一）教育~~和组织~~会员遵守期货法律法规和政策； （二）制定~~会员应当遵守的~~行业自律性规则，监督、检查会员行为，对违反协会章程和自律性规则的，按照规定给予纪律处分； ~~（三）负责期货从业人员资格的认定、管理以及撤销工作；~~ （四）~~受理客户与期货业务有关的投诉，~~对会员之间、会员与客户之间发生的纠纷进行调解；

续表

《期货和衍生品法》	《期货交易管理条例》
（五）教育会员**和期货从业人员**遵守期货法律法规和政策**，组织开展行业诚信建设，建立行业诚信激励约束机制**； **（六）开展交易者教育和保护工作，督促会员落实交易者适当性管理制度，开展期货市场宣传；** **（七）对会员的信息安全工作实行自律管理，督促会员执行国家和行业信息安全相关规定和技术标准；** （八）组织会员就期货**行**业的发展、运作及有关内容进行研究**，收集整理、发布期货相关信息，提供会员服务，组织行业交流，引导行业创新发展**； （九）期货业协会章程规定的其他职责。	（五）依法维护会员的合法权益，向国务院期货监督管理机构反映会员的建议和要求； （六）组织期货从业人员的业务培训，开展会员间的业务交流； （七）组织会员就期货业的发展、运作以及有关内容进行研究； （八）期货业协会章程规定的其他职责。 ~~期货业协会的业务活动应当接受国务院期货监督管理机构的指导和监督。~~

中国期货业协会自成立以来，在行业自律、从业人员管理、服务会员、宣传教育等方面履行了相关职责，出台了协会组织运作类、会员管理类、从业人员管理类、业务规范类、自律监察类、纠纷调解类等相关自律规则，建立了较完善的自律规则体系。

解析

一、自律管理

制定和实施行业自律规则，监督、检查会员的业务活动及从业人员的执业行为，对违反法律、行政法规、国家有关规定、协会章程和自律规则的，按照规定给予纪律处分或者实施其他自律管理措施。本项职责相较于《期货交易管理条例》进行了部分扩充和细化，如《期货交易管理条例》规定的是“监督、检查会员行为”，本次修改则细化为“监督、检查会员的业务活动及从业人员的执业行为”；此外，《期货交易管理条例》规定对违反协会章程和自律性规则的，按照规定给予纪律处分，而本次修改还明确违反法律、行政法规、国家有关规定也要按照规定给予纪律处分。本项规定的职责有两层含义：一是期货业协会有权制定和实施行业自律规则，如期货业协会会员管理办法、期货从业人员执业行为准则、期货业协会会员自律公约等；二是期货业协会有权监督、检查会员的业务活动及从业人员的执业行为，对违反法律、行政法规、国家有关规定、协会章程和自律规则的，按照规定给予纪律处分或者实施其他自律管理措施。自律管理措施是协会针对较轻违规行为采取的自律措施。目前，《中国期货业协会会员管理办法》中对会员实施的自律管理措施包括：（1）训诫；（2）公开谴责；（3）暂停会员部分权利；（4）暂停会员资格；（5）取消会员资格；（6）行业自律规则中规定的其他纪律惩戒。根据《期货从业人员执业行为准则》规定，对从业人员可予以公开谴责、暂停其从业资格6个月至12个月；情节严重的，撤销其从业资格并在3年内或永久性拒绝受理其从业资格申请。

需要注意的是，期货业协会实施自律管理，对会员或执业人员采取自律措施时，应当遵循公开、公平、公正的原则，以事实为根据，严格执行协会的有关规定，坚持教育与惩戒相结合。

二、纠纷调解

对会员之间、会员与交易者之间发生的纠纷进行调解。这是一种法定的行业协会调解类型，有利于发挥期货业协会的行业自律与专业优势，高效和及时地化解矛盾。期货业协会已制定《中国期货业协会调解规则》，对调解的受理范围、调解员、调解程序等均作出相关规定。需要注意的是，期货业协会开展调解时应当遵循当事人自愿的原则，不因调解而阻止当事人依法通过仲裁、行政、司法等途径维护自己的合法权利。

三、权益维护

依法维护会员的合法权益，向国务院期货监督管理机构反映会员的建议和要求。当会员合法权益受到侵害时，期货业协会应当依据法律、行政法规的规定来维护会员的合法权益，也可以依法维护会员的合法权益，向国务院期货监督管理机构反映会员的建议和要求。

四、培训交流

组织期货从业人员的业务培训，开展会员间的业务交流。为提高期货从业人员职业道德素养与专业素质，保证从业质量，有必要由期货业协会组织对从业人员的业务培训。同时，开展会员间的业务交流，能够有效促进期货市场稳步健康发展，提高会员单位风险管理水平。

五、教育及诚信建设

教育会员和期货从业人员遵守期货法律法规和政策，组织开展行业诚信建设，建立行业诚信激励约束机制；期货法律法规和政策是维护期货市场秩序，保障期货交易参与人的合法权益，促进期货市场健康发展的根本保证。期货业协会作为期货业自律组织，有义务、有责任组织会员及其从业人员学习期货法律法规和政策，并教育、敦促会员和从业人员切实遵守期货法律法规和政策。

此次修改在第五项中增加了组织开展行业诚信建设，建立行业诚信激励约束机制职责。“法安天下，德润人心”，在当前期货市场发展过程中，必须大力加强期货市场诚信建设，优化行业诚信环境，维护市场秩序和投资者的合法权益，发挥诚信激励约束机制对市场参与者的引导和规范作用，夯实期货市场持续稳定健康发展的诚信基础。

六、交易者教育和保护

开展交易者教育和保护工作，督促会员落实交易者适当性管理制度，开展期货市场宣传。本项职责是此次修改新增加的内容，旨在要求期货业协会在教育、保护交易者，以及落实交易者适当性管理制度，切实维护交易者合法权益方面发挥积极作用。投资者适当性管理是投资者保护的一项基础制度，它是投资者进入资本市场的第一道防线，既是安全门，也是防火墙，是资本市场健康稳定发展的基础。期货业协会负责统一期货行业适当性管理的底线标准，明确期货经营机构的适当性义务，以进一步促进期货行业适当性管理水平和服务质量的提升。宣传期货相关法律、法规，揭示期货交易中的风险，介绍期货业务流程，能够在一定程度上避免期货业务纠纷。

七、信息安全

对会员的信息安全工作实行自律管理，督促会员执行国家和行业信息安全相关规定和技术标准。近年来，期货业移动应用体系建设快速发展，环境日臻完善，工具应用日益广泛，移动应用提供了快速便捷的证券业务服务，同时也存在一些安全隐患。期货业协会应督促会员执行国家和行业信息安全相关规定和技术标准，帮助期货行业信息技术人员了解信息安全形势，提升行业科技管理能力，提高网络安全保障水平，推动行业进行数字化转型。

八、组织研究

组织会员就期货行业的发展、运作及有关内容进行研究，收集整理、发布期货相关信息，提供会员服务，组织行业交流，引导行业创新发展。

九、期货业协会章程规定的其他职责

除上述八项职责以外，期货业协会可以依据期货业协会的任务和宗旨、会员的要求以及期货市场发展的实际情况和需要，通过制定协会章程赋予期货业协会其他自律管理、自我服务职责。

第十章　监督管理

本章规定监督管理，共十三条，主要规定行政监管职责、履职手段、执法人员和证件、依法监管、配合监管义务、信息共享、举报制度、行政公开、当事人承诺、诚信档案、移送、市场监控、风险准备金、信息保存等内容。

•行政监管职责

第一百零五条　国务院期货监督管理机构依法对期货市场实行监督管理，维护期货市场公开、公平、公正，防范系统性风险，维护交易者合法权益，促进期货市场健康发展。

国务院期货监督管理机构在对期货市场实施监督管理中，依法履行下列职责：

（一）制定有关期货市场监督管理的规章、规则，并依法进行审批、核准、注册，办理备案；

（二）对品种的上市、交易、结算、交割等期货交易及相关活动，进行监督管理；

（三）对期货经营机构、期货交易场所、期货结算机构、期货服务机构和非期货经营机构结算参与人等市场相关参与者的期货业务活动，进行监督管理；

（四）制定期货从业人员的行为准则，并监督实施；

（五）监督检查期货交易的信息公开情况；

（六）维护交易者合法权益、开展交易者教育；

（七）对期货违法行为进行查处；

（八）监测监控并防范、处置期货市场风险；

（九）对期货行业金融科技和信息安全进行监管；

（十）对期货业协会的自律管理活动进行指导和监督；

（十一）法律、行政法规规定的其他职责。

国务院期货监督管理机构根据需要可以设立派出机构，依照授权履行监督管理职责。

《期货和衍生品法》	《期货交易管理条例》
第一百零五条　国务院期货监督管理机构**依法**对期货市场实行监督管理，**维护期货市场公开、公平、公正，防范系统性风险，维护交易者合法权益，促进期货市场健康发展。** **国务院期货监督管理机构在对期货市场实施监督管理中，**依法履行下列职责： （一）制定有关期货市场监督管理的规章、规则，并依法**进行**审批、**核准、注册，办理备案**； （二）对品种的上市、交易、结算、交割等期货交易及相关活动，进行监督管理； （三）对**期货经营机构**、期货交易场所、**期货结算机构、期货服务机构和非期货经营机构**结算**参与人**等市场相关参与者的期货业务活动，进行监督管理； （四）制定期货从业人员的**行为准则**，并监督实施； （五）监督检查期货交易的信息公开情况； （六）**维护交易者合法权益、开展交易者教育**； （七）对**期货违法**行为进行查处； （八）**监测监控并防范、处置期货市场风险**； （九）**对期货行业金融科技和信息安全进行监管**； （十）对期货业协会的**自律管理**活动进行指导和监督； （十一）法律、行政法规规定的其他职责。 **国务院期货监督管理机构根据需要可以设立派出机构，依照授权履行监督管理职责。**	**第四十六条**　国务院期货监督管理机构对期货市场实施监督管理，依法履行下列职责： （一）制定有关期货市场监督管理的规章、规则，并依法~~行使~~审批~~权~~； （二）对品种的上市、交易、结算、交割等期货交易及其相关活动，进行监督管理； （三）对~~期货交易所、期货公司及其他~~期货经营机构、非期货~~公司~~结算~~会员、期货保证金安全存管监控机构、期货保证金存管银行、交割仓库~~等市场相关参与者的期货业务活动，进行监督管理； （四）制定期货从业人员的~~资格标准和管理办法~~，并监督实施； （五）监督检查期货交易的信息公开情况； （六）对期货业协会的活动进行指导和监督； （七）对~~违反期货市场监督管理法律、行政法规的~~行为进行查处； ~~（八）开展与期货市场监督管理有关的国际交流、合作活动；~~ （九）法律、行政法规规定的其他职责。

本条在《期货交易管理条例》第四十条的基础上，完善了期货监督管理机构的职责。一是增加第一款的监管目标。一读稿并没有相关内容，二读稿开始增加这

部分内容。二是增加了三项职责，即（六）维护交易者合法权益、开展交易者教育，（八）监测监控并防范、处置期货市场风险，（九）对期货行业金融科技和信息安全进行监管。三是删除了开展与期货市场监督管理有关的国际交流、合作活动。

解析

一、期货市场行政监管的历史

期货市场行政监管是指在市场机制的框架内，为矫正市场失灵、维护市场秩序，政府部门基于规则对期货市场经济活动的监督和控制。[①]《期货和衍生品法》第七条规定，国务院期货监督管理机构对期货市场实行集中统一的监督管理。实践中，国务院期货监督管理机构是指证监会，证监会是国务院直属正部级事业单位。2011年3月发布的《中共中央　国务院关于分类推进事业单位改革的指导意见》将事业单位分为承担行政职能、从事生产经营活动和从事公益服务三个类别，证监会属于承担行政职能的事业单位，未来改革方向或改制为行政机构。[②]

证监会成立前的监管。我国期货市场的成立先于监管机构的设立。1990年10月，郑州粮食批发市场正式开业，这是我国第一个拥有期货交易品种的市场。[③]1990年12月，上海证券交易所成立。1991年4月，深圳证券交易所成立。1992年5月，人民银行成立证券管理办公室。7月，国务院建立国务院证券管理办公会议制度，代表国务院行使对证券业的日常管理职能，立法起草工作由国家体改委牵头，证券管理由人民银行牵头。[④]

证监会被确定为期货市场监管机构。1992年10月，国务院证券委员会（国务院证券委）和中国证券监督管理委员会（证监会）成立。国务院证券委是国家对证券市场进行统一宏观管理的主管机构。证监会是国务院证券委的监管执行机构，依照法律法规对证券市场进行监管。[⑤]这标志着我国证券市场统一监管体制开始形成。但期货市场的监管机构并未明确，比如1993年4月28日施行的《期货经纪公司登记管理暂行办法》由国家工商行政管理局发布，而非国务院证券委。1993年11月，国务院下

① 马英娟：《监管的语义辨析》，《法学杂志》2005第9期。

② 《中共中央　国务院关于分类推进事业单位改革的指导意见》（2011年3月23日）。

③ 《国务院批转商业部等八部门关于试办郑州粮食批发市场报告的通知》。

④ 《国务院办公厅关于建立国务院证券管理办公会议的通知》。

⑤ 《国务院关于进一步加强证券市场宏观管理的通知》。

发《国务院关于坚决制止期货市场盲目发展的通知》，明确国务院证券委负责期货市场试点工作的指导、规划和协调、监管工作，证监会负责具体执行工作。

证监会对期货市场统一垂直的监管体制最终形成。1995年2月23日，国务院办公厅印发《中国证券监督管理委员会机构编制方案》，明确证监会为副部级事业单位，是国务院证券委的监管执行机构，依照法律、法规的规定对证券市场、期货市场进行监督和管理。1998年9月，国务院办公厅印发《中国证券监督管理委员会职能配置内设机构和人员编制规定》，明确证监会为国务院直属正部级事业单位，证监会承接原国务院证券委员会的职能、人民银行的证券业监管职能，对证券期货行业实行统一垂直监管。1999年6月，国务院颁布《期货交易管理暂行条例》，明确由证监会集中统一监管期货市场。后续历次《期货交易管理条例》修订，均延续了该做法。

二、监管职责

本条第一款确立了期货市场监督管理机构的四个监管目标，即维护三公原则、防范系统性风险、维护交易者合法权益和促进期货市场健康发展。这四个目标大致可分为市场监管和市场发展两个部分。市场监管主要是指制定（立法权）和执行（执法权）期货市场规则。市场发展是指研究和拟订期货市场的方针政策、发展规划，开展与期货市场监督管理有关的国际交流、合作活动等。

围绕着四个监管目标，本条第二款将证监会监管职责分为十大类。证监会监管职责最早规定在2007年《期货交易管理条例》第五十条，1999年《期货交易管理暂行条例》并未见相关内容。

第一，设定规则和业务许可。本条第二款第一项规定的职责包括制定有关期货市场监督管理的规章、规则，并依法进行审批、核准、注册，办理备案。一是设定规则。健全的法律制度是期货市场赖以存在和发展的基石。法律制度由不同法律效力的规则组成，如宪法、法律、行政法规、规章、规范性文件等。不同位阶规则的法律效力不同，稳定性和灵活性也不同。一般而言，宪法、法律、行政法规有相对的稳定性，难以经常进行较大规模修改。同时，期货市场参与者多，各类信息处理能力强，价格信号传导速度快，客观上要求监管规则快速对市场最新情况作出反应，确保监管目标的实现。这在客观上要求国务院期货监督管理机构及时响应市场的新发展、新变化，根据宪法、法律和行政法规的精神要求，积极主动地制定和完善有关期货市场规章、规范性文件等。二是业务许可。作为金融行业的组成部分，期货市场也是高度监管行业和牌照经营行业，对期货交易场所、结算机构、期货公司等市场主体的设立、变更，对期货交易方式，对期货合约的上市，从事期货经纪、投资咨询业务等事项，都需要期货监督管理机构的“业务许可”，包括审批、核准、注册、备案等。

第二，业务活动监管。一是本条第二款第二项规定的职权包括对品种的上市、交易、结算、交割等期货交易及相关活动进行监督管理。国务院期货监督管理机构行使审批、核准、注册、备案权的过程，就是对期货市场进行监督管理的过程。同时，国务院期货监督管理机构还依法对品种的上市、交易、结算、交割等期货交易及相关活动进行监督管理。比如设专章规定了期货交易和衍生品交易、期货结算与交割等内容。二是本条第二款第五项规定的职权包括监督检查期货交易的信息公开情况。三公原则是期货市场赖以存在的根本，也是让市场在资源配置中发挥根本性作用的前提。公开原则的核心是要求实现市场信息的公开化，要求市场具有充分的透明度，“透明”要求也是新时代资本市场建设的重要标准。信息公开，既要求在交易时公开有关信息，也要求在交易后持续披露相关信息。

第三，市场主体监管。一是本条第二款第三项规定的职权包括对期货经营机构、期货交易场所、期货结算机构、期货服务机构和非期货经营机构结算参与人等市场相关参与者的期货业务活动进行监督管理。为维护期货市场秩序，国务院期货监督管理机构有权对期货市场所有参与主体进行监督管理。二是本条第二款第四项规定的职权包括制定期货从业人员的行为准则，并监督实施。期货经营机构从事期货业务活动，业务人员应遵守相应的行为准则，使期货市场能够高效有序运行。同时，根据简政放权、加强事中事后监管的改革思路，进一步减少事前行政许可审批类事项，本次修改删除了制定人员资格标准的规定，但从业人员仍应遵守相应的行为准则，否则将依法受到处置。

第四，交易者保护和教育。本条第二款第六项规定的职权包括维护交易者合法权益、开展交易者教育。2019年《证券法》和本次《期货和衍生品法》都新增投资者保护（期货交易者）一章，加强投资者保护。投资者保护关乎落实人民至上、群众路线的政策要求，关乎公众对资本市场的信心，关乎防范化解金融风险、维护金融稳定。本规定明确了证券期货监督管理机构在投资者保护和教育方面的职责。

第五，对期货违法行为进行查处。本职责规定在本条第二款第七项。违反期货市场监督管理的法律法规，应承担相应的法律责任，包括民事责任、行政责任和刑事责任。徒法不足以自行，对于当事人是否违反期货市场法律法规，是否应当承当法律责任，如何承担法律责任，需要专门的法定机构负责调查处理。国务院期货监督管理机构依法对期货市场进行集中统一监管，依法查处各类违法违规行为，以维护期货市场交易秩序。

第六，防范化解风险。与新增的防范系统性风险的监管目标相匹配，本条第二款第八项规定新增了“监测监控并防范、处置期货市场风险”的规定。2015年，我国股市异常波动凸显出资本市场的风险监测、防范、处置制度与机制仍需进一步完善。近年来，中国证监会建立、健全了一系列风险监测、防控、化解、处置制度和机制，为市场风险管理积累了宝贵经验。

第七，金融科技监管。本条第二款第九项规定的职责是对期货行业金融科技和信息安全进行监管。随着信息技术的发展，金融科技对期货市场的影响越来越大。近年来，证监会十分重视科技监管工作，科技监管成为资本市场改革、提升监管效率的关键词。2020年，证监会成立科技监管局，主要负责拟订证监会科技发展规划和信息化建设计划，负责证监会科技管理与建设工作；统筹监管系统科技资源，指导协调证券期货行业、金融基础设施科技建设工作，组织编制并推动落实证券期货行业科技发展规划；拟订并组织实施证券期货行业科技监管规则和信息化建设标准；负责证券期货行业信息安全及重大技术路线、重大科技项目管理工作，牵头行业科技监管、科技进步等工作；负责建设集中统一管理的数据体系，开展数据标准化治理，推进大数据平台建设和监管数据共享；组织开展金融科技和监管科技研究及应用实施；负责证券信息技术系统服务机构的备案管理工作等。

第八，对期货业协会的自律管理活动进行指导和监督。2007年《期货交易管理条例》第五十条已有该规定。期货业协会是期货业的自律性组织，是社会团体法人，主要履行自我管理、自我教育，组织会员培训、交流并从事期货业务的研究等，监督、检查会员的违规行为，保护会员的合法权益等职责。要保障期货市场积极稳妥发展，需要行政监管和自律监管相互配合。为更好发挥证券业协会的自律管理作用，促使其合法、有效地履行职责，本条规定国务院期货监督管理机构依法对期货业协会的活动进行指导和监督。

●履职手段

第一百零六条 国务院期货监督管理机构依法履行职责，有权采取下列措施：

（一）对期货经营机构、期货交易场所、期货结算机构进行现场检查，并要求其报送有关的财务会计、业务活动、内部控制等资料；

（二）进入涉嫌违法行为发生场所调查取证；

（三）询问当事人和与被调查事件有关的单位和个人，要求其对与被调查事件有关的事项作出说明，或者要求其按照指定的方式报送与被调查事件有关的文件和资料；

（四）查阅、复制与被调查事件有关的财产权登记、通讯记录等文件和资料；

（五）查阅、复制当事人和与被调查事件有关的单位和个人的期货交易记录、财务会计资料及其他相关文件和资料；对可能被转移、隐匿或者毁损的文件资料，可以予以封存、扣押；

（六）查询当事人和与被调查事件有关的单位和个人的保证金账户和银行账户以及其他具有支付、托管、结算等功能的账户信息，可以对有关文件和资料进行复制；对有证据证明已经或者可能转移或者隐匿违法资金等涉案财产或者隐匿、伪造、毁损重要证据的，经国务院期货监督管理机构主要负责人或者其授权的其他负责人批准，可以冻结、查封，期限为六个月；因特殊原因需要延长的，每次延长期限不得超过三个月，最长期限不得超过二年；

（七）在调查操纵期货市场、内幕交易等重大违法行为时，经国务院期货监督管理机构主要负责人或者其授权的其他负责人批准，可以限制被调查事件当事人的交易，但限制的时间不得超过三个月；案情复杂的，可以延长三个月；

（八）决定并通知出境入境管理机关依法阻止涉嫌违法人员、涉嫌违法单位的主管人员和其他直接责任人员出境。

为防范期货市场风险，维护市场秩序，国务院期货监督管理机构可以采取责令改正、监管谈话、出具警示函等措施。

《期货和衍生品法》	《期货交易管理条例》
第一百零六条 国务院期货监督管理机构依法履行职责，有权采取下列措施： （一）对期货经营机构、**期货交易场所、期货结算机构**进行现场检查，**并要求其报送有关的财务会计、业务活动、内部控制等资料**； （二）进入涉嫌违法行为发生场所调查取证； （三）询问当事人和与被调查事件有关的单位和个人，要求其对与被调查事件有关的事项作出说明，**或者要求其按照指定的方式报送与被调查事件有关的文件和资料**；	**第四十七条** 国务院期货监督管理机构依法履行职责，可以采取下列措施： （一）对~~期货交易所、期货公司及其他~~期货经营机构、~~非期货公司结算会员、期货保证金安全存管监控机构和交割仓库~~进行现场检查； （二）进入涉嫌违法行为发生场所调查取证； （三）询问当事人和与被调查事件有关的单位和个人，要求其对与被调查事件有关的事项作出说明； （四）查阅、复制与被调查事件有关的财产权登记等资料；

续表

《期货和衍生品法》	《期货交易管理条例》
（四）查阅、复制与被调查事件有关的财产权登记、**通讯记录**等**文件**和资料； （五）查阅、复制当事人和与被调查事件有关的单位和个人的期货交易记录、财务会计资料及其他相关文件和资料；对可能被转移、隐匿或者毁损的文件资料，可以予以封存、**扣押**； （六）查询**当事人和**与被调查事件有关的单位和个人的保证金账户和银行账户**以及其他具有支付、托管、结算等功能的账户信息，可以对有关文件和资料进行复制；对有证据证明已经或者可能转移或者隐匿违法资金等涉案财产或者隐匿、伪造、毁损重要证据的，经国务院期货监督管理机构主要负责人或者其授权的其他负责人批准，可以冻结、查封，期限为六个月；因特殊原因需要延长的，每次延长期限不得超过三个月，最长期限不得超过二年**； （七）在调查操纵期货**市场**、内幕交易等重大违法行为时，经国务院期货监督管理机构主要负责人**或者其授权的其他负责人**批准，可以限制被调查事件当事人的交易，但限制的时间不得超过**三个月**；案情复杂的，可以延长**三个月**； **（八）决定并通知出境入境管理机关依法阻止涉嫌违法人员、涉嫌违法单位的主管人员和其他直接责任人员出境。** **为防范期货市场风险，维护市场秩序，国务院期货监督管理机构可以采取责令改正、监管谈话、出具警示函等措施。**	（五）查阅、复制当事人和与被调查事件有关的单位和个人的期货交易记录、财务会计资料以及其他相关文件和资料；对可能被转移、隐匿或者毁损的文件和资料，可以予以封存； （六）查询与被调查事件有关的单位的保证金账户和银行账户； （七）在调查操纵期货~~交易价格~~、内幕交易等重大~~期货~~违法行为时，经国务院期货监督管理机构主要负责人批准，可以限制被调查事件当事人的~~期货~~交易，但限制的时间不得超过~~15个交易日~~；案情复杂的，可以延长~~至30个交易日~~； ~~（八）法律、行政法规规定的其他措施。~~

本条最初来自1999年《期货交易管理暂行条例》第五十一第至第五十三条，[①]2007年《期货交易管理条例》第五十一条进一步明确了执法措施，并为后续《期货交易管理条例》延续。借鉴2019年《证券法》第一百七十条的规定，紧紧围绕零容忍要求提高监管执法效能，本条完善了《期货交易管理条例》第四十七条的规定。

一是增加要求市场参与者报送措施。在现场监查时，有权要求市场参与者报送有关的财务会计、业务活动、内部控制等资料。在询问时，要求有关主体按指定的方式报送与被调查事件有关的文件和资料（第一款第一项、第三项）。二是增加扣押相关文件资料的措施，防止被转移、隐匿或者毁损（第一款第五项），此前只有封存的规定。三是新增账户的冻结、查封措施，增加限制交易时间。考虑到期货市场案情比较复杂，调查周期较长，新增了冻结和查封措施（第一款第六项），首次为6个月，最长为2年；将限制交易时间从15个交易日到60日增加至3个月到6个月（第一款第七项）。四是将查询账户对象增加至其他具有支付、托管、结算等功能的账户（第一款第六项）。在调查资金流转时，有必要扩展账户信息查询范围。五是增加限制出境的规定（第八款）。六是增加了行政监管措施的原则性规定（第二款）。

与二读稿相比，最终稿删除了对期货服务机构和非期货经营机构结算参与人等市场相关参与者进行现场检查的规定，将证券期货监督管理机构现场检查的对象限于期货经营机构、期货交易场所和期货结算机构。

解析

本条规定的措施可以分为三类：一是在日常监管中采取的措施，如现场检查。二是在涉嫌违法调查中采取的措施，如封存扣押文件资料、冻结查封资金等。三是为防范风险采取的措施，如就特定问题责令改正、监管谈话等。

---

① 第五十一条　中国证监会可以随时检查期货交易所、期货经纪公司的业务、财务状况，有权要求期货交易所、期货经纪公司提供有关资料，有权要求期货交易所提供会员、期货经纪公司提供客户的有关情况和资料；必要时，可以检查会员和客户与期货交易有关的业务、财务状况。中国证监会在检查中，发现有违法嫌疑的，可以调取、封存有关文件、资料，并应当在规定的期限内及时作出处理决定。中国证监会的工作人员在检查时，应当出示合法证件。

第五十二条　中国证监会对有期货违法嫌疑的单位和个人有权进行询问、调查；对期货交易所、期货经纪公司、会员和客户在商业银行或者其他金融机构开立的单位存款账户可以进行查询；对有证据证明有转移或者隐匿违法资金迹象的，可以申请司法机关予以冻结。有关单位和个人应当给予支持、配合。

第五十三条　当期货市场出现异常情况时，中国证监会可以采取必要的风险处置措施。

一、在日常监管中采取的措施

对期货经营机构、期货交易场所等市场相关参与者进行现场检查，并要求其报送有关的财务会计、业务活动、内部控制等资料（第一款第一项）。检查分为现场检查和非现场检查两种。现场检查是指监管机构工作人员赴期货经营机构、期货交易场所等市场相关参与者所在的场地，通过听取汇报、检查有关资料的方式实施检查。现场检查是事中监管的重要手段，有利于及时发现问题、消除风险隐患。现场检查的对象经历了逐步扩大过程。1999年《期货交易管理暂行条例》第五十一条规定的检查对象只包括两类，即期货交易所、期货经纪公司。2007年《期货交易管理条例》及后续修订规定将检查对象扩大至5类，即期货交易所、期货公司及其他期货经营机构、非期货公司结算会员、期货保证金安全存管监控机构、交割仓库。本条进一步扩大至“市场相关参与者”。

二、在涉嫌违法调查中采取的措施

一是进入涉嫌违法行为发生场所调查取证（第一款第二项）。到涉嫌违法行为发生的场所进行调查是监管机构开展调查工作的重要手段，对于还原违法事实，再现违法过程意义重大，现场笔录、物证等是《中华人民共和国行政处罚法》（以下简称《行政处罚法》）第四十六条明确规定的证据形式。同时，现场调查涉及进入当事人的办公区域、住宅等场所，涉及当事人基本权利，必须由法律明确授权和保障。

二是询问或要求报送资料（第一款第三项）。监管机构要查明事实真相，向当事人和与被调查事件有关的单位和个人进行调查询问，要求他们对与被调查事件有关的事项作出说明是非常重要的手段，当事人的陈述、证人证言也是《行政处罚法》第四十六条明确规定的证据形式。同时，适应期货市场监管执法的新形势，进一步提高监管执法效能，本条在调查询问之外新增了要求按照指定的方式报送与被调查事件有关的文件和资料的规定。

三是查阅、复制与被调查事件有关的财产权登记、通讯记录等文件和资料（第一款第四项）。期货市场是市场经济的有机组成部分，相关行为多与经济活动有关，相关违法多为经济类违法，财产权登记和流转记录成为重中之重的证据。期货市场的组织化程度特别高，单兵作战的情况较少，当事人与他人的联络沟通情况（通讯记录）成为调查的重要抓手。

四是查阅、复制、封存、扣押相关文件资料（第一款第五项）。在案件调查过程中，当事人有可能转移、隐匿或者毁损相关的文件资料，为查明事实，保存证据，防止前述行为的发生，本项授予监管机构查阅、复制、封存权。同时，为进一步减少关键文件和资料被有关人员隐匿、毁损的风险，本条新增了文件资料扣押权，为相关证据异地保存提供法律依据。

五是查询、冻结、查封有关账户（第一款第六项）。如前文所讨论，期货市场违法多为经济类违法，相关账户信息是重中之重的证据。在保证金账户和银行账户的基础上，《期货和衍生品法》新增了其他具有支付、托管、结算等功能的账户信息，为监管机构向第三方取证提供法律依据，防止相关人员利用其他账户转移资金逃避处罚。增加查封、冻结期限。2017年《期货交易管理条例》没有查封、冻结的规定，2011年《中华人民共和国行政强制法》第九条规定了查封、冻结权，但第二十五条规定期限在30日至60日。[①]期货市场的案件普遍案情复杂且涉及面广，调查处罚周期相对较长。在电子化交易条件下，涉案资金又非常容易被转移和藏匿。案件未办结的情况下解除查封、冻结，严重影响办案效率。为严厉打击期货市场违法行为，期货明确规定查封、扣押的期限在6个月至2年。

六是限制交易（第一款第七项）。操纵市场、内幕交易等违法行为影响重大，可能引发期货市场价格的巨大波动，严重侵犯投资者合法权益。如在行政处罚作出之前任由相关人员继续从事交易，可能严重破坏期货市场交易秩序。从2007年《期货交易管理条例》起，限制交易被明确为监管机构的调查措施。考虑到期货市场案件普遍案情复杂且涉及面广，调查处罚周期相对较长，本次修改将限制交易周期从15至30个交易日延长至3个月至6个月。

七是限制出境措施。随着改革开放的推进，我国经济与全球经济深度融合，我国公民的出境流程越来越便捷。在案件调查过程中，相关人员出境逃避调查和处罚的情况并不少见。2012年《中华人民共和国出境入境管理法》第十二条规定的限制出境对象包括被判处刑罚尚未执行完毕或者属于刑事案件被告人、犯罪嫌疑人的；有未了结的民事案件，人民法院决定不准出境的。2018年《中华人民共和国监察法》第三十条规定，可以对被调查人及相关人员采取限制出境措施。本条适应期货市场违法新形势，增加了限制出境措施。

三、防范市场风险采取的监管措施

监管措施是监管机构基于审慎监管要求，为有效保护公共利益、及时防范风险蔓延、及时矫正违法违规行为而采取的手段。在行政许可、行政处罚之外，有必

① 第二十五条　查封、扣押的期限不得超过三十日；情况复杂的，经行政机关负责人批准，可以延长，但是延长期限不得超过三十日。法律、行政法规另有规定的除外。

要授予监管机构采取监管措施的权力。此外，《期货交易管理条例》并未明确规定监管措施的内容和种类，只是在第五十五条、第五十六条涉及具体违法责任时提及监管措施。同时，《行政处罚法》也未涉及监管措施的内容。对于监管措施是否属于行政处罚，是否有明确的法律依据等问题，存在不少争议。2008年证监会印发《证券期货市场监督管理措施实施办法（试行）》，对监管措施的种类、实施程序等做了统一规定。从实践中看，行政监管措施能对不法行为快速反应，有利于及时矫正不法行为，防范风险蔓延与危害。本条在借鉴2019年《证券法》第一百七十条的基础上，对责令改正、监管谈话、出具警示函等措施作出明确规定。

•执法人员、证件

第一百零七条 国务院期货监督管理机构依法履行职责，进行监督检查或者调查，其监督检查、调查的人员不得少于二人，并应当出示执法证件和检查、调查、查询等相关执法文书。监督检查、调查的人员少于二人或者未出示执法证件和有关执法文书的，被检查、调查的单位或者个人有权拒绝。

本条是新增条款。

解析

本条借鉴2019年《证券法》第一百七十二条的规定，对监管机构监督检查和调查的程序提出明确要求。

检查、调查人员不得少于二人是指监管机构在进行监督检查或调查时，实际到场进行监督检查、调查的工作人员至少为二人。这有助于工作人员相互监督，保证依法履行职责。2015年《保险法》第一百五十四条规定，“保险监督管理机构依法进行监督检查或者调查，其监督检查、调查的人员不得少于二人”。2018年《刑事诉讼法》第一百一十八条规定：“讯问的时候，侦查人员不得少于二人。”2021年《监察法实施条例》第七十条、第八十三条、第八十七条分别规定谈话、讯问、询问不得少于二人。

执法证件是指证明监管机构工作人员身份及执法事项的文件，包括执法证和执法文书。2021年《行政处罚法》第五十五条也做了类似规定。一是执法证。执法证是执法人员履行行政执法职责、依法从事行政执法活动的有效证件和身份证明，工商、统计、环保、消防等各领域执法都需要出示执法证。二是执法文书。监督检查、调查通知书或者其他执法文书是监管机构出具的通知当事人对其进行监督检查、调查的书面文件，是用以表明执法事项的文件。2019年《证券法》第一百七十二条首次规定其他执法文书，这是监管实践的创新。一方面，检查、调查工作不仅涉及被检查、调查对象，还涉及有义务协助检查、调查的其他主体，对这类主体监督检查和调查通知书不适用。另一方面，根据信息披露制度要求，相关单位和个人收到监督检查、调查通知的，应当及时披露。如果协助调查主体也需要进行信息披露，可能引发误解，影响协助调查主体的积极性。

本条还规定了监督检查、调查的人员少于二人或者未出示执法证件和有关执法文书的法律后果，即被检查、调查的单位或者个人有权拒绝。

•行为准则

第一百零八条　国务院期货监督管理机构的工作人员，应当依法办事，忠于职守，公正廉洁，保守国家秘密和有关当事人的商业秘密，不得利用职务便利牟取不正当利益。

《期货和衍生品法》	《期货交易管理条例》
第一百零八条　国务院期货监督管理机构的工作人员，应当**依法办事，忠于职守，**公正廉洁，保守国家秘密和有关当事人的商业秘密，不得利用职务便利牟取不正当利益。	**第六十三条**　国务院期货监督管理机构~~、期货交易所、期货保证金安全存管监控机构和期货保证金存管银行等相关单位~~的工作人员，应当~~忠于职守，依法办事，~~公正廉洁，保守国家秘密和有关当事人的商业秘密，不得利用职务便利牟取不正当的利益。

本条优化了监管机构工作人员行为准则的适用对象，不再包括期货交易所、期货保证金安全存管监控机构和期货保证金存管银行等相关单位工作人员。

解析

本条最早规定在2007年《期货交易管理条例》第六十七条，并延续至2017年

《期货交易管理条例》第六十三条，规范对象包括监管机构、期货交易所、期货保证金安全存管监控机构和期货保证金存管银行等相关单位的工作人员。本条借鉴2019年《证券法》第一百七十九条第一款的规定，将适用对象限定在监管机构工作人员。

中国证监会作为法律授权的具有公共事务管理职能的国务院直属事业单位，其工作人员参照《公务员法》管理。2018年《公务员法》第十四条明确规定，公务员应当忠于宪法，模范遵守、自觉维护宪法和法律，忠于职守，保守国家秘密和工作秘密，清正廉洁，公道正派。监管机构工作人员是否公正、公平、高效执法，关乎期货市场的运行质量和功能发挥，关乎投资者合法权益的保障。国际证监会组织在《证券监管目标和原则》中专门提出了监管机构工作人员的职责准则，并在第五条明确规定监管机构的工作人员应遵守最高职责准则。

一是依法办事。这是指严格依照法律、行政法规、规章、规范性文件等规定的内容和程序，行使权力，履行职责，包括程序性和实体性要求两部分。二是忠于职守。这是指在工作岗位认真履行职责，这是监管人员的首要义务。三是公正廉洁，不得利用职务便利牟取不正当利益。从正面而言，公正廉洁是指公平正直、毫不偏私地履行职责，平等对待期货市场参与者。这既是所有公职人员的基本要求，也是证监会三公价值准则的基本要求。从反面而言，不得利用职务便利牟取不正当利益。四是保密义务。监管机构工作人员在工作过程中可能接触国家秘密和有关当事人的商业秘密。这些秘密一旦被泄露往往给国家和相关当事人带来不利影响，造成经济损失。五是不得利用职务便利牟取利益。

●配合监管义务、信息共享

第一百零九条 国务院期货监督管理机构依法履行职责，被检查、调查的单位和个人应当配合，如实作出说明或者提供有关文件和资料，不得拒绝、阻碍和隐瞒。

国务院期货监督管理机构与其他相关部门，应当建立信息共享等监督管理协调配合机制。国务院期货监督管理机构依法履行职责，进行监督检查或者调查时，有关部门应当予以配合。

《期货和衍生品法》	《期货交易管理条例》
第一百零九条　国务院期货监督管理机构依法履行职责，被检查、调查的单位和个人应当配合，如实**作出说明或者**提供有关文件和资料，不得拒绝、阻碍和隐瞒。 国务院期货监督管理机构与**其他相关**部门，应当建立信息共享**等监督管理**协调配合机制。**国务院期货监督管理机构依法履行职责，进行监督检查或者调查时，有关**部门应当**予以**配合。	**第四十九条**　国务院期货监督管理机构依法履行职责~~，进行监督检查或者调查时~~，被检查、调查的单位和个人应当配合，如实提供有关文件和资料，不得拒绝、阻碍和隐瞒；~~其他有关~~部门~~和单位~~应当~~给予支持和~~配合。 **第六十二条**　国务院期货监督管理机构~~应当与有关~~部门建立~~监督管理的~~信息共享~~和~~协调配合机制。 ~~国务院期货监督管理机构可以和其他国家或者地区的期货监督管理机构建立监督管理合作机制，实施跨境监督管理。~~

本条整合了相关条款内容。

解析

本条第一款被检查、调查单位和个人的配合义务以及第三款的相关单位的配合义务，最早规定在2007年《期货交易管理条例》第五十三条，并延续至2017年《期货交易管理条例》。本条借鉴2019年《证券法》第一百七十五条的规定，增加信息共享的内容。

一、被调查单位和个人的配合义务

为确保期货监督管理机构的执法权威，提高执法效能，本条从正反两个方面规定了被调查单位和个人的配合义务。一是应主动进行配合，为监管机构查明事实真相提供便利条件，提供真实的有关文件和资料，如期货交易记录、财务会计资料等。二是不得以任何借口拒绝、不予提供，也不得妨碍监管机构获得真实可靠的文件和资料，不得对有关文件和资料进行隐瞒，掩盖事实真相。为确保该条实施，相关法律从正反两个方面规定了法律后果。从反向威慑而言，《期货和衍生品法》第一百四十九条[①]规定了拒绝、阻碍依法行使监督检查、调查职权的法律责任，2021年

① 2019年《证券法》第二百一十八条做了类似规定。

《证券期货违法行为行政处罚办法》第三十八条[1]细化了拒绝、妨碍执法的情形。从正面激励而言，2021年《行政处罚法》第三十二条规定配合行政机关查处违法行为有立功表现的应当从轻或减轻行政处罚。

二、有关部门配合义务

为确保期货监督管理机构的执法权威，提高执法效能，本条还规定了有关部门的配合义务。期货市场违法往往涉及银行流水、通讯记录等有关部门工作，需要有关部门的协助、配合和支持，才能使检查、调查工作顺利进行。为此，本条规定，期货监督管理机构依法履行职责，进行监督检查或调查时，有关部门如公安机关等，应当给予支持和配合。

三、监管信息的共享

期货市场由期货监督管理机构集中统一监管，同时，商品、证券、债券等相关现货市场由不同的部门监管，为促进期货市场平稳发展，避免监管真空、重复监管和监管套利，降低监管成本，提升监管效率，有必要建立跨部委信息共享机制。

一是法律依据。2007年《期货交易管理条例》第六十六条规定了监管信息共享的内容，并延续至2017年《期货交易管理条例》第六十二条。其他有关法律也有类似要求。2015年《保险法》第一百五十七条规定，国务院保险监督管理机构应当与中国人民银行、国务院其他金融监督管理机构建立监督管理信息共享机制。《中华人民共和国银行业监督管理法》第六条规定，国务院银行业监督管理机构应当和中国人民银行、国务院其他金融监督管理机构建立监督管理信息共享机制。

二是部委合作。2004年《中国银监会、证监会、保监会在金融监管方面分工合作的备忘录》明确规定证券、保险和金融监管机构的定期信息交流制度。2012年1月，《国务院关于同意建立清理整顿各类交易场所部际联席会议制度的批复》发布，建立清理整顿各类交易场所部际联席会议（以下简称联席会议）制度，切实加强清理整顿各类交易场所工作的组织领导。[2]2012年4月，经国务院批准，人民银行牵头发改委、证监会成立了公司信用类债券部际联席机制，加强协调合作，以扩大

---

① 第三十八条　有下列拒绝、阻碍执法情形之一的，按照《证券法》第二百一十八条的规定追究责任：（一）殴打、围攻、推搡、抓挠、威胁、侮辱、谩骂执法人员的；（二）限制执法人员人身自由的；（三）抢夺、毁损执法装备及执法人员个人物品的；（四）抢夺、毁损、伪造、隐藏证据材料的；（五）不按要求报送文件资料，且无正当理由的；（六）转移、变卖、毁损、隐藏被依法冻结、查封、扣押、封存的资金或涉案财产的；（七）躲避推脱、拒不接受、无故离开等不配合执法人员询问，或在询问时故意提供虚假陈述、谎报案情的；（八）其他不履行配合义务的情形。

②《国务院关于同意建立清理整顿各类交易场所部际联席会议制度的批复》。

直接融资、促进融资结构和经济结构调整、更好地满足各类企业的融资需求为主导任务，推动公司信用类债券市场健康发展。[①]2013年8月，《国务院关于同意建立金融监管协调部际联席会议制度的批复》发布，进一步加强金融监管协调，保障金融业稳健运行。联席会议由人民银行牵头，成员单位包括银监会、证监会、保监会、外汇局，必要时可邀请发展改革委、财政部等有关部门参加。2013年，证监会同人民银行、财政部、银监会和保监会等建立跨部委协调机制，积极发挥协调作用，推动各类型机构投资者有序参与国债期货交易。[②]2018年11月，人民银行、证监会和发展改革委联合发布《关于进一步加强债券市场执法工作的意见》，强化监管执法，建立统一的债券市场执法机制。证监会依法对银行间债券市场、交易所债券市场违法行为开展统一的执法工作。[③]2020年2月，证监会、财政部、人民银行、银保监会联合发布《关于商业银行、保险机构参与中国金融期货交易所国债期货交易的公告》，继续发挥跨部委协调机制作用，加强监管合作和信息共享，分批推进商业银行和保险机构参与国债期货市场交易。

三是司法合作。在期货市场监管中，证监会与公安司法机关的合作一直比较密切。2001年，证监会与公安部门曾合作成立稽查二局，也被称作证券犯罪侦查局，这是一个专门针对证券犯罪的调查机构，旨在加强查处违规能力。2006年3月，证监会发布《关于在打击证券期货违法犯罪中加强执法协作的通知》（证监发〔2006〕17号），促进证监会和公安机关在打击证券期货违法犯罪中的执法协作。2011年，最高人民法院、最高人民检察院、公安部、证监会联合发布《最高人民法院、最高人民检察院、公安部、中国证监会关于办理证券期货违法犯罪案件工作若干问题的意见》（证监发〔2011〕30号），就加强办理证券期货违法犯罪案件工作，完善行政执法与刑事司法的衔接机制提出具体要求。2012年，最高人民法院、最高人民检察院发布《关于贯彻执行〈关于办理证券期货违法犯罪案件工作若干问题的意见〉有关问题的通知》（法发〔2012〕8号），细化了具体工作要求。2011年《关于审理证券行政处罚案件证据若干问题的座谈会纪要》（法〔2011〕225号）、2012年《关于办理内幕交易、泄露内幕信息刑事案件具体应用法律若干问题的解释》（法释〔2012〕6号）、2019年《关于办理操纵证券、期货市场刑事案件适用法律若干问题

① 《公司信用类债券部际协调机制成立暨第一次会议召开》，http://www.gov.cn/gzdt/2012-04/06/content_2108109.htm。

② 《证监会发布会就8月16日上交所异常事件等答记者问》，http://www.gov.cn/gzdt/2013-08/17/content_2468678.htm。

③ 对涉及公司债券、企业债券、非金融企业债务融资工具、金融债券等各类债券品种的信息披露违法违规、内幕交易、操纵证券市场以及其他违反证券法的行为，对商业银行、证券公司等在承销各类债券过程中的违法行为，依照《证券法》相关规定处罚。

的解释》，都是证监会与公安司法机关密切协作的产物。2021年9月18日，最高人民检察院驻中国证券监督管理委员会检察室正式揭牌成立。

•举报人制度

第一百一十条 对涉嫌期货违法、违规行为，任何单位和个人有权向国务院期货监督管理机构举报。

对涉嫌重大违法、违规行为的实名举报线索经查证属实的，国务院期货监督管理机构按照规定给予举报人奖励。

国务院期货监督管理机构应当对举报人的身份信息保密。

本条是新增条款。

解析

本条借鉴2019年《证券法》第一百七十六条的规定，增加了对涉嫌期货违法行为的举报与奖励制度。期货市场违法行为的隐蔽性高，如何及时发现与制止违法行为，是监管执法机构普遍面临的难题。考虑到期货市场违法多为经济类违法，采用经济激励的方式，鼓励向掌握涉嫌违法、违规线索的单位和个人，特别是内部知情人积极向征求监督管理机构举报，并以此达到更加及时、全面地发现、打击和震慑违法行为的目的。

举报奖励制度在美国期货市场运行良好。2020年，美国商品期货交易委员会批准了16个举报人奖的申请，总计发放约2000万美元，用于奖励主动为提供原始线索或者分析，并帮助美国商品期货交易委员会成功查处违法案件的个人。其中，在11项最终授予奖金的案件中，3个涉及多个举报人，2个授予了境外举报人，有1项奖励是基于某监管机构的相关执法行动。迄今为止，美国商品期货交易委员会已累计颁发超过1亿美元的举报人奖。美国商品期货交易委员会约有30%~40%的正在调查案件与举报人的举报有关，预计举报人将持续增加，继续成为美国商品期货交易委员会执法工作的重要组成部分。在民事领域，《关于民事执行中财产调查若干问题的规定》（法释〔2020〕21号）确立了线索悬赏制度，其中第二十一条规定，被执行人不履行生效法律文书确定的义务，申请执行人可以向人民法院书面申请发布悬赏公告查找可供执行的财产。

《国务院办公厅关于进一步加强资本市场中小投资者合法权益保护工作的意见》提出要建立证券期货违法案件举报奖励制度。《证券期货违法违规行为举报工作暂行规定》（证监发〔2014〕53号）初步建立了证券期货违法案件举报制度。为方便工作举报，证监会设立证券期货违法违规行为举报中心，负责举报的受理、审查、提请调查、举报奖励等工作。2019年《证券法》第一百七十六条首次从法律层面确立了举报与奖励制度，明确任何单位和个人都可以举报，并确立举报保密制度，保护举报人积极性。2020年修订后的《证券期货违法违规行为举报工作暂行规定》（证监发〔2020〕7号）发布，增加举报人保密要求（第九条和第十条）。

•行政公开

第一百一十一条 国务院期货监督管理机构制定的规章、规则和监督管理工作制度应当依法公开。

国务院期货监督管理机构依据调查结果，对期货违法行为作出的处罚决定，应当依法公开。

本条是新增条款。

解析

本条借鉴2019年《证券法》一百七十四条规定，新增了期货市场行政公开要求。“阳光是最好的防腐剂，路灯是最好的警察”。公开是期货市场的三公原则之一，1999年《期货交易管理暂行条例》第三条就确立了三公原则。一般而言公开主要是信息公开，包括监管信息、交易信息等内容，本条明确了期货监督管理机构的公开义务。

第一，规则公开。历史上关于规则是否要公开曾有不同意见。有意见认为“刑不可知，则威不可测”（《左传》），有意见认为“公布法律才能引导人行为”（《铸刑书》），规则公开已是现代文明社会的共识。1996年《行政处罚法》第四条规定“对违法行为给予行政处罚的规定必须公布”。多年来，证监会通过多种方式落实规则公开工作，如在官网和公报中公布有关规则，编印《中华人民共和国证券期货法规汇编》和《中国资本市场法治发展报告》等。2019年7月15日，证监会又专门开放建设了证券期货法规数据库。

第二，处罚公开。与刑事判决类似，处罚决定具有特殊预防和一般预防的功能，不仅会影响到当事人，还会影响其他市场参与者的行为甚至整个证券市场，处罚决定原则上应公开。尽管1998年《证券法》已确立了行政处罚决定公开制度，但2021年修订的《行政处罚法》第四十八条才首次规定，“具有一定社会影响的行政处罚决定应当依法公开”。相关政策也要求对行政处罚决定公开。2015年7月，《国务院办公厅关于运用大数据加强对市场主体服务和监管的若干意见》要求“进一步加大政府信息公开和数据开放力度。除法律法规另有规定外，应将行政许可、行政处罚等信息自作出行政决定之日起7个工作日内上网公开，提高行政管理透明度和政府公信力”。2018年11月，中央深改组第五次会议审议通过的《国务院办公厅关于全面推进行政执法公示制度执法全过程记录制度重大执法决定法制审核制度的指导意见》要求“行政许可、行政处罚的执法决定信息要在执法决定作出之日起7个工作日内公开，但法律、行政法规另有规定的除外”。

第三，依法公开。公开并不意味着完全公开，而是要考虑具体情况依法公开。一是在规则方面，考虑到监管机构部分内部管理制度，内容敏感或者涉及保密，不宜对外公开。二是在行政处罚决定公开方面，一般认为资本市场违法案件涉及资本市场的平稳运行、涉及国家金融安全，符合具有一定社会影响力的标准，从一般预防的角度看也应予以公开。同时，处罚决定公开涉及当事人信息、名誉、声誉，《行政处罚法》第四十八条规定的是具有一定社会影响的行政处罚决定应当依法公开。司法机关认为[（2021）京行终9674号]，根据《政府信息公开条例》第十六条的规定，行政机关的内部事务信息，包括人事管理、后勤管理、内部工作流程等方面的信息，可以不予公开。行政机关在履行行政管理职能过程中形成的讨论记录、过程稿、磋商信函、请示报告等过程性信息以及行政执法案卷信息，可以不予公开。

● 当事人承诺制度

第一百一十二条 国务院期货监督管理机构对涉嫌期货违法的单位或者个人进行调查期间，被调查的当事人书面申请，承诺在国务院期货监督管理机构认可的期限内纠正涉嫌违法行为，赔偿有关交易者损失，消除损害或者不良影响的，国务院期货监督管理机构可以决定中止调查。被调查的当事人履行承诺的，国务院期货监督管理机构可以决定终止调查；被调查的当事人未履行承诺或者有国务院规定的其他情形的，应当恢复调查。具体办法由国务院规定。

国务院期货监督管理机构中止或者终止调查的，应当按照规定公开相关信息。

本条是新增条款，增加了当事人承诺制度。

解析

当事人承诺也称行政和解，是指在证券执法过程中，根据行政相对人的申请，与其就改正涉嫌违法行为，消除涉嫌违法行为不良后果，交纳行政和解金补偿投资者损失等进行协商达成行政和解协议，并据此终止调查执法程序的制度。

当事人承诺制度适合期货市场违法特点。资本市场违法违规是典型的“白领”违法，具有专业化、技术化、隐蔽性、复杂性、跨区域、涉众性等特点，特别是随着资本市场的发展和信息技术的进步，证券违法行为的隐蔽性、复杂性特点日益突出，取证难度大，干扰因素多，调查周期长。同时，监管机构执法资源有限，执法链条又比较长，有限资源既要用于线索分析、调查、处罚等工作，还要用于复议、行政诉讼等工作，客观上制约了监管执法效能的发挥。在一定范围内适用当事人承诺制度，可以明显缓解上述矛盾，提升监管执法效能。

当事人承诺制度是成熟资本市场广泛使用的制度，美国、英国、德国、新加坡等国家都规定了类似制度。有研究显示，美国期监会约有一半的案件以和解结案。摩根大通（JP Morgan）幌骗操纵和解案是近年来美国期监会达成的一起影响较大的和解案件。2020年9月底，摩根大通（JP Morgan）与美国期监会达成和解，和解金额为9.2亿美元，包括311737008美元赔偿金，没收172034790美元违法所得和436431811美元民事罚款。

我国当事人承诺制度的实践。一是政策和法律依据。2013年《国务院办公厅关于进一步加强资本市场中小投资者合法权益保护工作的意见》提出“探索建立证券期货领域行政和解制度，开展行政和解试点”的要求。2015年，经国务院同意，证监会出台了《行政和解试点实施办法》（2015年第114号令）。2019年《证券法》第一百七十一条将当事人承诺制度上升到法律层面。2021年7月，中共中央办公厅、国务院办公厅印发《关于依法从严打击证券违法活动的意见》，要求加快制定修改“证券期货行政执法当事人承诺实施办法等配套法规制度，大幅提高违法违规成本”。2022年，《证券期货行政执法当事人承诺制度实施办法》生效，在行政法规层面确立了行政和解制度。二是当事人承诺制度适用情况。根据证监会公布的信息，证监会已与14名申请人达成行政和解，和解金额超过8亿元。2019年，证监会依法与高盛（亚洲）有限责任公司、北京高华证券有限责任公司以及高盛亚洲和高华证券的相关工作人员等9名行政和解申请人达成和解协议。2020年，证监会依法与司度（上海）贸易有限公司以及富安达基金管理有限公司、中信期货有限公司、北京千石创富资本管理有限公司、国信期货有限责任公司等五家机构及其相关工作人员达成和解协议。

我国较为完整的当事人承诺制度体系已经初步建成。2021年《证券期货行政执法当事人承诺制度实施办法》发布，并于2022年1月1日起实施。本规定共21条，主要包括5个方面内容，即明确证券期货行政执法当事人承诺制度的内涵和适用原则，规定适用证券期货行政执法当事人承诺的基本流程，明确不适用证券期货行政执法当事人承诺的情形，明确承诺金的使用和管理方式，明确监督制约机制。证监会配套出台《证券期货行政执法当事人承诺制度实施规定》《证券期货行政执法当事人承诺金管理办法》，细化了相关规定。

• 诚信档案

第一百一十三条 国务院期货监督管理机构依法将有关期货市场主体遵守本法的情况纳入期货市场诚信档案。

本条是新增条款，增加了诚信档案内容。

解析

诚信是社会主义市场经济的本质要求，是期货市场的基础，本条借鉴2019年《证券法》第二百一十五条的规定，增加了期货市场诚信档案制度。

一是政策和法律依据。1999年《期货交易管理暂行条例》第三条就规定了诚实信用原则是期货交易基本原则。党的十八大和十八届三中、四中、五中全会，都对加强社会诚信建设提出了要求。近年来，国家相继出台《社会信用体系建设规划纲要（2014—2020年）》《国务院关于建立完善守信联合激励和失信联合惩戒制度加快推进社会诚信建设的指导意见》《国务院办公厅关于加强个人诚信体系建设的指导意见》《国务院办公厅关于加快推进社会信用体系建设构建以信用为基础的新型监管机制的指导意见》《国务院办公厅关于进一步完善失信约束制度构建诚信建设长效机制的指导意见》等政策文件，要求建立诚信监管制度。2012年，证监会专门制定《证券期货市场诚信监督管理暂行办法》，建立全国统一的证券期货市场诚信档案数据库，加强资本市场诚信监管。但由于诚信档案工作缺乏明确的法律依据，诚信档案工作推进受到一定影响，为此，2019年《证券法》和本次《期货和衍生品法》立法从法律层面明确了诚信档案的法律依据。

二是法律后果。尽管法律已经确立了诚信档案制度，但未明确计入诚信档案的法律后果，2020年《证券期货市场诚信监督管理办法》对法律后果做了较为明确的规定。第一，是影响业务许可。在审查行政许可时，监管机构要求申请人对有关诚信档案信息提供书面反馈意见，否则可以不予对相关事项进行审查。[①]在业务创新试点申请中，有违法失信信息的可以暂缓或者不予安排。[②]第二，是影响行政处罚和日常监管。在进行行政处罚、实施市场禁入和采取监督管理措施中，应当查阅当事人的诚信档案，在综合考虑当事人违法行为的性质、情节、损害投资者合法权益程度和当事人诚信状况等因素的基础上，依法作出处理。[③]在日常监管中，根据被监管机构的诚信状况，有针对性地进行现场检查和非现场检查，或者适当调整、安排现场检查的对象、频率和内容。[④]第三，是影响业务资格。中国证监会及其派出机构、证券期货市场行业组织可以不聘任相关人员担任中国证监会股票发行审核委员会委员、中国证监会上市公司并购重组审核委员会委员等。

•刑事、监察移送

第一百一十四条　国务院期货监督管理机构依法履行职责，发现期货违法行

① 第二十六条　中国证监会及其派出机构审查行政许可申请，发现申请人以及有关当事人有本办法第八条第（四）项中的未履行或者未如期履行承诺信息，或者第（五）项至第（十八）项规定的违法失信信息的，可以要求申请人或者受申请人委托为行政许可申请提供证券期货服务的有关机构提供书面反馈意见。书面反馈意见应就如下事项进行说明：（一）诚信信息所涉及相关事实的基本情况；（二）有关部门所作决定、处理的执行及其他后续情况，并提供证明材料；（三）有关证券期货服务机构关于诚信信息对行政许可事项是否构成影响的分析。申请人或者有关证券期货服务机构应在规定期限内提交书面反馈意见。

第二十七条　申请人或者有关证券期货服务机构的书面反馈意见不明确，有关分析、说明不充分的，中国证监会及其派出机构可以直接或者委托有关机构对有关事项进行核查。

②　第三十条　业务创新试点申请人有本办法第八条第（四）项中的未履行或者未如期履行承诺信息，或者第（五）项至第（十八）项规定的违法失信信息之一的，中国证监会及其派出机构、证券期货市场行业组织可以暂缓或者不予安排，但申请人能证明该违法失信信息与业务创新明显无关的除外。

③ 第三十三条　中国证监会及其派出机构在对公民、法人或者其他组织进行行政处罚、实施市场禁入和采取监督管理措施中，应当查阅当事人的诚信档案，在综合考虑当事人违法行为的性质、情节、损害投资者合法权益程度和当事人诚信状况等因素的基础上，依法作出处理。

④ 第三十四条　中国证监会及其派出机构在开展监督检查等日常监管工作中，应当查阅被监管机构的诚信档案，根据被监管机构的诚信状况，有针对性地进行现场检查和非现场检查，或者适当调整、安排现场检查的对象、频率和内容。

为涉嫌犯罪的，应当依法将案件移送司法机关处理；发现公职人员涉嫌职务违法或者职务犯罪的，应当依法移送监察机关处理。

本条是新增条款，增加了对涉嫌期货违法、职务违法或犯罪的移送处理。

解析

本条借鉴2019年《证券法》第一百七十八条的规定，增加了对涉嫌期货违法、职务违法或犯罪的移送处理。国务院期货监督管理机构在履行职责的过程中，发现可能涉嫌犯罪或者职务违法情况的，应移送司法机关等有关机关处理。

第一，涉嫌一般犯罪的移送司法机关。2021年《行政处罚法》第二十七条规定“违法行为涉嫌犯罪的，行政机关应当及时将案件移送司法机关，依法追究刑事责任”。2021年《证券期货违法行为行政处罚办法》第二十九条规定“中国证监会及其派出机构在行政处罚过程中发现违法行为涉嫌犯罪的，应当依法、及时将案件移送司法机关处理”。2020年《行政执法机关移送涉嫌犯罪案件的规定》第三条规定“行政执法机关在依法查处违法行为过程中，发现……涉嫌构成犯罪，依法需要追究刑事责任的，必须依照本规定向公安机关移送”，第十一条规定“行政执法机关对应当向公安机关移送的涉嫌犯罪案件，不得以行政处罚代替移送”。2006年《关于在行政执法中及时移送涉嫌犯罪案件的意见》（高检会〔2006〕2号）规定“行政执法机关在查办案件过程中，对符合刑事追诉标准、涉嫌犯罪的案件，……应及时将案件向同级公安机关移送”。

第二，涉嫌职务违法或犯罪的移送监察机关。2018年《监察法》第三条规定“各级监察委员会是行使国家监察职能的专责机关，依照本法对所有行使公权力的公职人员（以下简称公职人员）进行监察，调查职务违法和职务犯罪”。本条相应增加了涉嫌职务违法和犯罪移送监察机关处理的规定。

第三，移送的标准。一是涉嫌违法犯罪。一般认为，移送应当采取形式审查原则，期货监督管理机构并非刑事司法机关，也非监察机关，不能要求期货监督管理机构从专业角度对是否构成犯罪或职务违法进行准确判断。司法机关、监察机关的调查能力和手段明显优于期货监督管理机构，是否构成犯罪应由相关机关调查取证。法条的行文是“涉嫌”，只要有证据证明较大概率符合追诉标准即可，不需要证据已经确凿，且达到排除合理怀疑的程度。二是应当移送。期货市场监督管理机构没有自由裁量权，符合移送标准的必须移送。

●市场监测监控

第一百一十五条 国务院期货监督管理机构应当建立健全期货市场监测监控制度，通过专门机构加强保证金安全存管监控。

本条是新增条款，规定了保证金存管机构。

解析

本条为中国期货市场监控中心有限责任公司提供的明确的法律依据。

一是保证金监控中心的成立。期货保证金安全是期货市场稳步发展的基础，关系到期货市场的长治久安、投资者的合法权益及其对市场的信心。在20世纪90年代，我国期货市场重启后，由于法治不健全，出现了大量期货公司挪用客户保证金事件，严重侵犯投资者合法权益。经过两轮清理整顿，1999年《期货交易管理暂行条例》第三十六条明确建立保证金专户存放制度，实行专款专用，明确保证金属于会员和客户所有，期货交易所和期货公司不得挪用。2003年期货市场全面推行期货交易保证金封闭运行。2004年《期货经纪公司保证金封闭管理暂行办法》建立了新的期货保证金存管制度，第二条、第十条规定期货经纪公司客户保证金必须全额存入从事期货交易结算业务的商业银行，与期货公司自有资金分户存放，封闭管理，保证金只能在封闭圈内划转，封闭运行。2006年5月，中国期货保证金监控中心成立，[①]逐步建立了期货保证金核对系统和投资者查询服务系统，以监控期货保证金的安全。

二是法律地位。2007年《期货交易管理条例》第五十五条规定国务院期货监督管理机构应当建立、健全保证金安全存管监控制度，设立期货保证金安全存管监控机构，首次明确了中国期货保证金监控中心法律地位。2015年4月更名为中国期货市场监控中心。2021年《期货公司保证金封闭管理办法》第三条规定中国期货市场监控中心对期货公司保证金封闭管理实施监控。本条进一步从法律层面明确了中国期货市场监控中心的法律地位。

三是其他职责。随着期货市场的发展，中国期货市场监控中心的职责也在逐步丰富，除了期货保证金安全监控外，还包括期货市场统一开户、为期货投资者提供

① 非营利性公司制法人。其股东单位有上海期货交易所、中国金融期货交易所、郑州商品交易所以及大连商品交易所，注册资本为13.65亿元。

交易结算信息查询、期货市场运行监测监控、宏观和产业分析研究、期货中介机构监测监控、代管期货投资者保障基金、商品及其他指数的编制发布、为监管机构和期货交易所等提供信息服务、期货市场调查、协助风险公司处置等。

● 风险准备金

第一百一十六条　为防范交易及结算的风险，期货经营机构、期货交易场所、期货结算机构和非期货经营机构结算参与人应当从业务收入中按照国务院期货监督管理机构、国务院财政部门的规定提取、管理和使用风险准备金。

《期货和衍生品法》	《期货交易管理条例》
第一百一十六条　为防范交易及结算的风险，期货经营机构、期货交易场所、**期货结算机构和**非期货**经营机构**结算**参与人**应当**从业务收入中**按照国务院期货监督管理机构、**国务院**财政部门的规定提取、管理和使用风险准备金。	**第三十一条**　期货交易所、~~期货公司、~~非期货~~公司~~结算~~会员~~应当按照国务院期货监督管理机构、财政部门的规定提取、管理和使用风险准备金~~，不得挪用~~。

本条优化了风险准备金的使用规定。

解析

本条对风险准备金制度的执行主体做了优化规定。一是考虑到上交所、深交所有ETF期权，证券公司也从事了期货经纪业务，本条将期货公司修改为期货经营机构，将非期货公司结算会员修改为非期货经营机构结算参与人。二是考虑到《期货和衍生品法》将期货结算机构单独列出，本条增加了期货结算机构的规定。

第一，风险准备金制度的确立。风险准备金是期货经营机构、期货交易场所、期货结算机构和非期货经营机构结算参与人从业务收入中提取一定比例资金，作为履约担保备付金的制度。1999年《期货交易管理暂行条例》第三十五条、第三十七条建立了风险准备金制度，该制度延续至2017年《期货交易管理条例》。

第二，风险准备金的种类。依据归属主体的不同，风险准备金分为期货交易所准备金和期货经营机构、结算机构的准备金，分别对应不同的违约瀑布。在期货交易所违约瀑布中，会员在期货交易中违约的，实行分级结算制度的期货交易所的违约瀑布为违约会员的保证金、违约会员的自有资金、结算担保金、期货交易所风险准备金、期货交易所自有资金；实行全员结算制度的期货交易所的违约瀑布为违约会员的保证金、违约会员的自有资金、期货交易所风险准备金、期货交易所自有资金。[①] 在期货公司的违约瀑布中，客户在期货交易中违约的，期货公司应当以风险准备金和自有资金垫付。[②]

第三，风险准备金的提取。一是期货交易所风险准备金的提取。2021年《期货交易所管理办法》第七十七条规定，期货交易所应当按照手续费收入的20%的比例提取风险准备金。1997年《商品期货交易财务管理暂行规定》（财商字〔1997〕44号）第十五条规定，期货交易所应当按向会员收取手续费收入（含向会员优惠减收部分）20%的比例，从管理费用中提取风险准备金，但风险准备金余额达到期货交易所法定注册资本10倍时，不再提取。二是期货经纪机构风险准备金的提取。1997年《商品期货交易财务管理暂行规定》（财商字〔1997〕44号）第三十四条规定期货经纪机构可按代理手续费收入减去应付期货交易所手续费后的净收入的5%提取交易损失准备金（风险准备金），计入营业费用，但交易损失准备金达到相当于期货经纪机构注册资本的10倍时，不再提取。

第四，风险准备金的使用。一是期货交易所风险准备金的使用。期货交易所风险准备金只能用于处置会员违约风险。比如1999年《期货交易管理暂行条例》第四十四条规定，会员在期货交易中违约，保证金不足的，期货交易所应当以风险准备金代为承担违约责任。该规定延续至2017年《期货交易管理条例》第三十六条。《期货和衍生品法》为第三方结算机构的成立提供了法律依据，在期货交易所剥离结算职能、由期货结算机构进行结算的业务场景下，期货交易所是否还需要执行风险准备金制度有待进一步明确。此时期货交易所只负责交易，不承担中央对手方职责，不负责会员违约风险，似乎不应计提风险准备金。但在会员违约风险外，交易所依然可能面临交易风险，而且本条的行文是“为防范交易及结算的风险”，因此对交易风险依然需要计提风险准备金。二是期货经纪机构风险准备金的使用。1997年《商品期货交易财务管理暂行规定》（财商字〔1997〕44号）第三十四条规定，交易损失准备金（风险准备金）专门用于抵补自身管理不严、错单交易等造成的客户交易损失和逾期 3 年未予收回的应收账款被确认为坏账的损失。

① 2021年《期货交易所管理办法》第八十三条。

② 2019年《期货公司监督管理办法》第八十八条。

•信息保存

第一百一十七条 期货经营机构、期货交易场所、期货结算机构、期货服务机构和非期货经营机构结算参与人等应当按照规定妥善保存与业务经营相关的资料和信息，任何人不得泄露、隐匿、伪造、篡改或者毁损。期货经营机构、期货交易场所、期货结算机构和非期货经营机构结算参与人的信息和资料的保存期限不得少于二十年；期货服务机构的信息和资料的保存期限不得少于十年。

本条是新增条款，规定了相关市场主体的信息保存义务。

解析

一是提升信息保存规定的法律层级。1999年《期货交易管理暂行条例》和历次《期货交易管理条例》均未涉及信息保存的内容，相关规定分散在2021年《期货交易所管理办法》第九十一条、[①]2019年《期货公司监督管理办法》第六十条[②]等部门规章层面。在证券市场，1998年《证券法》第一百五十三条就已经规定了证券登记结算机构的信息保存规定。《期货和衍生品法》借鉴2019年《证券法》第一百三十七条、第一百五十三条的规定，从法律层面明确了期货市场的信息保存义务。

二是保存对象为信息和资料。随着电子化交易时代的到来，期货市场业务无纸化基本普及，通常不需要制作纸质单据，更多信息以电子形式存在，所以本条的行文是“信息和资料”，既包括纸质的资料，也包括电子化的信息。

三是保存期限。根据市场主体掌握信息的重要程度，本条分了20年和10年两个期限，期货经营机构、期货交易场所、期货结算机构和非期货经营机构结算参与人的信息和资料的保存期限不得少于20年，期货服务机构的信息和资料的保存期限不得少于10年。20年的期限可能与民事诉讼时效和刑事追诉时效有关。《民法典》

---

① 第九十一条　期货交易所对期货交易、结算、交割资料的保存期限应当不少于20年。

② 第六十条　期货公司应当建立数据备份制度，对交易、结算、财务等数据进行备份管理。

期货公司应当妥善保存客户开户资料、委托记录、交易记录和与内部管理、业务经营有关的各项资料，任何人不得隐匿、伪造、篡改或者毁损，除依法接受调查和检查外，应当为客户保密，不得非法提供给他人。客户资料保存期限自账户销户之日起不得少于20年。

第一百八十八条规定，“自权利受到损害之日起超过二十年的，人民法院不予保护”。《刑法》第八十七条规定，法定最高刑为无期徒刑、死刑的经过二十年不再追诉。

第十一章　跨境交易与监管协作

本法第二条规定："在中华人民共和国境外的期货交易和衍生品交易及相关活动，扰乱中华人民共和国境内市场秩序，损害境内交易者合法权益的，依照本法有关规定处理并追究法律责任。"本章具体规定了跨境交易与监管协作的基本安排。本章共七条，主要规定了三方面内容：一是在"走出去"环节明确境外期货交易场所允许境内单位或者个人提供直接进入该交易场所进行交易服务的，应当向境内监管机构申请注册或者申请豁免注册，接受监管。二是在"引进来"环节对境外机构开展境内业务进行了规定，明确境外机构在境内直接或间接从事期货市场营销、推介及招揽的行政许可制度。三是对跨境监管和协作作出安排。

●跨境直接接入服务注册制度

第一百一十八条　境外期货交易场所向境内单位或者个人提供直接接入该交易场所交易系统进行交易服务的，应当向国务院期货监督管理机构申请注册，接受国务院期货监督管理机构的监督管理，国务院期货监督管理机构另有规定的除外。

本条新增境外交易所注册制度。这是我国法律层面第一次设置跨境金融服务注册要求制度，而2019年修订的《证券法》并未包括跨境证券服务注册的内容。[①]

解析

一、交易所注册

本条规定，境外交易所向境内交易者提供直接接入服务的，该境外交易所应当向我国监管机构申请注册，接受监管；但是国务院期货监督管理机构另有规定的除外。本条除外条款的设置为未来市场发展预留了空间，例如，在沪港通机制或者我国在境外设立交易所等情形下，国务院期货监督管理机构将来可以考虑通过制定专

① 参见程合红主编《〈证券法〉修订要义》，人民出版社，2020，第402-404页。

门规定予以豁免注册。

国际上大部分国家和地区在直接接入模式下均要求交易所在本国/地区监管机构注册，如美国、加拿大、英国、德国、澳大利亚、日本、我国香港地区等。其中，加拿大、英国、澳大利亚、日本可以经申请豁免注册，但美国、德国、我国香港地区目前不存在申请豁免的情形。境外实践情况具体如下。

一是美国实践。美国境内交易者接入境外交易所或者通过美国经纪机构[在美国商品期货交易委员会注册的期货经纪机构（Futures Commission Merchant，FCM）]接入境外交易所，属于《美国商品期货交易委员会规章》§48规定的直接市场接入（Direct Market Access，DMA），该境外交易所应当向美国商品期货交易委员会注册为境外期货交易所（Foreign Boards of Trade，FBOT）。

二是加拿大实践。加拿大境内交易者或者作为适格注册商的加拿大交易者直接接入境外交易所，都要求该境外交易所注册成为《安大略省证券法》认可的交易所。但是加拿大相关法律同时明确了“监管替代”的豁免注册条件，即安大略省证券委员会（OSC）可以根据境外交易所所在国的市场监管制度与安大略省监管制度的相似程度，自主决定是否豁免注册要求。

三是英国实践。英国境内交易者直接接入境外交易所或者通过英国经纪机构接入境外交易所，境外交易所须获得英国金融行为管理局（FCA）的许可或者取得相关豁免。在豁免规定方面，如果境外交易所符合海外人士豁免（OPE）的相关要求，则无须获得FCA的许可。具体而言，OPE豁免需要满足两项条件：海外人士；仅向特定类型的客户提供服务。其中，海外人士是指在英国以外的常驻经营地提供或意图提供服务，且在英国没有子公司的机构；可以接受交易所服务的英国交易者仅包括经许可人士和豁免许可人士。

四是德国实践。作为“专业投资者”的德国交易者直接接入境外交易所，以及德国交易者通过德国经纪机构接入境外交易所，依据《德国证券交易法》第102节注册地在欧盟之外的金融工具市场的相关规定，境外交易所应当获得德国联邦金融监督管理局（BaFin）的许可。德国目前尚不存在可以申请豁免的情形。

五是澳大利亚实践。澳大利亚境内交易者直接接入境外交易所或者通过澳大利亚经纪机构接入境外交易所，境外交易所须取得市场牌照（AML）和金融服务牌照（AFSL）。根据澳大利亚相关法规，境外交易所的市场牌照尚不存在豁免情形；金融服务牌照存在两种豁免情形：第一种是澳大利亚交易者或者澳大利亚经纪机构被视为澳大利亚的“专业投资者”；第二种是境外交易所已经持有市场牌照。

六是日本实践。日本境内交易者直接接入境外交易所时，原则上境外交易所需要取得I类金融工具业务许可，但如果日本交易者是金融工具经营者或特定投资者，包括I类金融工具经营者、注册金融机构、日本金融商品交易法（*Financial Instruments and Exchange* Law，FIEL）规定的合格机构投资者、设定资本在10亿日元以上的股份公司等，则交易所可以申请豁免许可。当日本交易者通过日本经纪机构接入境外交易所时，原则上也需要取得许可，但由于日本经纪机构本身是I类金融工具经营者或注册金融机构，境外交易所同样可以申请豁免许可。

七是我国香港地区实践。我国香港地区交易者直接接入境外交易所或者通过香港地区经纪机构接入其境外交易所，境外交易所须向香港证监会（SFC）申请自动化交易（ATS）牌照，即境外交易所被视为在香港地区提供自动化交易服务（ATS）。我国香港地区目前尚不存在可以申请豁免的情形。此外，即使境外交易所取得了自动化交易牌照，在直接接入模式下，相关监管法规还要求参与跨境期货交易的交易者应当是“专业投资者”。目前，在中国证监会的协调和支持下，上海国际能源交易中心和大连商品交易所已分别于2018年3月15日、2018年5月16日获批成为香港地区自动化交易服务提供者。

二、产品认证

《期货和衍生品法》未涉及产品认证的相关规定。但国际市场上有的国家除了规定交易所须注册外，还要求境外交易所的特定产品经过本国期货监管机构的认证。当前国际主要成熟市场中，主要是美国对境外产品进入其本国交易有产品认证的要求。

（一）产品认证制度的由来

产品认证的前身和基础是无异议函（No Action Letter）。在2011年10月26日美国商品期货交易委员会实施新规则之前，境外期货交易所（FBOT）如需向美国境内交易者提供宽基股指期货、股指期货期权合约交易，必须得到美国商品期货交易委员会以员工个人名义签发的无异议函。但自《CFTC规章》§30.13实施之后，无异议函逐渐被产品认证所替代。相比此前的无异议函，产品认证流程的审核标准没有实质性变化，但认证流程更加规范、透明、统一，为境外期货交易所向美国交易者提供产品交易提供了更大的司法确定性。

（二）产品认证的适用范围

境外交易所向美国交易者提供宽基股指期货或股指期货期权时，需要就该合约向美国商品期货交易委员会申请产品认证，其目的是防止指数被操纵，避免美国交易者利益受损。在提交认证申请时，需要提供指数成分股权重不过于集中的证明，每季度还需要上报美国交易者的成交数据。大宗商品、能源等其他资产类别的衍生品均无此认证要求。如果股指期货合约已经得到美国商品期货交易委员会的产品认证，在该指数基础上的股指期货期权无须再次申请。美国商品期货交易委员会规定的产品认证要求不适用于窄基证券期货、债券类期货和期权产品。对于境外交易所的国债期货，SEC要求该期货标的必须在其认可的境外主权债务清单之列。

（三）产品认证申请流程

1. 通常的产品认证程序

根据《美国商品期货交易委员会规章》§30.13的规定，境外期货交易所向美国商品期货交易委员会申请产品认证时须提交如下材料：合约条款的复印件、合约交易规则、境外期货交易所与提供现货标的指数股票交易所签署的监管信息共享协议、交易所出具的保证书等。美国商品期货交易委员会审核期限不固定，如果美国商品期货交易委员会认定境外期货交易所提供的材料符合要求规定，它将向境外期货交易所签发一封信，表明该股指期货合约符合相关规定，境外期货交易所能够向美国境内交易者提供该合约的交易。

2. 快速产品认证程序

第一，同一产品的快速认证流程。产品认证具有时效性，因此，如果境外期货交易所已获得产品的无异议函或认证，则可以向美国商品期货交易委员会申请快速认证流程（expedited review），延长产品认证有效期。此外，如果境外期货交易所已就直接市场接入方式获得无异议函或注册指令，也可以申请快速认证流程。申请快速认证前，除一般的申请材料外，境外期货交易所还需要向美国商品期货交易委员会提交一个书面声明，表示将完全遵守此前无异议函或认证、注册中规定的各项条款。境外期货交易所向美国商品期货交易委员会提交材料进行快速产品认证后，美国商品期货交易委员会会在45天内作出决定。

第二，同一指数的加速认证。如果境外期货交易所基于同一标的指数上市新合约，或者新合约标的指数与该指数基本一致，同时该指数已经获得无异议函或认证，可申请加速认证申请（Accelerated Review），美国商品期货交易委员会将在15个工作日决定该指数是否与已经获得批准的指数相同。在提交的材料中，境外期货交易所应强调标的指数的一致性，并向美国商品期货交易委员会解释新合约与已经获得批准的合约指数相同的依据。但如果美国商品期货交易委员会认为需要走正常的认证流程，就不能在15个工作日获批。

截至2022年7月18日，美国商品期货交易委员会已对309个股指期货和期货期权产品进行了认证，其中，香港交易所（HKEX）MSCI中国A50互联互通（美元）指数期货于2021年10月获美国商品期货交易委员会认证。

•境外产品以境内价格挂钩结算

第一百一十九条 境外期货交易场所上市的期货合约、期权合约和衍生品合约，以境内期货交易场所上市的合约价格进行挂钩结算的，应当符合国务院期货监督管理机构的规定。

本条是新增的结算价“走出去”的规定。

解析

本条仅宣示结算价“走出去”须符合国务院期货监督管理机构的规定，并未设置新的行政许可，运用了比较弹性的规定，一方面为国务院期货监督管理机构将来加强此类监管提供了法律依据，另一方面也为市场发展预留了充分的灵活性。

2020年9月18日，在第十七届上海衍生品市场论坛纸浆分论坛上，上海期货交易所与挪威浆纸交易所（NOREXECO ASA - the Pulp and Paper Exchange）签署了纸浆期货交割结算价授权协议。这是我国期货市场第一次授权境外交易所直接使用境内期货品种交割结算价，也是第一次向境外交易所输出中国期货合约标准。挪威浆纸交易所已于当地时间2020年9月21日挂牌上市上海纸浆期货合约，在挪威浆纸交易所推出的上海纸浆期货合约中，标的物为上海期货交易所纸浆期货合约，采用美元计价，以上海期货交易所纸浆期货交割结算价为基准，扣除适用增值税后转换为美元价格，并进行当月合约现金交割。[①]

•跨境期货经营机构的注册要求

第一百二十条 境内单位或者个人从事境外期货交易，应当委托具有境外期货经纪业务资格的境内期货经营机构进行，国务院另有规定的除外。

境内期货经营机构转委托境外期货经营机构从事境外期货交易的，该境外期货经营机构应当向国务院期货监督管理机构申请注册，接受国务院期货监督管理机构的监督管理，国务院期货监督管理机构另有规定的除外。

① “上海期货交易所与挪威浆纸交易所举办纸浆期货交割结算价授权协议签约发布仪式”，资料来源：http://www.qhrb.com.cn/articles/279669，访问日期：2022年4月25日。

《期货和衍生品法》	《期货交易管理条例》
第一百二十条　境内单位或者个人从事境外期货交易，应当委托具有境外期货经纪业务资格的境内期货经营机构进行，国务院另有规定的除外。 境内期货经营机构转委托境外期货经营机构从事境外期货交易的，该境外期货经营机构应当向国务院期货监督管理机构申请注册，接受国务院期货监督管理机构的监督管理，国务院期货监督管理机构另有规定的除外。	第十七条　~~期货公司业务实行许可制度，由国务院期货监督管理机构按照其商品期货、金融期货业务种类颁发许可证。期货公司除申请经营境内期货经纪业务外，还可以申请经营境外期货经纪、期货投资咨询以及国务院期货监督管理机构规定的其他期货业务。~~ ~~期货公司不得从事与期货业务无关的活动，法律、行政法规或者国务院期货监督管理机构另有规定的除外。~~

本条是新增条款，规定投资者“走出去”的路径和相关境外期货经纪机构的注册要求。

解析

一、投资者“走出去”路径

境外各成熟市场对于其境内交易者“走出去”参与跨境交易分为间接和直接两种接入模式。间接接入模式又分两种路径，一是境内交易者通过境外期货经纪机构，接入境外期货交易所；二是境内交易者通过境内期货经纪机构转委托境外期货经纪机构，再接入境外交易所。直接接入模式也分为两种路径，一是境内交易者通过境内经纪机构直接接入境外交易所；二是境内交易者直接接入境外交易所。上述4种路径具体如表11-1所示：

表11-1　境内交易者参与跨境交易路径

接入模式	路径	接入方式
间接接入	路径 1	境内交易者—境外经纪机构—境外交易所
	路径 2	境内交易者—境内经纪机构—境外经纪机构—境外交易所
直接接入	路径 3	境内交易者—境内经纪机构—境外交易所
	路径 4	境内交易者—境外交易所

本条规定：“境内单位或者个人从事境外期货交易，应当委托具有境外期货经纪业务资格的境内期货经营机构进行，国务院另有规定的除外。”这意味着除非国

务院另有规定，我国境内交易者参与境外期货交易有两种方式。一是我国境内交易者通过境内期货经纪机构直接接入境外交易所进行期货交易的，该境外期货交易所应当向国务院期货监督管理机构申请注册，若国务院期货监督管理机构另有规定可以豁免注册（路径3）。二是境内交易者通过境内期货经纪机构转委托境外期货经纪机构，再接入境外交易所（路径2）。

二、经纪机构注册要求

境内交易者在直接接入模式下，系通过直接委托取得了境外期货经纪业务资格的境内期货经营机构接入境外交易所参与境外期货交易；在间接接入模式下，则是通过境内期货经纪机构转委托境外期货经纪机构接入境外期货交易所参与跨境期货交易。根据本条第二款“境内期货经营机构转委托境外期货经营机构从事境外期货交易的，该境外期货经营机构应当向国务院期货监督管理机构申请注册”，即路径2，通过转委托参与跨境交易时，境外期货经纪机构也应当在我国监管机构注册。这与境外成熟市场一般仅在直接委托情形下要求境外期货经纪机构注册不同。境外成熟市场在直接委托与间接委托模式下的注册和豁免要求存在差异，具体情况如下：

一是美国。在直接委托模式下，美国要求境外期货公司原则上应注册为期货佣金商（FCM），但《美国商品期货交易委员会规章》同时设置了相应的注册豁免，即外国监管机构或者自律组织（SRO）可以代其管辖的经纪商提出FCM注册豁免申请。如果美国商品期货交易委员会认定，外国监管机制能够同美国现有监管框架一样，给与美国交易者同等的保护，并且美国商品期货交易委员会与外国公司所在国监管机构和/或自律组织之间存在适当的信息共享协议，则会向外国监管机构或自律组织授予一般豁免。在审查豁免请求时，美国商品期货交易委员会还将考虑受其监管的美国人或者合约在豁免所涉国家获准从事期货相关业务或者进行发售的程度。在转委托模式下，如果境外期货公司只为其代理的所有美国交易者持有一个综合账户，则境外期货公司可以免于注册为FCM。该综合账户除非涉及欺诈或期货公司破产，否则无须披露客户情况。这就要求境外期货公司只与美国FCM直接交易，并且相关美国交易者的信息无须披露给境外期货公司。否则，美国期货经纪商与境外期货公司都必须注册为FCM。

二是新加坡。在直接委托情形下，除存在豁免情形外，境外期货公司需要根据新加坡金融管理局（MAS）《市场监管指引》的规定获得资本市场服务牌照（CMS），以便直接向新加坡投资人提供跨境期货交易服务。在转委托情形下，境外期货公司无须在当地注册。如果境外期货公司不直接通过新加坡期货经纪商招揽当地客户，并且当地客户的交易委托由新加坡期货经纪商转委托给境外期货公司，则无须获得CMS牌照。但如果MAS认为境外期货公司实施的活动在新加坡有实质及合理可预见的影响，例如在新加坡实施直接推荐等，则仍需获得CMS牌照。

三是我国香港地区。在直接委托情形下，境外期货公司原则上需要取得第二类牌照。但如果境外期货公司不向香港投资者积极推广，则不需要取得香港证监会的牌照。在转委托情形下，境外期货公司可以免于在当地注册和取得第二类牌照。如果香港交易者通过已经获得第二类牌照的香港期货经纪商，并通过其转委托境内期货公司交易，则境外期货公司可以免于在当地注册和取得第二类牌照。但如果境外期货公司作为介绍代理，直接与香港投资者联系并且收取佣金或报酬，则香港证监会牌照豁免不适用。

●境外驻华代表机构经营禁止

第一百二十一条　境外期货交易场所在境内设立代表机构的，应当向国务院期货监督管理机构备案。

境外期货交易场所代表机构及其工作人员，不得从事或者变相从事任何经营活动。

本条是新增条款，规定了境外期货交易场所在境内设立代表机构的备案要求和代表机构及其工作人员禁止从事期货经营活动的相关内容。

解析

本条明确境外期货交易场所在境内设立代表机构须向国务院期货监督管理机构备案，并且要求境外期货交易场所代表机构及其工作人员，不得从事或者变相从事任何经营活动。本条以法律的形式将现行市场实践固定下来，有助于进一步规范和促进相关跨境活动。

《期货和衍生品法》制定实施以前，2019年7月25日，证监会公布《境外证券期货交易所驻华代表机构管理办法》，该办法包含6章共18条规定，对境外期货交易场所在境内设立代表机构需要备案做了详细规定，并对代表机构及其工作人员不得从事或者变相从事任何经营活动作出了要求。

其一，境外交易所应当在代表处完成登记注册后5个工作日内向其所在地中国证监会派出机构提交备案材料，并对材料真实、准确与完整负责。备案内容：境外交易所出具的致中国证监会的备案申请书；所在国家或者地区有关主管当局核发的、经中国驻该国使（领）馆认证的营业执照或者合法开业证明等复印件，中国缔结或者参加的国际条约另有规定的除外；境外交易所章程、管理架构、股权结构图、业务范围、主要业务规则、管理制度、内控机制等说明以及董事会（理事会）成员、管理层人员名单及简介；境外交易所提交备案材料之日起过往3年的年报；境外交易所出具的首席代表授权书；拟任首席代表的相关信息及代表处基本信息等。

其二，禁止经营活动。代表处及其工作人员不得与法人或者自然人签订可能给代表处或者其境外交易所带来收入的协议或者合同，不得从事或者变相从事任何营利性活动，不得向境内单位或者个人提供交易直接接入服务，不得通过境外交易所会员等机构以任何形式向境内单位或者个人提供交易服务以及其他法律、法规规定的禁止性活动。代表处及其工作人员只可面向机构或者企业进行市场介绍。代表处及其工作人员进行市场介绍时，不得涉及具体产品；不得介绍开户、交易方式、交易费用等具有交易导向的内容；不得提出或者接受买卖任何证券、期货合约和其他金融产品的要约。

• 期货市场跨境营销、推介及招揽许可制度

第一百二十二条 境外机构在境内从事期货市场营销、推介及招揽活动，应当经国务院期货监督管理机构批准，适用本法的相关规定。

境内机构为境外机构在境内从事期货市场营销、推介及招揽活动，应当经国务院期货监督管理机构批准。

任何单位或者个人不得从事违反前两款规定的期货市场营销、推介及招揽活动。

本条是新增条款，为境外机构在境内直接或间接从事期货市场跨境营销、推介及招揽设置了行政许可。

解析

本条是对跨境营销活动设置行政许可的规定。“期货市场营销、推介及招揽活动”主要是指期货中介机构发现期货交易潜在客户，把潜在客户变为现实客户，为其提供与期货交易相关的服务，满足客户的风险管理和投资需求的活动。本条一方

面强调金融开放，明确了经境内监管机构许可，境外机构可以在境内从事期货市场营销、推介及招揽活动；另一方面亦强调国家金融主权，强调持牌经营的重要性。不仅规定境外机构在境内直接从事期货市场营销、推介及招揽活动须经行政许可，还在第二款明确间接从事营销、推介及招揽活动仍须经行政许可，并且在第三款将规范主体进一步落实到单位和个人。为期货市场跨境营销、推介及招揽活动设置了十分严密的行政许可制度安排。

在国务院1998年发布实施的《非法金融机构和非法金融业务活动取缔办法》中，禁止境外期货经营机构未经批准在中国境内从事金融业务活动。[①]随着国内外形势变化、监管政策发展，跨境营销问题也呈动态变化趋势。例如，2019年修订的《中华人民共和国外资银行管理条例实施细则》第三十一条明确："外资银行营业性机构可以依法与母行集团开展境内外业务协作，发挥全球服务优势，为客户在境外发债、上市、并购、融资等活动提供综合金融服务。"[②]

●跨境监管

第一百二十三条 国务院期货监督管理机构可以和境外期货监督管理机构建立监督管理合作机制，或者加入国际组织，实施跨境监督管理。

国务院期货监督管理机构应境外期货监督管理机构请求提供协助的，应当遵循国家法律、法规的规定和对等互惠的原则，不得泄露国家秘密，不得损害国家利益和社会公共利益。

本条是新增条款，对跨境监管合作作出原则规定。

解析

中国证监会是国际证监会组织（International Organization of Securities Commissions，IOSCO）的正式会员。上海证券交易所、深圳证券交易所、中国金融期货交易所、中国证券登记结算有限责任公司、中国证券投资者保护基金有限责

① 《非法金融机构和非法金融业务活动取缔办法》1998年7月13日中华人民共和国国务院令第247号发布，根据2011年1月8日《国务院关于废止和修改部分行政法规的决定》修订。

② 《中华人民共和国外资银行管理条例实施细则》，中国银行保险监督管理委员会令2019年第6号第2次修订，2019年12月18日公布。

任公司、中国证券业协会、中国证券投资基金业协会是IOSCO的附属会员。IOSCO成立于1983年（前身是成立于1974年的美洲证监会协会），总部位于西班牙马德里。IOSCO是由各国各地区证券期货监管机构组成的专业组织，是主要的金融监管国际标准制定机构之一。截至2019年12月末，共有228个会员，包括129个正式会员（ordinary member），32个联系会员（associate member）和67个附属会员（affiliate member）。IOSCO于2002年5月制定了《关于咨询、合作与信息交换的多边备忘录》（MMoU），为成员机构调查处理跨境证券类案件提供了便利，为国际监管合作制定了新的标准。截至2019年12月末，MMoU签署方共计124个。中国证监会于2007年正式签署了MMoU。[①]此外，中国证监会已经与66个国家和地区的证券、期货监管机构签署合作谅解备忘录。[②]

•跨境监管合作

第一百二十四条　国务院期货监督管理机构可以按照与境外期货监督管理机构达成的监管合作安排，接受境外期货监督管理机构的请求，依照本法规定的职责和程序为其进行调查取证。境外期货监督管理机构应当提供有关案件材料，并说明其正在就被调查当事人涉嫌违反请求方当地期货法律法规的行为进行调查。境外期货监督管理机构不得在中华人民共和国境内直接进行调查取证等活动。

未经国务院期货监督管理机构和国务院有关主管部门同意，任何单位和个人不得擅自向境外监督管理机构提供与期货业务活动有关的文件和资料。

国务院期货监督管理机构可以依照与境外期货监督管理机构达成的监管合作安排，请求境外期货监督管理机构进行调查取证。

本条是新增条款，规定国务院期货监督管理机构经法定程序可以为境外期货监管机构进行调查取证，同时明确未经国务院期货监督管理机构和国务院有关主管部门同意，任何单位和个人不得擅自向境外监督管理机构提供与期货业务活动有关的文件和资料。此外，还规定国务院期货监督管理机构可以依照监管合作安排，请求

① IOSCO简介（2019年12月更新），资料来源：http://www.csrc.gov.cn/csrc/c100216/c1003380/content.shtml，访问日期：2022年4月25日。

② 中国证监会与境外证券（期货）监管机构签署的备忘录一览表（2020年12月），资料来源：http://www.csrc.gov.cn/csrc/c100214/cdcaf7ada709741c1ba43aea3fa51c043/content.shtml，访问日期：2022年4月25日。

境外期货监督管理机构进行调查取证。

解析

一、跨境执法协作

国务院于1994年颁布了《关于股份有限公司境外募集股份及上市的特别规定》，赋予中国证监会与境外证券监管机构签订谅解备忘录，开展跨境执法合作的权限。2005年《证券法》修订后，明确“国务院证券监督管理机构可以和其他国家或者地区的证券监督管理机构建立监督管理合作机制，实施跨境监督管理”，进一步在法律层面上确立了中国证监会开展跨境执法合作的权限。2019年3月实施的《证券法》第一百七十七条明确规定：“国务院证券监督管理机构可以和其他国家或者地区的证券监督管理机构建立监督管理合作机制，实施跨境监督管理。境外证券监督管理机构不得在中华人民共和国境内直接进行调查取证等活动。未经国务院证券监督管理机构和国务院有关主管部门同意，任何单位和个人不得擅自向境外提供与证券业务活动有关的文件和资料。”《期货和衍生品法》在本条将证券执法领域确立的监管协作规范拓展到了期货领域。同时，进一步规定“国务院期货监督管理机构可以依照与境外期货监督管理机构达成的监管合作安排，请求境外期货监督管理机构进行调查取证”。

二、数据出境

本条严格限制向境外监督管理机构提供与期货业务活动有关的文件和资料的行为，与2019年修订的《证券法》第一百七十七条一致。一是明确境外监管机构不得在我国境内直接进行调查取证等活动；二是未经我国主管部门同意，任何单位和个人不得擅自向境外提供与证券期货业务活动有关的文件和资料。

2022年4月2日，证监会公布《关于加强境内企业境外发行证券和上市相关保密和档案管理工作的规定（征求意见稿）》，向社会公开征求意见。该文件是对《关于加强在境外发行证券与上市相关保密和档案管理工作的规定》（证监会公告〔2009〕29号，以下简称《规定》）。本次《规定》修订主要有三方面调整。一是增加程序性要求，明确企业保密责任。为使企业切实担负信息安全的主体责任，修订后的《规定》将要求境内企业境外发行上市过程中向证券公司、会计师事务所等证券服务机构以及境外监管机构提供、披露，或者通过其境外上市主体等提供、披露文件资料时，遵守保密相关法律法规。要求境内企业向有关证券公司、证券服务机构提供文件、资料时，就提供的涉密敏感信息具体情况提供书面说明。二是明确会计档案管理要求。明确境内企业向有关证券公司、证券服务机构、境外监管机构等单位和个人提供对国家和社会具有重要保存价值的会计档案或会计档案复制件的，应当按照国家有关规定履行相应程序。三是修改有关境外检查的规定。结合跨境审计监管合作的国际惯例，删除《规定》中关于“现场检查应以我国监管机构为主进行，或者依赖我国监管机构的检查结果”的表述。结合《证券法》第一百七十七条的规定，明确境外证券监督管理机构及有关主管部门提出就境内企业境外发行证券和上市相关活动对境内企业以及为该等企业提供相关证券服务的证券公司、证券服务机构进行调查取证或开展检查的，应当通过跨境监管合作机制进行，证监会或有关主管部门依据双多边合作机制提供必要的协助，为安全高效开展包括联合检查在内的跨境监管合作提供制度保障。[①]

证监会关于上述规定的最新修订，体现了我国证券期货监管部门一方面对跨境监管合作继续坚持一贯的开放态度，另一方面也强调履行好维护国家信息安全的主体责任，妥善管理涉密和敏感信息的明确要求。《期货和衍生品法》在本条与2019年修订的《证券法》保持一致，对于期货市场跨境监管合作设置了良好框架，同时为维护期货市场数据信息安全作出有效安排。

三、跨境监管合作实践情况

（一）中美证券期货监管机构合作情况

一是中美审计监管合作。证监会主席易会满2020年6月接受财新专访时表示，中国证监会已向美国证监会（SEC）、美国公众公司会计监察委员会（PCAOB）提供了14家在美上市中国公司的审计工作底稿，仅2019年就向SEC提供了3家。长期以来，中国证监会与美国 PCAOB一直保持密切沟通，努力寻求审计监管合作的有效路径。从2012年 PCAOB入境观察，到2017年中国证监会协助 PCAOB对一家中国会计师事务所开展试点检查，双方尝试了许多办法，试点期间也向PCAOB提供了若干审计项目的工作底稿。[②]2022年3月，美国证监会（SEC）主席根斯勒先生就中美审计监管合作表态，双方监管部门进行了深思熟虑、相互尊重和富有成效的对话。自2021年8月以来，中国证监会主席易会满和根斯勒主席已三次召开视频会议，

① “关于就《关于加强境内企业境外发行证券和上市相关保密和档案管理工作的规定》公开征求意见的通知”，资料来源：http://www.csrc.gov.cn/csrc/c101981/c2274589/content.shtml，访问日期：2022年4月25日。

② “中国证监会主席易会满接受财新专访”，资料来源：http://www.csrc.gov.cn/csrc/c100028/c1000757/content.shtml，访问日期：2022年4月25日。

商讨解决中美审计监管合作中的遗留问题。中方与美国公众公司会计监督委员会（PCAOB）也进行了多轮坦诚、专业和高效的会谈，总体进展顺利，双方的沟通还将继续。对于近期一些企业被SEC列入有退市风险的清单，美国证监会（SEC）主席根斯勒先生表示，这是美国监管部门执行《外国公司问责法》的一个正常程序，列入清单的公司是否在未来两年真正退市，最终取决于中美审计监管合作的进展与结果。[①]

二是瑞幸咖啡（Luckin Coffee Inc.）财务造假案。2020年4月，瑞幸咖啡（Luckin Coffee Inc.）自曝财务造假，受到广泛关注。根据国务院金融委关于对资本市场财务造假行为“零容忍”的精神要求，中国证监会会同财政部、市场监管总局等部门，依法对瑞幸咖啡境内运营主体、关联方及相关第三方公司涉嫌违法违规行为进行了立案调查，同时根据国际证监会组织（IOSCO）跨境监管合作机制安排，配合美国证券监管部门开展了一系列跨境协查工作。[②]

三是宏盛科技信息披露违法案。2012年4月，证监会通过国际证监机构的协作机制，在美国证券交易委员会的协助下，查清了宏盛科技利用虚假提单骗取信用证承兑额4.85亿美元，虚增2005年、2006年主营业务收入一案。[③]

（二）中国内地与香港证券期货监管机构合作情况

中国证监会和香港证监会于2014年10月17日共同签署了《沪港通项目下加强监管执法合作备忘录》，建立了涵盖线索与调查信息通报、协助调查、联合调查、文书送达、协助执行、投资者权益损害赔偿、执法信息发布等各个执法环节的全方位合作关系。2016年以来，中国证监会与香港证监会依法开展各类跨境执法协作事项600余件，对维护资本市场健康稳定发展、保护投资者合法权益发挥了重要作用，并查处了2宗利用沪港通账户跨境操纵市场典型案例。[④]一是2016年查处的首例沪港通跨境操纵案件——唐某博跨境操纵市场案。唐某博等人涉嫌操纵“沪股通”标的股票“小商品城”，非法获利4000余万元。[⑤]二是两家私募基金管理人的从业人员利用

① “中国证监会国际部负责人答记者问”，资料来源：http://www.csrc.gov.cn/csrc/c100028/c2248553/content.shtml，访问日期：2022年4月25日。

② “关于瑞幸咖啡财务造假调查处置工作情况的通报”，资料来源：http://www.csrc.gov.cn/csrc/c100028/c1000725/content.shtml，访问日期：2022年4月25日。

③ “美国SEC协助中国证监会查处宏盛科技虚假披露”，资料来源：https://www.yicai.com/news/1650163.html，访问日期：2022年4月25日。

④ “中国证监会和香港证监会举行第十二次两地执法合作工作会议”，资料来源：http://www.csrc.gov.cn/csrc/c100028/c1662094/content.shtml，访问日期：2022年4月25日。

⑤ “证监会成功查处首例沪港通跨境操纵案件”，资料来源：http://www.csrc.gov.cn/csrc/c100200/c1000488/content.shtml，访问日期：2022年4月25日。

沪港通账户跨境操纵案。2015年12月至2016年8月，两家私募基金管理人的相关从业人员预先合谋，集中6个资管产品筹集的资金，利用资金优势，在香港开立沪股通账户的同时，在内地以多位员工、亲友的名义开立数个A股账户，跨境配合操作，通过连续交易等手法操纵4只沪市股票，交易金额近33亿元。[①]

---

① "证监会查获一起利用沪港通账户跨境操纵市场案件"，资料来源：http://www.csrc.gov.cn/csrc/c100200/c1000477/content.shtml，访问日期：2022年4月25日。

第十二章 法律责任

本章自第一百二十五条至第一百五十四条，共三十个条文，主要规定了期货和衍生品交易活动所涉及的全部主体（包括自然人和单位）从事《期货和衍生品法》规定的违法违规行为后应当承担的相应法律责任。

本章亮点包括：全面提高违法成本，惩处力度总体趋严[①]；及时跟进市场发展趋势，责任条款更加完备[②]；大力惩处单位违法行为，压实企业合规责任[③]；追责形式更加多样[④]；以保护中小投资者权益为宗旨[⑤]。同时本章对期货市场违法行为行刑衔接[⑥]、民事责任[⑦]、期货市场禁入[⑧]等也作出规范。

---

① 一是提升倍数罚款，将《期货交易管理条例》中的“1~3倍”“1~5倍”等倍数罚款均提升至“1~10倍”，对期货和衍生品市场违法行为打击力度显著加大，震慑效果明显提升。二是结合市场实际提升定额罚款，针对违法行为危害性设置不同梯度定额罚款。如针对近年操纵案件多发及历史上操纵案件多为无违法所得等情形，将定额罚款由“20万~50万元”提升至“100万~1000万元”；将内幕交易行为定额罚款由“10万~50万元”提升至“50万~500万元”；将“编造、传播虚假信息”定额罚款提升至“20万~200万元”。三是坚持宽严相济，如对信息技术服务机构未报备案、期货服务机构未按规定提供相关材料等行为，规定“可以处20万元以下罚款”，进一步扩大监管机关自由裁量权。

② 一是对程序化交易、境外机构违法违规等《期货交易管理条例》未涉及的前沿问题作出处罚规定，填补立法空白。二是整顿行业秩序，为信息技术服务机构违法违规行为提供处罚依据，同时对期货经营机构、期货服务机构等市场主体的合规管理提出更高要求。三是规范交易者行为，将从业人员参与期货交易和出借、借用账户等行为也纳入处罚范围。

③ 一是与《期货交易管理条例》相比，《期货和衍生品法》对单位违法行为的相关责任人员惩处力度显著提升，最低为“5万~50万元”，最高可达“50万~500万元”，显著高于《期货交易管理条例》规定，有效震慑相关责任人员。二是以“双罚”为原则，“单罚”为例外，除对信息技术服务机构未报备案、期货服务机构未按规定提供相关材料等较轻违法行为仅处罚单位外，对绝大多数单位违法行为均坚持“双罚制”，倒逼相关责任人员规范自身行为，守法合规经营。

④《期货和衍生品法》进一步明确了期货市场违法行为的刑事责任和民事责任，兼具行政处罚、刑事责任、民事赔偿责任、行政处分、治安管理处罚等多种惩戒措施，体现了依法从严打击，“立体追责”的立法精神。

⑤《期货和衍生品法》第一百五十四条规定“违法行为人的财产不足以支付的，优先用于承担民事赔偿责任。”体现了优先弥补投资者损失，鼓励支持投资者追偿，依法维护保障投资者合法权益的立法精神。

⑥ 对于构成涉嫌犯罪的期货市场违法行为，国务院期货监督管理机构（即中国证监会）应根据《期货和衍生品法》第一百一十四条规定，将案件移送有关司法机关处理。另根据国务院《行政执法机关移送涉嫌犯罪案件的规定》（2020年修订）第十一条中“行政执法机关向公安机关移送涉嫌犯罪案件前，已经依法给予当事人罚款的，人民法院判处罚金时，依法折抵相应罚金”的规定，行政罚款与刑事罚金之间可以相互折抵。

⑦ 对于违法行为给交易者造成损失的，根据《期货和衍生品法》第十二章相关条款规定，违法行为人也应当依法承担相应的民事赔偿责任。对于违法行为人财产的执行顺序也有相应规定，根据《期货和衍生品法》第一百五十四条规定，对于违法行为人财产不足的情况，应按照民事赔偿优先于行政罚款和刑事罚金的顺序进行清偿。

⑧ 根据《期货和衍生品法》第一百五十条规定，对于情节严重的违法行为，国务院期货监督管理机构可以对违法行为人采取期货市场禁入措施。期货市场禁入措施是指在一定期限内直至终身不得进行期货交易、从事期货业务和期货服务业务，不得担任期货经营机构、期货交易场所、期货结算机构、期货服务机构的董事、监事、高级管理人员或者负责人的制度。目前，《期货和衍生品法》以及其他法律法规对于期货市场禁入措施具体如何执行没有作出规定，对于期货市场禁入的具体执行，目前是根据《证券市场禁入规定》第十五条的规定，参照《证券市场禁入规定》执行。

●操纵期货或者衍生品市场的法律责任

第一百二十五条 违反本法第十二条的规定，操纵期货市场或者衍生品市场的，责令改正，没收违法所得，并处以违法所得一倍以上十倍以下的罚款；没有违法所得或者违法所得不足一百万元的，处以一百万元以上一千万元以下的罚款。单位操纵市场的，还应当对直接负责的主管人员和其他直接责任人员给予警告，并处以五十万元以上五百万元以下的罚款。

操纵市场行为给交易者造成损失的，应当依法承担赔偿责任。

《期货和衍生品法》	《期货交易管理条例》
第一百二十五条 违反本法第**十二条的规定**，操纵期货**市场或者衍生品市场**的，责令改正，没收违法所得，并处**以**违法所得**一**倍以上**十**倍以下的罚款；没有违法所得或者违法所得**不足一百**万元的，处**以一百**万元以上**一千**万元以下的罚款。单位**操纵市场**的，**还应当**对直接负责的主管人员和其他直接责任人员给予警告，并处**以五十**万元以上**五百**万元以下的罚款。 **操纵市场行为给交易者造成损失的，应当依法承担赔偿责任。**	**第七十条** ~~任何单位或者个人有下列行为之一~~，操纵期货~~交易价格~~的，责令改正，没收违法所得，并处违法所得 ~~1~~ 倍以上 ~~5~~ 倍以下的罚款；没有违法所得或者违法所得~~不满 20~~ 万元的，处 ~~20~~ 万元以上 ~~100~~ 万元以下的罚款： …… 单位~~有前款所列行为之一~~的，对直接负责的主管人员和其他直接责任人员给予警告，并处 ~~1~~ 万元以上 ~~10~~ 万元以下的罚款。

本条是对操纵期货或衍生品市场行为法律责任的规定，与《期货交易管理条例》主要有以下不同：一是扩宽本法的适用范围，增加了“操纵衍生品市场”的规定；二是大幅提高违法成本，对违法主体及有关责任人员的追责力度进一步提高；三是新增了违法主体的民事赔偿责任；四是调整表述方式，在本法第十二条对操纵市场行为客观构成要件进行规定，不再在法律责任部分进行详细规定。与一读稿相比，主要是将适用范围扩大至衍生品交易。

解析

在期货或者衍生品市场中，由供求关系自然而然形成的价格是正常的，而操纵交易价格的行为却人为扭曲了市场的正常价格，严重影响期货和衍生品发挥其价格发现和风险管理的功能，对市场和广大投资者利益都有巨大损害，2011年以来，操纵市场已经成为了我国期货市场中最为主要的违法行为，截至2021年末，中国证监会已查处操纵期货市场案件11起，均发生于2011年后，占2011年以来查处案件（23起）的47.8%，占1999年以来查处案件（47起）的23.4%。对操纵市场行为，可以从以下几个方面理解。

一、行为的主体

根据《期货和衍生品法》第十二条的规定，操纵市场的行为主体为一般主体，包括任何单位和个人。任何单位和个人只要参与了期货市场或衍生品市场的交易，就有可能成为操纵市场行为的行为主体。

二、主观要件

《行政处罚法》修订前，认定行政违法行为时一般并不强调行为人的主观构成要件，但新《行政处罚法》第三十三条规定："当事人有证据足以证明没有主观过错的，不予行政处罚。法律、行政法规另有规定的，从其规定。"对于操纵市场行为，《期货和衍生品法》《期货交易管理条例》《证券法》等相关法律法规并未明文规定"故意"。故有观点认为操纵市场行为不需要证明行为人具有故意，仅需要证明其有客观行为就可以认定。主观故意是判断是否构成操纵市场的重要标准，以美国为例，初期制造人为价格的特定故意为认定操纵期货市场的构成要件之一，但该要件往往难以证明，为此，美国立法者及商品期货交易委员会致力于降低操纵市场的主观标准，目前，"轻率"取代"故意"作为证明操纵意图的最低标准。从证监会的行政执法实践来看，认定行为人具有操纵市场主观的故意是认定其构成操纵市场的必备构成要件之一，"不具有操纵故意"也是当事人常见的申辩理由之一，对于实践中难以证明的"主观故意"，证监会采取了间接认定的思路，即通过分析当事人的动机、行为、事后状态等事项，来综合判定当事人是否具有操纵的故意，在作出初步认定后，会听取当事人的辩解，如果当事人能够作出合理说明，则可以免除其具有操纵的故意。[①]

三、客观构成要件

（一）操纵手法

与《期货交易管理条例》第七十条相比，《期货和衍生品法》第十二条的规定吸收了《最高人民法院　最高人民检察院关于办理操纵证券、期货市场刑事案件适

① 参见范林波：《操纵证券市场行为监管执法问题实证研究——以中国证监会2015—2017年三季度行政处罚决定书为视角》，《证券法苑》2019年第3期。

用法律若干问题的解释》，明确规定了“蛊惑交易操纵”“抢帽子交易操纵”“利用信息优势操纵”“幌骗操纵”“跨期现货市场操纵”等新型操纵期货市场行为。同时也将中国证监会《关于〈期货交易管理条例〉第七十条第五项“其他操纵期货交易价格行为”的规定》的内容规定在内，进一步完善了对操纵市场行为的认定。根据《期货和衍生品法》第十二条的规定，操纵期货或者衍生品市场是指单独或者合谋的方式，影响或者意图影响期货或者衍生品交易价格的行为，具体包括：

1. 连续交易操纵：单独或者合谋，集中资金优势、持仓优势或者利用信息优势联合或者连续买卖合约。一般认为，资金优势是指行为人为买卖期货合约所集中的资金相对于市场上一般投资者所能集中的资金具有数量上的优势。持仓优势是指行为人持有期货合约相对于市场上一般投资者具有数量上的优势，信息优势是指行为人相对于市场上一般投资者对标的期货合约及其相关事项的重大信息具有获取或者了解更易、更早、更准确、更完整的优势。连续交易操纵是操纵市场行为中最为基础的操纵手法，也是实践中最为常见的操纵手法，其中较为典型的案例有：（1）阮某等人操纵白糖1801期货合约案（中国证监会〔2021〕117号行政处罚决定书），当事人集中资金、持仓优势操纵白糖1801期货合约，并在操纵过程利用对倒交易维持其持仓优势，最终合计盈利116330801元。（2）黄某等人操纵纤维板1910合约案（中国证监会〔2021〕100号行政处罚决定书），黄某作为大连商品交易所指定纤维板交割仓库的期货专员，利用职务便利提前知悉纤维板1910合约相关信息，较普通投资者具有信息优势，其利用自身信息优势，伙同蒋某、徐某等人共同操纵纤维板1910合约，合计盈利2312281.87元。

2. 约定交易：与他人以事先约定的时间、价格和方式相互进行期货交易。主要行为方式有：一是“三约”。约定时间是指2个以上行为人约定的进行交易的时间，一般要求买入申报和卖出申报在时间上相近。约定价格是指2个以上行为人约定的进行交易的申报价格，一般要求买入申报和卖出申报在价格上相近。约定方式是指2个以上行为人约定的申报数量、买卖申报方向等，一般要求买入申报和卖出申报在数量上相近。二是反向交易。当事人之间交易方向相反，一方作为买方，另一方作为卖方。例如，在海南DY、海南LPY、海南WJ等操纵天然橡胶RU1010期货合约案中（中国证监会〔2013〕67号行政处罚决定书），海南LPY与海南WJ约定，由海南WJ高买，海南LPY高卖，是较为典型的约定交易行为。

3. 洗售交易：在自己实际控制的账户之间进行期货交易。认定洗售交易的核心是对实际控制账户的认定，需要坚持实质重于形式的基本原则。根据《最高人民法院　最高人民检察院关于办理操纵证券、期货市场刑事案件适用法律若干问题的解释》（法释〔2019〕9号）第五条规定，“自己实际控制的账户”包括：（1）行为人以自己名义开户并使用的实名账户；（2）行为人向账户转入或者从账户转出资金，并承担实际损益的他人账户；（3）行为人以第一项、第二项以外的方式管理、支配或者使用的他人账户；（4）行为人通过投资关系、协议等方式对账户内资产行使交易决策权的他人账户；（5）其他有证据证明行为人具有交易决策权的账户。洗售交易也是我国期货市场中常见的操纵手法之一，在多起行政处罚案件中均出现了“自买自卖”的交易手法。例如，在邹某某、刘某操纵“玉米淀粉1601”合约案（中国证监会〔2020〕30号行政处罚决定书）中，当事人除使用连续交易操纵的手法外，还通过“自买自卖”的手法配合其操纵市场行为。

4. 蛊惑交易：利用虚假或者不确定的重大信息，诱导交易者进行期货交易。一是利用虚假或者不确定的重大信息。一般认为，“重大信息”是指能够影响期货交易价格或成交量的信息，能够影响期货市场一般投资者的投资决策的信息。“虚假或不确定”是指不真实、不准确、不完整或不确定。一般认为，“利用”主要指传播行为，包括编造并传播行为，也包括未编造但传播行为。二是诱导交易者进行期货交易。利用虚假或者不确定的重大信息的直接目的是诱导投资者在不了解事实真相的情况下作出投资决定。三是进行相关交易。因二读稿在对应条文中未规定当事人进行相关交易的内容，因而有观点认为，相关交易行为并非蛊惑交易的构成要件。也有观点认为，市场操纵主要是为了牟利，当事人有相关交易或者谋取相关利益应当是构成要件。对此，本书认为，蛊惑交易应当包含当事人自身相关交易行为或谋取相关利益情形。如认为蛊惑交易不包括当事人的相关交易行为，则蛊惑交易和编造、传播虚假信息行为的唯一区别在于当事人的主观意图，即当事人是否具有引诱交易者进行期货交易的故意。首先，当事人主观故意在实践中往往难以区分，行政机关可能根据“法条竞合”的处理原则，选择适用“蛊惑交易”而不是编造、传播虚假信息的责任条款给予当事人处罚，导致编造、传播虚假信息的责任条款被实质“架空”。其次，根据《期货和衍生品法》规定，操纵市场行为的法律责任明显重于编造、传播虚假信息的法律行为，而当事人利用虚假信息从事相关交易，正是其违法行为恶性更严重的显著标志，若在蛊惑交易和编造、传播虚假信息之间不存在实际可操作的区分标准，则会不当地加重当事人的法律责任，对于行政机关而言也存在相应行政诉讼风险。最后，最高法、最高检《关于办理操纵证券、期货市场刑事案件适用法律若干问题的解释》及中国证监会《关于〈期货交易管理条例〉第七十条第五项“其他操纵期货交易价格行为”的规定》均规定，当事人相关交易是蛊惑交易的构成要件，《期货和衍生品法》也应当与刑事司法和中国证监会规章保持一致。

5. 虚假申报操纵：不以成交为目的，频繁或者大量申报并撤销申报。其主要特征包括：（1）不以成交为目的，即行为人在申报时并不以成交为目的，可结合申报、撤单情况及其他行为特征综合判断。在满足前述行为特征的情况下，行为人存在少量成交或者部分成交的，不影响对“不以成交为目的”的认定。（2）频繁或大量报撤。行为人不以成交为目的地频繁申报、撤单或者大额申报、撤单，制造虚假的市场深度表象，或者意图制造人为的价格涨跌方向，并进行与原申报方向相反的交易或者谋取相关利益。对于是否“频繁”，可结合行为人撤单次数及其占同期市场总撤单次数比例、各次撤单的时间间隔等综合判断。对于是否“大额”，可结合行为人涉案期间单笔撤单量、撤单总量、撤单总量占申报总量比例、撤单量占同时段市场总撤单量比例，特定时段撤单量占申报量比例等综合判断。①随着计算机技术的发展和电子化交易的普及，程序化交易成为比较常见的情况，行为人往往是利用程序化交易实施幌骗操纵行为。在我国期货市场行政处罚案例中尚未有幌骗操纵的情形，相关刑事判决仅有1起，在伊世顿公司操纵股指期货案（〔2016〕沪01刑初78号刑事判决书）中，伊世顿公司于2015年6月至7月间，在已使用高频程序化交易的基础上，利用不正当交易优势大量操纵中国金融期货交易所IC主力合约、IF主力合约等股指期货合约，违法所得达3.89亿元，该公司最终被判决犯操纵期货市场罪。根据该案一审刑事判决书，伊世顿公司使用了自买自卖和虚假申报等操纵手法，法院最终认定其属于2015年修正的《刑法》第一百八十二条第一款第四项的“以其他方法操纵期货市场”。因“自买自卖”属于《刑法》第一百八十二条明示的操纵手法，结合2010年发布的《最高人民检察院　公安部关于公安机关管辖的刑事案件立案追诉标准的规定（二）》第三十九条规定，伊世顿公司最终构成的犯罪行为应属于该条所规定的“单独或者合谋，当日连续申报买入或者卖出同一期货合约并在成交前撤回申报，撤回申报量占当日该种期货合约总申报量50%以上的”的情形。②其行为性质与境外监管机构规定的幌骗操纵相近。在境外市场，幌骗操纵已成为较为常见的违法行为，行为主体以机构投资者为主。美国商品期货交易委员会历史上罚没款金额最大的一起案件就是幌骗操纵案件。2008—2016年，摩根大通及其15名交易员使用幌骗操纵的手法，对美国的贵金属交易市场和国债交易实施了操纵行为。在接受调查期间，摩根大通将大部分虚假交易指令归咎于高频交易模型自动下单而非人为操作，同时也辩称其巨额白银期货合约空单系基于互换和衍生品交易的“风险对冲”。最终，摩根大通与美国商品期货交易委员会达成和解，承担了总计9.2亿美元

① 中国证券监督管理委员会：《关于期货交易管理条例第七十条第五项“其他操纵期货交易价格行为”的规定起草说明》，http://www.csrc.gov.cn/csrc/c101902/c1039207/content.shtml。

② 参见何兆飞：《伊世顿案及其进展：滥用程序化交易操纵市场的监管思路评释》，《金融法苑》2020年第3期:170-183页。

的金钱罚。[①]

6. 抢帽子交易：持有相关合约，对相关期货交易或者合约标的物的交易作出公开评价、预测或者投资建议，并进行反向操作或者相关操作。需要说明的是，在二读稿中，该条规定与《证券法》第五十五条不同，并未规定进行反向交易的构成要件。对此，本书认为，无论操纵标的证券还是期货合约，抢帽子行为的本质都是一致的。无论是在最高法、最高检《关于办理操纵证券、期货市场刑事案件适用法律若干问题的解释》还是在中国证监会《关于〈期货交易管理条例〉第七十条第五项"其他操纵期货交易价格行为"的规定》中，对于抢帽子交易证券和期货合约行为的构成要件均未做不同规定，故《期货和衍生品法》关于抢帽子交易的构成要件规定也应当与《证券法》、刑事司法解释和证监会相关规章保持一致。

7. 挤仓操纵：在临近交割月或者交割月，利用不正当手段规避持仓限额，形成持仓优势。一是临近交割月或者交割月。在期货市场，一般期货交割月的当月为交割月，期货交割月的前一月为临近交割月。二是规避持仓限额。期货市场持仓限额一般规定在交易所业务规则中。在美国市场，美国期监会（美国商品期货交易委员会）规定了特定合约的持仓限额。三是形成持仓优势。有观点认为，规避持仓限额不一定构成持仓优势，还要测算当事人持仓在该合约全部持仓的比重。

8. 跨市场操纵：利用在相关市场的活动操纵期货市场。囤积交易也属于跨市场操纵的一种行为方式，一般是指为影响行情囤积现货，典型案例是姜某操纵"甲醇1501"合约案（中国证监会〔2015〕31号行政处罚决定书），姜某时任国内最大的甲醇贸易商XHX总经理，负责公司日常经营管理，并直接负责操作期货交易，对甲醇现货价格有直接影响力，其于2014年11月14日至12月16日集中资金优势、持仓优势连续买卖"甲醇1501"期货合约，并利用XHX在现货市场的优势地位囤积现货，造成市场甲醇现货需求旺盛的假象，降低市场对"甲醇1501"合约可供交割量的预期，以影响期货市场价格。2014年10月至11月，XHX甲醇账面库存余额从17万吨增加至42万吨，增长247%，库存增长量明显高于同期。尽管12月公司因资金紧张出售部分库存，其仍持有近30万吨库存。按照2014年12月16日"甲醇1501"合约结算价，姜某操纵行为合计亏损79459652元，最终证监会给予其100万元的顶格罚款，并对其采取期货市场终身禁入措施。

9. 操纵期货市场的其他手段。任何一部成文法律都无法穷尽未来可能发生的各

① 参见中金所期货市场巡回审理协作部：《2020年美国期货市场监管执法实践与借鉴》，《期货日报》2021年3月2日，https://m.thepaper.cn/baijiahao_11566018。

种情形，因此需要使用此类“兜底条款”填补立法空白，但对于此类条款的解释，应当严格遵循“同类解释”规则，不可随意扩大其适用范围。

（二）对“影响”的理解：人为影响或扭曲价格

《期货和衍生品法》第十二条采取了与2019年《证券法》对应条款第五十五条相同的表述方式，即“影响或者意图影响”。必须说明的是，在正常情况下，任何交易都有可能对证券或期货合约的价格造成一定影响。“影响”一词的文义范围过于宽泛，有必要对其进行限制解释，避免处罚范围过度扩张。操纵市场的本质是对资本优势、信息优势等足以影响证券价格形成机制的市场优势的滥用，且这种滥用行为具有造成证券交易价格异常或形成虚拟的价格水平，或者造成证券交易量异常，或者形成虚拟的交易量水平的现实危险性。[①]因此，需要结合操纵市场的本质及其他经济体的立法司法实践，对《期货和衍生品法》第十二条 “影响”做限制解释，将其解释为在滥用市场优势的前提下形成的“人为影响”或“扭曲价格”。

（三）操纵结果并非必备构成要件

境外许多国家和地区并未将操纵结果作为成立操纵市场行为的必备构成要件。欧盟委员会明确指出，操纵成立不以出现操纵结果为必要。欧盟法院也支持这样的观点，认为基于交易而操纵并不要求证明证券价格处于异常或虚假的水平。[②]在美国，指控操纵行为成立并不需要证明操纵结果的存在，美国商品期货交易委员会在2011年7月根据《多德—弗兰克法案》授权，发布“反操纵实施细则”，将操纵市场行为分为：使用或者试图使用操纵手段和欺诈手段的操纵行为和价格操纵行为。在德国的立法及司法实践中也不以操纵结果为必备构成要件。根据《期货和衍生品法》第十二条和2019年《证券法》第五十五条的规定，操纵结果也并非操纵市场行为的必备构成要件。借鉴刑法学“具体危险犯”理论，行为人在操纵价格的主观故意的支配下，只要实施了具有现实危险的操纵行为，就可以认定其构成操纵市场，并不要求被操纵的证券、期货或衍生品价格已经达到行为人预期价格或已经发生了巨大扭曲，但在量罚过程中，操纵结果仍然应当作为重要的量罚情节予以充分考虑。

① 贝金欣：《反思操纵证券市场结果及因果关系之构成要件地位——新修订《证券法》第55条“意图影响”要件之解释》，《证券法苑》2020年第30卷第3期。

② 参见Mathias Siems，Matthijs Nelemans，“The Reform of the EU Market Abuse Law：Revolution or Evolution”*Maastricht J. Eur. & Comp. L.* 2012（19）.

四、法律责任

根据《期货和衍生品法》第一百二十五条规定，除责令改正、给予警告外，当事人最终应当承担的经济责任包括没收违法所得和罚款两部分，因此，确定当事人操纵市场行为有无违法所得及违法所得金额的大小，是确定当事人最终应当承担的罚没款金额大小的先决条件。根据《最高人民法院　最高人民检察院关于办理操纵证券、期货市场刑事案件适用法律若干问题的解释》第九条规定，违法所得是指通过操纵证券、期货市场所获利益或者避免的损失。

（一）行政处罚

对于交易亏损等没有违法所得的情形，则不再对当事人没收违法所得，而是责令其改正，并处一百万元以上一千万元以下罚款。对于有违法所得但不满一百万元的当事人，则应当对其责令改正，没收违法所得，并处一百万元以上一千万元以下的罚款。对于违法所得数额在一百万元以上的当事人，应当对其责令改正，没收违法所得，并处违法所得一倍以上十倍以下罚款。对于单位从事操纵市场行为的，还应同时对直接负责的主管人员和其他直接责任人员给予警告，并处五十万元以上五百万元以下罚款。在现有的11起行政处罚案例中，6起案件最终交易结果为亏损，仅3起案件违法所得大于一百万元，提升定额罚款和对相关责任人员的惩处力度显著提高了违法成本，具有相当的正面意义。

根据《期货和衍生品法》第一百五十条规定，对于情节严重的违法行为，还可以给予当事人一定期限的期货市场禁入。根据《证券市场禁入规定》第十五条，期货市场禁入规定可以参照《证券市场禁入规定》执行。目前对于操纵期货市场案件，中国证监会已对3人采取了期货市场禁入措施，其中姜某被采取终身禁入措施（中国证监会〔2015〕8号市场禁入决定书），陶某、傅某某分别被采取3年和5年的期货市场禁入措施（中国证监会〔2016〕1号市场禁入决定书）。

（二）刑事责任

适用罪名及法定刑：操纵期货市场构成犯罪的，应根据《刑法》第一百八十二条，以操纵证券、期货市场罪追究当事人刑事责任。操纵证券、期货市场罪的法定刑为五年以下有期徒刑或者拘役，并处或者单处罚金；情节特别严重的，处五年以上十年以下有期徒刑，并处罚金。对于单位犯罪的，对单位判处罚金，并对其直接负责的主管人员和其他直接责任人员处五年以下有期徒刑或者拘役，并处或者单处罚金；情节特别严重的，处五年以上十年以下有期徒刑，并处罚金。另根据国务院《行政执法机关移送涉嫌犯罪案件的规定》（2020年修订）第十一条规定，行政执法机关向公安机关移送涉嫌犯罪案件前，已经依法给予当事人罚款的，人民法院判处罚金时，依法折抵相应罚金。

刑事追诉标准：根据最高人民检察院、公安部2022年修订的《关于公安机关管辖的刑事案件立案追诉标准的规定（二）》（以下简称《追诉标准（二）》）第三十四条规定，对于下列操纵期货市场行为，应予立案追诉：（1）实施刑法第一百八十二条第一款第一项操纵期货市场行为，实际控制的账户合并持仓连续十个交易日的最高值超过期货交易所限仓标准的二倍，累计成交量达到同期该期货合约总成交量百分之二十以上，且期货交易占用保证金数额在五百万元以上的；（2）通过囤积现货，影响特定期货品种市场行情，并进行相关期货交易，实际控制的账户合并持仓连续十个交易日的最高值超过期货交易所限仓标准的二倍，累计成交量达到同期该期货合约总成交量百分之二十以上，且期货交易占用保证金数额在五百万元以上的；（3）实施刑法第一百八十二条第一款第二项、第三项操纵期货市场行为，实际控制的账户连续十个交易日的累计成交量达到同期该期货合约总成交量百分之二十以上，且期货交易占用保证金数额在五百万元以上的；（4）利用虚假或者不确定的重大信息，诱导投资者进行期货交易，行为人进行相关期货交易，实际控制的账户连续十个交易日的累计成交量达到同期该期货合约总成交量百分之二十以上，且期货交易占用保证金数额在五百万元以上的；（5）对期货交易标的公开作出评价、预测或者投资建议，同时进行相关期货交易，实际控制的账户连续十个交易日的累计成交量达到同期该期货合约总成交量的百分之二十以上，且期货交易占用保证金数额在五百万元以上的；（6）不以成交为目的，频繁或者大量申报买入、卖出证券、期货合约并撤销申报，当日累计撤回申报量达到同期该证券、期货合约总申报量百分之五十以上，且证券撤回申报额在一千万元以上、撤回申报的期货合约占用保证金数额在五百万元以上的；（7）实施操纵证券、期货市场行为，获利或者避免损失数额在一百万元以上的。

此外，对于操纵期货市场，影响期货交易价格或者期货交易量，获利或者避免损失数额在五十万元以上，同时涉嫌下列情形之一的，应予立案追诉：（1）发行人、上市公司及其董事、监事、高级管理人员、控股股东或者实际控制人实施操纵证券、期货市场行为的；（2）收购人、重大资产重组的交易对方及其董事、监事、高级管理人员、控股股东或者实际控制人实施操纵证券、期货市场行为的；（3）行为人明知操纵证券、期货市场行为被有关部门调查，仍继续实施的；（4）因操纵证券、期货市场行为受过刑事追究的；（5）二年内因操纵证券、期货市场行为受过行政处罚的；（6）在市场出现重大异常波动等特定时段操纵证券、期货市场的；（7）造成其他严重后果的。

典型案例：1.姜某操纵期货市场案，该案是我国首例操纵商品期货刑事案件，此前，姜某因其操纵行为已受到中国证监会行政处罚（中国证监会〔2015〕31号行政处罚决定书），成都市中级人民法院一审判处姜某犯操纵期货市场罪，并依法判处其有期徒刑2年6个月，并处罚金100万元。姜某后上诉至四川省高级人民法院，四川省高级人民法院二审最终维持一审判决。

2.伊世顿公司操纵期货市场案，该案是我国首例滥用程序化操纵股指期货的刑事案件，并入选最高人民法院2017年发布的证券、期货犯罪典型案例。上海市第一中级人民法院最终没收伊世顿公司违法所得38930万元，并处罚金3亿元；判处直接责任人员高某有期徒刑3年，缓刑4年，并处罚金100万元；判处直接责任人员梁某某有期徒刑2年6个月，缓刑3年，并处罚金80万元。对本案共犯金某某以操纵期货市场罪和职务侵占罪数罪并罚后，决定对其执行有期徒刑5年，并处罚金60万元。

（三）民事责任

根据《期货和衍生品法》第一百二十五条规定，对于操纵市场行为，还可以依法追究当事人民事赔偿责任。在我国期货市场中，目前尚无有关操纵市场的民事赔偿案例。在证券市场的民事赔偿案例，如杨某与阙某、DC资产管理公司、谢某操纵证券市场责任纠纷案[四川省成都市中级人民法院（2018）川01民初2728号民事判决书、四川省高级人民法院（2020）川民终1532号民事判决书]中，法院对于操纵市场侵权行为的构成要件形成如下认定：

1. 被告存在操纵市场行为。在该案中，中国证监会〔2017〕80号行政处罚决定书、〔2017〕167号行政复议决定书、〔2017〕168号行政复议决定书均认定被告存在操纵市场行为，且该事实已为北京市第一中级人民法院（2018）京01行初77号行政判决书、（2018）京01行初119号行政判决书等生效判决文书确认，故法院最终认定被告存在操纵市场行为。

2. 原告投资被操纵的证券并遭受损失。本案原告主张：（1）以其买入价格与“恒康医疗”的“真实价格”之差计算其交易损失，即以被告操纵行为开始日前的20个交易日“恒康医疗”的收盘价均价（MA：20）作为基准价，以申万中药三级指数（该股所在行业指数）涨跌幅调整操纵市场期间“恒康医疗”股价，得出该股的“真实价格”，所得差额为原告的投资损失；（2）对于原告在操纵期间卖出的股数，因其获得利益与买入股票产生的损失基于同一原因，应适用损益相抵原则，在原告的投资损失中扣除卖出股票所获得的收益。原告在操纵期间结束后出售的，因操纵行为既已结束，无论卖出价格如何，均与操纵行为无关，不适用损益相抵原则。综上所述，原告主张其损失为214197.79元。法院对于原告的计算方法不予认可，并认定如下：（1）证券交易欺诈行为可以分为操纵市场、虚假陈述、内幕交易三大类型，三者之间往往是相互联系的。本案中被告采取"信息型操纵"手法，其行为与虚假陈述行为具有类似性，故法院认为应当参照《最高人民法院关于审理证券市场因虚假陈述引发的民事赔偿案件的若干规定》①认定原告的损失及其损失与操纵行为的因果关系。损失包括投资差额损失及佣金、资金利息；（2）原告投资差额损失以买入证券平均价格与实际卖出证券平均价格之差，乘以其所持证券数量计算。原告在操纵期间多次买卖"恒康医疗"，按先进先出原则处理后，原告于2013年7月4日持有的51200股买入均价为19.84元。杨某于2013年7月5日将持有的51200股全部卖出，卖出均价19.73元。原告投资差额损失5632元[（19.84-19.73元）×51200]，因印花税仅对卖出方单边收取，故投资差额损失部分无佣金损失，原告未主张资金利息损失，属于对自身权利的处分。

3. 原告损失与被告操纵市场行为存在因果关系。法院认为：（1）股票交易实行集中竞价交易机制，买卖双方难以一一对应，原告不能也无须证明买卖之间的对应关系。（2）操纵证券市场行为通常具有隐蔽性，要求投资者证明其受操纵行为误导买入或卖出证券不具有合理性。（3）在一个公开有效的证券交易市场中，公司股票的价格是由公司基本面和供求关系所决定的，操纵证券市场行为扭曲了公司基本面或供求关系，前者主要表现为信息型操纵，后者主要表现为价量型操纵。不管是哪种类型的操纵证券市场行为，最终都会导致公司股票价格偏离真实价值，此时的股票价格对投资者而言是不公平的，因信赖该股票价格为公正价格而交易的无辜投资者将因此遭受损失。（4）因操纵证券市场引发的民事赔偿案件中，可以参照《最高人民法院关于审理证券市场因虚假陈述引发的民事赔偿案件的若干规定》第十九条"投资人具有以下情形的，人民法院应当认定虚假陈述与损害结果之间存在因果关系：（一）投资人所投资的是与虚假陈述直接关联的证券；（二）投资人在虚假陈述实施日及以后，至揭露日或者更正日之前买入该证券；（三）投资人在虚假陈述揭露日或者更正日及以后，因卖出该证券发生亏损，或者因持续持有该证券而产生亏损"②，认定投资者的损失与操纵行为之间是否具有因果关系。

---

① 已失效，现行文件为《最高人民法院关于审理证券市场虚假陈述侵权民事赔偿案件的若干规定》。

② 对应现行《最高人民法院关于审理虚假陈述侵权民事赔偿案件的若干规定》第十一条规定，原告能够证明下列情形的，人民法院应当认定原告的投资决定与虚假陈述之间的交易因果关系成立：（1）信息披露义务人实施了虚假陈述；（2）原告交易的是与虚假陈述直接关联的证券；（3）原告在虚假陈述实施日之后、揭露日或更正日之前实施了相应的交易行为，即在诱多型虚假陈述中买入了相关证券，或者在诱空型虚假陈述中卖出了相关证券。

●内幕交易、泄露内幕信息的法律责任

第一百二十六条　违反本法第十三条的规定从事内幕交易的，责令改正，没收违法所得，并处以违法所得一倍以上十倍以下的罚款；没有违法所得或者违法所得不足五十万元的，处以五十万元以上五百万元以下的罚款。单位从事内幕交易的，还应当对直接负责的主管人员和其他直接责任人员给予警告，并处以二十万元以上二百万元以下的罚款。

国务院期货监督管理机构、国务院授权的部门、期货交易场所、期货结算机构的工作人员从事内幕交易的，从重处罚。

内幕交易行为给交易者造成损失的，应当依法承担赔偿责任。

《期货和衍生品法》	《期货交易管理条例》
第一百二十六条　违反本法第十三条的规定从事**内幕**交易的，**责令改正**，没收违法所得，并处**以**违法所得**一**倍以上**十**倍以下的罚款；没有违法所得或者违法所得**不足五十**万元的，处**以五十**万元以上**五百**万元以下的罚款。单位从事内幕交易的，还应当对直接负责的主管人员和其他直接责任人员给予警告，并处**以二十**万元以上**二百**万元以下的罚款。 国务院期货监督管理机构、**国务院授权的部门**、期货交易**场**所、**期货结算机构**的工作人员**从事**内幕交易的，从重处罚。 **内幕交易行为给交易者造成损失的，应当依法承担赔偿责任。**	第六十九条　~~期货交易内幕信息的知情人或者非法获取期货交易内幕信息的人，在对期货交易价格有重大影响的信息尚未公开前，利用内幕信~~~~息~~从事~~期货~~交易~~，或者向他人泄露内幕信息，使他人利用内幕信息进行期货交易~~的，没收违法所得，并处违法所得~~1~~倍以上~~5~~倍以下的罚款；没有违法所得或者违法所得~~不满10~~万元的，处~~10~~万元以上~~50~~万元以下的罚款。单位从事内幕交易的，还应当对直接负责的主管人员和其他直接责任人员给予警告，并处~~3~~万元以上~~30~~万元以下的罚款。 国务院期货监督管理机构、期货交易所~~和期货保证金安全存管监控机构~~的工作人员~~进行~~内幕交易的，从重处罚。

本条是对《期货交易管理条例》第六十九条关于期货市场内幕交易行为法律责任的规定。对《期货交易管理条例》内容主要做了三处修改：一是大幅提高违法成本，对违法主体及有关责任人员的追责力度进一步提高；二是明文规定了违法主体的民事赔偿责任；三是在本法其他条文中明确违法主体和内幕信息的定义，在本法第十四条、第十五条对内幕信息和内幕信息知情人分别作出规定。与二读稿内容一致。与一读稿相比，主要是根据金融衍生品监管的实际，将“国务院授权的部门的

工作人员”也纳入处罚对象和从重处罚主体。

解析

一、行为主体

内幕交易行为和泄露内幕信息行为主体为特殊主体，根据《期货和衍生品法》第十三条规定，应当为“内幕信息的知情人”或“非法获取内幕信息的人”，若不具备上述主体身份，则不能认定行为人构成内幕交易。

内幕信息知情人的范围应当以《期货和衍生品法》第十五条规定为准，若不符合该条规定，则无法认定其属于内幕信息知情人。

根据《最高人民法院　最高人民检察院关于办理内幕交易、泄露内幕信息刑事案件具体应用法律若干问题的解释》第二条规定，非法获取内幕信息的人包括：“（一）利用窃取、骗取、套取、窃听、利诱、刺探或者私下交易等手段获取内幕信息的；（二）内幕信息知情人员的近亲属或者其他与内幕信息知情人员关系密切的人员，在内幕信息敏感期内，从事或者明示、暗示他人从事，或者泄露内幕信息导致他人从事与该内幕信息有关的证券、期货交易，相关交易行为明显异常，且无正当理由或者正当信息来源的；（三）在内幕信息敏感期内，与内幕信息知情人员联络、接触，从事或者明示、暗示他人从事，或者泄露内幕信息导致他人从事与该内幕信息有关的证券、期货交易，相关交易行为明显异常，且无正当理由或者正当信息来源的。”

二、主观要件

内幕交易行为的主观心态应当为故意，即明知自己是内幕信息知情人或非法获取内幕信息的人，以获利或规避损失为目的，利用内幕信息进行相关期货或衍生品交易。

泄露内幕信息行为和示意他人交易的主观心态应当为故意，即具有令自己或他人从中牟利的目的，出于过失泄露内幕信息则不属于本条处罚范围。

三、客观构成要件

（一）行为方式

1. 从事内幕交易：内幕交易的行为方式主要表现为利用内幕信息直接或间接进行交易，从而达到其获得利益或规避损失的目的。

2. 泄露内幕信息：行为人自己并不直接利用内幕信息进行交易而向他人泄露内幕信息的行为。

3. 示意交易：内幕信息知情人或非法获取内幕信息的人虽未向第三人泄露内幕信息，但明示或默示他人从事与内幕信息相关的交易，行为人是否从示意中获利、第三人是否从事交易不是示意行为的构成要件。

（二）内幕信息形成、公开及敏感期

《最高人民法院　最高人民检察院关于办理内幕交易、泄露内幕信息刑事案件具体应用法律若干问题的解释》第五条对内幕信息形成公开及敏感期做了如下规定：

内幕信息敏感期：内幕信息自形成至公开的期间。内幕信息的形成时间主要有以下两种情况：一是《期货和衍生品法》第十四条第一项、第二项规定的“政策”“决定”等形成的时间。二是影响内幕信息形成的动议、筹划、决策或者执行人员，其动议、筹划、决策或者执行初始时间。内幕信息的公开是指内幕信息在国务院证券、期货监督管理机构指定的报刊、网站等媒体披露。在指定媒体以外处披露不能视作内幕信息已经公开。

（三）违法性排除事由

《最高人民法院　最高人民检察院关于办理内幕交易、泄露内幕信息刑事案件具体应用法律若干问题的解释》第四条规定了以下违法性排除事由：一是持有或者通过协议、其他安排与他人共同持有上市公司百分之五以上股份的自然人、法人或者其他组织收购该上市公司股份的；二是按照事先订立的书面合同、指令、计划从事相关证券、期货交易的；三是依据已被他人披露的信息而交易的；四是交易具有其他正当理由或者正当信息来源的。对于具有以上四种情形的交易，其交易不具有违法性，因而不能认定为内幕交易。同时在适用第四种情形时，应当严格按照“同类解释”的规则，注重考察当事人的说明是否具有与前三项情形相当的正当性。与期货和衍生品市场相关的主要是本条第二、第三、第四项情形。

四、法律责任

（一）行政处罚

对于交易亏损等没有违法所得的情形，对当事人责令改正，并处五十万元以上五百万元以下罚款。对于有违法所得但不满五十万元的当事人，则应当对其责令改正，没收违法所得，并处五十万元以上五百万元以下的罚款。对于违法所得数额在

五十万元以上的当事人，应当对其责令改正，没收违法所得，并处违法所得一倍以上十倍以下罚款。对于单位从事内幕交易行为的，在对单位处罚没款的同时，还应对直接负责的主管人员和其他直接责任人员给予警告，并处二十万元以上二百万元以下罚款。同时，根据《期货和衍生品法》第一百五十条规定，对于情节严重的违法行为，还可以给予当事人一定期限的期货市场禁入。根据《证券市场禁入规定》第十五条规定，期货市场禁入规定可以参照《证券市场禁入规定》执行。

目前，中国证监会仅查处一起期货市场内幕交易案件，即光大证券“8·16”乌龙指案（中国证监会行政处罚决定书〔2013〕59号），中国证监会认定，“光大证券在进行ETF套利交易时，因程序错误，其所使用的策略交易系统以234亿元的巨量资金申购180ETF成分股，实际成交72.7亿元”属于内幕信息。在内幕信息敏感期内，光大证券通过卖空股指期货、卖出ETF对冲风险，合计规避损失87214278.08元，证监会最终没收光大证券违法所得，并处以违法所得5倍罚款，合计523285668.48元，占期货市场行政处罚案件罚没款总额的近60%，同时也是期货市场行政处罚案件中唯一一起给予5倍顶格罚款的案件。同时，本案徐某某等4名责任人员分别被处以60万元罚款，并被采取终身市场禁入措施（中国证监会〔2013〕20号市场禁入决定书）。虽然光大证券是在事件突发的背景下实施涉案行为的，主观上具有对冲风险、调剂头寸，降低可能产生的交易结算风险的因素，但“乌龙指”事件不仅对光大证券自身的经营和财务有重要影响，而且直接影响了证券市场的正常秩序，造成了股票价格的大幅波动，影响了投资者对权重股票、ETF和股指期货的投资决策，因此属于《证券法》和《期货交易管理条例》规定的内幕信息。在该事项公开前，光大证券知悉市场异动的真正原因，公众投资者并不知情。作为内幕信息知情人，光大证券本应戒绝交易，待内幕信息公开以后再合理避险，但其立刻着手反向交易，明显违反了公平交易的原则，构成《证券法》和《期货交易管理条例》所述的内幕交易行为。事件发生后，市场质疑光大证券涉嫌操纵市场。经过深入调查取证、充分咨询论证后，中国证监会认为，光大证券的巨额交易虽然在客观上引起了市场大幅波动，但是，事件的起因是系统技术缺陷，调查没有发现公司及相关人员组织、策划、促使这一事件发生的证据。根据《证券法》和《期货交易管理条例》以及中国证监会执法实践，因突发事故导致相关证券、期货价格和交易量异常波动的，不构成操纵市场。①

① 参见中国证监会：《光大证券异常交易事件的调查处理情况》，http://www.csrc.gov.cn/csrc/c100028/c1002255/content.shtml，访问日期：2022年5月4日。

事实上，境外期货市场的内幕交易案件也相对较少，2008年国际金融危机以前，主流观点均认为期货市场基本没有内幕交易，美国《商品交易法》仅将美国商品期货交易委员会和各交易所员工基于职务便利获知的相关信息规定为内幕信息。国际金融危机后，《多德—弗兰克法案》和美国商品期货交易委员会相关规章扩充了期货市场内幕交易，如《多德—弗兰克法案》第746条将所有政府部门工作人员均规定为内幕交易主体，但直至2015年，美国商品期货交易委员会才查处了其历史上首起期货市场内幕交易案件，2015年至今，美国商品期货交易委员会也仅查处了8起期货市场内幕交易案件。

根据本条规定，对于国务院期货监督管理机构、国务院授权的部门、期货交易场所、期货结算机构的工作人员从事内幕交易的，从重处罚。上述人员在对期货市场实施监督管理或自律监管中负有重要职责，其所处的地位或环境使其具有接触知悉内幕信息的便利。如果上述人员利用自身职权或其他便利条件从事内幕交易或泄露内幕信息，则会对整个市场产生更为严重的危害，因此对其应当从重处罚。

（二）刑事责任

适用罪名及法定刑：对于构成犯罪的内幕交易行为，国务院期货监督管理机构应根据《期货和衍生品法》第一百一十四条规定，将案件移送有关司法机关处理，并根据《刑法》第一百八十条以内幕交易、泄露内幕信息罪追究当事人刑事责任。根据国务院《行政执法机关移送涉嫌犯罪案件的规定》（2020年修订）第十一条的规定，行政执法机关向公安机关移送涉嫌犯罪案件前，已经依法给予当事人罚款的，人民法院判处罚金时，依法折抵相应罚金。内幕交易、泄露内幕信息罪的法定刑为五年以下有期徒刑或者拘役，并处或者单处违法所得一倍以上五倍以下罚金；情节特别严重的，处五年以上十年以下有期徒刑，并处违法所得一倍以上五倍以下罚金。对于单位犯罪的，对单位判处罚金，并对其直接负责的主管人员和其他直接责任人员，处五年以下有期徒刑或者拘役。

刑事追诉标准：根据《追诉标准（二）》第三十条规定，对于下列内幕交易、泄露内幕信息或者示意他人内幕交易行为，应予立案追诉：（1）获利或者避免损失数额在五十万元以上的；（2）证券交易成交额在二百万元以上的；（3）期货交易占用保证金数额在一百万元以上的；（4）二年内三次以上实施内幕交易、泄露内幕信息行为的；（5）明示、暗示三人以上从事与内幕信息相关的证券、期货交易活动的；（6）具有其他严重情节的。

同时，对于内幕交易获利或者避免损失数额在二十五万元以上，或者期货交易占用保证金数额在五十万元以上，同时涉嫌下列情形之一的，应予立案追诉：（1）证券法规定的证券交易内幕信息的知情人实施或者与他人共同实施内幕交易行为的；（2）以出售或者变相出售内幕信息等方式，明示、暗示他人从事与该内幕信息相关的交易活动的；（3）因证券、期货犯罪行为受过刑事追究的；（4）二年内因证券、期货违法行为受过行政处罚的；（5）造成其他严重后果的。

（三）民事赔偿责任

根据《期货和衍生品法》第一百二十六条规定，还可以依法追究当事人民事赔偿责任。在林某与光大证券公司证券内幕交易责任纠纷案[上海市第二中级人民法院（2014）沪二中民六（商）初字第126号民事判决书、上海市高级人民法院（2016）沪民终334号民事判决书]中，对于内幕交易的民事赔偿责任形成如下相关认定：

1. 内幕交易赔偿责任的构成要件：被告存在内幕交易行为；原告投资了相关证券或期货合约并遭受损失；原告损失与被告内幕交易行为存在因果关系。

2. 关于原告损失认定，法院认为：投资人在基准日及以前卖出证券的，其损失为买入证券总成交额与实际卖出证券总成交额之差。投资人在基准日之后卖出或者仍持有证券的，其损失为买入证券总成交额与以基准价格计算的卖出证券总成交额之差。总成交额以“股数 × 交易价格”计算，多次买入的累计计算。至于交易的税费损失等各项成本费用，内幕交易与虚假陈述行为有所不同，虚假陈述行为会直接影响投资者是否进行投资的判断，故应赔偿投资者的交易成本费用，而内幕交易则具有秘密性，投资者无法对他人的内幕交易行为产生信赖，因此内幕交易行为对交易品种的价格存在影响，但并不完全和必然影响投资者作出是否交易的决定，故对税费损失不予支持。

3. 关于因果关系，法院认为：（1）光大证券在当日内幕交易时间段的交易行为是卖出50ETF以及180ETF。ETF品种是一种跟踪标的指数变化且在证券交易所上市交易的基金。ETF价格与一揽子成分股价格按比例相关，成分股的价格变动会直接影响ETF的价格变动。ETF的申购赎回，可用一揽子成分股互换，期间会发生成分股的直接买卖，而不仅是心理影响。在ETF套利方面，也存在价格互动性，大量卖出ETF会导致ETF市场价格下降，与ETF的份额净值产生偏离，偏离到一定程度便会产生套利机会，市场套利者通常会低价买入ETF，再赎回换成一揽子股票，然后在股票市场抛售，赚取差价。光大证券公司在内幕交易时间段交易的50ETF为6.89亿份，与当日50ETF全天市场总交易量17.64亿份相比，所占比例为39.06%，180ETF为2.63亿份，与当日180ETF全天市场总交易量16.49亿份相比，所占比例为15.95%。上述数据说明，光大证券公司内幕时间段的交易量即便与全天市场总交易量相比，已经占相当大的比例，在如此大的交易量的情况下，足以引起成分股的价格变动。因此，原告交易的50ETF、180ETF的成分股，与光大证券内幕交易所涉及的50ETF、180ETF具有直接关联性，因此交易股票受到损失与光大证券的内幕交易行为之间具备法律上可以认定的因果关系。（2）针对沪深300指数成分股，光大证券公司所交易的IF1309、IF1312股指期货合约由中国金融期货交易所设计，标的为沪深300指数，指数样本股票选自沪深两市，市值覆盖率高、代表性强，反映两市整体走势。在股指期货与沪深300指数及其成分股价格互动关系方面，考虑到股指期货市场与股票市场是相对独立的市场，认定股指期货与沪深300指数成分股之间不存在直接转换关系，即无法像ETF一样，可以日内在同一个市场通过一揽子成分股互换的方式进行ETF的申购赎回。在ETF申赎过程中，股票的所有权是发生实际变化的，而在股指期货合约的交易过程中，现货股票没有发生所有权变动。故光大证券公司交易的IF1309、IF1312股指期货合约，与沪深300指数的成分股价格关联性极为微弱，无法认定存在法律上认可的因果关系。（3）关于原告在非内幕交易时间段进行交易，属于跟风买入受损，应自担投资风险，光大证券对其损失并无过错，无法认定存在法律上的因果关系，故对相关诉请不予支持。

●编造、传播虚假信息或者误导性信息；虚假陈述或者信息误导；传播媒介及其工作人员违法进行期货交易的法律责任

第一百二十七条　违反本法第十六条第一款、第三款的规定，编造、传播虚假信息或者误导性信息，扰乱期货市场、衍生品市场的，没收违法所得，并处以违法所得一倍以上十倍以下的罚款；没有违法所得或者违法所得不足二十万元的，处以二十万元以上二百万元以下的罚款。对直接负责的主管人员和其他直接责任人员给予警告，并处以十万元以上一百万元以下的罚款。

违反本法第十六条第二款的规定，在期货交易、衍生品交易活动中作出虚假陈述或者信息误导的，责令改正，处以二十万元以上二百万元以下的罚款；属于国家工作人员的，还应当依法给予处分。

传播媒介及其从事期货市场、衍生品市场信息报道的工作人员违反本法第十六条第三款的规定，从事与其工作职责发生利益冲突的期货交易、衍生品交易的，没收违法所得，并处以违法所得一倍以下的罚款，没有违法所得或者违法所得不足十万元的，处以十万元以下的罚款。

编造、传播有关期货交易、衍生品交易的虚假信息，或者在期货交易、衍生

品交易中作出信息误导，给交易者造成损失的，应当依法承担赔偿责任。

《期货和衍生品法》	《期货交易管理条例》
第一百二十七条 违反本法第十六条第一款、第三款的规定，编造、传播虚假信息或者误导性信息，扰乱期货市场、衍生品市场的，没收违法所得，并处以违法所得一倍以上十倍以下的罚款；没有违法所得或者违法所得不足二十万元的，处以二十万元以上二百万元以下的罚款。对直接负责的主管人员和其他直接责任人员给予警告，并处以十万元以上一百万元以下的罚款。 违反本法第十六条第二款的规定，在期货交易、衍生品交易活动中作出虚假陈述或者信息误导的，责令改正，处以二十万元以上二百万元以下的罚款；属于国家工作人员的，还应当依法给予处分。 传播媒介及其从事期货市场、衍生品市场信息报道的工作人员违反本法第十六条第三款的规定，从事与其工作职责发生利益冲突的期货交易、衍生品交易的，没收违法所得，并处以违法所得一倍以下的罚款，没有违法所得或者违法所得不足十万元的，处以十万元以下的罚款。 编造、传播有关期货交易、衍生品交易的虚假信息，或者在期货交易、衍生品交易中作出信息误导，给交易者造成损失的，应当依法承担赔偿责任。	**第六十七条** ~~期货公司有下列欺诈客户行为之一的，责令改正，给予警告，~~没收违法所得，并处违法所得~~1~~倍以上~~5~~倍以下的罚款；没有违法所得或者违法所得~~不满10~~万元的，~~并~~处~~10~~万元以上~~50~~万元以下的罚款~~；情节严重的，责令停业整顿或者吊销期货业务许可证：~~ …… ~~期货公司有前款所列行为之一的，~~对直接负责的主管人员和其他直接责任人员给予警告，并处~~1~~万元以上~~10~~万元以下的罚款~~；情节严重的，暂停或者撤销期货从业人员资格~~。 ~~任何单位或者个人~~编造~~并且~~传播~~有关期货交易的~~虚假信息，扰乱期货交易市场的，~~依照本条第一款、第三款的规定处罚~~。

本条是对编造、传播虚假信息或者误导性信息行为法律责任的规定，对《期货交易管理条例》内容主要做了以下修改：一是进一步明确违法行为类型，增加了“虚假陈述或者信息误导”及“利益冲突交易”等情形；二是大幅提高违法成本，对违法主体及有关责任人员的追责力度进一步提高；三是明文规定了违法主体的民事赔偿责任。与一读稿相比，主要是将适用范围扩大至衍生品领域，同时对“利益冲突交易”的处罚方式作出调整。

解析

真实、完整、可信的信息有利于投资者作出正确的投资分析与投资决策。虚假信息的传播不仅会误导广大中小投资者，使其作出错误判断决策，进而遭受损失，还会危及整个市场的正常运行，加大市场的风险和不确定性。近年来，虚假信息类案件呈现以下特点和趋势：一是违法主体大众化。互联网的迅速发展和博客、微博、微信等新媒体的繁荣，打破了传统意义上因职业身份获得影响力的主体身份限制，市场各类参与者都可能成为有影响力的信息发布、传播者。二是编造手法多样化。除了传统的无中生有，还出现了“移花接木”“断章取义”“添油加醋”等多种“变造”手法。有的违法分子先安排他人发布虚假消息，再出面“澄清”，有的将网络传闻改编为确定性表述，有的在原有信息中加入主观臆测，误导他人。三是传播渠道网络化。虚假信息通过报刊、杂志等传统媒体和QQ群、股吧、微博、微信等即时通讯工具、网络社交平台同步多向传播，信息传播容量、扩散速度与影响力呈几何级数提升。四是危害程度扩大化。虚假信息不仅涉及市场资金走向，还涉及监管部门执法动向与宏观经济政策，对市场秩序影响重大。查处案件表明，行为人有的为宣泄不满或扩大自身影响力，动机多样，不乏多种违法行为交织混杂的复杂情形，危害叠加。[①]

期货从业人员、监管机构人员等《期货和衍生品法》第十六条第二款所规定的特殊群体在职业上的特殊性使得其传递的相关信息对广大中小投资者更加具有权威性，投资也更易受其影响。而传播媒介发布的信息是广大中小投资者获取信息的主要来源，是其投资决策的主要依据，因此也需要严格规范传播媒介的行为，禁止其编造、传播虚假信息。为进一步加强对证券期货信息传播的管理，规范报刊证券期货信息传播行为，保护投资者和社会公众合法权益，营造有利于维护资本市场稳定健康发展的良好舆论氛围，新闻出版总署、证监会还于2010年联合出台了《关于加强报刊传播证券期货信息管理工作的若干规定》。对于本条列举违法行为，可从以下几个方面理解。

一、行为主体

编造、传播虚假信息或者误导性信息的行为主体为一般主体，任何单位和个人都可以成为该违法行为的行为主体。

---

① 参见中国证监会：《证监会积极应对新媒体时代执法挑战　坚决打击编造传播证券期货虚假信息行为》，http://www.csrc.gov.cn/csrc/c100200/c1000402/content.shtml。

本条所称“虚假陈述或者信息误导”行为主体为特殊主体，即《期货和衍生品法》第十六条规定的“期货经营机构、期货交易场所、期货结算机构、期货服务机构及其从业人员，组织、开展衍生品交易的场所、机构及其从业人员，期货和衍生品行业协会、国务院期货监督管理机构、国务院授权的部门及其工作人员”。若不具备上述特殊身份，则不能成为本条的处罚对象。

本条第三款规定违法行为的行为主体为特殊主体，即传播媒介及其从事期货市场、衍生品市场信息报道的工作人员，不具有上述身份的，不能成为本条的处罚对象。

二、主观要件

上述行为的主观心态应当为故意，即明知是虚假或者误导性信息、虚假陈述或信息误导、利益冲突等，仍然追求或放任信息传播散布，或继续其利益冲突行为。

三、客观构成要件

（一）编造、传播虚假或者误导性信息

《期货和衍生品法》第一百二十七条将《期货交易管理条例》的“编造并且传播”修改为“编造、传播”，即根据新法，只要有编造或者传播中任意一个行为，就可以给予处罚，与《期货交易管理条例》相比拓宽了处罚范围，同时也增加规定了误导性信息。此外，当事人编造、传播的虚假或者误导性信息必须达到了扰乱期货市场、衍生品市场的程度，才能对其进行处罚。

（二）虚假陈述或者信息误导

该行为客观表现方式为具有《期货和衍生品法》第十六条第二款规定特殊身份的人员在期货或衍生品交易活动中作出虚假陈述或信息误导。根据本条规定，此处的虚假陈述或信息误导并不需要达到扰乱市场的程度，而是行为人只要作出了相关行为，就可以依照本条给予处罚，体现了从严规范从业人员行为，净化行业生态的立法精神。

（三）传播媒介及其从事期货市场、衍生品市场信息报道的工作人员利益冲突行为

该行为客观行为方式为《期货和衍生品法》第十六条第三款规定特殊身份的人员从事与其工作职责发生利益冲突的期货交易和衍生品交易及相关活动。行为人只要作出了相关行为，就可以依照本条给予处罚。

四、法律责任

（一）编造、传播虚假或者误导性信息

对于没有违法所得的情形，对当事人责令改正，并处二十万元以上二百万元以下罚款。对于有违法所得但不满二十万元的当事人，则应当对其责令改正，没收违法所得，并处二十万元以上二百万元以下的罚款。对于违法所得数额在二十万元以上的当事人，应当对其责令改正，没收违法所得，并处违法所得一倍以上十倍以下罚款。单位有本条规定的违法行为的，在对单位处罚没款的同时，还应对直接负责的主管人员和其他直接责任人员给予警告，并处十万元以上一百万元以下罚款。

（二）虚假陈述或者信息误导

根据本条第二款规定，作出本条所称虚假陈述或者信息误导行为的，应当对其处二十万元以上二百万元以下的定额罚款。此外，行为人具有国家工作人员身份的，还需要对其给予行政处分。根据《刑法》第九十三条规定，国家工作人员，是指国家机关中从事公务的人员。国有公司、企业、事业单位、人民团体中从事公务的人员和国家机关、国有公司、企业、事业单位委派到非国有公司、企业、事业单位、社会团体从事公务的人员，以及其他依照法律从事公务的人员，以国家工作人员论。

（三）利益冲突行为

对于传播媒介及其从事期货市场、衍生品市场信息报道的工作人员利益冲突交易的行为，没收违法所得，并处以违法所得一倍以下的罚款，没有违法所得或者违法所得不足十万元的，处以十万元以下的罚款。

（四）刑事责任

适用罪名及法定刑：对于构成犯罪的编造、传播虚假的行为，应根据《刑法》第一百八十一条以编造并传播证券、期货交易虚假信息罪追究当事人刑事责任。需要注意的是，根据《刑法》第一百八十一条规定，当事人必须“编造并且传播”，才能以该罪追究其刑事责任，若行为人仅有编造或传播其中一种行为，则不能构成该罪。此外，《刑法》第一百八十一条并未将“误导性信息”规定在内。本书认为，对于编造、传播误导性信息的行为，不能以编造并传播证券、期货交易虚假信息罪追究当事人刑事责任。编造并传播证券、期货交易虚假信息罪的法定刑为处五年以下有期徒刑或者拘役，并处或者单处一万元以上十万元以下罚金。

刑事追诉标准：《追诉标准（二）》第三十二条规定，编造并且传播影响证券、期货交易的虚假信息，扰乱证券、期货交易市场，涉嫌下列情形之一的，应予立案追诉：（1）获利或者避免损失数额在五万元以上的；（2）造成投资者直接经济损失数额在五十万元以上的；（3）虽未达到上述数额标准，但多次编造并且传播影响证券、期货交易的虚假信息的；（4）致使交易价格或者交易量异常波动的；（5）造成其他严重后果的。

（五）民事责任

根据《期货和衍生品法》第一百二十七条规定，还可以依法追究当事人民事赔偿责任。对于本条所涉及的民事赔偿责任，其构成要件与民事赔偿责任的基本原理一致，即被告存在编造、传播虚假或者误导性信息，虚假陈述或者信息误导，利益冲突交易等行为；原告从事了相关交易并遭受损失；原告损失与被告行为之间存在因果关系。

（六）典型案例

近年来，编造、传播虚假信息已成为我国期货市场的主要违法行为之一，2017年以来，中国证监会已对4起编造并且传播虚假信息的案件给予行政处罚。其中较为典型的有：

1. 李某编造并且传播虚假信息，非法从事投资咨询业务案（中国证监会〔2020〕78号行政处罚决定书）：李某于2016年至2017年间，先后在其新浪微博三次发布虚假信息："三十名中国投资市场散户实名上证监会举报书""一百名中国投资市场散户实名上证监会刘主席并方副主席举报书""今天凌晨3点，一个上海老期货人做橡胶爆仓跳楼身亡！"等虚假信息，上述虚假信息致使相关期货合约产生异常波动，同时导致期货市场恐慌情绪加重，严重扰乱期货市场秩序。同时，李某在未取得期货投资咨询业务从业资格及业务资质的情况下，在其微博自称投资期货非常成功，吸引投资者加入其建立或管理的QQ群，向客户提供期货投资咨询服务，并向期货公司收取介绍QQ群客户开户和交易的居间服务费。最终，中国证监会决定对李某给予警告，并对其处40万元罚款，同时责令其停止非法从事期货投资咨询业务。

2. 曾某某编造并且传播虚假信息案（中国证监会大连监管局〔2018〕1号行政处罚决定书）：2016年6月14日，曾某某编写《转交给大商所领导的一封信——中国蛋品流通协会联名上书》并转发至微信群，该信中存在虚假信息，其所称"中国蛋品流通协会"未经民政部门登记注册，无章程无财产，属于非法社会团体组织。曾某某上述行为已引发投资者错误认识，并导致相关期货合约交易明显出现异常，严重扰乱期货交易秩序。同时，曾某某还从事了与虚假信息相关的期货交易，违法所得

1223.82元。最终，大连证监局决定给予曾某某警告，没收违法所得1223.82元，并处罚款40万元。

相关案件显示，随着监管执法力度加大，恶意编造监管动向甚至监管政策的明显增多，相关案件比重达75%，甚至出现为牟取私利编造监管机构将调查“做空势力”的谎言。从涉及的市场领域来看，虚假信息的编造传播已开始向期货市场蔓延。从违法主体来看，个别媒体、自媒体工作人员为吸引眼球屡次作案，最近2年此类人员涉案数量占此类案件总量的71%，应当引起各类媒体及其从业人员的充分警醒。从虚假信息传播路径来看，由前几年的以“广场式”公开散布为主，转变为以“茶坊式”社交网络集聚、传播后转公开为主。有的人将微信群或朋友圈内的不实信息变造拼接、恶意删减、修改信源、篡改标题后公开散布，造成严重后果，还有财经网站过度依赖自动抓取软件，在信息审核方面严重失职。[①]

•出借账户或借用他人账户的法律责任

第一百二十八条 违反本法第十八条第二款的规定，出借自己的期货账户或者借用他人的期货账户从事期货交易的，责令改正，给予警告，可以处五十万元以下的罚款。

本条为新增条文，其义务来源为本法第十八条规定的期货交易的“账户实名制”。此前，《期货交易管理条例》未将出借期货账户或借用他人期货账户行为规定为违法行为。与一读稿对应条款相比，主要是对其进行拆分，并无实质性修改。

解析

账户实名制是《期货和衍生品法》对期货交易最基本的要求之一。长期以来，出借、借用账户的行为通常与操纵市场、内幕交易等各类违法行为交织，实行账户实名制不仅是为了加强行业监管，规范行业经营，防范化解风险，更能有效预防违法犯罪行为，净化市场生态。对于出借、借用行为，可从以下几个方面

① 参见中国证监会：《证监会通报查处编造传播证券期货虚假信息案件情况》，http://www.csrc.gov.cn/csrc/c100200/c1000380/content.shtml。

理解。

一、行为主体

出借或借用他人账户的行为主体为一般主体，任何单位或个人都能成为《期货和衍生品法》第一百二十八条的处罚对象。

二、主观要件

出借或借用他人账户的主观心态表现为故意，即明知是他人账户而借用或将本人账户出借给他人进行期货交易。

三、客观构成要件

本违法行为的客观构成要件为，违反规定借用他人账户进行期货交易或将本人账户出借给他人用于期货交易的行为。为尊重市场实践和惯例，在实践中仍为借用账户保留了空间，如实践中父母账户由子女代管、亲属之间借用账户的情况也比较常见，“一刀切”的禁止可能与社会认知不符。对于上述借用或出借账户行为，也不宜适用本条进行处罚。

四、法律责任

（一）行政处罚

根据《期货和衍生品法》第一百二十八条规定，对于出借本人账户或借用他人账户进行交易的行为，对其责令改正，给予警告，可以处五十万元以下的罚款。因此，对于当事人并不是必须给予罚款，而是根据其行为情节轻重由监管部门进行一定的自由裁量。

对于单位违法的情形，因本条没有规定处罚相关责任人员，因此仅需要对单位进行处罚，而不能对责任人员进行处罚。

（二）典型案例

郎某某出借证券账户案（中国证监会山东监管局〔2022〕12号行政处罚决定书）：郎某某将该账户出借给于某使用，于某后控制使用该账户从事了内幕交易行为（另案处理，见中国证监会山东监管局〔2022〕11号行政处罚决定书）。其间，该账户资金全部来自于某，账户交易由于某进行决策，账户交易盈亏由于某承担。最终，山东证监局决定对郎某某责令改正，给予警告，并处以3万元罚款。

●违规程序化交易的法律责任

第一百二十九条 违反本法第二十一条的规定，采取程序化交易影响期货交易场所系统安全或者正常交易秩序的，责令改正，并处以五十万元以上五百万元以下的罚款。对直接负责的主管人员和其他直接责任人员给予警告，并处以十万元以上一百万元以下的罚款。

本条为新增条文，其义务来源为本法第二十一条关于程序化交易的规定。此前，《期货交易管理条例》未对程序化交易作出规定。与一读稿相比，主要是进行了拆分，将程序化交易未报告的行为规定在《期货和衍生品法》第一百三十条。

解析

程序化交易是指通过既定程序或特定软件，自动生成或执行交易指令的交易行为，技术门槛高，主要为机构投资者所使用。程序化交易具有“双刃剑”的属性，因此，为了防范化解风险，保障市场平稳有序运行，必须对其进行监督管理。对于违法程序化交易，可从以下几个方面理解。

一、行为主体

违规程序化交易的行为主体为一般主体，任何单位或个人都能成为《期货和衍生品法》第一百二十九条的处罚对象，程序化交易实践中多为机构投资者使用。

二、主观要件

违规程序化交易的主观心态表现为故意或者过失，既可以是明知程序化交易能够或可能影响期货交易场所系统安全或者正常交易秩序，而继续追求或放任影响结果发生；也可以是因疏忽大意未能预见或因过于自信未能避免影响结果发生。

三、客观构成要件

本违法行为的客观构成要件为违规进行程序化交易，影响期货交易场所系统安全或者正常交易秩序的行为。程序化交易必须具有影响期货交易场所系统安全或者正常交易秩序的现实危险，才能适用本条进行处罚，若行为人程序化交易不具有这种现实危险，而仅是未履行事先报告义务，则应当适用《期货和衍生品法》第一百三十条进行处罚。

四、法律责任

根据《期货和衍生品法》第一百二十九条规定，对于违规程序化交易的行为，对其责令改正，并处五十万元以上五百万元以下罚款。对于单位违法的情形，还应当同时对直接负责的主管人员和其他直接责任人员给予警告，并处以十万元以上一百万元以下的罚款。对于情节严重的违法行为，还可以给予当事人一定期限的期货市场禁入。

在境外市场，近期较为典型的处罚案例是香港证监会对瑞士信贷证券（香港）公司的处罚。瑞士信贷证券作为股票期权做市商，使用的电子交易系统存在缺陷，不符合香港证监会的相关监管规定要求。瑞信证券因交易系统故障，在2019年2月28日上午9时39分至9时47分期间向市场发送了16935项错误报价，导致以偏离当时市价的价格执行了8042项股票期权买卖。事发后，瑞信证券积极与香港证监会配合，并迅速采取补救行动。香港证监会最终决定对瑞信证券公开谴责，并处以210万港元罚款。[①]

●未报告有关重大事项的法律责任

第一百三十条　违反本法第二十七条规定，未报告有关重大事项的，责令改正，给予警告，可以处一百万元以下的罚款。

本条为新增条文，其义务来源为本法第二十七条规定的期货交易场所会员和交易者对有关交易、持仓、保证金等重大事项的报告义务。与一读稿相比，仅是调整了条文顺序，对内容无实质修改。

① 参见香港证监会:“纪律行动声明（瑞信证券）”，https://sc.sfc.hk/TuniS/apps.sfc.hk/edistributionWeb/gateway/TC/news-and-announcements/news/enforcement-news/openAppendix?refNo=20PR109&appendix=0。

解析

期货交易在其自身运行过程中也蕴含了很大的风险，与现货市场相比，期货市场的风险是复杂、多方面的。因此，风险防范与控制是期货交易正常进行的重要基础。为了规范期货交易，防范控制风险，交易者应当及时履行有关交易、持仓、保证金等重大事项的报告义务。对于未报告有关重大事项行为，可从以下几个方面理解。

一、行为主体

未报告有关重大事项的行为主体为期货交易场所会员和交易者。期货交易场所会员主要包括期货公司会员和非期货公司会员。

二、主观要件

本行为主观心态既可以为故意，也可以是过失。既可以明知自己未报告有关重大事项而仍不按规定报告，也可以是因疏忽大意而未及时或未按相关规定报告。

三、客观构成要件

本违法行为的客观构成要件为未按国务院期货监督管理机构的规定，履行有关交易、持仓、保证金等重大事项报告义务。

四、法律责任

《期货和衍生品法》第一百三十条规定，未报告有关重大事项的，责令改正，给予警告，可以处一百万元以下的罚款。因此，对于当事人并不是必须给予罚款，而是根据其行为情节轻重由监管部门进行一定的自由裁量。

对于单位违法的情形，因本条没有规定处罚相关责任人员，因此仅需要对单位进行处罚，而不能对责任人员进行处罚。

●禁止参与期货交易的人员参与期货交易的法律责任

第一百三十一条　法律、行政法规和国务院期货监督管理机构规定禁止参与期货交易的人员，违反本法第五十三条的规定，直接或者以化名、借他人名义参与期货交易的，责令改正，给予警告，没收违法所得，并处以五万元以上五十万元以下的罚款；属于国家工作人员的，还应当依法给予处分。

本条为新增条文，其义务来源为本法第五十三条规定的对特殊主体从事期货交易的限制或禁止规定。与一读稿相比，仅是调整了条文顺序，对内容无实质修改。

解析

期货交易场所、期货结算机构、期货经营机构的从业人员，国务院期货监督管理机构、期货业协会的工作人员，以及法律、行政法规和国务院期货监督管理机构规定禁止参与期货交易的其他人员，因为在履行职责过程中天然具有知悉内幕信息和未公开信息的便利条件，因此不允许其直接、间接或变相参与期货交易，是为了保护广大投资者的合法权益，也是预防内幕交易和利用未公开信息交易行为的重要措施之一。与二读稿相比，本条规定增加规定“国务院期货监督管理机构规定禁止参与期货交易的人员”作为处罚对象。与二读稿相比扩大了该责任条款的适用范围。需要说明的是，“国务院期货监督管理机构规定禁止参与期货交易的人员”在二读稿和《期货和衍生品法》第五十三条中均属于禁止参与期货交易的人员，但此前二读稿并未将其列入处罚对象中。对于本条规制的违法行为，可从以下几个方面理解。

一、行为主体

禁止参与期货交易的人员参与期货交易的行为主体为特殊主体，主要分为三类。（1）期货交易场所、期货结算机构、期货经营机构的从业人员：上述机构是专业从事期货交易和期货经营业务的单位，相关从业人员既有获得信息的便利条件，又具有业务上的优势，且掌握许多交易者参与交易情况的信息，具备利用其业务和信息优势参与期货交易的基础。（2）国务院期货监督管理机构、期货业协会的工作人员：国务院期货监督管理机构是期货市场的监督管理部门，而期货业协会是全国期货行业的自律性组织，相关工作人员在职权或职务上具有获得信息尤其是尚未公开的政策、规则等情况的便利。（3）法律、行政法规和国务院期货监督管理机构规定禁止参与期货交易的其他人员：除上述人员之外的其他人员可能因其工作、所处环境、地位、相关人员关系等，也具有知悉内幕信息及其他未公开信息的便利条件，如法律、行政法规和国务院期货监督管理机构规定其不得参与期货交易，则也属于本条规制范围。

二、主观要件

本行为的主观心态表现为故意，即行为人明知自己属于法律法规和国务院期货监督管理机构规定禁止参与期货交易的人员，仍继续参与或变相参与期货交易的行为。

三、客观构成要件

本行为的客观构成要件为《期货和衍生品法》第五十三条规定的禁止参与期货交易的人员直接参与、化名参与或借用他人账户参与期货交易。

四、法律责任

根据《期货和衍生品法》第一百三十一条规定，对于禁止参与期货交易的人员参与期货交易的，对其责令改正，给予警告，没收其违法所得，并处五万元以上五十万元以下罚款。对于交易亏损等没有违法所得的情形，则无须对其没收违法所得，仅需要对其处五万元以上五十万元以下罚款。此外，行为人具有国家工作人员身份的，还需要对其给予行政处分。

对于国家工作人员，《期货和衍生品法》没有作出具体规定，实践中对于国家工作人员身份的认定，通常参照《刑法》第九十三条，具体包括：（1）国家机关中从事公务的人员；（2）国有公司、企业、事业单位、人民团体中从事公务的人员；（3）国家机关、国有公司、企业、事业单位委派到非国有公司、企业、事业单位、社会团体从事公务的人员；（4）其他依照法律从事公务的人员。

● 非法设立期货公司或者未经核准从事期货相关业务的法律责任

第一百三十二条　非法设立期货公司，或者未经核准从事相关期货业务的，予以取缔，没收违法所得，并处以违法所得一倍以上十倍以下的罚款；没有违法所得或者违法所得不足一百万元的，处以一百万元以上一千万元以下的罚款。对直接负责的主管人员和其他直接责任人员给予警告，并处以二十万元以上二百万元以下的罚款。

《期货和衍生品法》	《期货交易管理条例》
第一百三十二条 非法设立期货公司，或者**未经核准**从事**相关**期货业务的，予以取缔，没收违法所得，并处**以**违法所得**一**倍以上**十**倍以下的罚款；没有违法所得或者违法所得**不足一百**万元的，处**以一百**万元以上**一千**万元以下的罚款。对直接负责的主管人员和其他直接责任人员给予警告，并处**以二十**万元以上**二百**万元以下的罚款。	**第七十四条** ~~非法设立期货交易场所或者以其他形式组织期货交易活动的，由所在地县级以上地方人民政府予以取缔，没收违法所得，并处违法所得1倍以上5倍以下的罚款；没有违法所得或者违法所得不满20万元的，处20万元以上100万元以下的罚款。对单位直接负责的主管人员和其他直接责任人员给予警告，并处1万元以上10万元以下的罚款。~~ 非法设立期货公司~~及其他期货经营机构~~，或者擅自从事期货业务的，予以取缔，没收违法所得，并处违法所得~~1~~倍以上~~5~~倍以下的罚款；没有违法所得或者违法所得~~不满20~~万元的，处~~20~~万元以上~~100~~万元以下的罚款。对~~单位~~直接负责的主管人员和其他直接责任人员给予警告，并处~~1~~万元以上~~10~~万元以下的罚款。

本条是对非法设立期货公司或者未经核准从事相关期货业务的法律责任的规定，与《期货交易管理条例》第七十四条相比，主要是大幅提高了当事人及有关责任人员的违法成本，形成执法震慑，规范行业秩序。与一读稿对应条款相比，主要是删去了民事赔偿责任的相关规定。

解析

期货行业具有高杠杆、高风险的特性，因此国家对其设立严格的准入和许可制度，对其经营行为也进行了规范严格的管理。非法设立期货公司或者未经核准从事期货相关业务的行为不仅破坏了国家对期货公司和期货行业的管理制度，还极易损害广大中小投资者的合法权益。对于本条规制的违法行为，可从以下几个方面理解。

一、行为主体

非法设立期货公司或者未经核准从事相关期货相关业务的行为主体为一般主体，任何个人或单位都可以成为本条规定的行为主体。

二、主观要件

本行为的主观心态表现为故意，行为人明知自己未获得设立期货公司或从事相关期货业务的核准，仍然设立期货公司或从事相关期货业务。

三、客观构成要件

本行为的客观构成要件为行为人在未获得设立期货公司或从事相关期货业务的核准，仍然设立期货公司或从事相关期货业务。

四、法律责任

（一）行政处罚

根据《期货和衍生品法》第一百三十二条规定，对非法设立期货公司或者未经核准从事相关期货业务的，应当予以取缔，没收违法所得，并处以违法所得一倍以上十倍以下的罚款；没有违法所得或者违法所得不足一百万元的，处以一百万元以上一千万元以下的罚款。对于单位违法的，还需要对直接负责的主管人员和其他直接责任人员给予警告，并处以二十万元以上二百万元以下的罚款。对于情节严重的违法行为，还可以给予当事人一定期限的期货市场禁入。

（二）刑事责任

本条规制的违法行为在司法实践中通常与以下罪名相关：

1. 擅自设立金融机构罪。根据《刑法》第一百七十四条规定，未经国家有关主管部门批准，擅自设立期货经纪公司或者其他金融机构的，构成擅自设立金融机构罪，对其应处三年以下有期徒刑或者拘役，并处或者单处二万元以上二十万元以下罚金；情节严重的，处三年以上十年以下有期徒刑，并处五万元以上五十万元以下罚金。单位犯本罪的，对单位判处罚金，并对其直接负责的主管人员和其他直接责任人员，依照《刑法》第一百七十四条第一款的规定处罚。

刑事追诉标准：根据《追诉标准（二）》第十九条规定，未经国家有关主管部门批准，擅自设立金融机构，涉嫌下列情形之一的，应予立案追诉：（1）擅自设立商业银行、证券交易所、期货交易所、证券公司、期货公司、保险公司或者其他金融机构的；（2）擅自设立金融机构筹备组织的。

2. 非法经营罪。根据《刑法》第二百二十五条规定，未经国家有关主管部门批准非法经营证券、期货、保险业务，扰乱市场秩序，情节严重的，构成非法经营罪，对其应处五年以下有期徒刑或者拘役，并处或者单处违法所得一倍以上五倍以下罚金；情节特别严重的，处五年以上有期徒刑，并处违法所得一倍以上五倍以下罚金或者没收财产。

刑事追诉标准：根据《追诉标准（二）》第七十一条规定，对于违反国家规定，进行非法经营活动，扰乱市场秩序，涉嫌下列情形的，应予立案追诉：

未经国家有关主管部门批准，非法经营证券、期货、保险业务，或者非法从事资金支付结算业务，具有下列情形之一的：

（1）非法经营证券、期货、保险业务，数额在一百万元以上，或者违法所得数额在十万元以上的。

（2）非法从事资金支付结算业务，数额在五百万元以上，或者违法所得数额在十万元以上的。

（3）非法从事资金支付结算业务，数额在二百五十万元以上不满五百万元，或者违法所得数额在五万元以上不满十万元，且具有下列情形之一的：①因非法从事资金支付结算业务犯罪行为受过刑事追究的；②二年内因非法从事资金支付结算业务违法行为受过行政处罚的；③拒不交代涉案资金去向或者拒不配合追缴工作，致使赃款无法追缴的；④造成其他严重后果的。

●骗取期货业务许可的法律责任

第一百三十三条 提交虚假申请文件或者采取其他欺诈手段骗取期货公司设立许可、重大事项变更核准或者期货经营机构期货业务许可的，撤销相关许可，没收违法所得，并处以违法所得一倍以上十倍以下的罚款；没有违法所得或者违法所得不足二十万元的，处以二十万元以上二百万元以下的罚款。对直接负责的主管人员和其他直接责任人员给予警告，并处以二十万元以上二百万元以下的罚款。

《期货和衍生品法》	《期货交易管理条例》
第一百三十三条 提交虚假申请文件或者采取其他欺诈手段骗取**期货公司设立许可、重大事项变更核准或者期货经营机构**期货业务许可的，撤销**相关**许可，没收违法所得，**并处以违法所得一倍以上十倍以下的罚款；没有违法所得或者违法所得不足二十万元的，处以二十万元以上二百万元以下的罚款。对直接负责的主管人员和其他直接责任人员给予警告，并处以二十万元以上二百万元以下的罚款。**	**第六十八条** ~~期货公司及其他期货经营机构、非期货公司结算会员、期货保证金存管银行提供~~虚假申请文件或者采取其他欺诈手段~~隐瞒重要事实~~骗取期货业务许可的，撤销~~其期货业务~~许可，没收违法所得。

本条是对骗取期货业务许可的法律责任的规定，与《期货交易管理条例》第六十八条相比，一是扩大了处罚对象和处罚范围，将骗取重大事项核准行为也包括在内，进一步规范对期货行业相关许可的管理秩序；二是大幅提升违法成本，除没收违法所得外，还增设并处罚款，追究相关责任人员的法律责任。与一读稿相比，主要是增加了“骗取重大事项变更核准”行为的规定。

解析

国家对期货行业设立了严格的准入和许可制度，对其经营行为也进行了规范严格的管理。骗取期货业务许可的行为隐瞒了真实情况，使监管机构无法依靠真实、准确、完整的信息作出是否准入的判断和决定，不仅破坏了国家对期货公司和期货行业的管理制度，还极易损害广大中小投资者的合法权益。对于骗取期货业务许可行为，可从以下几个方面理解。

一、行为主体

提交虚假申请文件骗取期货业务许可的行为主体为一般主体，任何个人或单位都可以成为本行为的行为主体。

二、主观要件

本行为的主观心态表现为故意，行为人明知自己提交的申请文件为虚假文件，仍然向监管机构提交，骗取相关业务许可。

三、客观构成要件

本行为的客观构成要件为行为人向有关监管机构提交虚假申请文件，骗取期货公司设立许可、重大事项变更核准或者期货经营机构期货业务许可。

四、法律责任

根据《期货和衍生品法》第一百三十二条规定，骗取期货业务许可的，应当对其撤销相关许可，没收违法所得，并处以违法所得一倍以上十倍以下的罚款；没有违法所得或者违法所得不足二十万元的，处以二十万元以上二百万元以下的罚款。对于单位违法的，还需要对直接负责的主管人员和其他直接责任人员给予警告，并处以二十万元以上二百万元以下的罚款。对于情节严重的违法行为，还可以给予当事人一定期限的期货市场禁入。

关于本条规定的撤销相关许可，根据最高人民法院行政裁定书（2019）最高法行申4439号和全国人大常委会法工委《关于公司法第一百九十八条“撤销公司登记”法律性质问题的答复意见》（法工委复〔2017〕2号），对于被许可人以欺骗等不正当手段取得的行政许可的作出的撤销决定，属于对违法行为的纠正，不属于行政处罚。

●期货经营机构违法违规经营的法律责任

第一百三十四条　期货经营机构违反本法第四十条、第六十二条、第六十五条、第六十八条、第七十一条、第七十二条的，责令改正，给予警告，没收违法所得，并处以违法所得一倍以上十倍以下的罚款；没有违法所得或者违法所得不足二十万元的，处以二十万元以上二百万元以下的罚款；情节严重的，责令停业整顿或者吊销期货业务许可证。对直接负责的主管人员和其他直接责任人员给予警告，并处以五万元以上五十万元以下的罚款。

期货经营机构有前款所列违法情形，给交易者造成损失的，应当依法承担赔偿责任。

期货经营机构的主要股东、实际控制人或者其他关联人违反本法第七十一条规定的，依照本条第一款的规定处罚。

《期货和衍生品法》	《期货交易管理条例》
第一百三十四条　期货经营机构违反本法第四十条、第六十二条、第六十五条、第六十八条、第七十一条、第七十二条的，责令改正，给予警告，没收违法所得，并处**以**违法所得**一**倍以上**十**倍以下的罚款；没有违法所得或者违法所得不足**二十**万元的，处以**二十**万元以上**二百**万元以下的罚款；情节严重的，责令停业整顿或者吊销期货业务许可证。对直接负责的主管人员和其他直接责任人员给予警告，并处**以五**万元以上**五十**万元以下的罚款。	**第六十六条**　~~期货公司有下列行为之一~~的，责令改正，给予警告，没收违法所得，并处违法所得~~1~~倍以上~~3~~倍以下的罚款；没有违法所得或者违法所得不满~~10~~万元的，~~并处~~~~10~~万元以上~~30~~万元以下的罚款；情节严重的，责令停业整顿或者吊销期货业务许可证： …… ~~期货公司有前款所列行为之一的，~~对直接负责的主管人员和其他直接责任人员给予警告，并处~~1~~万元以上~~5~~万元以下的罚款~~；情节严重的，暂停或者撤销期货从业人员资格~~。

续表

《期货和衍生品法》	《期货交易管理条例》
期货经营机构有前款所列违法情形，给交易者造成损失的，应当依法承担赔偿责任。 期货经营机构的**主要**股东、实际控制人或者其他关联人违反本法第七十一条规定的，依照本条第一款的规定处罚。	期货公司之外的其他期货经营机构有本条第一款第八项、第十二项、第十三项、第十五项、第十六项所列行为的，依照本条第一款、第二款的规定处罚。 期货公司的股东、实际控制人或者其他关联人未经批准擅自委托他人或者接受他人委托持有或者管理期货公司股权的，拒不配合国务院期货监督管理机构的检查，拒不按照规定履行报告义务、提供有关信息和资料，或者报送、提供的信息和资料有虚假记载、误导性陈述或者重大遗漏的，依照本条第一款、第二款的规定处罚。 **第六十七条**　期货公司有下列欺诈客户行为之一的，责令改正，给予警告，没收违法所得，并处违法所得1倍以上5倍以下的罚款；没有违法所得或者违法所得不满10万元的，并处10万元以上50万元以下的罚款；情节严重的，责令停业整顿或者吊销期货业务许可证： …… 期货公司有前款所列行为之一的，对直接负责的主管人员和其他直接责任人员给予警告，并处1万元以上10万元以下的罚款；情节严重的，暂停或者撤销期货从业人员资格。

本条是对期货经营机构违法违规经营行为法律责任的规定，规制包括期货经营机构以及其股东、实际控制人或者其他关联人。与《期货交易管理条例》相比，大幅提高了机构及相关责任人员的法律责任。

解析

2011年之前，我国期货市场行政处罚对象主要是期货市场及其员工，这反映出当时我国期货公司经营行为规范程度不高，违反监管秩序或者欺诈客户的现象时有发生。期货经营机构是期货市场的重要参与主体和组成部分，对于期货市场具有十分重要的影响。为了规范行业经营，保护广大投资者利益，维护期货市场的健康有序发展，必须加强对期货经营机构及其股东、实际控制人或者其他关联人的监管，严肃惩处其违法违规经营行为，督促其守法合规经营。近年来，随着我国期货市场的改革发展，我国期货经营机构的经营规范程度已有所提高。对于期货经营机构违法违规经营行为，可以从以下几个方面理解。

一、行为主体

本条规定的行为主体为特殊主体，即期货经营机构，是指依照《中华人民共和国公司法》和《期货和衍生品法》设立的期货公司以及国务院期货监督管理机构核准从事期货业务的其他机构，以及其股东、实际控制人或者其他关联人。

二、行为方式

本条规定了期货经营机构的多项违法违规经营行为，具体有：

1. 根据《期货和衍生品法》第四十条规定，包括未分户存放、分别管理保证金、权利金和挪用权利金、保证金的行为。

2. 根据《期货和衍生品法》第六十二条规定，包括未经核准办理重大事项的行为，具体包括：（1）合并、分立、停业、解散或者申请破产；（2）变更主要股东或者公司的实际控制人；（3）变更注册资本且调整股权结构；（4）变更业务范围；（5）国务院期货监督管理机构规定的其他重大事项。

3. 根据《期货和衍生品法》第六十五条规定，包括：（1）未建立利益冲突防范制度；（2）利益冲突行为；（3）混合操作业务；（4）未建立或未执行反洗钱制度。

4. 根据《期货和衍生品法》第六十八条规定，包括：（1）违反规定向其股东、实际控制人或者股东、实际控制人的关联人提供融资或担保；（2）违反规定对外担保。

5.根据《期货和衍生品法》第七十一条规定，包括：（1）未按规定向国务院期货监督管理机构报送有关信息和资料；（2）向国务院期货监督管理机构报送或提供的信息或资料不真实、不准确或不完整。

6. 根据《期货和衍生品法》第七十二条规定，包括：（1）未按照规定报告重大事件；（2）控股股东或者实际控制人未履行配合义务。

三、法律责任

（一）行政处罚

根据《期货和衍生品法》第一百三十四条规定，对违法行为人应责令改正，给予警告，没收违法所得，并处以违法所得一倍以上十倍以下的罚款；没有违法所得或者违法所得不足二十万元的，处以二十万元以上二百万元以下的罚款；情节严重的，责令停业整顿或者吊销期货业务许可证。对直接负责的主管人员和其他直接责任人员给予警告，并处以五万元以上五十万元以下的罚款。

对于情节严重的违法行为，还可以给予当事人一定期限的期货市场禁入。

（二）民事赔偿责任

期货经营机构有本条列举的违法违规经营行为，给交易者造成损失的，应当依法承担赔偿责任。对于本条所涉及的民事赔偿责任，其构成要件与民事赔偿责任的基本原理一致：一是被告存在违反《期货和衍生品法》第四十条、第六十二条、第六十五条、第六十八条、第七十一条、第七十二条规定的行为；二是原告遭受损失；三是原告遭受损失与被告违法行为具有因果关系。另根据《期货和衍生品法》第五十一条规定，普通交易者与期货经营机构发生纠纷的，期货经营机构应当证明其行为符合法律、行政法规以及国务院期货监督管理机构的规定，不存在误导、欺诈等情形。期货经营机构不能证明的，应当承担相应的赔偿责任。

（三）典型案例

2011年后，期货公司违法违规案件数量已大幅减少，近年来期货公司最主要的违法行为就是违规提供借款或违规对外担保，2011年以来发生的5起期货公司违法违规案件中有3起涉及上述行为。

1. 新纪元期货违法违规案（中国证监会江苏监管局〔2021〕4号行政处罚决定书）：一是违规向关联方提供借款，新纪元期货以自有资金向其关联方上海邦投分别借款1100万元、5600万元，两次借款利息共计32.28万元。二是违规对外提供担保，新纪元期货通过提供业务合作函、承诺函等方式，构成实质对外提供担保。最终，江苏证监局决定没收新纪元期货违法所得32.28万元，并处以64.56万元罚款，同时对6名相关责任人员依法作出处理，其中3人被依法撤销期货从业人员资格。

2. 大通期货违法违规案（中国证监会黑龙江监管局〔2018〕2号行政处罚决定书）：大通期货经公司董事会决议，决定以自有资金向其股东哈尔滨工大集团借款460万元，向哈尔滨工大集团风险投资股份有限公司借款5040万元，上述借款合同到期后，大通期货共收取利息23.08万元。最终，黑龙江证监局决定没收大通期货违法所得（融资利息合计）23.08万元，并处以46.16万元罚款，同时依法处理7名相关责任人员。

3. 三立期货违法违规案（中国证监会山西监管局〔2017〕2号行政处罚决定书）：三立期货作为依法注册登记并有效存续的期货经纪公司，违法为其实际控制人刘某的个人借款提供连带责任保证担保，时任三立期货公司董事长、法定代表人刘某是直接负责的主管人员。最终，山西证监局决定对三立期货公司责令改正，给予警告，并处以十万元的罚款；对刘某给予警告，并处以五万元的罚款。

●期货经营机构违反投资者适当性管理规定、违规从事经纪业务、损害交易者利益的法律责任

第一百三十五条 期货经营机构违反本法第五十条交易者适当性管理规定，或者违反本法第六十六条规定从事经纪业务接受交易者全权委托，或者有第七十八条损害交易者利益行为的，责令改正，给予警告，没收违法所得，并处以违法所得一倍以上十倍以下的罚款；没有违法所得或者违法所得不足五十万元的，处以五十万元以上五百万元以下的罚款；情节严重的，吊销相关业务许可。对直接负责的主管人员和其他直接责任人员给予警告，并处以二十万元以上二百万元以下的罚款。

期货经营机构有本法第七十八条规定的行为，给交易者造成损失的，应当依法承担赔偿责任。

《期货和衍生品法》	《期货交易管理条例》
第一百三十五条　期货经营机构违反本法第五十条交易者适当性管理规定，或者违反本法第六十六条规定从事经纪业务接受交易者全权委托，或者有第七十八条损害交易者利益行为的，责令改正，给予警告，没收违法所得，并处**以**违法所得**一**倍以上**十**倍以下的罚款；没有违法所得或者违法所得**不足五十**万元的，处**以五十**万元以上**五百**万元以下的罚款；情节严重的，吊销**相关**业务许可。对直接负责的主管人员和其他直接责任人员给予警告，并处**以二十**万元以上**二百**万元以下的罚款。	第六十七条　~~期货公司有下列欺诈客户行为之一~~的，责令改正，给予警告，没收违法所得，并处违法所得~~1~~倍以上~~5~~倍以下的罚款；没有违法所得或者违法所得~~不满10~~万元的，~~并~~处~~10~~万元以上~~50~~万元以下的罚款；情节严重的，~~责令停业整顿或者~~吊销~~期货业务~~许可~~证~~： （一）向客户作获利保证或者不按照规定向客户出示风险说明书的； （二）在经纪业务中与客户约定分享利益、共担风险的；

续表

《期货和衍生品法》	《期货交易管理条例》
期货经营机构有本法第七十八条规定的行为，给交易者造成损失的，应当依法承担赔偿责任。	（三）不按照规定接受客户委托或者不按照客户委托内容擅自进行期货交易的； （四）隐瞒重要事项或者使用其他不正当手段，诱骗客户发出交易指令的； （五）向客户提供虚假成交回报的； （六）未将客户交易指令下达到期货交易所的； （七）挪用客户保证金的； （八）不按照规定在期货保证金存管银行开立保证金账户，或者违规划转客户保证金的； （九）国务院期货监督管理机构规定的其他欺诈客户的行为。 ~~期货公司有前款所列行为之一的，~~对直接负责的主管人员和其他直接责任人员给予警告，并处 ~~1~~ 万元以上 ~~10~~ 万元以下的罚款~~；情节严重的，暂停或者撤销期货从业人员资格~~。 任何单位或者个人编造并且传播有关期货交易的虚假信息，扰乱期货交易市场的，依照本条第一款、第二款的规定处罚。

本条是对期货经营机构违反投资者适当性管理规定、接受交易者全权委托、损害交易者利益等行为法律责任的规定，与《期货交易管理条例》相比，大幅提高了违法违规机构及相关责任人员的法律责任。与二读稿、一读稿相比，主要是将“撤销”修改为“吊销”，使处罚措施表意更加准确。

解析

投资者适当性制度是资本市场的一项基础制度，也是成熟市场普遍采用的保护投资者权益和管控创新风险的做法，是规范明确期货经营机构和投资者之间权利义务关系的重要制度，其本质就是投资者保护制度。期货经营机构应确保其所提供的金融产品或服务与特定客户的财务状况、投资目标、知识经验以及风险承受能力等相匹配。期货行业同时也是经营、管理风险的行业，具有高风险的特征，为避免高风险通过期货经营机构传导给投资者，期货经营机构必须坚持诚信经营的原则，守法合规经营，忠实客户利益，不得有接受客户全权委托或者损害交易者利益的行为。期货经营机构违反投资者适当性管理制度、接受客户全权委托、损害交易者利益等行为严重破坏了国家对期货经营机构的管理秩序和广大投资者的利益。对于上述行为，可以从以下几个方面理解。

一、行为主体

本条规定的行为主体为特殊主体，即期货经营机构，是指依照《公司法》和《期货和衍生品法》设立的期货公司以及国务院期货监督管理机构核准从事期货业务的其他机构。

二、行为方式

一是违反投资者适当性管理制度。具体包括：（1）未按照规定充分了解交易者的基本情况、财产状况、金融资产状况、交易知识和经验、专业能力等相关信息；（2）未向交易者如实说明服务的重要内容，未充分揭示交易风险；（3）未向交易者提供与其实际情况、风险承受能力等相关因素所匹配的服务。

二是违规从事经纪业务，包括接受客户全权委托等行为。

三是损害交易者利益。具体包括：（1）向交易者作出保证其资产本金不受损失或者取得最低收益承诺；（2）与交易者约定分享利益、共担风险；（3）违背交易者委托进行期货交易；（4）隐瞒重要事项或者使用其他不正当手段，诱骗交易者交易；（5）以虚假或者不确定的重大信息为依据向交易者提供交易建议；（6）向交易者提供虚假成交回报；（7）未将交易者交易指令下达到期货交易场所；（8）挪用交易者保证金；（9）未依照规定在期货保证金存管机构开立保证金账户，或者违规划转交易者保证金；（10）利用为交易者提供服务的便利，获取不正当利益或者转嫁风险；（11）其他损害交易者权益的行为。

三、法律责任

（一）行政处罚

根据《期货和衍生品法》第一百三十五条规定，对违法行为人应责令改正，给予警告，没收违法所得，并处以违法所得一倍以上十倍以下的罚款；没有违法所得或者违法所得不足五十万元的，处以五十万元以上五百万元以下的罚款；情节严重的，吊销相关业务许可。对直接负责的主管人员和其他直接责任人员给予警告，并处以二十万元以上二百万元以下的罚款。对于情节严重的违法行为，还可以给予当事人一定期限的期货市场禁入。

（二）民事赔偿责任

根据本条规定，期货经营机构有《期货和衍生品法》第七十八条规定的损害交易者利益的行为，还应当依法承担民事赔偿责任。对于本条所涉及的民事赔偿责任，其构成要件与民事赔偿责任的基本原理一致：一是被告存在《期货和衍生品法》第七十八条规定的损害交易者利益的违法行为；二是原告遭受损失；三是原告遭受损失与被告违法行为具有因果关系。另根据《期货和衍生品法》第五十一条规定，普通交易者与期货经营机构发生纠纷的，期货经营机构应当证明其行为符合法律、行政法规以及国务院期货监督管理机构的规定，不存在误导、欺诈等情形。期货经营机构不能证明的，应当承担相应的赔偿责任。

（三）刑事责任

本条规定的违法行为在实践中常与以下罪名关联：

1. 诱骗投资者买卖证券、期货合约罪。根据《刑法》第一百八十一条规定，期货经纪公司的从业人员故意提供虚假信息或者伪造、变造、销毁交易记录，诱骗投资者买卖证券、期货合约，造成严重后果的，构成诱骗投资者买卖证券、期货合约罪，对其应处五年以下有期徒刑或者拘役，并处或者单处一万元以上十万元以下罚金；情节特别恶劣的，处五年以上十年以下有期徒刑，并处二万元以上二十万元以下罚金。单位犯本罪的，对单位判处罚金，并对其直接负责的主管人员和其他直接责任人员，处五年以下有期徒刑或者拘役。

刑事追诉标准：根据《追诉标准（二）》第三十三条规定，期货交易所、期货公司的从业人员，期货业协会或者证券期货监督管理部门的工作人员，故意提供虚假信息或者伪造、变造、销毁交易记录，诱骗投资者买卖证券、期货合约，涉嫌下列情形之一的，应予立案追诉：（1）获利或者避免损失数额在五万元以上的；（2）造成投资者直接经济损失数额在五十万元以上的；（3）虽未达到上述数额标准，但多次诱骗投资者买卖证券、期货合约的；（4）致使交易价格或者交易量异常波动的；（5）造成其他严重后果的。

2. 挪用资金罪、背信运用受托财产罪。根据《刑法》第一百八十五条规定，期货交易所、期货经纪公司或其他金融机构的工作人员利用职务上的便利，挪用本单位或者客户资金的，构成挪用资金罪，对其应处三年以下有期徒刑或者拘役；挪用本单位资金数额巨大的，处三年以上七年以下有期徒刑；数额特别巨大的，处七年以上有期徒刑。

刑事追诉标准：根据《追诉标准（二）》第三十五条规定，期货交易所、期货公司或者其他金融机构，违背受托义务，擅自运用客户资金或者其他委托、信托的财产，涉嫌下列情形之一的，应予立案追诉：（1）擅自运用客户资金或者其他委托、信托的财产数额在三十万元以上的；（2）虽未达到上述数额标准，但多次擅自运用客户资金或者其他委托、信托的财产，或者擅自运用多个客户资金或者其他委托、信托的财产的；（3）其他情节严重的情形。

（四）典型案例

在本条规制的多种违法行为中，挪用客户保证金一度是我国期货公司最常见的违法行为，截至2021年末，我国共有8起行政处罚案件涉及挪用客户保证金行为，从时间分布来看，这些案件主要发生在2006年之前。2006年，监管机构推动设立期货保证金安全存管监控机构，即中国期货保证金监控中心（2015年4月更名为中国期货市场监控中心），并在全国推广期货保证金安全存管监控制度，大大遏制了期货公司经营中的不规范行为。挪用客户保证金行为在实践中已基本销声匿迹。[①]近十年的期货公司违法违规案件均未见挪用客户保证金行为。违法情节严重，社会影响恶劣的相关案件主要有：

1. 嘉陵期货违法违规案（中国证监会〔2008〕39号行政处罚决定书）：1999年底至2004年9月17日期间，嘉陵期货存在以下违法行为：一是挪用客户保证金。截至2004年9月17日，挪用客户保证金6149.90万元用于期货自营交易和支付公司经营费用、借款给他人、提取现金及其他用途。二是与客户约定收益分成，承诺保底收益。三是违规进行自营交易。四是通过伪造、涂改交易结算数据，在保证金封闭运行的基准日向监管部门报送虚假的资料和财务报告。最终，中国证监会决定吊销嘉陵期货的期货经纪业务许可证。时任嘉陵期货董事长刘某也因犯挪用资金罪和虚假出资、抽逃出资罪被判处有期徒刑十二年，并处罚金46万元。[②]

2. 万汇期货违法违规案（中国证监会〔2009〕23号行政处罚决定书、〔2009〕13号市场禁入决定书）：一是挪用客户保证金，1999年至2005年1月24日，时任万汇期货董事长兼总经理严某、副总经理卞某夫妻累计挪用客户保证金29545659.6元进行期货交易，违法所得为4097594.1元；二是与客户约定分享利益，从事或者变相从事其他业务和期货自营业务；三是未按规定保存期货交易资料。最终，中国证监会决

① 参见姜洋：《发现价格：期货和金融衍生品》，中信出版社，2018 。

② 参见刘昆明：《四川证监局打造辖区资本市场诚信文化》，《证券时报》2011年12月14日第2版，http://www.p5w.net/today/201112/t3986714.htm。

定吊销万汇期货的期货经纪业务许可证，对严某、卞某二人采取期货市场终身禁入措施，同时依法处理其他3名责任人员。

3. 三隆期货违法违规案（中国证监会〔2009〕14号行政处罚决定书、〔2009〕10号市场禁入决定书）：一是挪用客户保证金，2003年11月至2006年9月，三隆期货累计挪用客户保证金276700367.26元，供三隆集团周转使用。二是从事期货自营业务，自营亏损9985500元，产生手续费111420元，共亏损10096920元。因三隆期货已被吊销期货经纪业务许可证，中国证监会决定不再给予其行政处罚，同时对邹某等二人分别采取3年的期货市场禁入措施。

●非法设立期货交易场所、期货结算机构；非法组织期货、衍生品交易及其结算活动的法律责任

第一百三十六条　违反本法第十一条、第八十条、第九十二条规定，非法设立期货交易场所、期货结算机构，或者以其他形式组织期货交易的，没收违法所得，并处以违法所得一倍以上十倍以下的罚款；没有违法所得或者违法所得不足一百万元的，处以一百万元以上一千万元以下的罚款。对直接负责的主管人员和其他直接责任人员给予警告，并处以二十万元以上二百万元以下的罚款。非法设立期货交易场所的，由县级以上人民政府予以取缔。

违反本法第三十条规定，未经批准组织开展衍生品交易的，或者金融机构违反本法第三十一条规定，未经批准、核准开展衍生品交易的，依照前款规定处罚。

《期货和衍生品法》	《期货交易管理条例》
第一百三十六条　违反本法第十一条、第八十条、第九十二条规定，非法设立期货交易**场所、期货结算机构，**或者以其他形式组织期货交易的，没收违法所得，并处**以**违法所得**一**倍以上**十**倍以下的罚款；没有违法所得或者违法所得**不足一百**万元的，处**以一百**万元以上**一千**万元以下的罚款。对直接负责的主管人员和其他直接责任人员给予警告，并处**以二十**万元以上**二百**万元以下的罚款。非法设立期货交易场所的，由县级以上人民政府予以取缔。	**第七十四条**　非法设立期货交易场所或者以其他形式组织期货交易~~活动~~的，由~~所在地~~县级以上~~地方~~人民政府予以取缔，没收违法所得，并处违法所得~~1~~倍以上5倍以下的罚款；没有违法所得或者违法所得~~不满20~~万元的，处~~20~~万元以上~~100~~万元以下的罚款。对~~单位~~直接负责的主管人员和其他直接责任人员给予警告，并处~~1~~万元以上~~10~~万元以下的罚款。

续表

《期货和衍生品法》	《期货交易管理条例》
违反本法第三十条规定，未经批准组织开展衍生品交易的，或者金融机构违反本法第三十一条规定，未经批准、核准开展衍生品交易的，依照前款规定处罚。	非法设立期货公司及其他期货经营机构，或者擅自从事期货业务的，予以取缔，没收违法所得，并处违法所得1倍以上5倍以下的罚款；没有违法所得或者违法所得不满20万元的，处20万元以上100万元以下的罚款。对单位直接负责的主管人员和其他直接责任人员给予警告，并处1万元以上10万元以下的罚款。

本条是对非法设立期货交易场所、期货结算机构；非法组织期货、衍生品交易及其结算活动等行为法律责任的规定。与《期货交易管理条例》相比，大幅提高了违法违规机构及相关责任人员的法律责任，提升了违法成本，强化了执法震慑。与一读稿、二读稿相比，主要是将非法组织衍生品交易的行为也纳入本条处罚范围。

解析

根据《期货和衍生品法》和中国证监会《期货交易所管理办法》的规定，设立期货交易场所或者进行衍生品交易均需要国务院期货监督管理机构依法批准。由于期货行业的高风险性、专业性等，国家对设立期货交易场所，组织期货或者衍生品交易设置了较高的准入条件。非法设立期货交易场所、期货结算机构或者非法组织期货、衍生品交易及其结算活动等行为不仅严重破坏了国家对期货和衍生品交易的管理秩序，还会损害广大投资者利益。对于上述违法行为，可以从以下几个方面理解。

一、行为主体

本条规制的违法行为的行为主体是一般主体，任何单位和个人都可以成为本条处罚对象。

二、主观要件

本条规制的违法行为的主观心态为故意，即行为人明知自己未获国务院期货监督管理机构批准，仍然从事非法设立期货交易场所、期货结算机构或者非法组织期货、衍生品交易的行为；以及金融机构未经批准或者核准开展衍生品交易的行为。

三、客观构成要件

本条规定行为客观构成要件为非法设立期货交易场所、期货结算机构或者非法组织期货、衍生品交易的行为；以及金融机构未经批准或者核准开展衍生品交易的行为。

四、法律责任

（一）行政处罚

根据本条规定，对非法设立期货交易场所、期货结算机构或者非法组织期货、衍生品交易行为，应没收违法所得，并处以违法所得一倍以上十倍以下的罚款；没有违法所得或者违法所得不足一百万元的，处以一百万元以上一千万元以下的罚款。对直接负责的主管人员和其他直接责任人员给予警告，并处以二十万元以上二百万元以下的罚款。非法设立期货交易场所的，由县级以上人民政府予以取缔。

对于情节严重的违法行为，还可以给予当事人一定期限的期货市场禁入。

（二）刑事责任

本条规定的违法行为在司法实践中通常与以下罪名相关：

1. 擅自设立金融机构罪。根据《刑法》第一百七十四条规定，未经国家有关主管部门批准，擅自设立期货交易所、期货经纪公司或者其他金融机构的，构成擅自设立金融机构罪，对其应处三年以下有期徒刑或者拘役，并处或者单处二万元以上二十万元以下罚金；情节严重的，处三年以上十年以下有期徒刑，并处五万元以上五十万元以下罚金。单位犯本罪的，对单位判处罚金，并对其直接负责的主管人员和其他直接责任人员，依照《刑法》第一百七十四条第一款的规定处罚。

刑事追诉标准：根据《追诉标准（二）》第十九条规定，未经国家有关主管部门批准，擅自设立金融机构，涉嫌下列情形之一的，应予立案追诉：（1）擅自设立商业银行、证券交易所、期货交易所、证券公司、期货公司、保险公司或者其他金融机构的；（2）擅自设立金融机构筹备组织的。

2. 非法经营罪。根据《刑法》第二百二十五条规定，未经国家有关主管部门批准非法经营证券、期货、保险业务或者非法从事资金支付结算业务，扰乱市场秩序，情节严重的，构成非法经营罪，对其应处五年以下有期徒刑或者拘役，并处或者单处违法所得一倍以上五倍以下罚金；情节特别严重的，处五年以上有期徒刑，并处违法所得一倍以上五倍以下罚金或者没收财产。

刑事追诉标准：根据《追诉标准（二）》第七十一条规定，违反国家规定，进行非法经营活动，扰乱市场秩序，涉嫌下列情形的，应予立案追诉：

未经国家有关主管部门批准，非法经营证券、期货、保险业务，或者非法从事资金支付结算业务，具有下列情形之一的：

（1）非法经营证券、期货、保险业务，数额在一百万元以上，或者违法所得数额在十万元以上的。（2）非法从事资金支付结算业务，数额在五百万元以上，或者违法所得数额在十万元以上的。（3）非法从事资金支付结算业务，数额在二百五十万元以上不满五百万元，或者违法所得数额在五万元以上不满十万元，且具有下列情形之一的：①因非法从事资金支付结算业务犯罪行为受过刑事追究的；②二年内因非法从事资金支付结算业务违法行为受过行政处罚的；③拒不交代涉案资金去向或者拒不配合追缴工作，致使赃款无法追缴的；④造成其他严重后果的。

3. 诈骗罪。实践中，假借期货或衍生品名义从事诈骗活动的案例时有发生。根据《刑法》第二百六十六条规定，诈骗公私财物，数额较大的，构成诈骗罪，对其应处三年以下有期徒刑、拘役或者管制，并处或者单处罚金；数额巨大或者有其他严重情节的，处三年以上十年以下有期徒刑，并处罚金；数额特别巨大或者有其他特别严重情节的，处十年以上有期徒刑或者无期徒刑，并处罚金或者没收财产。

（三）典型案例

“广文所”系列案：2014年，邱某儒通过其控制的深圳市某房地产投资有限公司出资，成为广东创意文化产权交易中心有限公司（以下简称广文所）持股85%的股东。2016年，邱某儒与他人合作，介绍某金融控股有限公司入股广文所，并组成广文所董事会，确立了设立文化产品交易平台、收取交易手续费盈利的经营模式。广文所未经中国证监会核准取得经营期货业务的资格，也不是经中国证监会批准设立的期货交易场所。

2016年3月，广文所先后组织人员、租赁办公场所、购买交易软件、租用服务器，搭建了以“丝路飞天蜡像”“生肖银章”“龙纹银盘”等虚构的文化产品为交易对象的交易平台，并组织运营商和会员单位对外发展投资者到平台入金交易。事实上，广文所本身就是一个虚假电子网盘，并不存在实物，交易软件内显示的走势图，实为套用国外期货平台的K线图，与其宣称的艺术品毫无关联。据检方统计，该案共同骗取6628名投资者财物，共计人民币4.19亿元。法院一审判决相关人员犯非法经营罪，经检察机关刑事抗诉后，二审最终改判诈骗罪，刑惩处力度大幅提升。广文所系列案也是深圳市建市以来规模最大的金融期货平台诈骗案。

●期货交易场所、期货结算机构违法违规的法律责任

第一百三十七条　期货交易场所、期货结算机构违反本法第十七条、第四十条、第八十五条第二款规定的，责令改正，给予警告，没收违法所得，并处以违法所得一倍以上十倍以下的罚款；没有违法所得或者违法所得不足二十万元的，处以二十万元以上二百万元以下的罚款；情节严重的，责令停业整顿。对直接负责的主管人员和其他直接责任人员处以五万元以上五十万元以下的罚款。

《期货和衍生品法》	《期货交易管理条例》
第一百三十七条　期货交易**场**所、**期货结算机构违反本法第十七条、第四十条、第八十五条第二款规定**的，责令改正，给予警告，没收违法所得，并处**以**违法所得**一**倍以上**十**倍以下的罚款；没有违法所得或者违法所得**不足二十**万元的，处**以二十**万元以上**二百**万元以下的罚款；情节严重的，责令停业整顿。对直接负责的主管人员和其他直接责任人员处**以五万**元以上**五十**万元以下的罚款。	**第六十五条**　期货交易所~~有下列行为之一~~的，责令改正，给予警告，没收违法所得，并处违法所得 ~~1~~ 倍以上 ~~5~~ 倍以下的罚款；没有违法所得或者违法所得~~不满 10~~ 万元的，~~并~~处 ~~10~~ 万元以上 ~~50~~ 万元以下的罚款；情节严重的，责令停业整顿： …… ~~有前款所列行为之一的，~~对直接负责的主管人员和其他直接责任人员~~给予纪律处分，~~处 ~~1~~ 万元以上 ~~10~~ 万元以下的罚款。

本条是关于期货交易场所、期货结算机构违法违规行为法律责任的规定，与《期货交易管理条例》相比，一是在本法中列明了违法行为的规定；二是大幅提升了违法单位及相关责任人员的违法责任。与一读稿相比，对部分违法行为（如发布价格预测信息）进行了拆分，并删去对相关责任人员纪律处分的规定。

解析

期货交易场所负有制定、修改期货交易规则，维护市场有效运转的职责，需要为整个期货市场提供自我管理机制，保障期货交易的“公平、公正、公开”。同时，作为非营利机构，其成立目的和宗旨是为期货交易提供服务，因此，无论是其日常经营管理、对外投资，还是设计合约、品种，都需要兼顾社会公共利益。对于期货交易场所、期货结算机构违法违规行为，可从以下几方面理解。

一、行为主体

本条适用范围仅限于期货交易场所和期货结算机构。对于不属于上述机构的期货经营机构、期货服务机构等，不能适用本条进行处罚。

二、主观要件

在主观要件上，期货交易场所、期货结算机构对于上述违法行为的发生应当负有过错。

三、客观构成要件

根据《期货和衍生品法》第十七条规定，包括：（1）未报国务院期货监督管理机构注册上市期货合约品种和标准化期权品种，或上市品种不符合国务院期货监督管理机构规定；（2）中止上市、恢复上市、终止上市未备案或不符合国务院期货监督管理机构规定。

根据《期货和衍生品法》第四十条规定，包括：（1）未分户存放及分别管理保证金、权利金等；（2）挪用保证金、权利金等。

根据《期货和衍生品法》第八十五条第二款规定，包括：（1）直接或间接参与期货交易；（2）未经批准从事与职责无关的业务。

四、法律责任

根据本条规定，应对违法行为人责令改正，给予警告，没收违法所得，并处以违法所得一倍以上十倍以下的罚款；没有违法所得或者违法所得不足二十万元的，处以二十万元以上二百万元以下的罚款；情节严重的，责令停业整顿。对直接负责的主管人员和其他直接责任人员处以五万元以上五十万元以下的罚款。

●违法发布价格预测信息的法律责任

第一百三十八条 期货交易场所、期货结算机构违反本法第八十八条第三款规定发布价格预测信息的，责令改正，给予警告，并处以二十万元以上二百万元以下的罚款。对直接负责的主管人员和其他直接责任人员处以五万元以上五十万元以下的罚款。

本条为新增条款，规定了期货交易场所、期货结算机构违法发布价格预测信息的法律责任。与一读稿相比，对原条文作了拆分，将本行为单列一条，同时也从倍数罚款变为定额罚款。

解析

期货交易场所作为自律监管组织，同时也是期货交易的核心，必须保证期货交易的公开、公平、公正。期货交易场所发布价格预测信息有违期货交易的“三公原则”，因此本法第八十八条明文禁止该行为。对于违法发布价格预测信息行为，可以从以下几个方面理解。

一、行为主体

本条适用范围仅限于期货交易场所和期货结算机构。对于不属于上述机构的期货经营机构、期货服务机构等，本法和其他法律法规并未限制或禁止其发布价格预测信息，也不能适用本条进行处罚。

二、构成要件

违法行为人在主观上为故意，即明知自身负有不得发布价格预测信息的义务，并在客观上从事了发布价格预测信息的行为，即可适用本条进行处罚，并不要求产生实际危害后果。

三、法律责任

根据本条规定，应对违法行为人责令改正，给予警告，并处以二十万元以上二百万元以下的罚款。对直接负责的主管人员和其他直接责任人员处以五万元以上五十万元以下的罚款。

●期货服务机构未按照要求提供相关资料的法律责任

第一百三十九条　期货服务机构违反本法第九十八条的规定，从事期货服务业务未按照要求提供相关资料的，责令改正，可以处二十万元以下的罚款。

本条是新增条款，规制对象为会计师事务所、律师事务所、资产评估机构、期货保证金存管机构、交割库、信息技术服务机构等期货服务机构，根据《期货和衍生品法》第九十八条规定，上述机构应按照国务院期货监督管理机构的要求提供相关资料。

解析

期货服务机构按照国务院期货监督管理机构的要求提供相关资料，是监管机构实现有效日常监管的重要基础之一，对于未按要求提供相关资料的行为，可以从以下几个方面理解。

一、行为主体

根据《期货和衍生品法》第九十八条规定，本条规制的行为主体为特殊主体，即从事期货服务业务的会计师事务所、律师事务所、资产评估机构、期货保证金存管机构、交割库、信息技术服务机构等期货服务机构。

二、主观要件

本行为的主观要件包括故意和过失，既可以是明知应当按照国务院期货监督管理机构的要求提供相关资料而仍不提供，也可以是出于过失未能按照国务院期货监督管理机构的要求提供相关资料。

三、客观构成要件

本行为的客观构成要件为未按照国务院期货监督管理机构的要求提供相关资料。

四、法律责任

根据《期货和衍生品法》第一百三十九条规定，对期货服务机构未按照要求提供相关资料的，应当责令改正，可以同时处以二十万元以下罚款。因此，对于当事人并不是必须给予罚款，而是根据其行为情节轻重由监管部门进行一定的自由裁量。本条规定的行为主体是期货经营机构，没有规定处罚相关责任人员，因此仅需要对单位进行处罚，而不能对责任人员进行处罚，从法定处罚来看，也属于较轻的违法行为。

●期货服务机构未勤勉尽责的法律责任

第一百四十条 会计师事务所、律师事务所、资产评估机构等期货服务机构违反本法第九十九条的规定，未勤勉尽责，所制作、出具的文件有虚假记载、误导性陈述或者重大遗漏的，责令改正，没收业务收入，并处以业务收入一倍以上十倍以下的罚款；没有业务收入或者业务收入不足五十万元的，处以五十万元以上五百万元以下的罚款。对直接负责的主管人员和其他直接责任人员给予警告，并处以二十万元以上二百万元以下的罚款。

期货服务机构有前款所列违法行为，给他人造成损失的，依法承担赔偿责任。

《期货和衍生品法》	《期货交易管理条例》
第一百四十条 会计师事务所、律师事务所、资产评估机构等**期货**服务机构**违反本法第九十九条的规定，**未勤勉尽责，所**制作、**出具的文件有虚假记载、误导性陈述或者重大遗漏的，责令改正，没收业务收入，并处**以**业务收入**一**倍以上**十**倍以下的罚**款；没有业务收入或者业务收入不足五十万元的，处以五十万元以上五百万元以下的罚款**。对直接负责的主管人员和其他直接责任人员给予警告，并处**以二十**万元以上**二百**万元以下的罚款。 **期货服务机构有前款所列违法行为，给他人造成损失的，依法承担赔偿责任**。	**第七十六条** 会计师事务所、律师事务所、资产评估机构等~~中介~~服务机构未勤勉尽责，所出具的文件有虚假记载、误导性陈述或者重大遗漏的，责令改正，没收业务收入，~~暂停或者撤销相关业务许可~~，并处业务收入~~1~~倍以上~~5~~倍以下的罚款。对直接负责的主管人员和其他直接责任人员给予警告，并处~~3~~万元以上~~10~~万元以下的罚款。

本条是对《期货交易管理条例》第七十六条关于中介机构未勤勉尽责行为法律责任的规定，与《期货交易管理条例》内容相比，主要有以下不同：一是在名称上将“中介服务机构”修改为“期货服务机构”；二是由于证券、期货服务业务目前已实行“备案制”，故删去了撤销相关业务许可的规定；三是大幅提高中介机构及相关责任人员违法成本，进一步压实其“看门人”责任；四是贯彻落实“立体追责”要求，明确了中介机构未勤勉尽责的民事赔偿责任。

解析

会计师事务所、律师事务所、资产评估机构等中介机构作为资本市场“看门人”，必须严格履行其法定职责，恪守独立、客观、公正的原则，保障其出具的报告具有真实性、准确性和完整性。作为专业机构，中介机构不仅独立于其客户，又独立于广大投资者，依法提供客观公正服务。对于期货服务机构未勤勉尽责行为，可从以下几个方面理解。

一、行为主体

根据《期货和衍生品法》第九十九条规定，本条规制的行为主体为从事期货服务业务的会计师事务所、律师事务所、资产评估机构等期货服务机构。

二、主观要件

本行为的主观要件包括故意和过失，既可以是对其所出具的文件存在虚假记载、误导性陈述、重大遗漏的结果持有希望或放任的态度，也可以是因过于自信或疏忽大意的过失，对于其报告中应当预见的虚假记载、误导性陈述、重大遗漏未能预见。

三、客观构成要件

本行为的客观构成要件为期货服务机构未勤勉尽责，所制作、出具的文件有虚假记载、误导性陈述或者重大遗漏。

一是期货服务机构应当存在未勤勉尽责情形。未勤勉尽责是指期货服务机构没有遵守本行业公认的业务标准和道德规范，未能遵循相应的工作程序或未对其调查、审计、评估对象进行充分调查和核验，或对于出具文件中存在的虚假记载、误导性陈述或者重大遗漏未保持合理的合理怀疑，未尽到其作为专业人士应有的注意义务。此外，参考中国证监会对证券服务中介机构的要求，服务机构及其从业人员应当对本专业相关的业务事项履行特别注意义务，对于其他业务事项履行一般注意义务。[①]对于特别注意义务的正确解释应该是，它应当符合特殊职业团体中一个合理人在相同或相似条件下所应采取的行为标准。该标准当然高于普通社会成员的注意水平，因为“专家负有与异于一般人的专门知识、技能”。但也不是本职业团体的最高水平，而是本职业团体的中等水平。对于一般注意义务，应参照社会大众的一般注意水平。[②]

二是期货服务机构所出具文件存在虚假记载、误导性陈述或重大遗漏。虚假

---

① 参见《关于在上海证券交易所设立科创板并试点注册制的实施意见》（证监会公告〔2019〕2号）。
② 参见邢会强：《证券市场虚假陈述中的勤勉尽责标准与抗辩》，《清华法学》2021年第5期。

记载是指期货服务机构出具的文件中记载的事项与事实不一致，与真实性的要求不符。误导性陈述指期货服务机构在其出具文件中作出使投资人对其投资行为发生错误判断并产生重大影响的陈述。重大遗漏指期货服务机构在其出具文件中，未将应当记载的具有一定重大性的事项完全或者部分予以记载。

三是期货服务机构对其出具文件的虚假记载、误导性陈述或重大遗漏存在过错。若期货服务机构能够证明自身已勤勉尽责或者对虚假记载、误导性陈述、重大遗漏不存在过错，则不能适用本条规定给予处罚。

四、法律责任

（一）行政处罚

根据《期货和衍生品法》第一百四十条规定，期货服务机构未勤勉尽责的，应当对当事人责令改正，没收其业务收入，并处以业务收入一倍以上十倍以下的罚款，没有业务收入或者业务收入不足五十万元的，处以五十万元以上五百万元以下的罚款。本条还规定了对直接负责的主管人员和其他直接责任人员的行政违法责任，对于上述人员，还应当同时给予警告，并处以二十万元以上二百万元以下罚款。

（二）刑事责任

适用罪名及法定刑：根据《刑法》第二百二十九条规定，期货服务机构等中介组织的人员故意提供虚假证明文件，情节严重的，构成提供虚假证明文件罪；因严重不负责任，出具的证明文件有重大失实，造成严重后果的，构成出具证明文件重大失实罪。[①]

刑事追诉标准：根据《追诉标准（二）》第七十三条，承担资产评估、验资、验证、会计、审计、法律服务、保荐、安全评价、环境影响评价、环境监测等职责的中介组织的人员故意提供虚假证明文件，涉嫌下列情形之一的，应予立案追诉：（1）给国家、公众或者其他投资者造成直接经济损失数额在五十万元以上的；（2）违法所得数额在十万元以上的；（3）虚假证明文件虚构数额在一百万元以上且占实际数额百分之三十以上的；（4）虽未达到上述数额标准，但二年内因提供虚假证明文件受过二次以上行政处罚，又提供虚假证明文件的；（5）其他情节严重的情形。

根据《追诉标准（二）》第七十四条，承担资产评估、验资、验证、会计、审计、法律服务、保荐、安全评价、环境影响评价、环境监测等职责的中介组织的人员严重不负责任，出具的证明文件有重大失实，涉嫌下列情形之一的，应予立案追诉：（1）给国家、公众或者其他投资者造成直接经济损失数额在一百万元以上的；

① 本书认为，严重不负责任的过错程度应当大于未勤勉尽责，两者含义并不完全相同。

（2）其他造成严重后果的情形。

（三）民事赔偿责任

期货服务机构未勤勉尽责给他人造成损失的，还应当依法承担相应民事赔偿责任。对于本条所涉及的民事赔偿责任，其构成要件与民事赔偿责任的基本原理一致：一是被告作为期货服务机构，存在违反《期货和衍生品法》第九十九条规定的未勤勉尽责行为；二是原告投资了相关期货合约或衍生品并遭受损失；三是原告遭受损失与被告未勤勉尽责行为之间具有因果关系。

《证券法》第一百六十三条规定，证券服务机构对于其未勤勉尽责行为应当与委托人承担连带赔偿责任。但在《期货和衍生品法》对应条文中的规定为“依法承担赔偿责任”，其表述与《证券法》存在一定差异。考虑到上述中介机构在证券市场和期货及衍生品市场所起到的作用不尽相同，而目前对于期货和衍生品领域中介机构未勤勉尽责缺少相关法律法规和判例，本书认为，是否能够直接参照适用证券市场相关规定这一问题，仍然有待本法施行后相关配套法律法规进行明确。

•交割库违法违规的法律责任

第一百四十一条　交割库有本法第一百条所列行为之一的，责令改正，给予警告，没收违法所得，并处以违法所得一倍以上十倍以下的罚款；没有违法所得或者违法所得不足十万元的，处以十万元以上一百万元以下的罚款；情节严重的，责令期货交易场所暂停或者取消其交割库资格。对直接负责的主管人员和其他直接责任人员给予警告，并处以五万元以上五十万元以下的罚款。

《期货和衍生品法》	《期货交易管理条例》
第一百四十一条　交割库有本**法第一百条**所列行为之一的，责令改正，给予警告，没收违法所得，并处**以**违法所得**一**倍以上**十**倍以下的罚款；没有违法所得或者违法所得**不足十**万元的，处以**十**万元以上**一百**万元以下的罚款；情节严重的，责令期货交易**场**所暂停或者取消其交割库资格。对直接负责的主管人员和其他直接责任人员给予警告，并处**以五**万元以上**五十**万元以下的罚款。	**第七十一条**　交割~~仓~~库有本~~条例第三十五条第二款~~所列行为之一的，责令改正，给予警告，没收违法所得，并处违法所得~~1~~倍以上~~5~~倍以下的罚款；没有违法所得或者违法所得~~不满~~10万元的，并处~~10~~万元以上~~50~~万元以下的罚款；情节严重的，责令期货交易所暂停或者取消其交割~~仓~~库资格。对直接负责的主管人员和其他直接责任人员给予警告，并处~~1~~万元以上~~10~~万元以下的罚款。

本条是对《期货交易管理条例》第七十一条关于交割库违法违规行为法律责任的修改，《期货和衍生品法》对于交割库违法违规行为内容没有调整，但大幅提升了对交割库及相关责任人员的罚款金额。

解析

对于交割库违法违规行为，可从以下几个方面理解。

一、行为主体

根据《期货和衍生品法》第一百条、第一百四十一条规定，本条规制的行为主体为特殊主体，即交割库。交割库是指由期货交易所指定的，为期货合约履行实物交割的交割地点，包括交割仓库和交割厂库等。

二、主观要件

《期货和衍生品法》第一百条、第一百四十一条并未特别强调交割库违法违规行为的主观方面，但根据《行政处罚法》第三十三条规定："当事人有证据足以证明没有主观过错的，不予行政处罚。"因此，交割库及相关责任人员对于违法违规行为应当负有过错，若其能证明自身不存在主观过错，则不能适用本条对其给予处罚。

三、客观构成要件

本行为的客观构成要件为交割库从事《期货和衍生品法》第一百条所禁止的行为，包括：（1）出具虚假仓单；（2）违反期货交易场所的业务规则，限制交割商品的出库、入库；（3）泄露与期货交易有关的商业秘密；（4）违反国家有关规定参与期货交易；（5）违反国务院期货监督管理机构规定的其他行为。对于交割库的违法行为，《期货和衍生品法》规定与《期货交易管理条例》是一致的，没有进行修改。此外，"违反国务院期货监督管理机构规定的其他行为"，应当是中国证监会所发布的部门规章或其他规范性文件中禁止交割库从事的行为，对于中国证监会未作出规定的行为，不能适用本条进行处罚。

四、法律责任

根据《期货和衍生品法》第一百四十一条规定，交割库有违法违规行为的，应责令改正，给予警告，没收违法所得，并处违法所得一倍以上十倍以下罚款，没有违法所得或者违法所得不足十万元的，处以十万元以上一百万元以下的罚款；情节严重的，责令期货交易场所暂停或者取消其交割库资格。对于此类单位违法行为，还应当同时对直接负责的主管人员和其他直接责任人员给予警告，并处以五万元以上五十万元以下的罚款。相较于《期货交易管理条例》，《期货和衍生品法》对单位和有关责任人员的罚款数额均大幅提升，进一步提高了违法成本，强化了执法震慑。

•信息技术服务机构提供服务未报备案、违规提供服务的法律责任

第一百四十二条 信息技术服务机构违反本法第一百零一条规定未报备案的，责令改正，可以处二十万元以下的罚款。

信息技术服务机构违反本法第一百零一条规定，提供的服务不符合国家及期货行业信息安全相关的技术管理规定和标准的，责令改正，没收业务收入，并处以业务收入一倍以上十倍以下的罚款；没有业务收入或者业务收入不足五十万元的，处以五十万元以上五百万元以下的罚款。对直接负责的主管人员和其他直接责任人员给予警告，并处以二十万元以上二百万元以下的罚款。

本条为新增规定，其义务来源为《期货和衍生品法》第一百零一条规定以及国家及期货行业信息安全相关的技术管理规定和标准。与二读稿相比，增加规定了违规提供服务的规定。与一读稿相比，增加了信息技术服务机构违法违规的行政责任，提升对其追责力度。为建立健全证券期货业网络安全监管制度体系，防范化解行业网络安全风险隐患，维护资本市场安全平稳高效运行，中国证监会已起草《证券期货业网络安全管理办法（征求意见稿）》，并于2022年4月29日向社会公开征求意见。①

解析

一、行为主体

根据《期货和衍生品法》第一百零一条规定，本条规制的行为主体为特殊主

① http://www.csrc.gov.cn/csrc/c100028/c2381498/content.shtml.

体，即为期货交易及相关活动提供信息技术系统服务的机构。

二、主观要件

《期货和衍生品法》第一百零一条并未特别强调信息技术服务机构违法违规行为的主观要件，但根据《行政处罚法》第三十三条规定："当事人有证据足以证明没有主观过错的，不予行政处罚。"因此，行为人在主观上应当负有过错行为人主观上既可以是出于故意，也可以是出于过失。

三、客观构成要件

本行为的客观构成要件为交割库从事《期货和衍生品法》第一百零一条所禁止的行为：一是提供信息技术系统服务未向国务院期货监督管理机构备案；二是提供的信息技术系统服务不符合国家及期货行业信息安全相关的技术管理规定和标准。

四、法律责任

根据《期货和衍生品法》第一百四十二条规定，信息技术服务机构提供信息技术系统服务未向国务院期货监督管理机构备案的，应当责令其改正，可以对其处二十万元以下的罚款。另根据本条规定，对未报备案的违法行为，只能处罚单位，不能处罚有关责任人员。

信息技术服务机构提供的服务不符合国家及期货行业信息安全相关的技术管理规定和标准的，应当责令改正，没收业务收入，并处业务收入一倍以上十倍以下罚款，没有业务收入或者业务收入不足五十万元的，应处以五十万元以上五百万元以下的罚款。对直接负责的主管人员和其他直接责任人员给予警告，并处以二十万元以上二百万元以下的罚款。

●未按照规定提取、管理和使用风险准备金的法律责任

第一百四十三条　违反本法第一百一十六条的规定，期货经营机构、期货交易场所、期货结算机构和非期货经营机构结算参与人未按照规定提取、管理和使用风险准备金的，责令改正，给予警告。对直接负责的主管人员和其他直接责任人员给予警告，并处以十万元以上一百万元以下的罚款。

《期货和衍生品法》	《期货交易管理条例》
第一百四十三条　违反本法第一百一十六条的规定，期货经营机构、期货交易**场**所、**期货结算机构和**非期货**经营机构**结算**参与人**未按照规定提取、管理和使用风险准备金的，责令改正，给予警告。对直接负责的主管人员和其他直接责任人员给予**警告，并**处**以**十万元以上**一百**万元以下的罚款。	**第六十四条**　期货交易所、非期货公司结算会员有下列行为之一的，责令改正，给予警告，没收违法所得： …… （八）不按照规定提取、管理和使用风险准备金的； 有前款所列行为之一的，对直接负责的主管人员和其他直接责任人员给予纪律处分，处1万元以上10万元以下的罚款。 **第六十六条**　期货公司有下列行为之一的，责令改正，给予警告，没收违法所得，并处违法所得1倍以上3倍以下的罚款；没有违法所得或者违法所得不满10万元的，并处10万元以上30万元以下的罚款；情节严重的，责令停业整顿或者吊销期货业务许可证： …… （十）不按照规定提取、管理和使用风险准备金的； 期货公司有前款所列行为之一的，对直接负责的主管人员和其他直接责任人员给予警告，并处1万元以上5万元以下的罚款；情节严重的，暂停或者撤销期货从业人员资格。

本条是对未按照规定提取、管理和使用风险准备金行为法律责任的规定，与《期货交易管理条例》对应的第六十四条、第六十六条相比，主要是加大了对直接负责的主管人员和其他直接责任人员的处罚力度。

解析

对于未按照规定提取、管理和使用风险准备金的行为，可以从以下几个方面理解。

一、行为主体

根据《期货和衍生品法》第一百一十六条、第一百四十三条规定，本条规制的行为主体为特殊主体，即期货经营机构、期货交易场所、期货结算机构和非期货经营机构结算参与人。

二、主观要件

《期货和衍生品法》第一百一十六条、第一百四十三条并未特别强调未按照规定提取、管理和使用风险准备金行为的主观构成要件，但根据《行政处罚法》第三十三条规定："当事人有证据足以证明没有主观过错的，不予行政处罚。"因此，当事人及其相关责任人员对于违法违规行为应当负有过错，若其能证明自身不存在主观过错，则不能适用本条对其给予处罚。

三、客观构成要件

本行为的客观构成要件为违反《期货和衍生品法》第一百一十六条规定，未按照国务院期货监督管理机构、国务院财政部门的规定提取、管理和使用风险准备金。从条文表述及对应行政处罚力度分析，本条所称未按规定提取、管理和使用风险准备金行为不包括挪用风险准备金。

四、法律责任

根据《期货和衍生品法》第一百四十三条规定，未按规定提取、管理和使用风险准备金的，应当对违规单位责令改正、给予警告，同时对直接负责的主管人员和其他直接责任人员给予警告，并处以十万元以上一百万元以下的罚款。

• 未按照规定保存有关文件和资料；泄露、隐匿、伪造、篡改或者毁损有关文件资料的法律责任

第一百四十四条　违反本法第一百一十七条的规定，期货经营机构、期货交易场所、期货结算机构、期货服务机构和非期货经营机构结算参与人等未按照规定妥善保存与业务经营相关的资料和信息的，责令改正，给予警告，并处以十万元以上一百万元以下的罚款；泄露、隐匿、伪造、篡改或者毁损有关文件资料的，责令改正，给予警告，并处以二十万元以上二百万元以下的罚款；情节严重的，处以五十万元以上五百万元以下的罚款，并暂停、吊销相关业务许可或者禁止从事相关业务。对直接负责的主管人员和其他直接责任人员给予警告，并处以十万元以上一百万元以下的罚款。

本条为新增条文，规定了期货经营机构、期货交易场所、期货结算机构、期货服务机构和非期货经营机构结算参与人等未按照规定保存有关文件和资料以及泄露、隐匿、伪造、篡改或者毁损有关文件资料行为的法律责任，并规定了较为严厉的行政处罚，对相关机构经营管理、合规内控提出了更为严格的要求。与一读稿相比，主要是调整了条款顺序，对内容并未作出实质性修改。

解析

期货经营机构、期货交易场所、期货结算机构、期货服务机构和非期货经营机构结算参与人的有关文件和资料均是期货市场中的重要资料，对于查证有关期货交易事实、解决纠纷具有重要意义。因此，上述机构负有妥善保存管理有关文件和资料的义务，必须认真履行上述义务，更不得泄露、隐匿、毁损有关文件和资料。对于《期货和衍生品法》第一百四十四条规定的未按照规定保存有关文件和资料以及泄露、隐匿、伪造、篡改或者毁损有关文件资料两种违法行为，可以从以下几个方面理解。

一、行为主体

两种行为的行为主体均是特殊主体，即期货经营机构、期货交易场所、期货结算机构、期货服务机构和非期货经营机构结算参与人。同时，直接负责的主管人员和其他直接责任人员等相关责任人员一般情况下应当为上述机构或单位的工作人员。对于不属于上述类别的机构或者单位，《期货和衍生品法》未对有关文件和资料的保存作出要求或规定。

二、主观要件

根据《行政处罚法》第三十三条规定，违法行为人主观上对违法行为的发生应负有过错。同时，根据《期货和衍生品法》第一百四十四条规定，对于未按照规定保存有关文件和资料的行为，行为人不应具有泄露、隐匿、篡改或者毁损有关文件和资料的故意，若行为人具有泄露、隐匿、伪造、篡改或者毁损有关文件和资料的故意，则应当认定其构成泄露、隐匿、伪造、篡改或者毁损有关文件资料，并适用本条规定的更重的责任条款，给予其相应处罚。因此，违法行为人是否具有泄露、隐匿、伪造、篡改或者毁损有关文件资料的故意，是未按照规定保存有关文件或资料和泄露、隐匿、伪造、篡改或者毁损有关文件资料两种违法行为之间重要区别。

三、客观构成要件

有关文件和资料是指《期货和衍生品法》第一百一十七条规定的期货经营机构、期货交易场所、期货结算机构、期货服务机构和非期货经营机构结算参与人等机构或单位与业务经营相关的资料和信息。在保存期限上，期货经营机构、期货交易场所、期货结算机构和非期货经营机构结算参与人的信息和资料保存期限为不少于二十年，期货服务机构的信息和资料保存期限为不少于十年。因此，《期货交易所管理办法》第九十一条："期货交易所对期货交易、结算、交割资料的保存期限应当不少于20年。"以及《期货公司监督管理办法》第六十条："客户资料保存期限自账户销户之日起不得少于20年"等与《期货和衍生品法》第一百一十七条规定要求一致，不存在抵触或矛盾，原有下位法规定仍然有效。

在行为方式上，未按规定保存有关文件和资料行为是以不作为的方式进行，即违法行为人在能够履行《期货和衍生品法》第一百一十七条和其他法律、法规和规章规定的保存有关文件和资料的义务的情况下，未履行其保存管理义务。泄露、隐匿、伪造、篡改或者毁损等行为通常是在行为人故意的支配下，对有关文件和资料进行了泄露、隐匿、伪造、篡改或者毁损。同时，对于无法证明违法行为人具有泄露、隐匿、伪造、篡改或者毁损的故意，但仍然出现了泄露、伪造、丢失、篡改或者毁损有关文件和资料的结果时，可以将其包容评价为未按照规定保存有关文件和资料的行为。

四、法律责任

根据《期货和衍生品法》第一百四十四条规定，对于未按照规定妥善保存与业务经营相关的资料和信息的，责令改正，给予警告，并处以十万元以上一百万元以下的罚款；对于泄露、隐匿、伪造、篡改或者毁损有关文件资料的，责令改正，给予警告，并处以二十万元以上二百万元以下的罚款；情节严重的，处以五十万元以上五百万元以下的罚款，并暂停、吊销相关业务许可或者禁止从事相关业务。此外，还需要对直接负责的主管人员和其他直接责任人员给予警告，并处以十万元以上一百万元以下的罚款。

五、典型案例

1. 北京首证投资顾问有限公司违法违规案（中国证监会〔2021〕89号行政处罚决定书）：北京首证投资顾问有限公司是经中国证监会核准，具有证券投资咨询服务业务许可的证券服务机构。2019年5月14日，北京证监局对北京首证进行现场检查时，要求查询企业微信的营销记录留痕。公司称系统管理人员正在返回公司途中。当日12时42分检查组通过公司提供的账号登录后台系统，查看管理端操作日志发现，当日11时35分至12时19分有1015条操作记录，其中包括删除成员、删除部门、删除素材、更改部门信息等操作行为，上述行为已构成2005年《证券法》第二百二十五条所述隐匿、毁损有关文件和资料的行为。此外，北京首证还存在向投资者提供、传播虚假或者误导性信息，向投资人承诺收益等违法行为。中国证监会最终决定对北京首证给予警告，责令改正，并处以90万元罚款。

2. 花旗银行未按规定保存有关文件和资料案（境外案例）：2017年12月，美国商品期货交易委员会对花旗银行及其旗下三家子公司开展调查，并要求其提供某一特定日期的音频记录。花旗银行以相关人员暂停工作为由请求延迟提交，美国商品期货交易委员会准许其要求。后美国商品期货交易委员会再次要求花旗银行提供相关记录，却被告知因音频保存系统故障，导致包括调查组要求提供录音在内的超过277万个音频文件均被删除。事实上，花旗银行及其附属机构都适用该音频保存系统，早在2014年就有员工向公司提示相关风险，但花旗银行并未采取任何整改措施，没有尽到美国商品期货交易委员会规定的保存有关文件和资料的义务。最终，花旗银行与美国商品期货交易委员会达成和解，并支付450万美元民事罚款。[①]

●境外机构违规开展业务的法律责任

第一百四十五条 境外期货交易场所和期货经营机构违反本法第一百一十八条和第一百二十条的规定，未向国务院期货监督管理机构申请注册的，责令改正，没收违法所得，并处以违法所得一倍以上十倍以下的罚款；没有违法所得或者违法所得不足五十万元的，处以五十万元以上五百万元以下的罚款。对直接负责的主管人员和其他直接责任人员给予警告，并处以十万元以上一百万元以下的罚款。

本条是对境外机构违规开展业务的法律责任的规定，为新增条款，明确境外机构未按要求申请注册的行政违法责任。另外，根据我国期货市场改革发展的实际情

① 参见CFTC："CFTC Orders Three Citibank Affiliates to Pay $4.5 Million for Supervision Failures That Led to Deletion of Subpoenaed Audio Recordings"，https://www.CFTC.gov/PressRoom/PressReleases/8257-20.

况，在本法第一百四十五条到第一百四十八条对违法违规从事境外期货交易的行为和境外机构违法违规行为作出了新规定。

解析

一、行为主体

根据《期货和衍生品法》第一百四十五条、第一百一十八条和第一百二十条规定，本条规制的行为主体为特殊主体，包括境外期货交易场所和期货经营机构。不属于上述类别的机构，则不能适用本条进行处罚。

二、主观要件

根据《行政处罚法》第三十三条规定，违法行为人主观上对违法行为的发生应负有过错。行为人的过错形成既可以是故意，也可以是过失，若行为人能够证明自身没有主观过错的，对其不予行政处罚。

三、客观构成要件

根据《期货和衍生品法》一百四十五条、第一百一十八条和第一百二十条规定，本条共规制了三种违法行为，一是境外期货交易场所事先未向国务院期货监督管理机构（中国证监会）申请注册，接受其监督管理，而向境内单位或者个人提供直接接入该交易场所交易系统进行交易服务的行为。二是境内期货机构无境外经纪业务资格而接受委托的行为。三是期货经营机构向未经申请注册的境外机构转委托境外期货交易的行为。

四、法律责任

根据《期货和衍生品法》第一百四十五条规定，对于上述违法行为，应当对违法机构责令改正，没收违法所得，并处以违法所得一倍以上十倍以下的罚款；没有违法所得或者违法所得不足五十万元的，处以五十万元以上五百万元以下的罚款，同时还应当对直接负责的主管人员和其他直接责任人员给予警告，并处以十万元以上一百万元以下的罚款。

●境内单位或者个人委托无业务资格机构从事境外期货交易的法律责任

第一百四十六条　境内单位或者个人违反本法第一百二十条第一款规定的，责令改正，给予警告，没收违法所得，并处以十万元以上一百万元以下的罚款；情节严重的，暂停其境外期货交易。对直接负责的主管人员和其他直接责任人员给予警告，并处以五万元以上五十万元以下的罚款。

《期货和衍生品法》	《期货交易管理条例》
第一百四十六条　境内单位或者个人违反**本法第一百二十条第一款**规定的，责令改正，给予警告，没收违法所得，并处**以十万元以上一百万元以下**的罚款；情节严重的，暂停其境外期货交易。对直接负责的主管人员和其他直接责任人员给予警告，并处**以五**万元以上**五十**万元以下的罚款。	**第七十三条**　境内单位或者个人违反规定~~从事境外期货交易~~的，责令改正，给予警告，没收违法所得，并处~~违法所得 1 倍以上 5 倍以下~~的罚款~~；没有违法所得或者违法所得不满 20 万元的，并处 20 万元以上 100 万元以下的罚款~~；情节严重的，暂停其境外期货交易。对~~单位~~直接负责的主管人员和其他直接责任人员给予警告，并处~~1~~万元以上~~10~~万元以下的罚款。

本条规定了境内单位或者个人委托无业务资格机构进行境外期货交易的法律责任，与《期货交易管理条例》对比，主要是加重了违法当事人和相关责任人员的责任。

解析

对于委托无业务资格机构进行境外期货交易的行为，可从以下几个方面理解。

一、行为主体

本条规制的行为主体为特殊主体，包括境内单位和个人。境外机构违法违规行为不能适用本条处罚。

二、主观要件

违法行为人主观心态应当为故意，即明知自身委托机构不具有相应业务资格而仍然委托其从事境外期货交易。

三、客观构成要件

根据《期货和衍生品法》第一百二十条规定，违法行为人客观上应有委托无业务资格的境内期货经营机构从事境外期货交易的行为。

四、法律责任

根据《期货和衍生品法》第一百四十六条规定，存在上述违法行为的，应当对违法行为人责令改正，给予警告，没收违法所得，并处以十万元以上一百万元以下的罚款；情节严重的，暂停其境外期货交易。对直接负责的主管人员和其他直接责任人员给予警告，并处以五万元以上五十万元以下的罚款。

●境外代表机构及其工作人员违法从事经营活动的法律责任

第一百四十七条　境外期货交易场所在境内设立的代表机构及其工作人员违反本法第一百二十一条的规定，从事或者变相从事任何经营活动的，责令改正，给予警告，没收违法所得，并处以违法所得一倍以上十倍以下的罚款；没有违法所得或者违法所得不足五十万元的，处以五十万元以上五百万元以下的罚款。对直接负责的主管人员和其他直接责任人员给予警告，并处以十万元以上一百万元以下的罚款。

本条为新增条文，规定了境外期货交易场所在境内设立的代表机构及其工作人员违法从事经营活动的法律责任。

解析

根据中国证监会《境外证券期货交易所驻华代表机构管理办法》第二条规定，境外期货交易所驻华代表机构，是指境外交易所在中国境内依法设立并专门从事联络、调研等非营利性活动的常驻代表机构，以及中国证监会认定的其他代表机构。根据该条规定，经营活动不属于其职责范围，对于境外代表机构及其工作人员违法从事经营活动的行为，可从以下几个方面理解。

一、行为主体

本条规制的行为主体为特殊主体，包括境外期货交易场所在境内设立的代表机构及其工作人员。

二、主观要件

违法行为人主观心态应当为故意，即明知自身作为代表机构或其工作人员，不能从事联络、调研等非营利性活动以外的其他经营活动而仍然继续从事经营活动。

三、客观构成要件

根据《期货和衍生品法》第一百四十七条和第一百二十一条规定，违法行为人客观上应当具有从事了联络、调研等非营利性活动以外的其他经营活动。

四、法律责任

根据《期货和衍生品法》第一百四十七条规定，存在上述违法行为的，应当对违法行为人责令改正，给予警告，没收违法所得，并处以违法所得一倍以上十倍以下的罚款；没有违法所得或者违法所得不足五十万元的，处以五十万元以上五百万元以下的罚款，同时还应当对直接负责的主管人员和其他直接责任人员给予警告，并处以十万元以上一百万元以下的罚款。

●境外机构未经批准从事期货市场营销、推介以及招揽活动；未经批准为境外期货交易场所从事期货市场营销、推介以及活动的法律责任

第一百四十八条 违反本法第一百二十二条的规定在境内从事市场营销、推介及招揽活动的，责令改正，给予警告，没收违法所得，并处以违法所得一倍以上十倍以下的罚款；没有违法所得或者违法所得不足五十万元的，处以五十万元以上五百万元以下的罚款。对直接负责的主管人员和其他直接责任人员给予警告，并处以十万元以上一百万元以下的罚款。

本条为新增条文，规定了境外机构未经批准在境内从事期货市场营销、推介以及招揽活动的法律责任。

解析

对于境外机构未经批准在境内从事期货市场营销、推介以及招揽活动的行为和未经批准为境外机构在境内从事期货市场营销、推介以及活动，可从以下几个方面理解。

一、客观构成要件

根据《期货和衍生品法》第一百二十二条规定，本条共处罚以下违法行为：（1）境外机构未经国务院期货监督管理机构批准，而在境内直接从事期货市场营销、推介及招揽活动的行为；（2）未经批准为境外机构在境内从事期货市场营销、推介以及招揽活动的行为。

二、行为主体

对于前述第一种违法行为，其行为主体为特殊主体，即境外机构。对于前述第二种行为，其行为主体为一般主体，任何个人和单位都可以成为处罚对象。

三、主观要件

违法行为人主观心态应当为故意，即明知自身未获国务院期货监督管理机构批准而仍然从事期货市场营销、推介及招揽活动或为境外机构从事期货市场营销、推介及招揽活动。

四、法律责任

根据《期货和衍生品法》第一百四十八条规定，存在上述违法行为的，应当对违法行为人责令改正，给予警告，没收违法所得，并处以违法所得一倍以上十倍以下的罚款；没有违法所得或者违法所得不足五十万元的，处以五十万元以上五百万元以下的罚款。对直接负责的主管人员和其他直接责任人员给予警告，并处以十万元以上一百万元以下的罚款。

●拒绝、阻碍监督检查、调查的法律责任

第一百四十九条 拒绝、阻碍国务院期货监督管理机构或者国务院授权的部门及其工作人员依法行使监督检查、调查职权的，责令改正，处以十万元以上一百万元以下的罚款，并由公安机关依法给予治安管理处罚。

《期货和衍生品法》	《期货交易管理条例》
第一百四十九条 拒绝、阻碍国务院期货监督管理机构**或者国务院授权的部门及其工作人员依法行使监督检查、调查职权**的，责令改正，处**以十**万元以上**一百**万元以下的罚款，**并由公安机关依法给予治安管理处罚**。	**第六十五条** 期货交易所有下列行为之一的，责令改正，给予警告，没收违法所得，并处违法所得 1 倍以上 5 倍以下的罚款；没有违法所得或者违法所得不满 10 万元的，并处 10 万元以上 50 万元以下的罚款；情节严重的，责令停业整顿： …… （七）拒绝或者妨碍国务院期货监督管理机构监督检查的； 有前款所列行为之一的，对直接负责的主管人员和其他直接责任人员给予纪律处分，处 1 万元以上 10 万元以下的罚款。 非期货公司结算会员有本条第一款第二项、第四项至第八项所列行为之一的，依照本条第一款、第二款的规定处罚、处分。 期货保证金安全存管监控机构有本条第一款第三项、第七项、第八项所列行为的，依照本条第一款、第二款的规定处罚、处分。 **第六十六条** 期货公司有下列行为之一的，责令改正，给予警告，没收违法所得，并处违法所得 1 倍以上 3 倍以下的罚款；没有违法所得或者违法所得不满 10 万元的，并处 10 万元以上 30 万元以下的罚款；情节严重的，责令停业整顿或者吊销期货业务许可证： …… （十五）拒绝或者妨碍国务院期货监督管理机构监督检查的； 期货公司有前款所列行为之一的，对直接负责的主管人员和其他直接责任人员给予警告，并处 1 万元以上 5 万元以下的罚款；情节严重的，暂停或者撤销期货从业人员资格。

续表

《期货和衍生品法》	《期货交易管理条例》
	期货公司之外的其他期货经营机构有本条第一款第八项、第十二项、第十三项、第十五项、第十六项所列行为的，依照本条第一款、第二款的规定处罚。 期货公司的股东、实际控制人或者其他关联人未经批准擅自委托他人或者接受他人委托持有或者管理期货公司股权的，拒不配合国务院期货监督管理机构的检查，拒不按照规定履行报告义务、提供有关信息和资料，或者报送、提供的信息和资料有虚假记载、误导性陈述或者重大遗漏的，依照本条第一款、第二款的规定处罚。

本条规定了拒绝、阻碍国务院期货监督管理机构或者国务院授权的部门及其工作人员依法行使监督检查、调查职权行为的法律责任。与《期货交易管理条例》对比，主要是对各项条文进行了整合。将处罚范围扩大至全体单位和人员，并加重了违法当事人和相关责任人员的责任。

解析

国务院期货监督管理机构依照《期货和衍生品法》第八条规定，对全国期货市场实行集中统一监督管理，维护期货市场秩序，保障有效运营。为了保证国务院期货监督管理机构能够切实履行职责，《期货和衍生品法》赋予了被监管单位和个人配合调查的义务，对于拒绝、阻碍调查的行为，可从以下几个方面理解。

一、行为主体

本条规制的行为主体为一般主体，任何单位和个人都能成为本条处罚对象。

二、主观要件

违法行为人主观心态应当为故意，即明知自身应当配合国务院期货监督管理机构或者国务院授权的部门及其工作人员进行监督检查和调查，仍然拒不配合。

三、客观构成要件

根据《期货和衍生品法》第一百四十九条规定，违法行为人客观上应当有拒绝阻碍调查的行为。既包括暴力、威胁以及其他方法，也包括非暴力的躲避、纠缠、软磨硬泡等方法。必须说明的是，行为人拒绝、阻碍的应当是国务院期货监督管理机构或者国务院授权的部门及其工作人员符合法律规定的监督检查和调查。若监督检查行为和调查行为不符合《期货和衍生品法》第一百零七条及国务院期货监督管理机构规定的调查或监督检查程序的规定，如：调查人员少于二人、未出示执法证件和有关执法文书等情形，此时被调查单位和个人有权拒绝，不能根据本条对其进行处罚。

四、法律责任

（一）行政处罚

根据《期货和衍生品法》第一百四十九条规定，存在上述违法行为的，应当对违法行为人责令改正，处以十万元以上一百万元以下的罚款，并由公安机关依法给予治安管理处罚。

（二）刑事责任

根据《刑法》第二百七十七条规定，以暴力、威胁方法阻碍国家机关工作人员依法执行职务的，构成妨害公务罪，对其应处三年以下有期徒刑、拘役、管制或者罚金。

（三）典型案例

朱某拒绝阻碍调查案（中国证监会〔2021〕10号行政处罚决定书）：朱某为杭州某电气公司董事长。中国证监会在依法行使调查职权过程中，就涉案事项向朱某询问、核实。2020年6月1日至6月12日期间，调查人员多次联系朱某，要求其配合调查，并告知其不配合调查的法律后果。但朱某拒绝、阻碍调查，多次拒绝接听调查人员电话，或者接听后称拒绝与调查人员见面，多次未回复调查人员发送的短信。2020年6月5日下午2时30分，调查人员赴电气公司实际营业地找朱某，并出示执法证件和调查通知书，要求其配合调查。调查人员与朱某当面交谈二十余分钟，朱某仍不接受调查，并拒不接收调查通知书。后经调查人员多次解释，朱某称将在6月7日晚8点前就其是否接受调查给予最终答复。6月7日下午5时24分，朱某通过电话联系调查人员，称调查人员向其发送的短信是对其的威胁，仍不配合调查。中国证监会最终决定责令朱某改正，并对其处以20万元罚款。

●期货市场禁入措施

第一百五十条　违反法律、行政法规或者国务院期货监督管理机构的有关规定，情节严重的，国务院期货监督管理机构可以对有关责任人员采取期货市场禁入的措施。

前款所称期货市场禁入，是指在一定期限内直至终身不得进行期货交易、从事期货业务，不得担任期货经营机构、期货交易场所、期货结算机构的董事、监事、高级管理人员或者负责人的制度。

《期货和衍生品法》	《期货交易管理条例》
第一百五十条　违反**法律、行政法规或者国务院期货监督管理机构的有关**规定，情节严重的，国务院期货监督管理机构**可以对有关**责任人员**采取**期货市场禁入**的措施**。 **前款所称期货市场禁入，是指在一定期限内直至终身不得进行期货交易、从事期货业务，不得担任期货经营机构、期货交易场所、期货结算机构的董事、监事、高级管理人员或者负责人的制度。**	**第二十五条**　~~下列单位和个人不得从事期货交易，期货公司不得接受其委托为其进行期货交易：~~ ~~（一）国家机关和事业单位；~~ ~~（二）国务院期货监督管理机构、期货交易所、期货保证金安全存管监控机构和期货业协会的工作人员；~~ ~~（三）证券、期货市场禁止进入者；~~ ~~（四）未能提供开户证明材料的单位和个人；~~ ~~（五）国务院期货监督管理机构规定不得从事期货交易的其他单位和个人。~~ **第七十七条**　~~任何单位或者个人~~违反~~本条例~~规定，情节严重的，~~由~~国务院期货监督管理机构~~宣布该个人、该单位或者该单位的直接~~责任人员~~为~~期货市场禁~~止进~~入~~者~~。

本条规定是关于期货市场禁入措施的规定，此前，《期货交易管理条例》将其称为期货市场禁止进入者，但未给出明确定义和期限，同时，《证券市场禁入规定》规定了期货市场禁入可以参照《证券市场禁入规定》执行。

解析

期货市场禁入，是指在一定期限内直至终身不得进行期货交易、从事期货业务，不得担任期货经营机构、期货交易场所、期货结算机构的董事、监事、高级管理人员理人员或者负责人的制度。市场禁入制度及相关做法，在一些成熟市场已经得到比较普遍的确立与运用，并发挥了比较好的效果。

市场禁入制度具有以下特征：一是对象适用为违反法律、行政法规或者国务院期货监督管理机构的有关规定的相关责任人员。二是上述人员的违法行为必须达到情节严重的程度，对于一般的违法行为，不能对相关责任人员适用期货市场禁入措施。三是根据本条规定以及2021年修订的《证券市场禁入规定》，可以将期货市场禁入措施分为交易类禁入和身份类禁入两类，既可以单独适用，也可以同时适用。交易类禁入，是指在一定期限内直至终身不得进行期货交易。身份类禁入是指在一定期限内直至终身不得从事期货业务，不得担任期货经营机构、期货交易场所、期货结算机构的董事、监事、高级管理人员或者负责人。同时，根据《证券市场禁入规定》，交易类禁入的持续时间不超过5年。身份类禁入的期限分别为“3年以上5年以下”“6年以上10年以下”和“终身禁入”。四是在程序方面，市场禁入决定与行政处罚决定均由国务院期货监督管理机构作出，其他任何机构和个人均无权作出决定。

市场禁入措施作为从英美引入的制度，其性质问题在理论上存在争议，《行政处罚法》（2021年修订）施行前，主流观点认为市场禁入措施属于特殊监管措施而非行政处罚，因而不受《行政处罚法》关于追责时效的限制。但目前市场禁入措施已符合《行政处罚法》（2021年修订）第二条“行政处罚是指行政机关依法对违反行政管理秩序的公民、法人或者其他组织，以减损权益或者增加义务的方式予以惩戒的行为”定义。《行政处罚法》（2021年修订）第九条也将限制从业明确列为行政处罚的种类之一。综上所述，本书认为市场禁入措施应当属于行政处罚，因此也应受到《行政处罚法》关于追责时效的限制。

关于“交易类禁入”的期限问题，本书提出以下观点供参考：期货市场“交易类禁入”的期限不完全受《证券市场禁入规定》规定限制，主要理由是：（1）根据《期货交易管理条例》第二十五条、第七十七条规定，期货公司不得接受期货市场禁止进入者委托，即期货市场禁入措施本身就包含“交易类禁入”，“身份类禁入”属于新增内容，且历史上已有终身禁入案例，证券市场禁入措施此前则不包含“交易类禁入”；（2）《期货和衍生品法》规定期货市场禁入措施的最长期限可为终身，应以其规定为准；（3）《证券市场禁入规定》规定期货市场“可以参照使用”，而非完全照搬。鉴于期货市场禁入措施目前尚无独立的部门规章作为实施细则，关于“交易类禁入”在实践中如何执行还有待进一步明确。

•期货和衍生品市场的行政处罚权

第一百五十一条　本法规定的行政处罚，由国务院期货监督管理机构、国务院授权的部门按照国务院规定的职责分工作出决定；法律、行政法规另有规定的，适用其规定。

《期货和衍生品法》	《期货交易管理条例》
第一百五十一条　**本法**规定的行政处罚，由国务院期货监督管理机构、**国务院授权的部门按照国务院规定的职责分工作出**决定；**法律、行政法规**另**有规定的，适用其**规定。	**第八十条**　~~对本条例~~规定的~~违法行为的~~行政处罚，~~除本条例已有规定的外，~~由国务院期货监督管理机构决定~~；涉及其他有关部门法定职权的，国务院期货监督管理机构应当会同其他有关部门处理；属于其他有关部门法定职权的，国务院期货监督管理机构应当移交其他有关部门处理~~。

本条规定是对《期货交易管理条例》第八十条的修改，主要是结合金融衍生品监管实际，对《期货和衍生品法》所涉行政处罚作出划分，并对本法和其他法律法规的适用问题作出了规定。

解析

一、中国证监会对期货市场的集中统一监管

根据《期货和衍生品法》第八条规定，国务院期货监督管理机构对期货市场实行集中统一监督管理，行政处罚也是其重要职权之一。2010年底，作为国务院期货监督管理机构的中国证监会将行政处罚决定权试点下放到上海证监局、广东证监局和深圳证监局，开展行政处罚试点工作，允许其在授权范围内对证券、期货市场违法违规行为行使行政处罚权。2013年，中国证监会发布了《中国证券监督管理委员会派出机构行政处罚工作规定》，正式将行政处罚权下放至所有派出机构，目前，中国证监会及其派驻全国各地的36家证监局均有权作出行政处罚决定。1999—2021年，中国证监会及其派出机构共查处47起相关案件，作出市场禁入决定6项，共处罚当事人139人次，罚没款合计约8.79亿元，对12人次采取市场禁入措施，吊销2家期货公司的期货经纪业务许可，暂停或撤销5人的从业资格。除2起私募基金利益输送案件最终适用《证券投资基金法》处罚外，其余案件主要是适用《期货交易管理条

例》对违法单位和个人给予相应处罚。[①]

（一）期货市场行政处罚案件数量相对较少

中国证监会作为国务院证券监督管理机构和国务院期货监督管理机构，同时行使证券市场行政处罚权和期货市场行政处罚权。2019年，证监会系统共作出296份行政处罚决定，罚没款共计41.83亿元，市场禁入66人次。[②]2016年，证监会系统共作出处罚决定221项，罚没款总额为42.8亿元，市场禁入决定66项；2017年处罚决定224项，市场禁入决定25项，罚没款总额74.79亿元；2018年处罚决定310项，市场禁入决定22项，罚没款总额106.41亿元。[③]相比之下，期货市场行政处罚案件数量、涉案当事人和罚没款金额占证监会整体行政处罚比例极低，其历史总量甚至远远小于证监会任一单一年份的行政处罚整体水平。同时，期货市场行政处罚案件还呈现出高度集中于证监会机关的特点。证监会启动“总对总”改革以来，全系统近三分之二的处罚决定由派出机构作出，但绝大部分期货市场案件仍然是由证监会机关作出。截至2021年末，47起期货市场行政处罚决定中，40起由证监会机关处罚，占85.0%；2起由山西证监局处罚，占4.3%；上海证监局、江苏证监局、黑龙江证监局、大连证监局、海南证监局各处罚1起，各占2.1%。上述现象可能是因我国期货市场的“小众性”、期货专业知识复杂性及相关案件样本数量较少所致。此外，与境外成熟市场相比，我国境内期货市场违法案件也相对较少。例如，美国商品期货交易委员会2020年共查处113起案件，金钱罚总额达13亿美元以上，在过去的30年间，美国商品期货交易委员会平均查处案件数量已达58起之多[④]，其查处案件数量和罚没款金额都显著均高于我国。

（二）案件类型和当事人身份高度集中

截至2021年末，已有期货市场行政处罚案件大致分为操纵期货市场、编造并且传播虚假信息、期货公司违法违规、私募基金利益输送、内幕交易、从业人员违规等六大类，其中期货公司违法违规案28件，占59.6%；操纵期货市场案11件，占23.4%；编造并且传播虚假信息4件，占8.5%；私募基金利益输送案2件，占4.3%；内幕交易案和从业人员违规案各1件，各占2.1%。在被处罚的139人次中，99人次为期

---

① 数据收集自中国证监会及其派出机构官方网站。

② 参见中国证券监督管理委员会：“中国证券监督管理委员会2019年年报”，http://www.csrc.gov.cn/csrc/c100024/c1492180/1492180/files/P020200825360018516101.pdf.pdf，访问日期：2022年4月10日。

③ 参见中国证券监督管理委员会：“中国证券监督管理委员会2018年年报”，http://www.csrc.gov.cn/csrc/c100024/c1492181/1492181/files/P020200619520861549135.pdf.pdf，访问时期：2022年4月10日。

④ 参见中金所期货市场巡回审理协作部：《2020年美国期货市场监管执法实践与借鉴》，《期货日报》2021年3月2日，https://m.thepaper.cn/baijiahao_11566018。

货公司及其工作人员，占71.2%；30人次为普通单位或个人，占21.6%；5人次为证券公司及其工作人员，占3.6%；4人次为私募基金管理人及其工作人员，占2.9%；1人次为交割库期货专员，占0.7%。

（三）案件分布随时间变化的特征明显

1999年至2011年，共有24项处罚决定，其中23项为期货公司违法违规案，1项为从业人员违规案，被处罚当事人均为期货公司及期货从业人员，没有普通单位或个人投资者被处罚。2012—2021年，共查处23起案件，其中仅5项为期货公司违法违规案；11项为操纵期货市场案件；4项为编造并传播虚假信息案；2项为私募基金利益输送案，1项为内幕交易案。案件类型以操纵期货市场和编造并且传播虚假信息为主，被处罚当事人的主要类型已由期货公司及期货从业人员转变为普通个人和单位。

二、利率、汇率期货的监管

对利率、汇率期货的监管，根据《期货和衍生品法》第八条未作出明确规定，结合现有法律及监管框架，上述品种的监管和行政处罚权并不属于国务院期货监督管理机构，而属于中国人民银行及国家外汇管理局的监管范围。此次立法结合境内利率、汇率期货发展及监管实际，充分考虑各方面意见，坚持期货市场集中统一监管，同时对利率、汇率期货的监督管理设置“留白”，有助于在利率期货进一步发展、外汇期货试点过程中，有针对性地完善特殊监管安排，提升我国期货市场服务实体经济、维护国家金融安全的能力。

三、场外衍生品的监管

对于场外衍生品，本条规定系源于《期货和衍生品法》第三十八条。当前，场外衍生品市场仍在快速发展阶段，监管规则仍在探索之中，本条借鉴期货市场监管经验，在监管实践成熟前，由国务院条例规定确定相关监管办法，在相关监管实践成熟后，再上升为法律。

●国务院期货监督管理机构或者国务院授权的部门的工作人员渎职的法律责任

第一百五十二条　国务院期货监督管理机构或者国务院授权的部门的工作人员，不履行本法规定的职责，滥用职权、玩忽职守，利用职务便利牟取不正当利益，或者泄露所知悉的有关单位和个人的商业秘密的，依法追究法律责任。

《期货和衍生品法》	《期货交易管理条例》
第一百五十二条 国务院期货监督管理机构**或者国务院授权的部门**的工作人员，**不履行本法规定的职责，**滥用职权、玩忽职守，利用职务便利牟取不正当利益，或者泄露**所**知悉的**有关单位和个人**的商业秘密的，**依法追究法律责任**。	**第七十八条** 国务院期货监督管理机构~~、期货交易所、期货保证金安全存管监控机构和期货保证金存管银行等相关单位~~的工作人员，泄露知悉的~~国家秘密或者会员、客户~~商业秘密，或者~~徇私舞弊、~~玩忽职守、滥用职权~~、收受贿赂的，~~依法~~给予行政处分或者纪律处分~~。

本条是关于国务院期货监督管理机构或者国务院授权的部门的工作人员渎职行为法律责任的规定，由于本条列举行为涉及多种法律，因此未在本条写明法律责任，而是规定“依法追究法律责任”，包括刑事责任、行政违法责任等多种责任形式，相比于《期货交易管理条例》第七十八条“依法给予行政处分或纪律处分”的表述，更为科学合理。

解析

国务院期货监督管理机构或者国务院授权的部门的工作人员应当自觉遵守法律法规，认真尽职履责，不得有渎职行为，更不能利用职务便利为自身谋取不正当利益，对于工作过程中知悉的商业秘密，也负有保密义务。本条所列举的违法行为均是相关人员在行使监督管理权力时常见的违法行为，这些违法行为不仅破坏了国家对期货行业的监督管理秩序，还损害了国家工作人员的廉洁性和国家监管机构的公信力。

滥用职权是指国务院期货监督管理机构或者国务院授权的部门的工作人员，在履职过程中违反法律、法规、规章规定的权限或程序，擅自处理其无权决定、无权处理的事项，或者拒绝履行其应当履行的行为。

玩忽职守是指国务院期货监督管理机构或者国务院授权的部门的工作人员在履职过程中不负责任，不履行或不认真履行其职责，致使国家、社会公共利益或其他个人利益遭受损失的行为。

利用职权牟取不正当利益是指国务院期货监督管理机构或者国务院授权的部门的工作人员，在履行职务过程中不正确履行其职责，而是利用其职权获取不正当利益的行为。

泄露商业秘密是指国务院期货监督管理机构或者国务院授权的部门的工作人

员，违反保守商业秘密的要求，向他人泄露自己因行使国家公权力而知悉的有关单位和个人的商业秘密，该行为不仅直接损害了有关单位和个人的经济利益，还严重损害了有关监管部门的公信力。

对于本条涉及的违法行为，应当按照本法以及其他相关法律的规定，对违法当事人给予相应处罚。

•刑事责任

第一百五十三条　违反本法规定，构成犯罪的，依法追究刑事责任。

《期货和衍生品法》	《期货交易管理条例》
第一百五十三条　违反本法规定，构成犯罪的，依法追究刑事责任。	**第七十九条**　违反本~~条例~~规定，构成犯罪的，依法追究刑事责任。

本条是期货市场违法行为刑事责任的规定，与《期货交易管理条例》无实质性区别。在我国，犯罪及刑事责任均由《刑法》统一规定，其他部门法不做具体规定，只做转引规定，《期货和衍生品法》也采用了这一方式。本法所涉犯罪、法定刑及刑事追诉标准已在本章其他条文中列示，在此不再赘述。

•民事赔偿优先

第一百五十四条　违反本法规定，应当承担民事赔偿责任和缴纳罚款、罚金、违法所得，违法行为人的财产不足以支付的，优先用于承担民事赔偿责任。

本条规定为新增条文，《期货交易管理条例》对民事赔偿与行政罚款的顺序并未规定。本条规定体现了优先弥补投资者损失，鼓励支持投资者追偿，依法维护保障广大中小投资者合法权益的立法精神。

解析

《期货和衍生生法》规定的法律责任包括刑事责任、民事责任、行政违法责任等多种形式。对于违法当事人而言，可能会出现多种责任形式并存的情形，在其财产不足以全额承担各项法律责任之时，则应当适用本条所确立的规则进行处理。让投资者的损失得到及时赔偿，是投资者保护的重要方面。因此，在违法行为发生后，应当首先弥补投资者损失，随后再考虑对违法当事人的进一步惩戒。从美国、英国等国家的做法来看，其均建立了有关将罚没款优先用于赔偿受损投资者的制度安排，并取得了良好的效果。

在我国，民事赔偿责任优先原则早于1998年《证券法》出台时就已确立，但因配套制度不完善，该原则至今未能落地。一方面，实践中民事赔偿往往滞后于行政处罚；另一方面，民事赔偿责任优先原则缺乏具体配套落实机制，导致违法者在缴纳罚没款后，往往无力再承担民事赔偿责任。在《证券法》（2019年修订）和《刑法修正案（十一）》大幅提升违法违规成本，强化责任追究力度的背景下，高额证券罚没款可能进一步削弱相关责任人的民事偿付能力，使受损投资者得不到及时、充分赔偿的矛盾更加突出。对此，在2022年“两会”上，有人大代表建议：“为进一步稳步推进注册制改革，确保证券市场长远健康发展，切实保护投资者合法权益，有必要深化落实民事赔偿责任优先原则，构建与注册制改革相适应的证券罚没款赔先罚后机制”。[①]目前，中国证监会已会同财政部制定了《关于证券违法行为人财产优先用于承担民事赔偿责任有关事项的规定（草案）》，并于2022年3月11日向社会公开征求意见，以保障民事赔偿优先的制度落实落地。根据该草案内容，已获得胜诉判决或调解书的当事人或担任诉讼代表人的投资保护机构，在未获得足额赔偿时，可在规定时间内向中国证监会提出申请赔偿金额，经审核通过后由证监会上报财政部。财政部审核通过后，将相关罚没款退证监会账户，由证监会退申请人并公示相关退付情况。

另外，根据国务院《行政执法机关移送涉嫌犯罪案件的规定》（2020年修订）第十一条规定，行政执法机关向公安机关移送涉嫌犯罪案件前，已经依法给予当事人罚款的，人民法院判处罚金时，依法折抵相应罚金。”综上所述，当违法当事人财产不足时，应当优选用于承担民事赔偿责任，刑事罚金与行政罚款之间是相互折抵的关系，但违法当事人优先承担了民事赔偿责任的，仍然需要继续履行行政罚款或刑事罚金。

---

① 参见王建军：《推进证券罚没款赔先罚后机制　减轻企业实施股权激励税费负担》，《证券时报》2022年3月6日。

第十三章　附则

本章共一条，规定了本法的施行日期。

●施行日期

第一百五十五条　本法自2022年8月1日起施行。

本条是关于本法施行日期的规定。

解析

正确理解法律的生效时间，是正确适用法律的重要基础。根据《中华人民共和国立法法》第五十七条的规定，法律应当明确规定施行日期。据此，《期货和衍生品法》在本条对本法的生效时间作出了规定。近年来，对于法律的施行时间的规定，主要有两种做法：第一种是在法律条文中规定“本法自××××年××月××日施行”，本法和新《证券法》属于此种情形。第二种是规定“本法自公布之日起施行”，近年施行的《中华人民共和国监察法》《中华人民共和国中外合作经营企业法》《中华人民共和国外资企业法》《中华人民共和国海南自由贸易港法》属于此种情形。一部法律从何时开始生效，主要是由该项法律的性质和实际需要确定。

附　录

附录一　中华人民共和国期货和衍生品法

附录二　《中华人民共和国期货和衍生品法》三次审议时有关说明和报告

附录三　常用期货术语

附录四　《中华人民共和国期货和衍生品法》和《期货交易管理条例》条文对照表（电子版）

附录五　《中华人民共和国期货和衍生品法》历次审议稿条文对照表（电子版）

附录一

中华人民共和国期货和衍生品法

（2022年4月20日第十三届全国人民代表大会常务委员会第三十四次会议通过）

目　录

第一章　总　　则

第一条　为了规范期货交易和衍生品交易行为，保障各方合法权益，维护市场秩序和社会公共利益，促进期货市场和衍生品市场服务国民经济，防范化解金融风险，维护国家经济安全，制定本法。

第二条　在中华人民共和国境内，期货交易和衍生品交易及相关活动，适用本法。

在中华人民共和国境外的期货交易和衍生品交易及相关活动，扰乱中华人民共和国境内市场秩序，损害境内交易者合法权益的，依照本法有关规定处理并追究法律责任。

第三条　本法所称期货交易，是指以期货合约或者标准化期权合约为交易标的的交易活动。

本法所称衍生品交易，是指期货交易以外的，以互换合约、远期合约和非标准化期权合约及其组合为交易标的的交易活动。

本法所称期货合约，是指期货交易场所统一制定的、约定在将来某一特定的时间和地点交割一定数量标的物的标准化合约。

本法所称期权合约，是指约定买方有权在将来某一时间以特定价格买入或者卖出约定标的物（包括期货合约）的标准化或非标准化合约。

本法所称互换合约，是指约定在将来某一特定时间内相互交换特定标的物的金融合约。

本法所称远期合约，是指期货合约以外的，约定在将来某一特定的时间和地点交割一定数量标的物的金融合约。

第四条　国家支持期货市场健康发展，发挥发现价格、管理风险、配置资源的功能。

国家鼓励利用期货市场和衍生品市场从事套期保值等风险管理活动。

国家采取措施推动农产品期货市场和衍生品市场发展，引导国内农产品生产经营。

本法所称套期保值，是指交易者为管理因其资产、负债等价值变化产生的风险而达成与上述资产、负债等基本吻合的期货交易和衍生品交易的活动。

第五条　期货市场和衍生品市场应当建立和完善风险的监测监控与化解处置制度机制，依法限制过度投机行为，防范市场系统性风险。

第六条　期货交易和衍生品交易活动，应当遵守法律、行政法规和国家有关规定，遵循公开、公平、公正的原则，禁止欺诈、操纵市场和内幕交易的行为。

第七条　参与期货交易和衍生品交易活动的各方具有平等的法律地位，应当遵守自愿、有偿、诚实信用的原则。

第八条　国务院期货监督管理机构依法对全国期货市场实行集中统一监督管理。国务院对利率、汇率期货的监督管理另有规定的，适用其规定。

衍生品市场由国务院期货监督管理机构或者国务院授权的部门按照职责分工实行监督管理。

第九条　期货和衍生品行业协会依法实行自律管理。

第十条　国家审计机关依法对期货经营机构、期货交易场所、期货结算机构、国务院期货监督管理机构进行审计监督。

第二章　期货交易和衍生品交易

第一节　一般规定

第十一条　期货交易应当在依法设立的期货交易所或者国务院期货监督管理机构依法批准组织

开展期货交易的其他期货交易场所（以下统称期货交易场所），采用公开的集中交易方式或者国务院期货监督管理机构批准的其他方式进行。

禁止在期货交易场所之外进行期货交易。

衍生品交易，可以采用协议交易或者国务院规定的其他交易方式进行。

第十二条　任何单位和个人不得操纵期货市场或者衍生品市场。

禁止以下列手段操纵期货市场，影响或者意图影响期货交易价格或者期货交易量：

（一）单独或者合谋，集中资金优势、持仓优势或者利用信息优势联合或者连续买卖合约；

（二）与他人串通，以事先约定的时间、价格和方式相互进行期货交易；

（三）在自己实际控制的账户之间进行期货交易；

（四）利用虚假或者不确定的重大信息，诱导交易者进行期货交易；

（五）不以成交为目的，频繁或者大量申报并撤销申报；

（六）对相关期货交易或者合约标的物的交易作出公开评价、预测或者投资建议，并进行反向操作或者相关操作；

（七）为影响期货市场行情囤积现货；

（八）在交割月或者临近交割月，利用不正当手段规避持仓限额，形成持仓优势；

（九）利用在相关市场的活动操纵期货市场；

（十）操纵期货市场的其他手段。

第十三条　期货交易和衍生品交易的内幕信息的知情人和非法获取内幕信息的人，在内幕信息公开前不得从事相关期货交易或者衍生品交易，明示、暗示他人从事与内幕信息有关的期货交易或者衍生品交易，或者泄露内幕信息。

第十四条　本法所称内幕信息，是指可能对期货交易或者衍生品交易的交易价格产生重大影响的尚未公开的信息。

期货交易的内幕信息包括：

（一）国务院期货监督管理机构以及其他相关部门正在制定或者尚未发布的对期货交易价格可能产生重大影响的政策、信息或者数据；

（二）期货交易场所、期货结算机构作出的可能对期货交易价格产生重大影响的决定；

（三）期货交易场所会员、交易者的资金和交易动向；

（四）相关市场中的重大异常交易信息；

（五）国务院期货监督管理机构规定的对期货交易价格有重大影响的其他信息。

第十五条　本法所称内幕信息的知情人，是指由于经营地位、管理地位、监督地位或者职务便利等，能够接触或者获得内幕信息的单位和个人。

期货交易的内幕信息的知情人包括：

（一）期货经营机构、期货交易场所、期货结算机构、期货服务机构的有关人员；

（二）国务院期货监督管理机构和其他有关部门的工作人员；

（三）国务院期货监督管理机构规定的可以获取内幕信息的其他单位和个人。

第十六条　禁止任何单位和个人编造、传播虚假信息或者误导性信息，扰乱期货市场和衍生品市场。

禁止期货经营机构、期货交易场所、期货结算机构、期货服务机构及其从业人员，组织、开展衍生品交易的场所、机构及其从业人员，期货和衍生品行业协会、国务院期货监督管理机构、国务院授权的部门及其工作人员，在期货交易和衍生品交易及相关活动中作出虚假陈述或者信息误导。

各种传播媒介传播期货市场和衍生品市场信息应当真实、客观，禁止误导。传播媒介及其从事期货市场和衍生品市场信息报道的工作人员不得从事与其工作职责发生利益冲突的期货交易和衍生品交易及相关活动。

第二节　期货交易

第十七条　期货合约品种和标准化期权合约品种的上市应当符合国务院期货监督管理机构的规定，由期货交易场所依法报经国务院期货监督管理机构注册。

期货合约品种和标准化期权合约品种的中止上市、恢复上市、终止上市应当符合国务院期货监督管理机构的规定，由期货交易场所决定并向国务院期货监督管理机构备案。

期货合约品种和标准化期权合约品种应当具有经济价值，合约不易被操纵，符合社会公共利益。

第十八条　期货交易实行账户实名制。交易者进行期货交易的，应当持有证明身份的合法证件，以本人名义申请开立账户。

任何单位和个人不得违反规定，出借自己的期货账户或者借用他人的期货账户从事期货交易。

第十九条　在期货交易场所进行期货交易的，应当是期货交易场所会员或者符合国务院期货监督管理机构规定的其他参与者。

第二十条　交易者委托期货经营机构进行交易的，可以通过书面、电话、自助终端、网络等方式下达交易指令。交易指令应当明确、具体、全面。

第二十一条　通过计算机程序自动生成或者下达交易指令进行程序化交易的，应当符合国务院期货监督管理机构的规定，并向期货交易场所报告，不得影响期货交易场所系统安全或者正常交易秩序。

第二十二条　期货交易实行保证金制度，期货结算机构向结算参与人收取保证金，结算参与人向交易者收取保证金。保证金用于结算和履约保障。

保证金的形式包括现金，国债、股票、基金份额、标准仓单等流动性强的有价证券，以及国务院期货监督管理机构规定的其他财产。以有价证券等作为保证金的，可以依法通过质押等具有履约保障功能的方式进行。

期货结算机构、结算参与人收取的保证金的形式、比例等应当符合国务院期货监督管理机构的规定。

交易者进行标准化期权合约交易的，卖方应当缴纳保证金，买方应当支付权利金。

前款所称权利金是指买方支付的用于购买标准化期权合约的资金。

第二十三条　期货交易实行持仓限额制度，防范合约持仓过度集中的风险。

从事套期保值等风险管理活动的，可以申请持仓限额豁免。

持仓限额、套期保值的管理办法由国务院期货监督管理机构制定。

第二十四条　期货交易实行交易者实际控制关系报备管理制度。交易者应当按照国务院期货监督管理机构的规定向期货经营机构或者期货交易场所报备实际控制关系。

第二十五条　期货交易的收费应当合理，收费项目、收费标准和管理办法应当公开。

第二十六条　依照期货交易场所依法制定的业务规则进行的交易，不得改变其交易结果，本法第八十九条第二款规定的除外。

第二十七条　期货交易场所会员和交易者应当按照国务院期货监督管理机构的规定，报告有关交易、持仓、保证金等重大事项。

第二十八条　任何单位和个人不得违规使用信贷资金、财政资金进行期货交易。

第二十九条　期货经营机构、期货交易场所、期货结算机构、期货服务机构等机构及其从业人员对发现的禁止的交易行为，应当及时向国务院期货监督管理机构报告。

第三节　衍生品交易

第三十条　依法设立的场所，经国务院授权的部门或者国务院期货监督管理机构审批，可以组织开展衍生品交易。

组织开展衍生品交易的场所制定的交易规则，应当公平保护交易参与各方合法权益和防范市场风险，并报国务院授权的部门或者国务院期货监督管理机构批准。

第三十一条　金融机构开展衍生品交易业务，应当依法经过批准或者核准，履行交易者适当性管理义务，并应当遵守国家有关监督管理规定。

第三十二条　衍生品交易采用主协议方式的，主协议、主协议项下的全部补充协议以及交易双方就各项具体交易作出的约定等，共同构成交易双方之间一个完整的单一协议，具有法律约束力。

第三十三条　本法第三十二条规定的主协议等合同范本，应当按照国务院授权的部门或者国务院期货监督管理机构的规定报送备案。

第三十四条　进行衍生品交易，可以依法通过质押等方式提供履约保障。

第三十五条　依法采用主协议方式从事衍生品交易的，发生约定的情形时，可以依照协议约定终止交易，并按净额对协议项下的全部交易盈亏进行结算。

依照前款规定进行的净额结算，不因交易任何一方依法进入破产程序而中止、无效或者撤销。

第三十六条　国务院授权的部门、国务院期货监督管理机构应当建立衍生品交易报告库，对衍生品交易标的、规模、对手方等信息进行集中收集、保存、分析和管理，并按照规定及时向市场披露有关信息。具体办法由国务院授权的部门、国务院期货监督管理机构规定。

第三十七条　衍生品交易，由国务院授权的部门或者国务院期货监督管理机构批准的结算机构作为中央对手方进行集中结算的，可以依法进行终止净额结算；结算财产应当优先用于结算和交割，不得被查封、冻结、扣押或者强制执行；在结算和交割完成前，任何人不得动用。

依法进行的集中结算，不因参与结算的任何一方依法进入破产程序而中止、无效或者撤销。

第三十八条　对衍生品交易及相关活动进行规范和监督管理的具体办法，由国务院依照本法的原则规定。

第三章　期货结算与交割

第三十九条　期货交易实行当日无负债结算制度。在期货交易场所规定的时间，期货结算机构应当在当日按照结算价对结算参与人进行结算；结算参与人应当根据期货结算机构的结算结果对交易者进行结算。结算结果应当在当日及时通知结算参与人和交易者。

第四十条 期货结算机构、结算参与人收取的保证金、权利金等，应当与其自有资金分开，按照国务院期货监督管理机构的规定，在期货保证金存管机构专户存放，分别管理，禁止违规挪用。

第四十一条 结算参与人的保证金不符合期货结算机构业务规则规定标准的，期货结算机构应当按照业务规则的规定通知结算参与人在规定时间内追加保证金或者自行平仓；结算参与人未在规定时间内追加保证金或者自行平仓的，通知期货交易场所强行平仓。

交易者的保证金不符合结算参与人与交易者约定标准的，结算参与人应当按照约定通知交易者在约定时间内追加保证金或者自行平仓；交易者未在约定时间内追加保证金或者自行平仓的，按照约定强行平仓。

以有价证券等作为保证金，期货结算机构、结算参与人按照前两款规定强行平仓的，可以对有价证券等进行处置。

第四十二条 结算参与人在结算过程中违约的，期货结算机构按照业务规则动用结算参与人的保证金、结算担保金以及结算机构的风险准备金、自有资金等完成结算；期货结算机构以其风险准备金、自有资金等完成结算的，可以依法对该结算参与人进行追偿。

交易者在结算过程中违约的，其委托的结算参与人按照合同约定动用该交易者的保证金以及结算参与人的风险准备金和自有资金完成结算；结算参与人以其风险准备金和自有资金完成结算的，可以依法对该交易者进行追偿。

本法所称结算担保金，是指结算参与人以自有资金向期货结算机构缴纳的，用于担保履约的资金。

第四十三条 期货结算机构依照其业务规则收取和提取的保证金、权利金、结算担保金、风险准备金等资产，应当优先用于结算和交割，不得被查封、冻结、扣押或者强制执行。

在结算和交割完成之前，任何人不得动用用于担保履约和交割的保证金、进入交割环节的交割财产。

依法进行的结算和交割，不因参与结算的任何一方依法进入破产程序而中止、无效或者撤销。

第四十四条 期货合约到期时，交易者应当通过实物交割或者现金交割，了结到期未平仓合约。

在标准化期权合约规定的时间，合约的买方有权以约定的价格买入或者卖出标的物，或者按照约定进行现金差价结算，合约的卖方应当按照约定履行相应的义务。标准化期权合约的行权，由期货结算机构组织进行。

第四十五条 期货合约采取实物交割的，由期货结算机构负责组织货款与标准仓单等合约标的物权利凭证的交付。

期货合约采取现金交割的，由期货结算机构以交割结算价为基础，划付持仓双方的盈亏款项。

本法所称标准仓单，是指交割库开具并经期货交易场所登记的标准化提货凭证。

第四十六条 期货交易的实物交割在期货交易场所指定的交割库、交割港口或者其他符合期货交易场所要求的地点进行。实物交割不得限制交割总量。采用标准仓单以外的单据凭证或者其他方式进行实物交割的，期货交易场所应当明确规定交割各方的权利和义务。

第四十七条 结算参与人在交割过程中违约的，期货结算机构有权对结算参与人的标准仓单等合约标的物权利凭证进行处置。

交易者在交割过程中违约的，结算参与人有权对交易者的标准仓单等合约标的物权利凭证进行处置。

第四十八条　不符合结算参与人条件的期货经营机构可以委托结算参与人代为其客户进行结算。不符合结算参与人条件的期货经营机构与结算参与人、交易者之间的权利义务关系，参照本章关于结算参与人与交易者之间权利义务的规定执行。

第四章　期货交易者

第四十九条　期货交易者是指依照本法从事期货交易，承担交易结果的自然人、法人和非法人组织。

期货交易者从事期货交易，除国务院期货监督管理机构另有规定外，应当委托期货经营机构进行。

第五十条　期货经营机构向交易者提供服务时，应当按照规定充分了解交易者的基本情况、财产状况、金融资产状况、交易知识和经验、专业能力等相关信息；如实说明服务的重要内容，充分揭示交易风险；提供与交易者上述状况相匹配的服务。

交易者在参与期货交易和接受服务时，应当按照期货经营机构明示的要求提供前款所列真实信息。拒绝提供或者未按照要求提供信息的，期货经营机构应当告知其后果，并按照规定拒绝提供服务。

期货经营机构违反第一款规定导致交易者损失的，应当承担相应的赔偿责任。

第五十一条　根据财产状况、金融资产状况、交易知识和经验、专业能力等因素，交易者可以分为普通交易者和专业交易者。专业交易者的标准由国务院期货监督管理机构规定。

普通交易者与期货经营机构发生纠纷的，期货经营机构应当证明其行为符合法律、行政法规以及国务院期货监督管理机构的规定，不存在误导、欺诈等情形。期货经营机构不能证明的，应当承担相应的赔偿责任。

第五十二条　参与期货交易的法人和非法人组织，应当建立与其交易合约类型、规模、目的等相适应的内部控制制度和风险控制制度。

第五十三条　期货经营机构、期货交易场所、期货结算机构的从业人员，国务院期货监督管理机构、期货业协会的工作人员，以及法律、行政法规和国务院期货监督管理机构规定禁止参与期货交易的其他人员，不得进行期货交易。

第五十四条　交易者有权查询其委托记录、交易记录、保证金余额、与其接受服务有关的其他重要信息。

第五十五条　期货经营机构、期货交易场所、期货结算机构、期货服务机构及其工作人员应当依法为交易者的信息保密，不得非法买卖、提供或者公开交易者的信息。

期货经营机构、期货交易场所、期货结算机构、期货服务机构及其工作人员不得泄露所知悉的商业秘密。

第五十六条　交易者与期货经营机构等发生纠纷的，双方可以向行业协会等申请调解。普通交易者与期货经营机构发生期货业务纠纷并提出调解请求的，期货经营机构不得拒绝。

第五十七条　交易者提起操纵市场、内幕交易等期货民事赔偿诉讼时，诉讼标的是同一种类，且当事人一方人数众多的，可以依法推选代表人进行诉讼。

第五十八条 国家设立期货交易者保障基金。期货交易者保障基金的筹集、管理和使用的具体办法，由国务院期货监督管理机构会同国务院财政部门制定。

第五章 期货经营机构

第五十九条 期货经营机构是指依照《中华人民共和国公司法》和本法设立的期货公司以及国务院期货监督管理机构核准从事期货业务的其他机构。

第六十条 设立期货公司，应当具备下列条件，并经国务院期货监督管理机构核准：

（一）有符合法律、行政法规规定的公司章程；

（二）主要股东及实际控制人具有良好的财务状况和诚信记录，净资产不低于国务院期货监督管理机构规定的标准，最近三年无重大违法违规记录；

（三）注册资本不低于人民币一亿元，且应当为实缴货币资本；

（四）从事期货业务的人员符合本法规定的条件，董事、监事和高级管理人员具备相应的任职条件；

（五）有良好的公司治理结构、健全的风险管理制度和完善的内部控制制度；

（六）有合格的经营场所、业务设施和信息技术系统；

（七）法律、行政法规和国务院期货监督管理机构规定的其他条件。

国务院期货监督管理机构根据审慎监管原则和各项业务的风险程度，可以提高注册资本最低限额。

国务院期货监督管理机构应当自受理期货公司设立申请之日起六个月内依照法定条件、法定程序和审慎监管原则进行审查，作出核准或者不予核准的决定，并通知申请人；不予核准的，应当说明理由。

第六十一条 期货公司应当在其名称中标明“期货”字样，国务院期货监督管理机构另有规定的除外。

第六十二条 期货公司办理下列事项，应当经国务院期货监督管理机构核准：

（一）合并、分立、停业、解散或者申请破产；

（二）变更主要股东或者公司的实际控制人；

（三）变更注册资本且调整股权结构；

（四）变更业务范围；

（五）国务院期货监督管理机构规定的其他重大事项。

前款第三项、第五项所列事项，国务院期货监督管理机构应当自受理申请之日起二十日内作出核准或者不予核准的决定；前款所列其他事项，国务院期货监督管理机构应当自受理申请之日起六十日内作出核准或者不予核准的决定。

第六十三条 期货公司经国务院期货监督管理机构核准可以从事下列期货业务：

（一）期货经纪；

（二）期货交易咨询；

（三）期货做市交易；

（四）其他期货业务。

期货公司从事资产管理业务的，应当符合《中华人民共和国证券投资基金法》等法律、行政法规的规定。

未经国务院期货监督管理机构核准，任何单位和个人不得设立或者变相设立期货公司，经营或者变相经营期货经纪业务、期货交易咨询业务，也不得以经营为目的使用“期货”、“期权”或者其他可能产生混淆或者误导的名称。

第六十四条　期货公司的董事、监事、高级管理人员，应当正直诚实、品行良好，熟悉期货法律、行政法规，具有履行职责所需的经营管理能力。期货公司任免董事、监事、高级管理人员，应当报国务院期货监督管理机构备案。

有下列情形之一的，不得担任期货公司的董事、监事、高级管理人员：

（一）存在《中华人民共和国公司法》规定的不得担任公司董事、监事和高级管理人员的情形；

（二）因违法行为或者违纪行为被解除职务的期货经营机构的董事、监事、高级管理人员，或者期货交易场所、期货结算机构的负责人，自被解除职务之日起未逾五年；

（三）因违法行为或者违纪行为被吊销执业证书或者被取消资格的注册会计师、律师或者其他期货服务机构的专业人员，自被吊销执业证书或者被取消资格之日起未逾五年。

第六十五条　期货经营机构应当依法经营，勤勉尽责，诚实守信。期货经营机构应当建立健全内部控制制度，采取有效隔离措施，防范经营机构与客户之间、不同客户之间的利益冲突。

期货经营机构应当将其期货经纪业务、期货做市交易业务、资产管理业务和其他相关业务分开办理，不得混合操作。

期货经营机构应当依法建立并执行反洗钱制度。

第六十六条　期货经营机构接受交易者委托为其进行期货交易，应当签订书面委托合同，以自己的名义为交易者进行期货交易，交易结果由交易者承担。

期货经营机构从事经纪业务，不得接受交易者的全权委托。

第六十七条　期货经营机构从事资产管理业务，接受客户委托，运用客户资产进行投资的，应当公平对待所管理的不同客户资产，不得违背受托义务。

第六十八条　期货经营机构不得违反规定为其股东、实际控制人或者股东、实际控制人的关联人提供融资或者担保，不得违反规定对外担保。

第六十九条　期货经营机构从事期货业务的人员应当正直诚实、品行良好，具备从事期货业务所需的专业能力。

期货经营机构从事期货业务的人员不得私下接受客户委托从事期货交易。

期货经营机构从事期货业务的人员在从事期货业务活动中，执行所属的期货经营机构的指令或者利用职务违反期货交易规则的，由所属的期货经营机构承担全部责任。

第七十条　国务院期货监督管理机构应当制定期货经营机构持续性经营规则，对期货经营机构及其分支机构的经营条件、风险管理、内部控制、保证金存管、合规管理、风险监管指标、关联交易等方面作出规定。期货经营机构应当符合持续性经营规则。

第七十一条　期货经营机构应当按照规定向国务院期货监督管理机构报送业务、财务等经营管理信息和资料。国务院期货监督管理机构有权要求期货经营机构及其主要股东、实际控制人、其他关联人在指定的期限内提供有关信息、资料。

期货经营机构及其主要股东、实际控制人或者其他关联人向国务院期货监督管理机构报送或者提供的信息、资料，应当真实、准确、完整。

第七十二条 期货经营机构涉及重大诉讼、仲裁，股权被冻结或者用于担保，以及发生其他重大事件时，应当自该事件发生之日起五日内向国务院期货监督管理机构提交书面报告。

期货经营机构的控股股东或者实际控制人应当配合期货经营机构履行前款规定的义务。

第七十三条 期货经营机构不符合持续性经营规则或者出现经营风险的，国务院期货监督管理机构应当责令其限期改正；期货经营机构逾期未改正的，或者其行为严重危及该期货经营机构的稳健运行、损害交易者合法权益的，或者涉嫌严重违法违规正在被国务院期货监督管理机构调查的，国务院期货监督管理机构可以区别情形，对其采取下列措施：

（一）限制或者暂停部分业务；

（二）停止核准新增业务；

（三）限制分配红利，限制向董事、监事、高级管理人员支付报酬、提供福利；

（四）限制转让财产或者在财产上设定其他权利；

（五）责令更换董事、监事、高级管理人员或者有关业务部门、分支机构的负责人员，或者限制其权利；

（六）限制期货经营机构自有资金或者风险准备金的调拨和使用；

（七）认定负有责任的董事、监事、高级管理人员为不适当人选；

（八）责令负有责任的股东转让股权，限制负有责任的股东行使股东权利。

对经过整改符合有关法律、行政法规规定以及持续性经营规则要求的期货经营机构，国务院期货监督管理机构应当自验收完毕之日起三日内解除对其采取的有关措施。

对经过整改仍未达到持续性经营规则要求，严重影响正常经营的期货经营机构，国务院期货监督管理机构有权撤销其部分或者全部期货业务许可、关闭其部分或者全部分支机构。

第七十四条 期货经营机构违法经营或者出现重大风险，严重危害期货市场秩序、损害交易者利益的，国务院期货监督管理机构可以对该期货经营机构采取责令停业整顿、指定其他机构托管或者接管等监督管理措施。

期货经营机构有前款所列情形，经国务院期货监督管理机构批准，可以对该期货经营机构直接负责的董事、监事、高级管理人员和其他直接责任人员采取以下措施：

（一）决定并通知出境入境管理机关依法阻止其出境；

（二）申请司法机关禁止其转移、转让或者以其他方式处分财产，或者在财产上设定其他权利。

第七十五条 期货经营机构的股东有虚假出资、抽逃出资行为的，国务院期货监督管理机构应当责令其限期改正，并可责令其转让所持期货经营机构的股权。

在股东依照前款规定的要求改正违法行为、转让所持期货经营机构的股权前，国务院期货监督管理机构可以限制其股东权利。

第七十六条 期货经营机构有下列情形之一的，国务院期货监督管理机构应当依法办理相关业务许可证注销手续：

（一）营业执照被依法吊销；

（二）成立后无正当理由超过三个月未开始营业，或者开业后无正当理由停业连续三个月以上；

（三）主动提出注销申请；

（四）《中华人民共和国行政许可法》和国务院期货监督管理机构规定应当注销行政许可的其他情形。

期货经营机构在注销相关业务许可证前，应当结清相关期货业务，并依法返还交易者的保证金和其他资产。

第七十七条　国务院期货监督管理机构认为必要时，可以委托期货服务机构对期货经营机构的财务状况、内部控制状况、资产价值进行审计或者评估。具体办法由国务院期货监督管理机构会同有关主管部门制定。

第七十八条　禁止期货经营机构从事下列损害交易者利益的行为：

（一）向交易者作出保证其资产本金不受损失或者取得最低收益承诺；

（二）与交易者约定分享利益、共担风险；

（三）违背交易者委托进行期货交易；

（四）隐瞒重要事项或者使用其他不正当手段，诱骗交易者交易；

（五）以虚假或者不确定的重大信息为依据向交易者提供交易建议；

（六）向交易者提供虚假成交回报；

（七）未将交易者交易指令下达到期货交易场所；

（八）挪用交易者保证金；

（九）未依照规定在期货保证金存管机构开立保证金账户，或者违规划转交易者保证金；

（十）利用为交易者提供服务的便利，获取不正当利益或者转嫁风险；

（十一）其他损害交易者权益的行为。

第六章　期货交易场所

第七十九条　期货交易场所应当遵循社会公共利益优先原则，为期货交易提供场所和设施，组织和监督期货交易，维护市场的公平、有序和透明，实行自律管理。

第八十条　设立、变更和解散期货交易所，应当由国务院期货监督管理机构批准。

设立期货交易所应当制定章程。期货交易所章程的制定和修改，应当经国务院期货监督管理机构批准。

第八十一条　期货交易所应当在其名称中标明“商品交易所”或者“期货交易所”等字样。其他任何单位或者个人不得使用期货交易所或者其他可能产生混淆或者误导的名称。

第八十二条　期货交易所可以采取会员制或者公司制的组织形式。

会员制期货交易所的组织机构由其章程规定。

第八十三条　期货交易所依照法律、行政法规和国务院期货监督管理机构的规定，制定有关业务规则；其中交易规则的制定和修改应当报国务院期货监督管理机构批准。

期货交易所业务规则应当体现公平保护会员、交易者等市场相关各方合法权益的原则。

在期货交易所从事期货交易及相关活动，应当遵守期货交易所依法制定的业务规则。违反业务规则的，由期货交易所给予纪律处分或者采取其他自律管理措施。

第八十四条 期货交易所的负责人由国务院期货监督管理机构提名或者任免。

有《中华人民共和国公司法》规定的不适合担任公司董事、监事、高级管理人员的情形或者下列情形之一的，不得担任期货交易所的负责人：

（一）因违法行为或者违纪行为被解除职务的期货经营机构的董事、监事、高级管理人员，或者期货交易场所、期货结算机构的负责人，自被解除职务之日起未逾五年；

（二）因违法行为或者违纪行为被吊销执业证书或者被取消资格的注册会计师、律师或者其他期货服务机构的专业人员，自被吊销执业证书或者被取消资格之日起未逾五年。

第八十五条 期货交易场所应当依照本法和国务院期货监督管理机构的规定，加强对交易活动的风险控制和对会员以及交易场所工作人员的监督管理，依法履行下列职责：

（一）提供交易的场所、设施和服务；

（二）设计期货合约、标准化期权合约品种，安排期货合约、标准化期权合约品种上市；

（三）对期货交易进行实时监控和风险监测；

（四）依照章程和业务规则对会员、交易者、期货服务机构等进行自律管理；

（五）开展交易者教育和市场培育工作；

（六）国务院期货监督管理机构规定的其他职责。

期货交易场所不得直接或者间接参与期货交易。未经国务院批准，期货交易场所不得从事信托投资、股票投资、非自用不动产投资等与其职责无关的业务。

第八十六条 期货交易所的所得收益按照国家有关规定管理和使用，应当首先用于保证期货交易的场所、设施的运行和改善。

第八十七条 期货交易场所应当加强对期货交易的风险监测，出现异常情况的，期货交易场所可以依照业务规则，单独或者会同期货结算机构采取下列紧急措施，并立即报告国务院期货监督管理机构：

（一）调整保证金；

（二）调整涨跌停板幅度；

（三）调整会员、交易者的交易限额或持仓限额标准；

（四）限制开仓；

（五）强行平仓；

（六）暂时停止交易；

（七）其他紧急措施。

异常情况消失后，期货交易场所应当及时取消紧急措施。

第八十八条 期货交易场所应当实时公布期货交易即时行情，并按交易日制作期货市场行情表，予以公布。

期货交易行情的权益由期货交易场所享有。未经期货交易场所许可，任何单位和个人不得发布期货交易行情。

期货交易场所不得发布价格预测信息。

期货交易场所应当依照国务院期货监督管理机构的规定，履行信息报告义务。

第八十九条　因突发性事件影响期货交易正常进行时，为维护期货交易正常秩序和市场公平，期货交易场所可以按照本法和业务规则规定采取必要的处置措施，并应当及时向国务院期货监督管理机构报告。

因前款规定的突发性事件导致期货交易结果出现重大异常，按交易结果进行结算、交割将对期货交易正常秩序和市场公平造成重大影响的，期货交易场所可以按照业务规则采取取消交易等措施，并应当及时向国务院期货监督管理机构报告并公告。

第九十条　期货交易场所对其依照本法第八十七条、第八十九条规定采取措施造成的损失，不承担民事赔偿责任，但存在重大过错的除外。

第七章　期货结算机构

第九十一条　期货结算机构是指依法设立，为期货交易提供结算、交割服务，实行自律管理的法人。

期货结算机构包括内部设有结算部门的期货交易场所、独立的期货结算机构和经国务院期货监督管理机构批准从事与证券业务相关的期货交易结算、交割业务的证券结算机构。

第九十二条　独立的期货结算机构的设立、变更和解散，应当经国务院期货监督管理机构批准。

设立独立的期货结算机构，应当具备下列条件：

（一）具备良好的财务状况，注册资本最低限额符合国务院期货监督管理机构的规定；

（二）有具备任职专业知识和业务工作经验的高级管理人员；

（三）具备完善的治理结构、内部控制制度和风险控制制度；

（四）具备符合要求的营业场所、信息技术系统以及与期货交易的结算有关的其他设施；

（五）国务院期货监督管理机构规定的其他条件。

承担期货结算机构职责的期货交易场所，应当具备本条第二款规定的条件。

国务院期货监督管理机构应当根据审慎监管原则进行审查，在六个月内作出批准或者不予批准的决定。

第九十三条　期货结算机构作为中央对手方，是结算参与人共同对手方，进行净额结算，为期货交易提供集中履约保障。

第九十四条　期货结算机构履行下列职责：

（一）组织期货交易的结算、交割；

（二）按照章程和业务规则对交易者、期货经营机构、期货服务机构、非期货经营机构结算参与人等进行自律管理；

（三）办理与期货交易的结算、交割有关的信息查询业务；

（四）国务院期货监督管理机构规定的其他职责。

第九十五条　期货结算机构应当按照国务院期货监督管理机构的规定，在其业务规则中规定结算参与人制度、风险控制制度、信息安全管理制度、违规违约处理制度、应急处理及临时处置措施等事项。期货结算机构制定和修改章程、业务规则，应当经国务院期货监督管理机构批准。参与期货结算，应当遵守期货结算机构制定的业务规则。

期货结算机构制定和执行业务规则，应当与期货交易场所的相关制度衔接、协调。

第九十六条 期货结算机构应当建立流动性管理制度，保障结算活动的稳健运行。

第九十七条 本法第八十四条，第八十五条第二款，第八十六条，第八十八条第三款、第四款的规定，适用于独立的期货结算机构和经批准从事期货交易结算、交割业务的证券结算机构。

第八章　期货服务机构

第九十八条 会计师事务所、律师事务所、资产评估机构、期货保证金存管机构、交割库、信息技术服务机构等期货服务机构，应当勤勉尽责、恪尽职守，按照相关业务规则为期货交易及相关活动提供服务，并按照国务院期货监督管理机构的要求提供相关资料。

第九十九条 会计师事务所、律师事务所、资产评估机构等期货服务机构接受期货经营机构、期货交易场所、期货结算机构的委托出具审计报告、法律意见书等文件，应当对所依据的文件资料内容的真实性、准确性、完整性进行核查和验证。

第一百条 交割库包括交割仓库和交割厂库等。交割库为期货交易的交割提供相关服务，应当符合期货交易场所规定的条件。期货交易场所应当与交割库签订协议，明确双方的权利和义务。

交割库不得有下列行为：

（一）出具虚假仓单；

（二）违反期货交易场所的业务规则，限制交割商品的出库、入库；

（三）泄露与期货交易有关的商业秘密；

（四）违反国家有关规定参与期货交易；

（五）违反国务院期货监督管理机构规定的其他行为。

第一百零一条 为期货交易及相关活动提供信息技术系统服务的机构，应当符合国家及期货行业信息安全相关的技术管理规定和标准，并向国务院期货监督管理机构备案。

国务院期货监督管理机构可以依法要求信息技术服务机构提供前款规定的信息技术系统的相关材料。

第九章　期货业协会

第一百零二条 期货业协会是期货行业的自律性组织，是社会团体法人。

期货经营机构应当加入期货业协会。期货服务机构可以加入期货业协会。

第一百零三条 期货业协会的权力机构为会员大会。

期货业协会的章程由会员大会制定，并报国务院期货监督管理机构备案。

期货业协会设理事会。理事会成员依照章程的规定选举产生。

第一百零四条 期货业协会履行下列职责：

（一）制定和实施行业自律规则，监督、检查会员的业务活动及从业人员的执业行为，对违反法律、行政法规、国家有关规定、协会章程和自律规则的，按照规定给予纪律处分或者实施其他自律管理措施；

（二）对会员之间、会员与交易者之间发生的纠纷进行调解；

（三）依法维护会员的合法权益，向国务院期货监督管理机构反映会员的建议和要求；

（四）组织期货从业人员的业务培训，开展会员间的业务交流；

（五）教育会员和期货从业人员遵守期货法律法规和政策，组织开展行业诚信建设，建立行业诚信激励约束机制；

（六）开展交易者教育和保护工作，督促会员落实交易者适当性管理制度，开展期货市场宣传；

（七）对会员的信息安全工作实行自律管理，督促会员执行国家和行业信息安全相关规定和技术标准；

（八）组织会员就期货行业的发展、运作及有关内容进行研究，收集整理、发布期货相关信息，提供会员服务，组织行业交流，引导行业创新发展；

（九）期货业协会章程规定的其他职责。

第十章　监督管理

第一百零五条　国务院期货监督管理机构依法对期货市场实行监督管理，维护期货市场公开、公平、公正，防范系统性风险，维护交易者合法权益，促进期货市场健康发展。

国务院期货监督管理机构在对期货市场实施监督管理中，依法履行下列职责：

（一）制定有关期货市场监督管理的规章、规则，并依法进行审批、核准、注册，办理备案；

（二）对品种的上市、交易、结算、交割等期货交易及相关活动，进行监督管理；

（三）对期货经营机构、期货交易场所、期货结算机构、期货服务机构和非期货经营机构结算参与人等市场相关参与者的期货业务活动，进行监督管理；

（四）制定期货从业人员的行为准则，并监督实施；

（五）监督检查期货交易的信息公开情况；

（六）维护交易者合法权益、开展交易者教育；

（七）对期货违法行为进行查处；

（八）监测监控并防范、处置期货市场风险；

（九）对期货行业金融科技和信息安全进行监管；

（十）对期货业协会的自律管理活动进行指导和监督；

（十一）法律、行政法规规定的其他职责。

国务院期货监督管理机构根据需要可以设立派出机构，依照授权履行监督管理职责。

第一百零六条　国务院期货监督管理机构依法履行职责，有权采取下列措施：

（一）对期货经营机构、期货交易场所、期货结算机构进行现场检查，并要求其报送有关的财务会计、业务活动、内部控制等资料；

（二）进入涉嫌违法行为发生场所调查取证；

（三）询问当事人和与被调查事件有关的单位和个人，要求其对与被调查事件有关的事项作出说明，或者要求其按照指定的方式报送与被调查事件有关的文件和资料；

（四）查阅、复制与被调查事件有关的财产权登记、通讯记录等文件和资料；

（五）查阅、复制当事人和与被调查事件有关的单位和个人的期货交易记录、财务会计资料及其他相关文件和资料；对可能被转移、隐匿或者毁损的文件资料，可以予以封存、扣押；

（六）查询当事人和与被调查事件有关的单位和个人的保证金账户和银行账户以及其他具有支付、托管、结算等功能的账户信息，可以对有关文件和资料进行复制；对有证据证明已经或者可能转移或者隐匿违法资金等涉案财产或者隐匿、伪造、毁损重要证据的，经国务院期货监督管理机构主要负责人或者其授权的其他负责人批准，可以冻结、查封，期限为六个月；因特殊原因需要延长的，每次延长期限不得超过三个月，最长期限不得超过二年；

（七）在调查操纵期货市场、内幕交易等重大违法行为时，经国务院期货监督管理机构主要负责人或者其授权的其他负责人批准，可以限制被调查事件当事人的交易，但限制的时间不得超过三个月；案情复杂的，可以延长三个月；

（八）决定并通知出境入境管理机关依法阻止涉嫌违法人员、涉嫌违法单位的主管人员和其他直接责任人员出境。

为防范期货市场风险，维护市场秩序，国务院期货监督管理机构可以采取责令改正、监管谈话、出具警示函等措施。

第一百零七条 国务院期货监督管理机构依法履行职责，进行监督检查或者调查，其监督检查、调查的人员不得少于二人，并应当出示执法证件和检查、调查、查询等相关执法文书。监督检查、调查的人员少于二人或者未出示执法证件和有关执法文书的，被检查、调查的单位或者个人有权拒绝。

第一百零八条 国务院期货监督管理机构的工作人员，应当依法办事，忠于职守，公正廉洁，保守国家秘密和有关当事人的商业秘密，不得利用职务便利牟取不正当利益。

第一百零九条 国务院期货监督管理机构依法履行职责，被检查、调查的单位和个人应当配合，如实作出说明或者提供有关文件和资料，不得拒绝、阻碍和隐瞒。

国务院期货监督管理机构与其他相关部门，应当建立信息共享等监督管理协调配合机制。国务院期货监督管理机构依法履行职责，进行监督检查或者调查时，有关部门应当予以配合。

第一百一十条 对涉嫌期货违法、违规行为，任何单位和个人有权向国务院期货监督管理机构举报。

对涉嫌重大违法、违规行为的实名举报线索经查证属实的，国务院期货监督管理机构按照规定给予举报人奖励。

国务院期货监督管理机构应当对举报人的身份信息保密。

第一百一十一条 国务院期货监督管理机构制定的规章、规则和监督管理工作制度应当依法公开。

国务院期货监督管理机构依据调查结果，对期货违法行为作出的处罚决定，应当依法公开。

第一百一十二条 国务院期货监督管理机构对涉嫌期货违法的单位或者个人进行调查期间，被调查的当事人书面申请，承诺在国务院期货监督管理机构认可的期限内纠正涉嫌违法行为，赔偿有关交易者损失，消除损害或者不良影响的，国务院期货监督管理机构可以决定中止调查。被调查的当事人履行承诺的，国务院期货监督管理机构可以决定终止调查；被调查的当事人未履行承诺或者有国务院规定的其他情形的，应当恢复调查。具体办法由国务院规定。

国务院期货监督管理机构中止或者终止调查的，应当按照规定公开相关信息。

第一百一十三条　国务院期货监督管理机构依法将有关期货市场主体遵守本法的情况纳入期货市场诚信档案。

第一百一十四条　国务院期货监督管理机构依法履行职责，发现期货违法行为涉嫌犯罪的，应当依法将案件移送司法机关处理；发现公职人员涉嫌职务违法或者职务犯罪的，应当依法移送监察机关处理。

第一百一十五条　国务院期货监督管理机构应当建立健全期货市场监测监控制度，通过专门机构加强保证金安全存管监控。

第一百一十六条　为防范交易及结算的风险，期货经营机构、期货交易场所、期货结算机构和非期货经营机构结算参与人应当从业务收入中按照国务院期货监督管理机构、国务院财政部门的规定提取、管理和使用风险准备金。

第一百一十七条　期货经营机构、期货交易场所、期货结算机构、期货服务机构和非期货经营机构结算参与人等应当按照规定妥善保存与业务经营相关的资料和信息，任何人不得泄露、隐匿、伪造、篡改或者毁损。期货经营机构、期货交易场所、期货结算机构和非期货经营机构结算参与人的信息和资料的保存期限不得少于二十年；期货服务机构的信息和资料的保存期限不得少于十年。

第十一章　跨境交易与监管协作

第一百一十八条　境外期货交易场所向境内单位或者个人提供直接接入该交易场所交易系统进行交易服务的，应当向国务院期货监督管理机构申请注册，接受国务院期货监督管理机构的监督管理，国务院期货监督管理机构另有规定的除外。

第一百一十九条　境外期货交易场所上市的期货合约、期权合约和衍生品合约，以境内期货交易场所上市的合约价格进行挂钩结算的，应当符合国务院期货监督管理机构的规定。

第一百二十条　境内单位或者个人从事境外期货交易，应当委托具有境外期货经纪业务资格的境内期货经营机构进行，国务院另有规定的除外。

境内期货经营机构转委托境外期货经营机构从事境外期货交易的，该境外期货经营机构应当向国务院期货监督管理机构申请注册，接受国务院期货监督管理机构的监督管理，国务院期货监督管理机构另有规定的除外。

第一百二十一条　境外期货交易场所在境内设立代表机构的，应当向国务院期货监督管理机构备案。

境外期货交易场所代表机构及其工作人员，不得从事或者变相从事任何经营活动。

第一百二十二条　境外机构在境内从事期货市场营销、推介及招揽活动，应当经国务院期货监督管理机构批准，适用本法的相关规定。

境内机构为境外机构在境内从事期货市场营销、推介及招揽活动，应当经国务院期货监督管理机构批准。

任何单位或者个人不得从事违反前两款规定的期货市场营销、推介及招揽活动。

第一百二十三条　国务院期货监督管理机构可以和境外期货监督管理机构建立监督管理合作机制，或者加入国际组织，实施跨境监督管理。

国务院期货监督管理机构应境外期货监督管理机构请求提供协助的，应当遵循国家法律、法规的规定和对等互惠的原则，不得泄露国家秘密，不得损害国家利益和社会公共利益。

第一百二十四条 国务院期货监督管理机构可以按照与境外期货监督管理机构达成的监管合作安排，接受境外期货监督管理机构的请求，依照本法规定的职责和程序为其进行调查取证。境外期货监督管理机构应当提供有关案件材料，并说明其正在就被调查当事人涉嫌违反请求方当地期货法律法规的行为进行调查。境外期货监督管理机构不得在中华人民共和国境内直接进行调查取证等活动。

未经国务院期货监督管理机构和国务院有关主管部门同意，任何单位和个人不得擅自向境外监督管理机构提供与期货业务活动有关的文件和资料。

国务院期货监督管理机构可以依照与境外期货监督管理机构达成的监管合作安排，请求境外期货监督管理机构进行调查取证。

第十二章　法律责任

第一百二十五条 违反本法第十二条的规定，操纵期货市场或者衍生品市场的，责令改正，没收违法所得，并处以违法所得一倍以上十倍以下的罚款；没有违法所得或者违法所得不足一百万元的，处以一百万元以上一千万元以下的罚款。单位操纵市场的，还应当对直接负责的主管人员和其他直接责任人员给予警告，并处以五十万元以上五百万元以下的罚款。

操纵市场行为给交易者造成损失的，应当依法承担赔偿责任。

第一百二十六条 违反本法第十三条的规定从事内幕交易的，责令改正，没收违法所得，并处以违法所得一倍以上十倍以下的罚款；没有违法所得或者违法所得不足五十万元的，处以五十万元以上五百万元以下的罚款。单位从事内幕交易的，还应当对直接负责的主管人员和其他直接责任人员给予警告，并处以二十万元以上二百万元以下的罚款。

国务院期货监督管理机构、国务院授权的部门、期货交易场所、期货结算机构的工作人员从事内幕交易的，从重处罚。

内幕交易行为给交易者造成损失的，应当依法承担赔偿责任。

第一百二十七条 违反本法第十六条第一款、第三款的规定，编造、传播虚假信息或者误导性信息，扰乱期货市场、衍生品市场的，没收违法所得，并处以违法所得一倍以上十倍以下的罚款；没有违法所得或者违法所得不足二十万元的，处以二十万元以上二百万元以下的罚款。对直接负责的主管人员和其他直接责任人员给予警告，并处以十万元以上一百万元以下的罚款。

违反本法第十六条第二款的规定，在期货交易、衍生品交易活动中作出虚假陈述或者信息误导的，责令改正，处以二十万元以上二百万元以下的罚款；属于国家工作人员的，还应当依法给予处分。

传播媒介及其从事期货市场、衍生品市场信息报道的工作人员违反本法第十六条第三款的规定，从事与其工作职责发生利益冲突的期货交易、衍生品交易的，没收违法所得，并处以违法所得一倍以下的罚款，没有违法所得或者违法所得不足十万元的，处以十万元以下的罚款。

编造、传播有关期货交易、衍生品交易的虚假信息，或者在期货交易、衍生品交易中作出信息误导，给交易者造成损失的，应当依法承担赔偿责任。

第一百二十八条 违反本法第十八条第二款的规定，出借自己的期货账户或者借用他人的期货账户从事期货交易的，责令改正，给予警告，可以处五十万元以下的罚款。

第一百二十九条　违反本法第二十一条的规定，采取程序化交易影响期货交易场所系统安全或者正常交易秩序的，责令改正，并处以五十万元以上五百万元以下的罚款。对直接负责的主管人员和其他直接责任人员给予警告，并处以十万元以上一百万元以下的罚款。

第一百三十条　违反本法第二十七条规定，未报告有关重大事项的，责令改正，给予警告，可以处一百万元以下的罚款。

第一百三十一条　法律、行政法规和国务院期货监督管理机构规定禁止参与期货交易的人员，违反本法第五十三条的规定，直接或者以化名、借他人名义参与期货交易的，责令改正，给予警告，没收违法所得，并处以五万元以上五十万元以下的罚款；属于国家工作人员的，还应当依法给予处分。

第一百三十二条　非法设立期货公司，或者未经核准从事相关期货业务的，予以取缔，没收违法所得，并处以违法所得一倍以上十倍以下的罚款；没有违法所得或者违法所得不足一百万元的，处以一百万元以上一千万元以下的罚款。对直接负责的主管人员和其他直接责任人员给予警告，并处以二十万元以上二百万元以下的罚款。

第一百三十三条　提交虚假申请文件或者采取其他欺诈手段骗取期货公司设立许可、重大事项变更核准或者期货经营机构期货业务许可的，撤销相关许可，没收违法所得，并处以违法所得一倍以上十倍以下的罚款；没有违法所得或者违法所得不足二十万元的，处以二十万元以上二百万元以下的罚款。对直接负责的主管人员和其他直接责任人员给予警告，并处以二十万元以上二百万元以下的罚款。

第一百三十四条　期货经营机构违反本法第四十条、第六十二条、第六十五条、第六十八条、第七十一条、第七十二条的，责令改正，给予警告，没收违法所得，并处以违法所得一倍以上十倍以下的罚款；没有违法所得或者违法所得不足二十万元的，处以二十万元以上二百万元以下的罚款；情节严重的，责令停业整顿或者吊销期货业务许可证。对直接负责的主管人员和其他直接责任人员给予警告，并处以五万元以上五十万元以下的罚款。

期货经营机构有前款所列违法情形，给交易者造成损失的，应当依法承担赔偿责任。

期货经营机构的主要股东、实际控制人或者其他关联人违反本法第七十一条规定的，依照本条第一款的规定处罚。

第一百三十五条　期货经营机构违反本法第五十条交易者适当性管理规定，或者违反本法第六十六条规定从事经纪业务接受交易者全权委托，或者有第七十八条损害交易者利益行为的，责令改正，给予警告，没收违法所得，并处以违法所得一倍以上十倍以下的罚款；没有违法所得或者违法所得不足五十万元的，处以五十万元以上五百万元以下的罚款；情节严重的，吊销相关业务许可。对直接负责的主管人员和其他直接责任人员给予警告，并处以二十万元以上二百万元以下的罚款。

期货经营机构有本法第七十八条规定的行为，给交易者造成损失的，应当依法承担赔偿责任。

第一百三十六条　违反本法第十一条、第八十条、第九十二条规定，非法设立期货交易场所、期货结算机构，或者以其他形式组织期货交易的，没收违法所得，并处以违法所得一倍以上十倍以下的罚款；没有违法所得或者违法所得不足一百万元的，处以一百万元以上一千万元以下的罚款。

对直接负责的主管人员和其他直接责任人员给予警告，并处以二十万元以上二百万元以下的罚款。非法设立期货交易场所的，由县级以上人民政府予以取缔。

违反本法第三十条规定，未经批准组织开展衍生品交易的，或者金融机构违反本法第三十一条规定，未经批准、核准开展衍生品交易的，依照前款规定处罚。

第一百三十七条 期货交易场所、期货结算机构违反本法第十七条、第四十条、第八十五条第二款规定的，责令改正，给予警告，没收违法所得，并处以违法所得一倍以上十倍以下的罚款；没有违法所得或者违法所得不足二十万元的，处以二十万元以上二百万元以下的罚款；情节严重的，责令停业整顿。对直接负责的主管人员和其他直接责任人员处以五万元以上五十万元以下的罚款。

第一百三十八条 期货交易场所、期货结算机构违反本法第八十八条第三款规定发布价格预测信息的，责令改正，给予警告，并处以二十万元以上二百万元以下的罚款。对直接负责的主管人员和其他直接责任人员处以五万元以上五十万元以下的罚款。

第一百三十九条 期货服务机构违反本法第九十八条的规定，从事期货服务业务未按照要求提供相关资料的，责令改正，可以处二十万元以下的罚款。

第一百四十条 会计师事务所、律师事务所、资产评估机构等期货服务机构违反本法第九十九条的规定，未勤勉尽责，所制作、出具的文件有虚假记载、误导性陈述或者重大遗漏的，责令改正，没收业务收入，并处以业务收入一倍以上十倍以下的罚款；没有业务收入或者业务收入不足五十万元的，处以五十万元以上五百万元以下的罚款。对直接负责的主管人员和其他直接责任人员给予警告，并处以二十万元以上二百万元以下的罚款。

期货服务机构有前款所列违法行为，给他人造成损失的，依法承担赔偿责任。

第一百四十一条 交割库有本法第一百条所列行为之一的，责令改正，给予警告，没收违法所得，并处以违法所得一倍以上十倍以下的罚款；没有违法所得或者违法所得不足十万元的，处以十万元以上一百万元以下的罚款；情节严重的，责令期货交易场所暂停或者取消其交割库资格。对直接负责的主管人员和其他直接责任人员给予警告，并处以五万元以上五十万元以下的罚款。

第一百四十二条 信息技术服务机构违反本法第一百零一条规定未报备案的，责令改正，可以处二十万元以下的罚款。

信息技术服务机构违反本法第一百零一条规定，提供的服务不符合国家及期货行业信息安全相关的技术管理规定和标准的，责令改正，没收业务收入，并处以业务收入一倍以上十倍以下的罚款；没有业务收入或者业务收入不足五十万元的，处以五十万元以上五百万元以下的罚款。对直接负责的主管人员和其他直接责任人员给予警告，并处以二十万元以上二百万元以下的罚款。

第一百四十三条 违反本法第一百一十六条的规定，期货经营机构、期货交易场所、期货结算机构和非期货经营机构结算参与人未按照规定提取、管理和使用风险准备金的，责令改正，给予警告。对直接负责的主管人员和其他直接责任人员给予警告，并处以十万元以上一百万元以下的罚款。

第一百四十四条 违反本法第一百一十七条的规定，期货经营机构、期货交易场所、期货结算机构、期货服务机构和非期货经营机构结算参与人等未按照规定妥善保存与业务经营相关的资料和信息的，责令改正，给予警告，并处以十万元以上一百万元以下的罚款；泄露、隐匿、伪造、篡改或者毁损有关文件资料的，责令改正，给予警告，并处以二十万元以上二百万元以下的罚款；情节严重的，处以五十万元以上五百万元以下的罚款，并暂停、吊销相关业务许可或者禁止从事相关业务。对直接负责的主管人员和其他直接责任人员给予警告，并处以十万元以上一百万元以下的罚款。

第一百四十五条　境外期货交易场所和期货经营机构违反本法第一百一十八条和第一百二十条的规定，未向国务院期货监督管理机构申请注册的，责令改正，没收违法所得，并处以违法所得一倍以上十倍以下的罚款；没有违法所得或者违法所得不足五十万元的，处以五十万元以上五百万元以下的罚款。对直接负责的主管人员和其他直接责任人员给予警告，并处以十万元以上一百万元以下的罚款。

第一百四十六条　境内单位或者个人违反本法第一百二十条第一款规定的，责令改正，给予警告，没收违法所得，并处以十万元以上一百万元以下的罚款；情节严重的，暂停其境外期货交易。对直接负责的主管人员和其他直接责任人员给予警告，并处以五万元以上五十万元以下的罚款。

第一百四十七条　境外期货交易场所在境内设立的代表机构及其工作人员违反本法第一百二十一条的规定，从事或者变相从事任何经营活动的，责令改正，给予警告，没收违法所得，并处以违法所得一倍以上十倍以下的罚款；没有违法所得或者违法所得不足五十万元的，处以五十万元以上五百万元以下的罚款。对直接负责的主管人员和其他直接责任人员给予警告，并处以十万元以上一百万元以下的罚款。

第一百四十八条　违反本法第一百二十二条的规定在境内从事市场营销、推介及招揽活动的，责令改正，给予警告，没收违法所得，并处以违法所得一倍以上十倍以下的罚款；没有违法所得或者违法所得不足五十万元的，处以五十万元以上五百万元以下的罚款。对直接负责的主管人员和其他直接责任人员给予警告，并处以十万元以上一百万元以下的罚款。

第一百四十九条　拒绝、阻碍国务院期货监督管理机构或者国务院授权的部门及其工作人员依法行使监督检查、调查职权的，责令改正，处以十万元以上一百万元以下的罚款，并由公安机关依法给予治安管理处罚。

第一百五十条　违反法律、行政法规或者国务院期货监督管理机构的有关规定，情节严重的，国务院期货监督管理机构可以对有关责任人员采取期货市场禁入的措施。

前款所称期货市场禁入，是指在一定期限内直至终身不得进行期货交易、从事期货业务，不得担任期货经营机构、期货交易场所、期货结算机构的董事、监事、高级管理人员或者负责人的制度。

第一百五十一条　本法规定的行政处罚，由国务院期货监督管理机构、国务院授权的部门按照国务院规定的职责分工作出决定；法律、行政法规另有规定的，适用其规定。

第一百五十二条　国务院期货监督管理机构或者国务院授权的部门的工作人员，不履行本法规定的职责，滥用职权、玩忽职守，利用职务便利牟取不正当利益，或者泄露所知悉的有关单位和个人的商业秘密的，依法追究法律责任。

第一百五十三条　违反本法规定，构成犯罪的，依法追究刑事责任。

第一百五十四条　违反本法规定，应当承担民事赔偿责任和缴纳罚款、罚金、违法所得，违法行为人的财产不足以支付的，优先用于承担民事赔偿责任。

第十三章　附　　则

第一百五十五条　本法自2022年8月1日起施行。

附录二

《中华人民共和国期货和衍生品法》三次审议时有关说明和报告

关于《中华人民共和国期货法（草案）》的说明①

委员长、各位副委员长、秘书长、各位委员：

根据《十三届全国人大常委会立法规划》，全国人大财政经济委员会全面总结了期货市场发展实践和监管经验，深入开展立法调研，广泛听取各方意见，起草形成了《中华人民共和国期货法（草案）》（以下简称草案）。我受全国人大财政经济委员会委托，现就草案作如下说明。

一、立法必要性

在以习近平同志为核心的党中央坚强领导下，党中央作出加快构建以国内大循环为主体、国内国际双循环相互促进的新发展格局的重大战略部署，开启了全面建设社会主义现代化国家新征程，进一步完善相关领域法律意义重大。习近平总书记强调，坚持在法治轨道上推进国家治理体系和治理能力现代化。栗战书委员长提出，要在完善社会主义市场经济法律制度上多下功夫。期货市场通过价格发现、风险管理等功能，对于促进生产、流通、消费、分配循环，服务实体经济发展发挥着积极作用。近年来，我国期货市场得到持续健康稳定发展。商品期货交易总量连续11年位居全球第一，股指期货、国债期货、股票期权等金融期货及衍生品也蓬勃发展。目前，我国期货市场共上市70个期货品种和22个期权品种，基本覆盖主要产业类型和主要经济活动环节。制定出台专门的期货法，规范和促进期货交易，更好发挥期货市场的功能，对于活跃商品流通、推动产业升级、促进经济高质量发展等具有重要意义。

（一）制定期货法是贯彻落实党中央决策部署的重要举措。党中央始终高度重视期货市场发展和期货市场法治建设工作。2017年全国金融工作会议明确提出“要引导期货市场健康发展”，“加快制定期货法”。党的十九届四中全会提出“加强资本市场基础制度建设，健全具有高度适应性、竞争力、普惠性的现代金融体系，有效防范化解金融风险”。党的十九届五中全会强调，“完善现

① http://www.npc.gov.cn/npc/c30834/202204/10506ad2849a4cbf8bd6ea5908ad27a1.shtml，访问日期：2022年5月10日。

代金融监管体系，提高金融监管透明度和法治化水平”。在总结期货市场实践经验的基础上，有必要通过制定期货法，贯彻好落实好党中央决策部署，着力加强法律制度建设，夯实金融体系稳健运行的法治基础。

（二）制定期货法是提升期货市场服务实体经济能力的内在要求。目前，期货市场已经与实体经济相互融合，但市场发育还存在不平衡不充分的问题，期货上市品种有待进一步丰富，相关市场规则制度有待进一步完善，交易者结构有待进一步优化，期货经营机构风险管理能力有待进一步提高，制定期货法，建立完善以市场为导向的期货品种上市机制，规范引导交易者公正、公平、有序参与，有利于激发市场活力，提升市场运行质量，不断提高期货市场服务实体经济的能力，更好地适应国民经济高质量发展的要求，为形成具有更强创新力、更高附加值、更安全可靠的产业链供应链提供更好服务。

（三）制定期货法是维护国家金融安全的重要保障。期货市场是管理风险的市场，必须做好自身风险防控，坚决守住不发生系统性风险的底线。经过三十年的发展，我国期货市场风险防控体系建设不断加强，在应对2008年金融危机冲击和2020年新冠肺炎疫情突发事件的考验中，发挥了积极的作用。但随着期货市场改革的深化，产品业务不断创新，市场结构趋于复杂，市场规模不断扩大，需要从法律层面保障整套风险防控体系的有效运行。因此，有必要通过制定期货法来进一步完善风险控制制度，健全期货市场的风险识别、预防和处置制度体系，依法加强监督管理，加大对违法违规行为的惩处，夯实市场稳定运行的基础，维护国家金融安全。

（四）制定期货法是通过期货市场促进国内国际双循环的客观需要。以主要期货市场价格作为交易基准是国际大宗商品贸易的重要特征。我国已经成为全球最大的大宗商品贸易国，但我国期货市场仍主要以境内交易者为主，形成的价格主要反映境内市场供求状况，国际影响力不足，缺乏国际定价话语权。近年来，我国期货市场开放向全面纵深推进，原油期货、铁矿石期货等特定期货品种引入境外交易者，允许外资控股境内期货公司，境内机构也开始走出去。期货市场双向开放格局正在拓展深化，客观上需要从法律层面对期货市场对外开放的路径、跨境监管等作出安排，以提升期货市场国际化水平，为构建新发展格局发挥积极作用。

（五）期货法出台时机已基本成熟。近年来，我国期货市场法治建设不断加强，《期货交易管理条例》和有关部门的规章、规范性文件以及期货交易场所、行业协会的自律规则等构成了相关法规制度体系，但位阶不高，与我国期货市场的现状和下一步发展要求不相符。适时出台期货法，有利于稳定交易者预期，规范和促进期货市场健康发展，并与国际市场更好衔接。为补短板、强弱项，不断完善我国金融法律制度，根据全国人大常委会立法工作安排，全国人大财经委会同有关部门，深入调研论证，加强沟通协调，凝聚各方共识，拟出草案。在征求意见过程中，大家认为，草案内容较为全面、基本可行，既总结实践经验，又着力增强系统性、针对性和可操作性，同时，也为改革发展预留必要空间。目前期货市场体系不断完善，市场运行较为稳定，为期货法立法奠定了必要基础，期货法出台时机已基本成熟。

二、立法原则

期货法草案的起草，坚持以习近平新时代中国特色社会主义思想为指导，立足新发展阶段，贯彻新发展理念，构建新发展格局，聚焦服务实体经济，坚守防范化解金融风险的底线，确立期货市场基础制度，健全资本市场监管体系，着力提升期货市场的国际竞争力，促进期货市场改革开放和稳健发展。在立法工作中注意把握以下几条原则：

（一）平衡制度稳定与改革创新的关系。一方面，草案认真总结期货市场三十年发展经验，充分吸收《期货交易管理条例》的核心内容，将实践中运行良好、成熟可行的制度和规定上升为法律，将发展成果固化下来，以稳定市场预期，保障各方合法权益，适应现阶段市场发展的特征。另一方面，草案坚持市场化的方向，遵循期货市场运行规律，适应国际期货市场发展趋势，破除期货市场发展的体制机制障碍，在期货品种和期权品种上市机制、期货公司业务类型、法律域外适用等方面作了重大创新，发挥立法前瞻性和先导性作用，为期货市场改革开放发展预留适度空间。

（二）重点规范期货市场，兼顾其他衍生品市场。期货市场和其他衍生品市场法律性质、基本定位总体相同，二者深度融合、功能互补、紧密相连，共同服务于国民经济。但期货市场和其他衍生品市场发展程度不一，期货市场及相关制度已经稳定运行三十年，监管实践也比较丰富；而其他衍生品市场尚处于探索发展阶段，2008年国际金融危机以后，二十国集团峰会达成了加强其他衍生品市场监管的共识。为此，草案从市场实际情况出发，统筹考虑两个市场，系统规定期货市场各项制度，兼顾规范其他衍生品市场。

（三）注重期货法与相关法律之间协调衔接。期货市场和证券市场在经营机构和服务机构、监督管理和自律管理以及法律责任等方面存在较多相通之处。因此，对新修订的证券法已经确立的制度，草案充分参考借鉴，确保两部法律在同类事项的处理上保持一致。同时，与新修订的证券法相衔接，将证券衍生品等纳入期货法调整。草案还充分考虑期货市场的特殊性，借鉴国际的实践经验，确定了特殊制度安排，与民法典、企业破产法等法律协调衔接，以保障期货交易安全便捷和市场稳定发展。

三、期货法草案的主要内容

草案重点围绕期货交易、结算与交割基本制度，期货交易者保护制度，期货经营机构和期货服务机构的监管，期货交易场所和期货结算机构的运行，期货市场监督管理，法律责任等作了规定。草案共14章173条，主要有以下内容：

（一）明确立法宗旨、原则和监管体制。草案明确了期货法的立法宗旨、调整适用范围；规定了期货交易和其他衍生品交易公开、公平、公正的原则；明确了期货市场和其他衍生品市场的监督管理体制（第一章）。

（二）系统规定期货交易、结算和交割制度。确立期货品种和期权品种上市注册制度，明确期货交易实行集中交易、保证金交易、持仓限额等制度，并规范程序化交易，禁止内幕交易、操纵市场、编造传播虚假信息或者误导性信息等违法行为（第二章）。规定期货交易的结算实行当日无负债结算、保证金不足强行平仓等制度，明确违约处置程序，确立保证金及相关财产破产保护的原则，规定了期货的交割规则（第四章）。

（三）规定其他衍生品交易的基本制度。结合其他衍生品交易的特殊性，对单一协议、履约担保、交易终止净额结算、交易报告等基本制度作出规定，并授权国务院依法制定具体管理规则（第三章）。

（四）确立期货交易者权益保护制度。规定交易者适当性原则，将交易者分为专业交易者与普通交易者；构建多元化期货纠纷解决机制，引入调解制度和集体诉讼制度；设立交易者保障基金（第五章）。

（五）规范期货经营机构、期货交易场所、期货结算机构和期货服务机构运行。规定期货经营机构业务范围和业务规范，强化期货经营机构的公司治理（第六章）。规定期货交易场所和期货结算机构的组织形式和主要职责，明确期货结算机构的中央对手方法律地位（第七章、第八章）。对期货服务机构进行备案管理，明确其基本行为规范（第九章）。

（六）明确期货市场的监督管理。规定国务院期货监督管理机构的职责（第十一章）。对跨境管辖与协作作出原则性规定（第十二章）。对期货市场各类违法行为明确法律责任（第十三章）。

四、需要说明的情况

为适应经济全球化和期货市场改革开放的需要，草案第十二章对期货市场跨境监管作出了制度安排：一是规定国务院期货监督管理机构可以和境外监管机构建立跨境监管合作机制，进行跨境监督管理。二是从“引进来”和“走出去”两个方面对境外期货交易场所、期货经营机构等向境内提供服务明确监管要求，并对境内外交易者跨境交易的行为进行规范。三是确立期货法的域外适用效力，在境外从事期货交易和其他衍生品交易及相关活动，扰乱境内市场秩序，损害境内交易者合法权益的，适用本法。

草案和以上说明是否妥当，请审议。

全国人民代表大会宪法和法律委员会
关于《中华人民共和国期货法（草案）》修改情况的汇报[①]

全国人民代表大会常务委员会：

常委会第二十八次会议对期货法草案进行了初次审议。会后，法制工作委员会将草案印发各省（区、市）人大、中央有关部门和部分基层立法联系点、全国人大代表、研究机构等征求意见；在中国人大网全文公布草案，征求社会公众意见。宪法和法律委员会、财政经济委员会、法制工作委员会联合召开座谈会，听取全国人大代表、中央有关部门、行业协会、市场机构和专家学者对草案的意见。宪法和法律委员会、法制工作委员会还到一些地方进行调研，听取意见；并就草案的有关问题与有关方面交换意见，共同研究。宪法和法律委员会于9月16日召开会议，根据常委会组成人员的审议意见和各方面的意见，对草案进行了逐条审议。财政经济委员会、司法部、中国证券监督管理委员会、中国人民银行有关负责同志列席了会议。9月29日，宪法和法律委员会召开会议，再次进行了审议。现将期货法草案主要问题的修改情况汇报如下：

一、有的常委委员和有关方面提出，本法既规范期货交易，也规范衍生品交易，“期货法”的名称与内容不相符，建议调整。宪法和法律委员会经研究，建议将本法的名称修改为“期货和衍生品法”。

二、有的常委会组成人员、地方、部门和单位提出，草案规定的调整对象是期货交易、衍生品交易，但缺少相关定义，建议增加；有的建议进一步明确期货合约、期权合约等概念。宪法和法律委员会经研究，建议作如下修改：一是增加期货交易的定义，即以期货合约或者标准化期权合约为交易标的的交易活动；二是增加衍生品交易的定义，即期货交易以外的，以非标准化期权合约、互换合约和远期合约及其组合为交易标的的交易活动；三是明确期货合约、期权合约的定义。

三、草案第七条第一款规定，国务院期货监督管理机构依法对全国期货市场实行集中统一监督管理；利率、汇率期货由国务院依法另行规定。有的常委委员、地方、部门和单位提出，期货市场风险高度集中，利率、汇率期货原则上也应当由国务院期货监督管理机构实行集中统一监管；有的提出，利率、汇率期货具有特殊性，涉及与货币政策、外汇政策相协调等问题，对于利率、汇率期货的监督管理，应由国务院另行规定。宪法和法律委员会经研究后认为，还是应当对全国期货市场坚持集中统一监督管理，同时可授权国务院根据实际情况对利率、汇率期货的监督管理灵活调

① http://www.npc.gov.cn/npc/c30834/202204/10fe3f746fd245ff9dfc9e401345a088.shtml，访问日期：2022年5月10日。

整，据此，建议将相关规定修改为：“国务院对利率、汇率期货的监督管理另有规定的，适用其规定。”

四、草案第七条第二款规定，衍生品市场由国务院授权的部门实行监督管理。有的常委委员、地方、部门和单位提出，上述规定未完全反映衍生品交易监管的现状，建议进一步予以完善。宪法和法律委员会经研究，建议将相关规定修改为“衍生品市场由国务院期货监督管理机构或者国务院授权的部门按照职责分工实行监督管理”。

五、有的常委委员、地方、部门提出，草案第三章对衍生品交易作出专章规定后，本法其他规定是否适用、如何适用于衍生品交易，不清楚，建议做好衔接；有的建议，对适用于期货交易和衍生品交易的普遍规则进行归纳总结，并统筹完善草案的篇章结构。宪法和法律委员会经研究，建议将草案第二章、第三章合并为“期货交易和衍生品交易”一章，分为三节：将共同适用于期货交易和衍生品交易的规则提炼为“一般规定”，作为第一节；第二节为“期货交易”，专门对期货交易特有的规则作出规定；第三节为“衍生品交易”，对衍生品交易特有的规则作出规定，并授权国务院规定衍生品交易活动规范和监督管理的具体办法。

六、草案第九十二条规定，实行会员制的期货交易所的财产积累归会员所有，其权益由会员共同享有。有的意见提出，实践中对期货交易所所得收益的性质及如何管理还有不同认识，建议对此只作原则规定，为改革留出空间。宪法和法律委员会经研究，建议按照现行期货交易管理条例的表述，将草案的规定修改为“期货交易所的所得收益按照国家有关规定管理和使用，应当首先用于保证期货交易的场所、设施的运行和改善”。

七、有的地方、单位建议，按照“放管服”改革精神，取消期货服务机构向国务院期货监督管理机构和国务院有关主管部门“双重备案”的要求，减轻企业负担。宪法和法律委员会经研究，建议除信息技术服务机构外，取消对其他期货服务机构的备案要求。

八、有的意见建议，在草案中进一步强化国务院期货监督管理机构加强风险监测监控、防范化解系统性风险的责任。宪法和法律委员会经研究，建议增加规定：国务院期货监督管理机构依法对期货市场实行监督管理，防范系统性风险；国务院期货监督管理机构应当建立健全期货市场监测监控制度，通过专门机构加强保证金安全存管监控。

此外，还对草案作了一些文字修改。

草案二次审议稿已按上述意见作了修改，宪法和法律委员会建议提请本次常委会会议继续审议。

草案二次审议稿和以上汇报是否妥当，请审议。

全国人民代表大会宪法和法律委员会

2021年10月19日

全国人民代表大会宪法和法律委员会关于《中华人民共和国期货和衍生品法（草案）》审议结果的报告①

全国人民代表大会常务委员会：

常委会第三十一次会议对期货和衍生品法草案进行了二次审议。会后，法制工作委员会将草案二次审议稿印发中央有关部门、相关行业协会、期货交易所和部分期货公司、商业银行、证券公司、实体企业征求意见；在中国人大网全文公布草案二次审议稿，征求社会公众意见。部分全国人大代表通过代表意见系统提出意见。法制工作委员会就草案的有关问题同有关方面交换意见，共同研究。宪法和法律委员会于3月22日召开会议，根据委员长会议精神、常委会组成人员审议意见和各方面的意见，对草案进行了逐条审议。财政经济委员会、司法部、中国人民银行、中国银行保险监督管理委员会、中国证券监督管理委员会有关负责同志列席了会议。4月12日，宪法和法律委员会召开会议，再次进行了审议。宪法和法律委员会认为，为规范期货交易和衍生品交易行为，促进期货市场和衍生品市场健康发展，制定期货和衍生品法是必要的；草案经过两次审议修改，已经比较成熟。同时，提出以下主要修改意见：

一、有的常委会组成人员、部门和单位提出，要进一步加强对衍生品交易的监管，切实防范金融风险。宪法和法律委员会经研究，建议作以下修改：一是将组织开展衍生品交易的场所制定的交易规则，由向有关主管部门“备案”，修改为报有关主管部门“批准”。二是强化机构监管，明确金融机构开展衍生品交易业务，应当依法经过批准或者核准，履行交易者适当性管理义务，并遵守国家有关监督管理规定。三是完善衍生品交易报告库制度，明确国务院授权的部门、国务院期货监督管理机构应当建立衍生品交易报告库，对衍生品交易相关信息进行集中收集、保存、分析和管理，按照规定及时向市场披露；同时，授权有关主管部门制定具体办法。四是根据衍生品监管的实际情况，明确本法规定的行政处罚，“由国务院期货监督管理机构、国务院授权的部门按照国务院规定的职责分工作出决定”。

二、有的常委委员、部门和单位建议，进一步完善本法中相关合约概念的规定，并按照巴塞尔委员会和国际证监会组织有关衍生品的定义，明确互换合约、远期合约属于金融合约。宪法和法律委员会经研究，建议采纳这一意见，增加互换合约、远期合约的定义，规定：本法所称互换合约，是指约定在将来某一特定时间内相互交换特定标的物的金融合约；本法所称远期合约，是指期货合

① http://www.npc.gov.cn/npc/c30834/202204/9a6bd3a27bd34c459462c3bf45d129ac.shtml，访问日期：2022年5月10日。

约以外的，约定在将来某一特定的时间和地点交割一定数量标的物的金融合约。

三、有的常委会组成人员、部门和单位提出，应进一步加强对跨境期货和衍生品交易活动的监管，切实防范跨境金融风险。宪法和法律委员会经研究，建议在草案二次审议稿设专章对跨境交易与监管协作作出规范的基础上，进一步完善境外机构在境内市场营销活动的管理规则，将相关规定修改为：境外机构在境内从事期货市场营销、推介及招揽活动，应当经国务院期货监督管理机构批准，适用本法的相关规定；境内机构为境外机构在境内从事期货市场营销、推介及招揽活动，应当经国务院期货监督管理机构批准；任何单位或者个人不得从事违反前两款规定的期货市场营销、推介及招揽活动。

四、有的部门提出，应加强对期货信息技术服务机构的监管，对其为期货交易提供的服务不符合国家及期货行业信息安全相关的技术管理规定和标准的，增加相应的法律责任。宪法和法律委员会经研究，建议采纳这一意见。

此外，还对草案二次审议稿作了一些文字修改。

3月31日，法制工作委员会召开会议，邀请部分全国人大代表、专家学者以及期货和衍生品交易场所、经营机构、服务机构、实体企业、派驻地方监管机构等方面的代表，就草案中主要制度规范的可行性、法律出台时机、法律实施的社会效果和可能出现的问题等进行评估。总的评价是：贯彻落实党中央决策部署要求，在总结实践经验的基础上，制定出台一部统领期货市场和衍生品市场的专门法律，提升行业法治化水平，健全金融法律体系，具有重要意义。草案符合当前期货和衍生品市场的实际情况，并为下一步改革创新留出了空间，主要制度规范是可行的；草案经过多轮征求意见和修改完善，已经比较成熟。期货和衍生品法的出台对于行业发展具有重要的促进和保障作用，影响是积极正面的，有助于提振市场信心，促进稳价保供、防范化解风险，建议尽快出台。有的会议代表还对草案提出了一些具体修改意见，宪法和法律委员会进行了认真研究，建议结合常委会审议情况一并考虑。

草案三次审议稿已按上述意见作了修改，宪法和法律委员会建议提请本次常委会会议审议通过。

草案三次审议稿和以上报告是否妥当，请审议。

全国人民代表大会宪法和法律委员会

2022年4月18日

全国人民代表大会宪法和法律委员会关于《中华人民共和国期货和衍生品法（草案三次审议稿）》修改意见的报告[①]

全国人民代表大会常务委员会：

本次常委会会议于4月18日下午对期货和衍生品法草案三次审议稿进行了分组审议。普遍认为，草案已经比较成熟，建议进一步修改后，提请本次常委会会议表决通过。同时，有些常委会组成人员和列席人员还提出了一些修改意见和建议。宪法和法律委员会于4月18日晚召开会议，逐条研究了常委会组成人员和列席人员的审议意见，对草案进行了审议。财政经济委员会、司法部、中国人民银行、中国证券监督管理委员会的有关负责同志列席了会议。宪法和法律委员会认为，草案是可行的，同时，提出以下修改意见：

一、有的常委会组成人员提出，规制内幕交易首先是规制市场内幕信息知情人，其次才是监管机构内幕信息知情人，建议对草案三次审议稿第十五条的相关表述进行调整。宪法和法律委员会经研究，建议将第十五条第一款中的“经营地位”移至“管理地位、监督地位”之前，并将第二款中第一项和第二项的顺序对调。

二、草案三次审议稿第六十七条对期货经营机构从事资产管理业务的行为规范作了规定。有的意见建议在该条中明确，期货经营机构从事资产管理业务“不得违背受托义务”。宪法和法律委员会经研究，建议采纳这一意见。

三、有的常委委员提出，草案三次审议稿第七十一条第一款对期货经营机构“主要股东”的信息提供义务作了规定，该条第二款关于相关信息的要求以及第一百三十四条关于相关法律责任的规定，也应针对“主要股东”，建议明确。宪法和法律委员会经研究，建议采纳这一意见。

四、草案三次审议稿第一百一十九条规定，境外合约以境内期货交易场所上市合约价格进行“结算”的，应当符合国务院期货监督管理机构的规定。有的常委会组成人员提出，上述规定涵盖不够周全，建议将相关表述修改为“挂钩结算”。宪法和法律委员会经研究，建议采纳这一意见。

有的常委会组成人员还对本法通过后的实施和宣传工作提出了很好的意见。宪法和法律委员会建议有关方面认真研究常委会组成人员的审议意见，抓紧制定相关配套规定，积极做好宣传和解读，保证法律的顺利实施。

经与有关方面研究，建议将本法的施行时间确定为2022年8月1日。

---

① http://www.npc.gov.cn/npc/c30834/202204/5cc0b7bcd0694556801ab8d35d2524b1.shtml，访问日期：2022年5月10日。

此外，根据常委会组成人员的审议意见，还对草案三次审议稿作了个别文字修改。

草案修改稿已按上述意见作了修改，宪法和法律委员会建议本次常委会会议审议通过。

草案修改稿和以上报告是否妥当，请审议。

全国人民代表大会宪法和法律委员会

2022年4月19日

附录三

常用期货术语[1]

一、综合类

1. 期货交易所（Exchange）

期货交易所指依照法定条件设立的自律性管理法人，履行的职能包括提供交易的场所、设施和服务，设计期货合约、标准化期权合约品种，安排期货合约、标准化期权合约品种上市，对期货交易进行实时监控和风险监测，依照章程和业务规则对会员、交易者、期货服务机构等进行自律管理，开展交易者教育和市场培育工作等。

2. 期货交易（Futures Trading）

期货交易指以期货合约或者标准化期权合约为交易标的的交易活动。

3. 衍生品交易（Derivatives Trading）

衍生品交易指期货交易以外的，以非标准化期权合约、互换合约和远期合约及其组合为交易标的的交易活动。

4. 期货合约（Futures Contract）

期货合约指期货交易场所统一制定的，规定在将来某一特定的时间和地点交割一定数量标的物的标准化合约。

5. 期权合约（Option）

期权合约指规定买方有权在将来某一时间以特定价格买入或者卖出约定标的物（包括期货合约）的标准化或非标准化合约。

6. 套期保值（Hedge）

套期保值指交易者为管理因其资产、负债等价值变化产生的风险而达成与上述资产、负债等基本吻合的期货交易和衍生品交易的活动。

7. 期货升水（Contango）

期货升水指在特定地点和特定时点，特定商品的期货价格高于现货价格称为期货升水。在商品期货中，远期交割涉及仓储等成本，期货价格通常高于现货价格，这种市场称为正向市场（Normal Market）。

---

① 主要参考上海期货交易所、美国商品期货交易委员会官方网站，常力、杨林：《英汉期货和期权市场词典》，对外经济贸易大学出版社，1995。

8. 期货贴水（Backwardation）

期货贴水指在特定地点和特定时点，特定商品的期货价格低于现货价格称为期货贴水。由于供求关系的影响，可能出现现货价格高于期货价格的情况，这种市场称为逆向市场（Inverted Market）。

9. 成交量（Volumes）

成交量指统计期内期货合约全部成交量的合计，分单边、双边两个维度。

10. 持仓量（Open Interests）

持仓量指统计期末的未平仓期货合约数量的合计，分单边、双边两个维度。

二、交易类

11. 交易编码（Trading Code）

交易编码指客户、从事自营业务的会员进行期货交易的专用代码。

12. 入金（Funds Deposits）

入金指交易所会员和客户向自己的保证金账户存入资金的行为。

13. 出金（Funds Withdrawal）

出金指交易所会员和客户从自己的保证金账户提取资金的行为。

14. 开仓（Open a Position）

开仓指期货交易者买入或者卖出期货合约的行为。

15. 平仓（Close a Position）

平仓指期货交易者买入或者卖出与其所持期货合约的品种、数量及交割月份相同但交易方向相反的期货合约，了结期货交易的行为。

16. 限价指令（Limit Order）

限价指令指按照限定价格或者更优价格成交的指令。限价指令在买入时，必须在其限价或者限价以下的价格成交。在卖出时，必须在其限价或者限价以上的价格成交。

17. 市价指令（Market Order）

市价指令指不限定价格，按照当时市场上可执行的报价成交的指令，市价指令只能和限价指令撮合成交。

18. 期转现交易（Exchange of Futures for Physicals）

期转现交易指交易双方协商一致，同时买入（卖出）交易所期货合约和卖出（买入）交易所规定的有价证券或者其他相关合约的交易行为。

19. 最小变动价位（Tick Size）

最小变动价位指期货合约的单位价格涨跌变动的最小值。

20. 持仓或头寸（Open Positions）

期货交易者持有的仓位，投资者持有多单的为多头，持有的头寸为多头头寸（Bull Position）；投资者持有空单的为空头，持有的头寸为空头头寸（Bear Position）。

21. 当日结算价（Daily Settlement Price）

当日结算价指某一合约依据当日一定时间内成交价格，按照成交量加权平均或者收盘集合竞价等方式确定的用于当日结算的价格。

22. 最后交易日（Last Trading Day）

最后交易日指某一期货合约在合约交割月份中进行交易的最后一个交易日。

三、结算交割类

23. 保证金（Margin）

保证金指交易者按照规定标准交纳的资金或抵押资产，用于结算和履约保障，保证金的形式包括现金，国债、股票、基金份额、标准仓单等流动性强的有价证券。结算准备金（Clearing Reserve）是指未被合约占用的保证金；交易保证金（Trading Margin）是指已被合约占用的保证金。

24. 追加保证金（Margin Call）

追加保证金指结算所或经纪行在客户的保证金水平低于最低保证金要求时，通知客户增加保证金。

25. 分级结算（Tiered Clearing）

交易所对结算会员进行结算，结算会员对其受托的交易会员进行结算，交易会员对其客户进行结算。结算会员对其受托交易会员的期货交易承担履约责任，交易会员无法履约时，结算会员应当代为履约，并取得对违约交易会员的相应追偿权。

26. 当日无负债（Marking-to-Market）

当日交易结束后，交易所按照当日结算价对结算会员结算所有合约的盈亏、交易保证金及手续费、税金等费用，对应收应付的款项实行净额一次划转，相应增加或者减少结算准备金。结算会员在交易所结算完成后，按照前款原则对客户、交易会员进行结算；交易会员按照前款原则对客户进行结算。

27. 权利金（Premium）

权利金指买方支付的用于购买标准化期权合约的资金。

28. 行权（Exercise）

行权指期权合约的买方按照规定行使权利，以最后交易日的结算价进行现金交割，或者以行权价格买入或者卖出期权合约标的物，了结期权合约的方式。

29. 履约（Assignment）

履约指期权合约买方行权时，期权合约卖方应当以最后交易日的结算价进行现金交割，或者以行权价格买入或者卖出期权合约标的物，了结期权合约的方式。

30. 交割（Delivery）

交割指期货合约到期时，根据交易所的规则和程序，交易双方通过该期货合约所载商品所有权的转移或现金支付，了结未平仓合约的过程。交割分实物交割（Physical Delivery）和现金交割（Cash Delivery）。

31. 标准仓单（Standard Warehouse Receipt）

标准仓单指交割库开具并经期货交易场所登记的标准化提货凭证。

四、风险控制类

32. 价格限制制度（Price Limits）

价格限制制度分为熔断制度、价格保护带制度和涨跌停板制度。

33. 持仓限额（Position Limit）

持仓限额指期货交易所对期货交易者的持仓量规定的最高数额。

34. 交易限额（Trading Limit）

交易限额指交易所规定的会员或者客户对某一上市品种或者合约在某一期限内开仓交易的最大数量。

35. 大户持仓报告制度（Large Position Reporting）

会员或者客户持仓达到交易所规定的报告标准或者交易所要求报告的，应当于交易所规定的时间内向交易所报告。

36. 强行平仓（Forced Position Reduction）

强行平仓指交易所按照有关规定对会员、客户持仓实行平仓的一种强制措施。

37. 结算担保金（Guarantee Fund）

结算担保金指结算参与人以自有资金向期货结算机构缴纳的，用于担保履约的资金。

38. 风险警示（Risk Warnings）

交易所认为必要的，可以单独或者同时采取要求会员和客户报告情况、谈话提醒、书面警示、发布风险警示公告等措施中的一种或者多种，以警示和化解风险。

附录四　《中华人民共和国期货和衍生品法》和《期货交易管理条例》条文对照表

附录五　《中华人民共和国期货和衍生品法》历次审议稿条文对照表

请扫描下方二维码阅读：